SAVOIR TOUT FAIRE

SAVOIR TOUT FAIRE

LA MAISON RUSTIQUE
Flammarion

Sommaire

Remerciements
L'éditeur remercie le magazine *Maisons & Travaux* pour lui avoir autorisé la publication de certains reportages

Photos
Studio Yves Robic

Conception et coordination technique
Michel Beauvais

Avec la collaboration de

Michel Beauvais
(Maçonnerie, façades)

Aline Béraud
(Revêtements muraux)

Alexandre Linder
(Menuiserie)

Antoine Normand
(Électricité)

Jean-Pierre Sambrat
(Isolation, chauffage)

Robert Sanson
(Plomberie)

Didier Zail
(Revêtements de sols)

Conseillers à la rédaction
Béatrice Corlay
Nicole Pierrot

Maquette et mise page
Paul Raymond Cohen,
Stéphanie Morvan

Couverture
Sylvie Creuze
Studio Flammarion

N° d'édition : FX0640
ISBN : 2-7066-0640-1
Dépôt légal : mars 2000

LE CHAUFFAGE 90

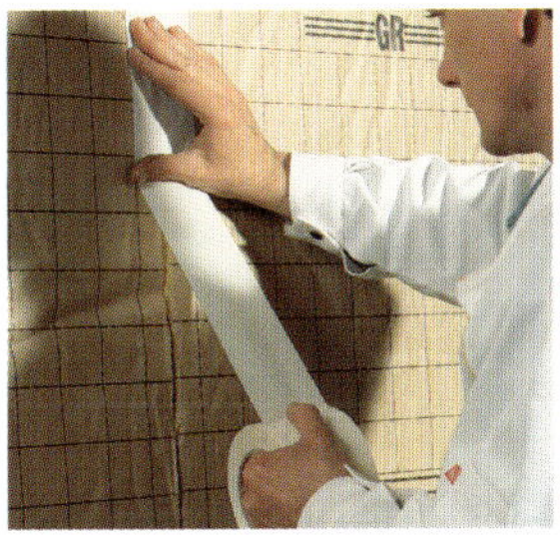

LA PLOMBERIE 104

L'ÉLECTRICITÉ 120

LES REVÊTEMENTS DE SOL 134

LES REVÊTEMENTS MURAUX 166

MENUISERIE 208

LES FAÇADES, L'EXTÉRIEUR 248

AVANT-PROPOS

Toutes les techniques du bricolage par l'exemple

Par expérience ou par défaut, chacun sait qu'un certain savoir-faire est à la fois rentable et indispensable. Rentable, car il vous fera réaliser des économies notables à chaque fois qu'il vous dispensera des services d'un spécialiste. Indispensable, quand il faudra parer au plus pressé : réparer ou créer une installation de plomberie, raccorder une prise ou un interrupteur, poser la moquette ou le carrelage, construire un meuble de salon ou décorer une chambre d'enfant, remédier à l'étanchéité de la toiture, autant d'activités que l'on est amené à entreprendre par nécessité et par goût. Quoi de plus agréable en effet que de créer ou de transformer soi-même l'univers de sa maison ?

Aussi, sans prétendre faire de vous un ouvrier spécialisé et polyvalent, ce guide, avec quelque 900 illustrations en couleurs, vous permettra d'aborder le monde du bricolage par l'apprentissage et par l'exemple.

Les sujets développés ont été sélectionnés de manière à répondre à la plupart des problèmes que l'on rencontre quotidiennement. Présentées par corps de métier (maçonnerie, isolation, chauffage, plomberie, électricité, revêtements des murs et des sols, menuiserie) et par doubles pages, les réalisations sont détaillées geste par geste afin de permettre à tous de suivre les différentes étapes du travail accompli ou de trouver l'inspiration en matière d'aménagement ou de décoration.

Pratique et utile, cet ouvrage vous donnera les moyens de savoir tout faire, quelle que soit votre maîtrise actuelle des techniques de bricolage.

La maçonnerie

Si les travaux de maçonnerie sont à la portée de n'importe quel bricoleur, il ne faut pas sous-estimer leur difficulté : construire un mur ne se résume pas à coller des briques ou des parpaings avec du mortier. Encore faut-il respecter les normes, pour les fondations comme pour les dimensions de l'ouvrage, décider des matériaux et de l'appareillage le plus adapté.

Sommaire

Les matériaux

Brique, pierre, parpaing, carreau et plaque de plâtre, béton... : chacun a ses qualités et trouve par conséquent un emploi adapté.

La pierre

Vous l'utiliserez dans le cadre des rénovations et pour construire, à l'extérieur, murets et murs, bancs, jardinières et autres aménagements. Son prix est relativement élevé, même quand il s'agit de matériaux récupération.

La pierre est vendue sous forme de moellon, de bloc taillé ou de dalle, et elle est généralement désignée par sa région d'origine : comblanchien (Côte-d'Or), pierre grise de Lorraine, pierre de Volvic, etc. Le poids et la dureté varient énormément ; les roches dures et demi-dures conviennent pour la construction, alors que les roches tendres sont plutôt réservées aux façades et à la décoration intérieure.

La brique

Les éléments de terre cuite sont à la fois résistants, décoratifs et faciles à mettre en œuvre.

Brique pleine. Les dimensions de cet élément traditionnel de construction n'ont pas changé depuis une époque très ancienne : 22 x 11 x 6 cm. Leur poids et leur couleur peuvent varier en fonction de l'argile utilisé. La résistance à l'écrasement (environ 220 kg/cm^3) est comparable à celle d'une roche demi-dure. La brique est poreuse, peu sensible au gel ; elle résiste au feu.

La brique à enduire est celle que l'on emploie pour les murs et murets. Pour les façades et les ouvrages qui ne doivent pas être enduits, on utilise la brique de parement qui présente une couleur et un aspect spécifique (parmi elles les briques « à l'ancienne »).

La brique réfractaire, vu ses qualités, doit être réservée aux foyers, aux fours et aux cheminées.

Disponible sous forme de carreaux, le béton cellulaire se prête bien à la construction de cloisons.

Parpaing (à gauche) et brique plâtrière (à droite).

Brique creuse. Elle est dite « creuse » car elle est perforée, ce qui l'allège et améliore ses performances isolantes. Elle présente des dimensions diverses et ses faces sont striées afin que l'enduit dont elle sera ultérieurement recouverte tienne mieux.

La brique creuse courante comporte un nombre de perforations variable (6, 9, 13, 16) ; elle convient pour le montage d'un mur porteur si la hauteur de ce dernier est au maximum égale à 15 fois son épaisseur.

La brique plâtrière est une brique creuse peu épaisse (3, 5, 10, 15 ou 20 cm) et réservée aux cloisons intérieures.

Le parpaing

Pour la construction courante, le parpaing est alvéolé et il a donc des qualités isolantes comparables à celles de la brique creuse – le parpaing plein se prêtant plus aux murets et aux petits ouvrages. Les dimensions sont variables (en particulier 50 x 20 cm), dans diverses épaisseurs.

Le béton cellulaire

Ayant l'aspect d'une pierre de taille de couleur claire, il est léger, facile à manipuler et à mettre en œuvre (avec une simple « colle »), décoratif et il offre d'excellentes qualités isolantes. Il est disponible en blocs de diverses dimensions et en carreaux pour cloisons et doublage de façades.

➲ Problèmes de levage

Le bardage des matériaux, c'est-à-dire leur transport à pied d'œuvre et leur levage sont problématiques, surtout si vous travaillez seul. Pour éviter le port de charges importantes, n'hésitez pas à acquérir ou à louer un matériel adapté : un diable pour transporter les sacs de produits et, selon l'importance du chantier, une brouette, un chariot ou même un chariot à moteur. Il existe une large gamme d'engins pour le levage, depuis la simple poulie jusqu'aux lève-panneaux et aux chariots élévateurs, en passant par le treuil motorisé.

Le carreau de plâtre

Constitué de plâtre pur et plus souvent alvéolé, il offre deux faces lisses. Bon isolant phonique et thermique, et régulateur de l'hygrométrie, il est facile à mettre en œuvre grâce au profil autocentreur de ses chants. On l'utilise pour les cloisons et le doublage des murs. Dimensions courantes : 66 x 50 cm. Épaisseurs courantes : 5 et 7 cm. Il existe également des carreaux de plâtre allégés (à âme polystyrène) dont le poids est égal à la moitié de celui d'un carreau ordinaire.

La plaque de plâtre

Matériau idéal pour les cloisons, le doublage, l'isolation (il s'agit dans ce cas de plaques doublées d'un isolant), le plafond et même pour les sols. La hauteur varie de 2 m à 3, 6 m et les largeurs courantes sont 30, 60, 90 et 120 cm. L'épaisseur varie également, la plus usuelle étant 13 mm.

Le béton

On distingue essentiellement le béton universel et le béton réfractaire (pour les cheminées). Il est vendu prêt à l'emploi pour les petites réalisations, mais il est plus économique de le préparer soi-même à l'aide d'une bétonnière. Pour les grandes quantités, et notamment pour les dalles armées, il est plus judicieux de se faire livrer le béton par camion, par une entreprise spécialisée.
Dans les bétons allégés, les agrégats courants (gravier et sable) sont remplacés, en partie ou en totalité, par des agrégats plus légers, notamment des billes de polystyrène expansé. Ce béton sert donc à réaliser des dalles là où le poids du plancher fini pourrait poser problème.

Pour les travaux importants, la location ou l'achat d'un échafaudage s'impose.

Une bétonnière sur roulettes est très pratique sur un chantier. On peut la louer.

Les liants

Qu'est-ce qu'un liant ? Comme son nom l'indique, il s'agit du produit qui va servir à tenir les matériaux solidaires et donc garantir sa solidité à la construction.

Le ciment

Le plus usuel est le ciment Portland artificiel (CPA), obtenu par cuisson, à haute température, de calcaire et d'argile, avec ajout de gypse et de différents constituants secondaires : laitier de haut fourneau, cendres volantes, pouzzolanes. Il existe aussi des ciments spéciaux : à haute résistance, à prise rapide, ciment blanc, ciment fondu (pour le mortier réfractaire).

➲ Sécurité sur le chantier

La manipulation et la mise en œuvre de matériaux lourds présente des dangers qu'il ne faut pas négliger.

- **Portez un casque** aux normes et des chaussures de chantier, ainsi que des gants de sécurité lorsque vous utilisez une machine (meuleuse d'angle) ou des outils tranchants.
- **Étayez convenablement** les parties temporairement affaiblies par les travaux : louez des étais tubulaires ou hydrauliques.
- **Pour travailler en hauteur,** utilisez exclusivement des échelles aux normes NF (capables de supporter une charge de 150 kg). Placez-les sur un support stable et calez les pieds.

La chaux

Liant autrefois très répandu, la chaux hydraulique est obtenue à partir de calcaires argileux. Elle présente une résistance nettement inférieure à celle du ciment, mais elle est très souple et résiste bien à la fissuration. On l'utilise surtout en mélange à du ciment gris dans la préparation du mortier bâtard, et pour les enduits et crépis traditionnels et les rejointoiements. Elle peut-être grise ou blanche.
La fleur de chaux est perméable à la vapeur d'eau et imperméable à l'eau, et c'est un antiseptique puissant. On l'emploie comme la chaux ordinaire, et tout spécialement pour les enduits traditionnels.

Les solutions « kit » (ici, un barbecue) sont une excellente façon d'aborder la maçonnerie sans prendre le risque d'être déçu par les résultats !

La pierre reconstituée

On appelle ainsi la roche broyée et agglomérée à l'aide d'un liant sous forme d'éléments préfabriqués présentant des parements décoratifs. Ce matériau est largement utilisé pour la réalisation de murets et de piliers. Légers et faciles à mettre en œuvre – des fondations étant toutefois nécessaires –, ces éléments s'assemblent par emboîtement et sont collés au mortier.

Monter un muret en pierre est déjà plus complexe, mais le matériau donne plus de caractère à l'ouvrage.

Apprentissage

Abordez la maçonnerie par de petits travaux (scellements, rejointoiements de mur) et par de petites réalisations (muret de jardin, barbecue), afin de vous familiarisez avec le gâchage des liants et la mise en œuvre des matériaux.
La réalisation des enduits traditionnels, au plâtre (pour l'intérieur) ou au mortier, demande une certaine maîtrise.
Les dalles, armées ou non, sont relativement simples à réaliser, mais il faut apporter un soin particulier au repérage du niveau et au dressage du béton.
Les pages qui suivent vous permettront de vous familiariser avec les principales techniques, par l'exemple.

Le plâtre

Ce matériau très ancien est obtenu par cuisson du gypse, suivie d'un broyage. Il est traditionnellement utilisé comme enduit intérieur, comme colle pour la maçonnerie de cloisons intérieures et pour les scellements et rebouchages.

Des qualités inégalés

Le plâtre reste, et de loin, le principal matériau pour l'habillage intérieur des maçonneries. Il assure en effet un grand confort grâce à ses qualités d'isolant thermique et acoustique, et de régulateur de l'hygrométrie : sa porosité lui permet d'absorber l'humidité quand elle est excessive, et de la restituer quand le temps est sec. Il assure en outre une excellente protection contre l'incendie (sous l'effet de la chaleur, il ne dégage que de la vapeur d'eau – ni gaz ou vapeur toxique, ni produit de décomposition pouvant activer la combustion). Il reste aujourd'hui largement utilisé pour les enduits, mais également, sous la forme de carreaux de plâtre et de plaques de plâtre, pour le doublage et le montage des cloisons.

Facteur temps

Le plâtre doit être mis en œuvre très rapidement : une fois qu'il a commencé à prendre, il ne peut plus être utilisé (le plâtre mort ne durcit jamais une seconde fois). Le temps total d'utilisation comprend le temps d'attente (entre le gâchage et le début de la mise en œuvre, pour que la pâte prenne sa consistance), le temps d'emploi (application, réglage et dressage dans le cas d'un enduit) et le temps de finition (talochage). Le temps d'utilisation va de 30 min pour les plâtres grossiers, à plus de 2 h 30 min pour certains plâtres projetés.

➲ Quelques points essentiels

• Le plâtre adhère mal sur les surfaces lisses, en particulier sur le bois.
• N'appliquez jamais de plâtre sur un métaux ferreux – l'eau déclenchant un processus de rouille.
• Le support doit être sain. Si un mur est humide, traitez-le avant de l'enduire de plâtre.
• Le support doit être ferme. Ne jetez pas de plâtre sur un mur dégradé : décapez et nettoyez d'abord.
• Pas de ciment sur le plâtre. Vous pouvez sceller au plâtre sur un mur en béton ou en parpaing mais n'effectuez pas de scellement au mortier sur un enduit de plâtre.
• Dans une salle de bains ou une pièce humide, un plâtre hydrofugé s'impose.

Les différents types de plâtre

Selon le type de cuisson, on obtient des plâtres présentant des caractéristiques diverses.

• ***Plâtre de construction.*** Gros ou fin, à prise rapide ou retardé, il est utilisé en particulier pour le montage de cloisons de briques creuses, pour les scellements et pour les enduits.

• ***Plâtre pour préfabrication.*** Destiné aux plaques de plâtre.

• ***Plâtre hydrofugé.*** Résistant à l'eau, il peut être utilisé à l'extérieur.

• ***Plâtre pour ragréage de sol.*** Très dur.

• ***Plâtre réfractaire.*** Résiste à de hautes températures. Il est utilisé pour les cheminées et pour les coupe-feu.

• ***Plâtre de moulage.*** Très fin. Destiné à la sculpture et à la reproduction d'objets divers.

• **Les plâtres à maçonner**
Leur temps total d'utilisation est de l'ordre de 40 min seulement, ce qui ne pose pas de problème puisqu'on les utilise pour

Le plâtre sert à jointoyer les carreaux de brique.

Pour en savoir plus

Les matériaux **11**
Cloison en carreaux de plâtre **26**
Enduit au plâtre **29**
Cloisons en carreaux de brique **38**
Isolation sous carreaux de plâtre **72**

assembler des briques creuses ou des parpaings, dans les cloisons intérieures. Il faut simplement s'habituer à ne préparer que la quantité que l'on peut mettre en œuvre en 40 min. On les gâche assez épais, et le temps d'attente est très bref ou nul.

- **Les plâtres polyvalents**

Ils sont destinés aux petits travaux de maçonnerie, (scellements, rebouchages, raccords et même aux enduits de petite surface). Leur temps d'utilisation est bref (30 min environ, dont un temps d'attente de 10 min).

- **Les plâtres à enduire traditionnels**

Leur mise en œuvre est relativement difficile dans la mesure où le temps d'utilisation est assez bref (entre trois quarts d'heure et une heure). Ce sont des plâtres conçus pour les professionnels et, selon leurs caractéristiques, pour les chantiers importants, moyens ou petits. Les plus durs sont adaptés aux locaux soumis à utilisation intense ou aux salles de bains avant carrelage.

- **Les plâtres à enduire allégés**

Ils offrent une grande facilité de mise en œuvre, ce qui met la réalisation d'un enduit de plâtre à la portée d'un amateur ne possédant pas une expérience particulière dans ce domaine. En effet, le temps d'attente est

Préparation à un enduit : on se sert d'un plâtre allégé à prise retardée pour travailler plus confortablement.

nul et le temps total d'utilisation dépasse nettement l'heure (2 heures pour Lutèce 2000 L de Lambert). De plus, avec une faible teneur en eau, ils ont une consistance plus épaisse, proche de celle d'un mortier, tout en restant légers : on peut donc les appliquer sans qu'ils coulent. Ils offrent de larges possibilités pour les finitions et, après séchage, présentent une grande dureté.

- **Les plâtres projetés**

Ils sont destinés à la réalisation d'enduits à la machine à projeter, avec gâchage en continu et ils se caractérisent par un temps d'utilisation prolongé.

Gâchage et mise en œuvre

Il faut respecter une règle d'or : toujours verser le plâtre sur l'eau, et jamais l'eau sur le plâtre.

Sur le sac, le fabricant précise la proportion à respecter. En général, elle est de 1 mesure d'eau pour 1 mesure de plâtre – au moins pour les plâtres traditionnels.

On gâche plus épais les plâtres à maçonner : environ 1/2 mesure d'eau pour 1 mesure de plâtre. En général, les plâtres allégés et les plâtres projetés sont eux aussi gâchés plus épais que les plâtres classiques : par exemple, 3/4 de mesure d'eau pour 1 mesure de plâtre pour le Lutèce 2000.

Pour le gâchage en auge, versez la poudre en pluie fine, tout en battant à la truelle pour bien mélanger et obtenir une pâte homogène. Il faut battre de manière très énergique, afin d'éviter les grumeaux, un plâtre grumeleux ne pouvant être rattrapé. Pour travailler vite et bien, utilisez un malaxeur en accessoire de perceuse.

Ensuite, s'il y a lieu, laissez reposer le plâtre (temps d'attente spécifié par le fabricant), puis mettez-le en œuvre sans tarder.

Le récipient de gâchage doit être adapté à la quantité de plâtre nécessaire… et à votre rapidité de mise en œuvre !
On utilise ici un mélangeur monté sur la perceuse.

Les plaques de plâtre vous aideront à monter une cloison rapidement (ici, avec une porte).

Finitions et traitements

Les enduits de plâtre allégé peuvent recevoir un traitement de finition lui donnant un relief décoratif, avec un outil adapté (peigne, balai, etc.).

Pour colorer un enduit dans la masse : mélangez le colorant à sec, à 1 kg de plâtre ; dispersez alors cette poudre dans toute l'eau de gâchage, puis achevez de verser le reste du plâtre.

On peut aussi mélanger du plâtre allégé à du sable, en ajoutant du colorant de manière à obtenir un enduit d'aspect rustique, au grain décoratif (la quantité de sable ne doit pas excéder 30% du mélange). La finition est effectuée à la taloche à clous.

Un autre procédé intéressant consiste à projeter du sable sec sur du plâtre frais, avec une tyrolienne, avant de passer la lisseuse pour faire pénétrer les grains dans l'enduit.

Le séchage

Si le plâtre prend rapidement, il met beaucoup de temps à sécher dans la masse. Il faut compter 15 jours à un mois pour un enduit de 10 cm d'épaisseur en plâtre allégé, et un à deux mois pour un enduit de plâtre traditionnel. Toutefois, un petit scellement est suffisamment sec et dur pour être soumis à l'effort après 24 à 48 heures.

Staff et stuc

Le staff est constitué de plâtre armé de fibres (traditionnellement de chanvre) et servant à la fabrication d'éléments décoratifs (cornières, moulure).

Le stuc est un mélange de plâtre et de colle : on l'utilise pour de petites moulures et, coloré, pour l'imitation du marbre.

Conditionnement et stockage

Le plâtre est vendu en sac de papier ou de matière plastique de 40 kg (ou moins pour les plâtres allégés). Pour les petits travaux de maçonnerie, il existe des conditionnements plus petits (1,5, 5, 10, 15 et 20 kg). Le fabricant mentionne toujours les caractéristiques du plâtre, le domaine d'utilisation, le temps d'utilisation et les proportions de gâchage.

Application d'un enduit au plâtre sur une cloison en carreaux de brique. Une fois poncé, il pourra recevoir le revêtement de votre choix.

Le béton

Contrairement au mortier, qui est une « colle », le béton est un matériau de construction. Il est facile à préparer et à mettre en œuvre, en particulier pour les fondations de murets.

Quel ciment ?

Le gâchage du béton se fait uniquement à partir de ciment (en excluant la chaux). On utilise en général un ciment CPA 250 ou 325. Pour préparer le béton, il faut d'abord évaluer la quantité nécessaire en calculant, approximativement, en mètres cube, le volume de l'ouvrage terminé – il suffit de multiplier la hauteur par la longueur et la largeur. Vous éviterez ainsi le gaspillage. N'entreprenez pas des travaux impliquant la préparation du béton s'il y a des risques de gelée. Évitez aussi les périodes de canicule.

Béton prêt à gâcher

On trouve essentiellement deux types de béton.
Béton universel : pour tous usages (fondations, dalles, linteaux, poteaux...).
Béton réfractaire : résistant à haute température, pour la réalisation de plaques foyères et d'avaloirs de cheminée.

Béton prêt à l'emploi

Pour la construction de murs, pour des fondations importantes ou pour une dalle de grandes dimensions, il est préférable de se faire livrer le béton en camion malaxeur. C'est un matériau de haute résistance, après séchage, parce qu'il présente une granulométrie continue (gravillons de tous calibres depuis 6,3 mm jusqu'à 25 mm), ce qui n'est pas le cas des bétons que l'on gâche soi-même, avec une bétonnière louée ou achetée.

➲ Les bons dosages

Pour obtenir un mètre cube de béton, respectez les proportions suivantes, selon l'ouvrage entrepris.

Destination	*Sable (en litres)*	*Gravillon (en litres)*	*Ciment (en kilos)*
Béton			
Muret	400	800	350
Aires et allées	400	800	300
Dalles de jardin	250	950	350
Fondations de mur	600	600	250
Linteaux, poteaux	450	750	400
Mur de soutènement	400	800	350
Dalles	800	400	350

Préparation du béton à la bétonnière : commencez par incorporer le sable dans la cuve.

Gâchage en bétonnière

Si vous effectuez souvent des travaux de maçonnerie, vous avez intérêt à acquérir une bétonnière – la capacité des modèles pour amateur va de 130 litres à 175 litres pour les machines électriques, et jusqu'à 350 litres pour les machines thermiques.
Commencez par mettre la machine en marche : il faut toujours charger dans la cuve tournante (moteur en marche). Adoptez le même ordre : d'abord le sable et ensuite le gravier, le ciment puis l'eau. Préparez les différents matériaux puis chargez à la pelle, sans jamais excéder la capacité de la cuve.
Pour calculer le volume d'eau nécessaire, il faut tenir compte du foisonnement éventuel du sable (reportez-vous au gâchage du mortier, page...). Comptez 25 à 30 litres d'eau pour 50 kg de ciment. Le malaxage doit durer 2 ou 3 min : ne le prolongez pas car les gros agrégats seraient chassés en périphérie.
Déchargez la cuve dans une brouette en la basculant et en la frappant au maillet. Il ne faut jamais remettre la cuve en route avec du produit à l'intérieur sans avoir pris soin de la redresser.

Pour en savoir plus

Les matériaux **11**
Gâcher le mortier **19**
Construction d'un muret en pierre **21**
Maçonnerie en parpaing **24**
Ouverture d'une baie **47**
Chape flottante isolée **53**

Réalisation d'une dalle de béton allégé (avec billes de polystyrène) et armé.

La préparation du béton terminée, nettoyez la cuve en la remplissant d'eau avec un peu de gros gravillons ; lavez à grande eau l'extérieur de la cuve et le piétement (après l'avoir débranchée s'il s'agit d'une machine électrique). Le temps d'ouverture du béton est de 30 min environ.

Gâchage à la main

Vous pouvez préparer de petites quantités de béton (par exemple pour le scellement de poteaux ou pour de petites fondations) dans un bac ou une auge à maçonnerie, sur une aire bétonnée ou sur un film plastique.

Préparez les différents matériaux. Versez d'abord le sable, puis les gravillons et mélangez le tout à la pelle. Faites un cratère au centre et versez le ciment. Mélangez soigneusement pour obtenir une couleur homogène. Creusez à nouveau un cratère et versez une partie de l'eau. Mélangez à la pelle en ajoutant progressivement le reste de l'eau.

Vous devez obtenir un béton humide et fluide. Si l'eau suinte abondamment, le béton est trop mouillé : vous devez ajouter un peu de sable, de gravillons et de ciment et malaxer à nouveau.

Mise en œuvre

La bétonnière permet de préparer le béton à proximité du lieu de mise en œuvre : évitez les longs transports en brouette qui font tomber au fond les gros agrégats.

Si le béton est en contact avec une maçonnerie, celle-ci doit être copieusement mouillée. Prenez la précaution de toujours tasser le béton à l'aide d'une dame.

Le séchage d'une dalle ou de fondation de béton demande une huitaine de jours. Étalez un film plastique sur la surface afin de la protéger des intempéries.

Le béton armé

Lorsque l'ouvrage doit présenter une grande résistance (pour les dalles et allées carrossables, les piles et poteaux, les linteaux), il faut ferrailler à l'aide de fers ronds ou tréfilés.

On trouve dans les grandes surfaces de bricolage des formes de ferraillage déjà assemblées : chaînages pour linteaux ou portes d'entrée, treillis soudés pour dalles, chaînages triangulaires à placer dans les blocs en U pour les murs de bâtiment.

Les fers ronds (torsadés ou lisses) ont pour section 6, 8, 10 ou 12 mm et sont vendus en longueurs de 3 ou de 6 m. On les met en forme par torsion, à l'aide d'une griffe à cintrer, sur des goujons enfoncés dans un madrier. Pour les ligaturer, on utilise du fil de fer recuit (spécial pour cet emploi).

Coffrage

On le réalise à l'aide de planches de 27 mm d'épaisseur, rabotées une face (à placer côté béton). Maintenez et serrez les coffrages avec des étais, des chevillettes de maçon et des serre-joints. Avant le coulage du béton, imprégnez-les d'huile de décoffrage, afin d'éviter l'adhérence au bois.

Mettez l'armature en place, sans qu'elle repose sur le fond : les fers d'armature doivent être distants de 2 cm au moins de la surface de l'ouvrage terminé.

Après avoir déversé le béton dans le coffrage, faites vibrer en frappant sur toute la surface des planches à l'aide d'un maillet. Il faut aussi fouiller le béton liquide avec une barre de fer : vous éliminez ainsi complètement les poches d'air qui affaibliraient l'ouvrage.

➲ Les adjuvants

On utilise les mêmes que pour le mortier (*voir* page 20), en particulier les produits hydrofuges, antigels et les colorants.

Coffrage en vue de la fabrication d'un bord de fenêtre.

Gâcher le mortier

Mélange d'un liant, c'est-à-dire de ciment (et souvent de chaux) et de sable, le mortier permet d'assembler des matériaux, et non de remplir des volumes, comme le béton.

Les composants

Le mortier, préparé à partir de ciment pur, est solide et résistant, mais il présente une certaine tendance à la fissuration. C'est pourquoi on ajoute souvent de la chaux, issue de la calcination de roches calcaires contenant de l'argile, qui donne au mortier davantage de souplesse et de plasticité, d'adhérence et de résistance à la fissuration. C'est ce qu'on appelle le mortier bâtard – le ciment et la chaux étant mélangés à parts égales.

Les utilisations

Le mortier sert de colle, pour le montage des maçonneries de pierre, de parpaing et de brique. On l'utilise aussi pour les joints de mur, de carrelage et de dallage, les petites réparations (angles sortant de mur ou de tableau de baie) et les scellements. Son épaisseur ne doit pas dépasser quelques centimètres.

1

Pour en savoir plus

Les liants **12**
Construction d'un muret en pierre **21**
Maçonnerie en parpaing **24**
Enduit sur mur en pierre **32**

OUTILS ET MATÉRIAUX

- Bac à gâcher
- Seau
- Pelle

- Ciment et chaux
- Sable
- Eau

2

1 Dans un bac à gâcher, versez du sable, puis du ciment (ou un mélange de ciment et de chaux), en respectant les proportions préconisées (*voir* le tableau de dosages page suivante). Le sable utilisé pour le mortier provient de rivière. Pour le mortier bâtard ordinaire, on utilise un sable dont la grosseur des grains est comprise entre 0,1 et 5 mm.

2 A la pelle, mélangez soigneusement le sable et le liant pour obtenir une poudre homogène, de couleur uniforme.

➲ Le sable

Il doit être parfaitement propre – la présence de terre ou de boue affaiblit la résistance du mortier. Les volumes en litres mentionnés dans le tableau de dosages, font évidemment référence à un sable sec. S'il est humide, il occupe davantage de volume (foisonnement), jusqu'à 20%. Il faut donc stocker le sable dans des sacs étanches ou dans un local sec. Pour savoir si un sable est sec, versez-en dans un seau, jusqu'à mi-hauteur, et faites une marque de niveau. Remplissez d'eau, mélangez et laissez reposer. Si le sable arrive à un niveau inférieur à la marque, cela signifie qu'il présente un foisonnement (en effet, il occupe exactement le même volume dans l'air et dans l'eau).

➲ Les adjuvants du mortier

Un adjuvant est un produit que l'on ajoute à un mortier, en quantité faible, pour lui donner certaines propriétés ou améliorer ses performances.

Principaux adjuvants

- Durcisseur liquide de surface et réducteur de poussière
- Collage de mortier neuf sur ancien
- Accélérateur de prise
- Résine liquide améliorant l'adhérence et augmentant la dureté et la résistance
- Hydrofuge – pour mortier destinés aux locaux humides ; c'est un accélérateur de prise et de durcissement à basse température
- Antigel – pour mortier susceptible d'être exposé au gel
- Colorants (pigments)

➲ Dosage des mortiers

(pour 50 kg de liant : ciment gris ou mélange de ciment et de chaux)

Destinatination	*Volume de sable*
Murs et murets en pierre	100 à 110 litres
Murs porteurs briques ou parpaings	110 à 120 litres
Murs en brique creuse et parpaing creux ; petits murets décoratifs	130 à 140 litres
Enduits	
Gobetis	90 à 100 litres
Finition	130 à 140 litres

➲ Les mortiers prêts à gâcher

Ils se présentent sous forme de poudre composée d'un liant et de granulat (sable dont la grosseur des grains est comprise entre 0,1 et 5 mm). Il faut les gâcher à l'eau, en respectant les proportions conseillées par le fabricant et figurant sur le conditionnement. Ils sont vendus en sacs de 2, 5, 10, 15, 25 ou 40 kg.

Mortier « normal » : montage de murs et de murets en briques et parpaings

Mortier universel : tous travaux de maçonnerie

Mortier bâtard : mortier de ciment et de chaux convenant pour enduits, toitures, montage de murets

Mortier fin : enduits et travaux de finition

Mortier réfractaire : montage des boisseaux et des briques réfractaires pour les cheminées

Mortier blanc : enduits, joints et finitions (peut être teinté par des pigments)

Il existe des mortiers prêts à gâcher spéciaux, pour utilisations spécifiques, par exemple le mortier hydraulique à prise très rapide pour obturation de venues d'eau ou enduit sous eau courante.

3 Ménagez un cratère, au centre du tas, et versez l'eau de gâchage, qui doit être propre. Utilisez de préférence un autre seau.

4 Gâchez peu à peu le mélange sable/liant en effondrant les parois du cratère et mélangez avec la pelle.

5 Malaxez consciencieusement le mortier, en le retournant et en le coupant, à plusieurs reprises, du tranchant de la pelle. Vous devez obtenir un mélange parfaitement homogène.

6 Un mortier destiné au montage d'un mur doit être suffisamment onctueux et souple, tout en étant assez ferme pour tenir sur la truelle sans couler. Vous pouvez ajouter un peu d'eau, en cours de gâchage, si le mortier vous paraît trop sec. On le gâche un peu plus liquide pour les enduits projetés, et très liquide pour les joints de carrelage. Après le gâchage, le temps d'ouverture pour la mise en œuvre est d'environ une demi-heure. Si vous débutez en maçonnerie, préparez d'abord le mortier en petite quantité, afin de vous familiariser avec sa mise en œuvre sans avoir à travailler trop vite.

Construction d'un muret en pierre

La maçonnerie en pierre, délaissée par les professionnels parce qu'elle prend trop de temps, offre un vaste champ à l'amateur, dans le cadre de rénovation ou de réalisation d'ouvrage à la manière ancienne.

1

Quel type d'ouvrage ?

Lorsque l'on choisit de maçonner en pierre, c'est en général pour des raisons d'esthétique, pour donner un caractère traditionnel à une propriété. Outre les murets (et les murets de soutènement), qui prennent avec le temps – et quelques graines – l'aspect de « murets fleuris », vous pouvez maçonner en pierre des bancs, des jardinières, des barbecues. Avec de l'expérience, vous vous attaquerez à un mur de clôture avec ses piliers de portail, ou même à une petite construction.

Quelle pierre ?

Vous trouverez des pierres auprès d'entreprises spécialisées dans la récupération (c'est souvent la meilleure solution) et, bien entendu, directement auprès des carrières. Choisissez une pierre régionale – tant pour son prix que pour son intérêt décoratif. Selon le cas, il peut s'agir de moellons, de meulière ou de pierre de taille.

OUTILS ET MATÉRIAUX

- Massette
- Truelle
- Têtu
- Fil à plomb
- Niveau à bulle
- Cordeaux
- Règle
- Brosse
- Auge à gâcher
- Pioche
- Pelle
- Mortier bâtard
- Béton
- Planches de coffrage

Pour en savoir plus

Le béton **17**

Gâcher le mortier **19**

1 Commencez par la mise en place des pierres d'angle ou d'extrémité. Nous construisons ici deux murets jumeaux, avec petit retour, pour former séparation et « entrée » d'un potager. La pierre d'angle est une grosse pierre de taille de récupération – qui donne sa hauteur au muret. Pour la poser, étalez d'abord un lit de mortier (il s'agit ici d'un mortier bâtard classique) sur la semelle de béton, puis placez le bloc et réglez sa position, le plus précisément possible, en vous aidant d'un fil à plomb.

2

2 Effectuez le tracé au sol du muret, à partir de cette pierre d'angle. Servez-vous d'un cordeau traceur pour matérialiser, au sol, les deux parements du muret.

3

4

➲ Fausse pierre sèche

Nous donnons à ce muret l'aspect d'un ouvrage de pierre sèche, tout en assurant une liaison au mortier bâtard – le montage en pierre sèche étant un art difficile. Les moellons ne sont donc pas jointoyés en parement, mais leur queue, calée par les moellons de blocage, est immobilisée au mortier.

3 Nous mettons ici immédiatement en place une deuxième pierre de taille, qui forme le retour du muret. Moins haute que la première, elle est placée sur une semelle de béton plus épaisse. Réglez le lit de mortier et mettez la pierre en place, en réglant sa position pour que sa face soit dans le même plan que le parement de la première.

4 Passez à la construction du muret lui-même. Posez la pierre d'extrémité, de l'autre côté, et tendez un cordon pour la première assise (rangée). Nous utilisons ici des moellons « rustiqués » (leur parement a été grossièrement taillé avec le têtu pour être à peu près plan et perpendiculaire aux deux faces jointives), ainsi que des moellons bruts (limousinage), non taillés, de différentes taille, pour le blocage (c'est-à-dire le remplissage). De part et d'autre, les moellons de parement sont des panneresses (blocs posés à plat et en longueur), mais il faut aussi placer des boutisses (blocs à petit parement et longue queue) pour assurer la cohésion des deux parements. Cette première assise est couchée sur un lit de mortier de 2 ou 3 cm d'épaisseur. Frappez chaque élément de

5

➲ Les fondations

Comme pour tout ouvrage de maçonnerie, vous devez réaliser des fondations, qu'il s'agisse d'un muret de pierre sèche ou que les éléments soient liés au mortier. Effectuez une fouille sur une profondeur d'environ 30 cm, les bords étant droits (coupés à la bêche). La largeur doit être comprise entre une fois un tiers et une fois et demie la largeur du muret. Placez deux planches de coffrage, en les étayant, et en réglant l'horizontalité au niveau, et étalez une couche de pierraille dans le fond. Coulez ensuite du béton, préparé à la bétonnière. Tassez-le à l'aide d'une dame, puis nivelez et dressez à la règle. Laissez sécher en protégeant contre les intempéries.

6

7

quelques coups de massette pour faire souffler le mortier. Continuez le montage assise par assise, en montant le cordeau et en croisant les joints, dans la mesure du possible, pour ne pas créer de lignes de faiblesse. Pour chaque assise, après mise en place des parements, comblez au centre avec des moellons de blocage.

5 Comblez la liaison entre les deux grosses pierres de taille, en choisissant des moellons de forme adaptée pour bien occuper l'espace – sans oublier l'esthétique. Utilisez une règle (ici la semelle du niveau) pour ajuster leur position dans le plan des parements.

6 Réservez des pierres plates, de bel aspect et régulières, pour l'assise de faîte. Notez que toutes les assises n'ont pas exactement la même hauteur, mais qu'elles sont toutes régulières et parfaitement horizontales. Cela oblige à un tri préliminaire des moellons selon leur hauteur. Comblez les interstices avec un mélange de sable et de petits graviers, afin d'éviter les vides sous le mortier de jointoiement.

7 Effectuez le jointoiement de pierres de l'assise terminale au mortier bâtard, pour que l'eau ne pénètre pas dans la maçonnerie. On pourrait également utiliser de grandes pierres plates pour former un chaperon, ce qui dispenserait du jointoiement.

8 La deuxième partie de l'ouvrage, c'est-à-dire le muret jumeau, est construit de la même façon. Réglez l'alignement à l'aide du cordeau et du niveau.

➲ Traitement des pierres

Les moellons bruts ou rustiqués présentent souvent des souillures et de la terre : il faut les nettoyer au jet (l'humidification est d'ailleurs obligatoire s'il fait chaud) avant de les maçonner. Au cours de la construction, vous pouvez ébousiner, c'est-à-dire enlever les croûtes de pierre mal formée et tendre qui recouvrent parfois la pierre saine et dure. Par ailleurs, vous serez aussi amené à rectifier, à l'aide d'un têtu, le profil d'un moellon. Notez qu'il est préférable que les faces jointives des moellons soient légèrement en creux.

8

Maçonnerie en parpaing

Les parpaings de béton constituent aujourd'hui le principal matériau de construction. Ils sont faciles à mettre en œuvre par un amateur, à condition de respecter des règles essentielles.

Les parpaings

Ces blocs, pleins ou creux, moins chers que les autres matériaux de construction, ont des dimensions très variables – le plus souvent, 50 x 20 cm pour les parpaings alvéolés, et 40 x 20 ou également 50 x 20 cm pour les pleins. Leur épaisseur est de 5 cm, 10 cm (pour les cloisons intérieures), 15 cm et 20 cm. Quand ils sont creux, comme les briques creuses, ils apportent à la construction une certaine isolation et l'air peut circuler, asséchant les murs. Ils sont en revanche plus résistants quand ils sont pleins. Mais creux ou pleins, ils présentent une dépression à une ou à chaque extrémité (selon le cas) permettant d'assurer l'assemblage au mortier.

Les fondations

Leur importance dépend de la nature de la construction. Pour un garage ou un abri de jardin, on coule une dalle en béton armé (par treillis et avec film d'étanchéité) sur un hérisson de pierraille. Il faut prévoir aussi un chaînage vertical liant la dalle aux murs porteurs, au niveau des angles et des baies.

OUTILS ET MATÉRIAUX

- Équerre de maçon
- Cordeau
- Auge
- Taloche
- Truelle
- Niveau à bulle
- Fil à plomb
- Maillet
- Martelet
- Massette
- Ciseau de maçon
- Meuleuse d'angle

- Ciment
- Chaux
- Sable
- Gravillon
- Fers d'armature
- Planches de coffrage

➲ Quel mortier ?

Pour une construction en béton, tels une petite maison, un abri de jardin, un garage, un poulailler, un mur de clôture ou un muret, utilisez un mortier bâtard, en l'occurrence un mortier préparé à base de ciment gris ordinaire, de chaux grise et de sable. Le dosage à retenir, pour ces constructions courantes, est de 25 kg de ciment (1 part), 25 kg de chaux (1 part) et 100 litres de sable (1 part).

1 Effectuez d'abord un tracé au sol de la construction, même s'il s'agit d'un petit muret ou d'un abri léger. Vérifiez la rectitude des angles à l'aide d'une équerre de maçon (à longues branches) et notez la position de l'ensemble des éléments : porte, fenêtre, ancrage de mur de refend...

2 Déposez un lit de mortier bâtard pour la première rangée de parpaings. Étalez-le à la truelle, sur les deux côtés du tracé, en lui donnant une épaisseur de 3 cm environ. Pour le déposer proprement contre le trait, placez la taloche sur chant et poussez le mortier avec la truelle.

Pour en savoir plus

Les matériaux **141**

Le béton **17**

Gâcher le mortier **19**

Ouverture d'une baie **47**

3 Mettez en place la première rangée de parpaings en les alignant soigneusement sur le tracé. Commencez dans un angle en plaçant la face plane d'un bloc, puis dans les autres angles (ou à l'autre extrémité du mur). Donnez aux parpaings leur assise, sur le lit de mortier, en frappant au maillet (pas au marteau !) et vérifiez leur position en plaçant le niveau à bulle sur leur face supérieure. Le mortier doit refluer de tous côtés, à la base du bloc : ôtez tout de suite le surplus de la pointe de la truelle. Introduisez du mortier dans l'alvéole entre deux bloc, en tassant à la truelle pour ne pas laisser de vides.

4 Étalez une nouvelle couche de mortier, de 1 à 2 cm d'épaisseur, sur la première rangée, de part et d'autre, en suivant la même technique – avec la taloche tenue à la verticale. Mettez en place le premier parpaing, à l'angle, en inversant sa position par rapport à la première rangée pour croiser les joints, et donnez-lui son assise en frappant au maillet, tout en contrôlant sa position à l'aide d'un niveau à bulle. Placez ensuite un parpaing à l'autre angle (ou à l'autre extrémité, s'il s'agit d'un simple mur).

➲ Les coupes

On coupe les parpaings selon la même technique que pour les briques : à l'aide du martelet, en entaillant sur tout le trait de coupe, avant de casser le bloc. Vous pouvez également utiliser, de la même manière, un ciseau de maçon et une massette. Mécaniquement, la coupe est rapide avec une meuleuse d'angle équipée d'un disque à matériaux (il faut porter des lunettes protectrices contre les projections).

5 Tendez un cordeau comme indiqué : soulevez-le légèrement de la surface du parpaing en glissant une pointe, de manière qu'il vous soit possible d'aligner les parpaings sans toucher ni déplacer le cordeau. Mettez en place les autres blocs de la rangée, en remplissant à chaque fois le joint vertical de mortier.

6 Lorsque vous avez monté plusieurs rangées, contrôlez la verticalité à l'aide d'un fil à plomb. Vous pouvez aussi utiliser un niveau à bulle, tenu contre règle de maçon appuyée verticalement sur le mur. Effectuez des vérifications en divers endroits, aux angles, au niveau des baies et au milieu des murs. Il peut être nécessaire de démonter quelques blocs pour rectifier leur position.

7 La création d'une baie ou d'une porte doit s'accompagner de la pose d'un linteau. Vous pouvez utiliser un linteau préfabriqué en usine (aux dimensions correspondantes à celles du mur) ou coffrer, comme ici, un chaînage en béton. Placez une semelle de coffrage sur des blocs en vérifiant l'aplomb.

➲ Pour une baie,

il faut prévoir un chaînage horizontal (rangée de blocs en U remplis de béton armé) en continuité pour toute construction en parpaing dépassant une hauteur de 2,5 m (soit à la base du premier étage).

8 De part et d'autre, mettez en place des blocs en U, conçus pour le chaînage, ainsi que des planches pour le coffrage du linteau. Armez avec des fers de chaînage et mouillez le coffrage avant de couler le béton. Pour une petite construction, vous pouvez utiliser du béton universel prédosé. Si vous le préparez vous-même, respectez le dosage suivant : 400 kg de ciment CPA, 450 litres de sable et 750 litres de gravillons.

Cloison en carreaux de plâtre

Malgré la concurrence du béton cellulaire et de la plaque de plâtre, le carreau de plâtre reste un matériau intéressant et économique pour créer des cloisons intérieures.

Quels carreaux ?

Les dimensions sont variables, mais les carreaux mesurent le plus souvent 66 x 50 cm. Les épaisseurs les plus courantes sont 5, 7, 8 et 10 cm. La première (5 cm) convient surtout pour les cloisons de doublage. Pour les cloisons de séparation, on utilise généralement des carreaux de 7 ou 8 cm, alors qu'une épaisseur de 10 cm apporte une bonne isolation phonique. Il existe aussi des carreaux alvéolés verticaux qui présentent l'avantage de permettre une circulation d'air asséchante à l'intérieur de la cloison.

Facilité de pose

C'est la facilité de mise en œuvre des carreaux de plâtre qui a fait leur succès. En effet, le montage des cloisons se fait rapidement, à l'aide d'une colle spéciale, à base de plâtre, appelée « liant-colle », qu'il faut gâcher avec de l'eau. Elle est plus facile à utiliser que le plâtre grâce à sa plasticité et à un retardateur de prise : le temps d'emploi est d'environ 1 h 30.

1 Effectuez d'abord un tracé de l'implantation de la cloison sur le sol et les murs. Utilisez le cordeau traceur et figurez l'épaisseur de la cloison. Sur les murs, réglez la verticalité à l'aide d'une règle de maçon et d'un niveau à bulle (ou d'un fil à plomb). Ouvrez alors, dans le mur, une saignée d'une largeur égale à l'épaisseur de la cloison et d'une profondeur de 3 cm, à l'aide d'un ciseau de maçon et d'une massette.

OUTILS ET MATÉRIAUX

- Niveau à bulle
- Règle de maçon
- Ciseau de maçon
- Massette
- Maillet
- Perceuse-visseuse
- Auge à gâcher
- Scie égoïne
- Couteau à enduire
- Plâtoir

Pour en savoir plus

Les matériaux 11

Le plâtre 14

Le béton 17

Cloison en plaques de plâtre 34

Fixations sur murs pleins ou creux 51

Isolation sous carreaux de plâtre 72

➲ Fixation

La cloison en carreaux de plâtre étant massive, elle supporte bien l'accrochage d'objets, même lourds. On peut en outre y encastrer les canalisations (plomberie et électricité, ce qui est indispensable dans une salle de bains) et effectuer des scellements. Le liant-colle peut être utilisé comme enduit avant peinture. On peut coller directement un carrelage ou un papier peint sur une cloison en carreaux de plâtre.

2 Des raidisseurs en bois sont nécessaires dès que la cloison dépasse 2,5 m. Il faut les utiliser aussi pour les extrémités de la cloison quand celle-ci n'est pas ancrée sur le mur. C'est le cas ici puisque nous aménageons un coin « salle de bains » dans une chambre. Il s'agit de profilés de bois spécialement conçus pour les carreaux (profilés autocentreurs). Coupez les raidisseurs à la hauteur exacte sol-plafond (ils ne sont pas fixés indépendamment) et mettez-les en place en les bloquant : vérifiez la verticalité avec le niveau à bulle et ajustez à l'aide d'un maillet.

3 Gâchez le liant-colle dans une auge en respectant les proportions préconisées par le fabricant du produit et étalez un lit de cette colle, à la truelle, sur le sol. Appliquez également une couche sur le chant du carreau qui doit venir dans la saignée du mur. Mettez le carreau en place et donnez-lui son assise en frappant à petits coups de maillet. Vérifiez avec soin la verticalité et l'horizontalité de ce premier élément, conditions essentielles pour la suite de la pose.

4 Continuez à mettre en place la première rangée de carreaux, en effectuant les coupes nécessaires : le chant inférieur et un chant latéral de chaque élément sont enduits de liant-colle avant leur mise en œuvre. L'ancrage sur les raidisseurs se fait au moyen de vis, enfoncées directement à la visseuse. Elles sont prises dans le liant-colle lors du montage des rangées supérieures. Pour l'angle sortant, nous utilisons ici un montant provisoire, coupé et bloqué comme les raidisseurs, qui facilite le montage et l'alignement des carreaux.

5 A chaque étape, vérifiez l'horizontalité des rangées de carreaux de plâtre. Dans le cas présent, on place un tasseau, sur lequel est posé le niveau à bulle, entre deux cloisons parallèles, pour contrôler que les éléments sont au même niveau. Réglez l'enfoncement des carreaux à petits coups de maillet.

6 D'une rangée sur l'autre, les joints sont décalés d'au moins un tiers de la largeur du carreau, afin que ne se créent pas de lignes de faiblesse dans la cloison. C'est pourquoi, ici, on a effectué une coupe au début de la deuxième rangée : on encolle, on met en place et on donne l'assise au maillet.

7

Les coupes

Utilisez une scie égoïne classique pour toutes les coupes. Prenez les mesures à l'aide d'un mètre ou en mettant le carreau en position et effectuez un tracé. Posez le carreau à plat sur un support et effectuez la coupe comme celle d'une pièce de bois.

7 En partie haute, on pose une bande résiliente en liège afin d'assurer la liaison cloison-plafond, tout en permettant le jeu ultérieur dû aux variations dimensionnelles du matériau (cette bande peut aussi être utilisée en semelle). Elle est fixée par simple collage. Bien que cela ne soit pas le cas ici, on est souvent amené à effectuer des coupes dans la hauteur – toutefois, on peut tolérer un jeu d'environ 1 cm entre le carreau et la bande résiliente.

8 Si le cloisonnement présente un angle sortant, il n'est pas nécessaire de couper préalablement les carreaux d'angle, sur une des deux cloisons – sauf pour la première et la dernière rangée. Montez complètement les parois en utilisant les carreaux entiers, qui font donc saillie. Ensuite, à l'aide d'une scie égoïne, coupez au nu de la cloison de retour.

9 Pour lier la cloison au plafond, appliquez au couteau à enduire, une couche de liant-colle sur le haut de la paroi (en dissimulant la bande résiliente) et sur le plafond. Posez une armature d'angle, puis terminez avec une nouvelle couche de liant-colle – qui fait ici fonction d'enduit – de manière à noyer cette armature. Effectuez ensuite un léger ponçage. En finition, il vous faudra refaire ou retoucher la peinture du plafond.

8

9

Enduit au plâtre

Un enduit traditionnel au plâtre est sans doute d'une qualité inégalée pour la décoration et le confort. Les plâtres actuels en rendent la réalisation abordable pour un amateur.

Plâtre allégé à prise retardée

Le plâtre ordinaire prend rapidement, en 4 ou 5 minutes, et sa mise en œuvre, sur une grande surface, demande beaucoup d'expérience – la spécialité de plâtrier étant l'une des plus difficiles de la maçonnerie traditionnelle. Heureusement, il existe aujourd'hui des plâtres allégés à prise retardée, dont le temps d'emploi, entre le début du gâchage et la fin du serrage, est de l'ordre de 1 h 45 (c'est le cas du plâtre Lutèce 2000 de Lambert ici utilisé). En outre, ces produits présentent une meilleure aptitude au lissage, après séchage, une dureté et une blancheur remarquables.

Support

Un enduit au plâtre de type traditionnel, comme celui-ci, ne peut être mis en œuvre que sur un mur sain, c'est-à-dire dépourvu de traces d'humidité. Si cette condition n'est pas remplie, il faut d'abord rechercher et éliminer les causes d'humidité de la maçonnerie.

OUTILS ET MATÉRIAUX

- Malaxeur (accessoire de perceuse)
- Règle de plâtrier (en aluminium)
- Règle biseautée de plâtrier
- Maillet
- Palette à enduire
- Plâtoir
- Truelle de plâtrier
- Raclette de plâtrier
- Taloche à lisser
- Niveau à bulle et fil à plomb
- Auge
- Seau
- Poubelle
- Escabeau

- Plâtre allégé à prise retardée

1 Gâchez un peu de plâtre pour façonner quelques plots qui servent de bases à la confection de guides verticaux en plâtre. Ces guides permettent de régler l'épaisseur de l'enduit.

2 Le but est aussi de rattraper l'aplomb du mur. La confection des guides en plâtre se fait avec une longue règle en bois aux chants bien dressés. Disposez un peu de plâtre sur toute la hauteur, sur une bande verticale et à partir des premiers plots, et tassez-le avec la règle jusqu'à obtenir l'épaisseur voulue. Vérifiez la verticalité et rattrapez l'aplomb par des épaisseurs de plâtre différentes.

3 Moulez le guide en plâtre en appliquant la règle par-dessus. Frappez sur cette dernière avec un maillet pour lui donner son assise : vérifiez la verticalité, car ce sera celle du guide.

4 Ôtez la règle une fois que le plâtre est sec, en la « décollant » : en frappant délicatement et latéralement avec le maillet. Réalisez un guide semblable, à 2 m environ du premier, pour délimiter une surface que vous pourrez enduire en une seule fois. Ici, le

Pour en savoir plus

Le plâtre **14**

Gâcher le mortier **19**

Construction d'un muret en pierre **21**

➲ Préparation des fonds

Le plâtre adhère sur tous les matériaux (pierre, brique, parpaing), à condition qu'ils soient exempts de traces d'huile ou de graisse et non pulvérulents. Évidez les joints si le vieux mortier s'effrite, pour rejointoyer avec un mortier bâtard. Sur les bétons lisses, on réalise en général un gobetis d'accroche, en l'occurrence une barbotine de mortier (2 volumes de sable gros pour 1 volume de ciment et 2 volumes d'eau) ou de plâtre et de sable (1 volume de sable gros pour 1 volume de plâtre et 3 volumes d'eau). Cette barbotine, jetée à la truelle, doit être sèche au moment de l'application de l'enduit de plâtre. Pour améliorer encore l'adhérence, vous pouvez ajouter à la barbotine un produit à base de résines synthétiques.

châssis de la fenêtre donne le niveau de l'enduit fini et sert donc de guide.

5 Gâchez le plâtre dans un récipient suffisamment grand pour la quantité nécessaire à la surface à enduire – une grande poubelle est une bonne solution. Le plâtre doit être gâché avec de l'eau propre. N'oubliez pas la règle d'or : verser le plâtre sur l'eau (l'opération contraire entraîne des grumeaux impossibles à éliminer). Respectez les indications données par le fabricant (en général, pour un enduit important, il faut gâcher entre 1/2 et 3/4 de volume de plâtre pour 1 volume d'eau, et jusqu'à 1 volume de plâtre pour 1 volume d'eau pour une petite surface). Pour que le plâtre soit de bonne qualité, le gâchage doit être rapide. Utilisez un malaxeur, en accessoire de perceuse, afin d'obtenir une pâte onctueuse et homogène. Appliquez l'enduit sans délai.

6 Pour enduire le mur, utilisez une palette à enduire qu'il faut charger à la truelle et qui permet de travailler rapidement en ébauchant un premier lis-

➲ Guides en bois

Vous pouvez aussi utiliser des règles en bois, en l'occurrence des tasseaux bien dressés, qu'il faut fixer avec des chevillettes de maçon. Ces guides sont enlevés une fois que le plâtre a pris ; les trous qu'ils laissent sont bouchés avant de lisser définitivement.

➲ Humidification

Avant d'appliquer le plâtre sur la maçonnerie humidifiez celle-ci en l'aspergeant d'eau propre afin d'éviter qu'elle n'absorbe l'eau de gâchage, desséchant ainsi le plâtre et compromettant sa bonne tenue – on parle alors de plâtre « brûlé ».

sage. Travaillez à partir d'un guide, en progressant vers l'autre, de haut en bas.

7 Au fur et à mesure que vous remplissez l'espace entre les deux guides verticaux, effectuez des dressages de l'enduit en vous servant d'une règle biseautée de plâtrier – elle est suffisamment longue pour s'appuyer sur les deux guides latéraux. Poursuivez en alternant le remplissage à la palette à enduire et le dressage à la règle sur toute la hauteur du mur.

8 Effectuez un lissage à l'aide d'une raclette en commençant par le haut du mur. Cet outil vous permet de corriger les erreurs de chargement de l'enduit, afin d'obtenir une surface homogène, sans bosse ni dépression.

9 Effectuez le lissage à l'aide d'une taloche à finir, qu'il faut passer dans un mouvement large et régulier, en la rinçant de temps en temps de manière à réaliser un enduit plan et régulier.

10 Pour une finition parfaite, servez-vous d'un plâtoir métallique grâce auquel vous effectuerez un

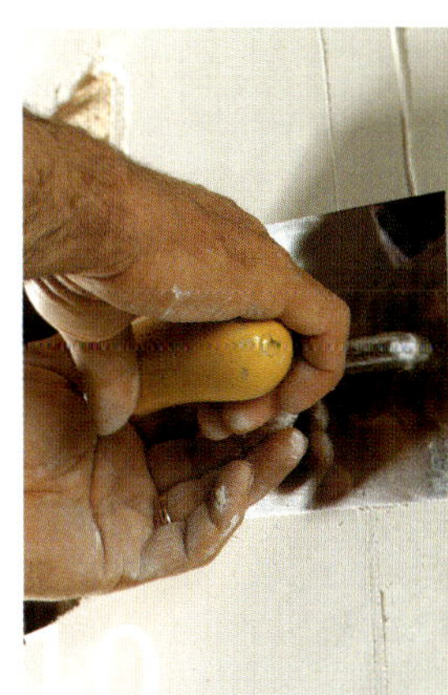

dernier lissage : il s'agit du serrage du plâtre, qu'il faut exécuter en poussant sur l'outil que l'on tient à deux mains. Cette opération ultime permet de corriger les défauts et laisse une surface plane et lisse.

Enduit sur mur en pierre

La réalisation d'un enduit intérieur sur un mur en pierre (par définition très irrégulier) est un travail classique de rénovation.

L'ordre des travaux

La réalisation d'un enduit de maçonnerie passe par la réalisation d'une couche préparatoire, qu'on appelle le gobetis, et qui est ici constituée d'un mortier bâtard de ciment et de chaux. Le gobetis laisse une surface relativement plane mais rugueuse, qui permet une bonne accroche de la couche de finition. On applique ensuite le corps de l'enduit, c'est-à-dire un mortier décoratif, qu'il faut correctement lisser.

Les points importants

Il faut d'abord vous préoccuper de votre sécurité en montant correctement un échafaudage, surtout si, comme ici, il s'agit d'un local très haut de plafond. Par ailleurs, pour que le mortier accroche bien sur le mur, vous disposerez sur toute la surface un grillage adapté. Enfin, vous utiliserez de préférence une machine à projeter que vous louerez dans une maison spécialisée.

OUTILS ET MATÉRIAUX

- Compresseur
- Machine à projeter
- Bétonnière
- Pelle
- Marteau
- Auge
- Règle de maçon
- Truelle
- Taloche chemin de fer

- Ciment
- Chaux

- Sable
- Enduit décoratif
- Grillage
- Clous à maçonnerie

➲ Préparation des fonds

Effectuez d'abord un nettoyage consciencieux de la paroi en éliminant toutes les parties non adhérentes. Il peut être nécessaire de rejointoyer les pierres si les joints anciens sont effrités et évidés. Vous pouvez utiliser un adjuvant (à base de résine synthétique) qui, incorporé au mortier du gobetis, lui donne davantage de plasticité et une adhérence nettement supérieure.

Pour en savoir plus

Gâcher le mortier 19

Construction d'un muret en pierre 21

1

1 Commencez en appliquant le grillage sur le mur. Il s'agit d'un grillage très souple, à mailles carrées, qu'il faut plaquer le mieux possible contre la paroi. Maintenez-le sur les bords à l'aide de grands clous à maçonnerie que vous retirerez dès que vous aurez appliqué la première couche de mortier.

2 Préparez le mortier bâtard à la bétonnière (vu la quantité nécessaire). Pour les enduits traditionnels, on adopte en général comme dosage : 140 litres de sable pour 50 kg de liant (mélange de ciment et de chaux à parts égales). Pour la première projection (gobetis d'accrochage), il est préférable d'augmenter la proportion de liant : 100 litres de sable pour 50 kg de liant.
Pour le gobetis, utilisez de préférence du sable grenu de façon à obtenir une surface rugueuse qui améliore l'accrochage de la couche de finition.

3 Appliquez le gobetis à l'aide de la machine. Repassez aussi souvent que nécessaire pour obtenir l'épaisseur souhaitée. Les lunettes et les gants de protection sont indispen-

2

sables. Il s'agit d'un travail relativement facile si vous avez correctement réglé la consistance du mortier et la pression.

4 Commencez toujours par le haut du mur. Il faut travailler par surfaces successives de quelques mètres carrés, que vous enduirez complètement à l'épaisseur souhaitée, avant de passer à la surface suivante. Le raccordement entre deux surfaces ne pose pas de problème particulier et vous pouvez fort bien effectuer une pause d'une nuit (ou de plusieurs jours) en cours d'enduisage d'une grande paroi.

5 Dressez la première couche d'enduit au fur et à mesure, à l'aide d'une règle de maçon (pièce de bois elle-même bien dressée, c'est-à-dire plane). Si vous souhaitez obtenir une surface parfaite, mettez en place des règles verticales sur le mur, après avoir vérifié l'aplomb de ce dernier.

Ces règles, qui vous permettront de dresser l'enduit à l'épaisseur souhaitée, seront enlevées dès que le mortier commencera à prendre ; rebouchez leur emplacement et égalisez avec le reste de la paroi.

6 L'enduit de finition se passe à la machine, selon la même technique que le gobetis. Gâchez le produit selon les recommandations d'utilisation de la machine.

7 Effectuez un premier lissage à la truelle, en serrant bien le mortier et en façonnant, si nécessaire – comme ici aux abords des linteaux en bois et des pierres de taille (laissées apparentes) de la baie.

8 Terminez par un lissage à la taloche chemin de fer pour donner son aspect définitif à l'enduit intérieur rustique.

Cloison en plaques de plâtre

La rénovation d'un appartement passe souvent par un remodelage de la distribution et la création de nouvelles cloisons : la plaque de plâtre est alors souvent la meilleure solution.

Tous types de cloisons

Les plaques de plâtre permettent de créer des cloisons de distribution, c'est-à-dire des cloisons internes à un appartement, aussi bien que des cloisons séparatives entre deux appartements – on a alors recours à des armatures alternées ou doubles. Elles sont aujourd'hui plus employées pour la construction de cloisons légères que n'importe quel autre matériau.

Une mise en oeuvre aisée

L'utilisation d'une ossature métallique rend très simple le montage – et le démontage – d'une cloison de distribution. Il suffit en effet de fixer les profilés métalliques sur les murs, sur le sol et sur le plafond, puis de visser dessus les plaques de plâtre. Cette ossature permet en même temps l'intégration d'un bloc-porte dans la cloison sans scellement de maçonnerie. Ici, avec le système Placostil (Placoplâtre), nous réalisons une cloison à double parement, avec des plaques BA 13, comportant une porte.

OUTILS ET MATÉRIAUX

- Perceuse
- Visseuse
- Ponceuse orbitale
- Niveau à bulle
- Fil à plomb
- Cisaille grignoteuse
- Pince à sertir
- Scie égoïne
- Soulève-plaque
- Couteau à enduire
- Bac à gâcher

- Plaques de plâtre BA 13
- Vis trompette plaque-métal
- Vis trompette métal-métal
- Chevilles
- Enduit
- Bande à joint

1 Effectuez d'abord un double tracé au sol de la cloison, au droit des deux parements : il s'agit donc de matérialiser l'épaisseur qui comprend l'ossature métallique et les deux couches de plaques de plâtre (ou une seule couche pour une cloison à parements simples). Utilisez le cordeau traceur en notant également, par des traits perpendiculaires, la position de l'huisserie du bloc-porte et des deux montants métalliques qui vont l'encadrer. Coupez les rails métalliques à la bonne longueur, après avoir pris les mesures, à l'aide d'une cisaille grignoteuse ou d'une scie à métaux. Côté porte, introduisez un raccord d'angle qui permettra de fixer les montants d'encadrement. Positionnez les rails au sol en utilisant deux chutes de plaque l'une sur l'autre et fixez-les, après perçage, par chevillage et vissage (à la visseuse) en plaçant au moins une vis tous les 60 cm ; vous pouvez également utiliser des chevilles-vis à frapper.

2 Prenez les repères pour le rail de plafond. A l'aide d'un fil à plomb, tenu contre le plafond dont le poids est positionné sur le

Pour en savoir plus

Les matériaux **11**

Le plâtre **14**

Isolation sous rampants **82**

➲ Une plaque de plâtre

Elle est constituée d'une âme en plâtre, renforcée d'un carton d'armature. Les bords sont amincis, de part et d'autre, pour permettre le jointoiement. L'épaisseur est variable (9,5 cm et 12,5 cm pour les plus courantes). La hauteur usuelle est de 250 cm, pour une largeur de 60, de 90 ou de 120 cm. Le poids d'une BA 13 (plaque de 12,5 cm d'épaisseur) est de 10,2 kg au m^2. Il existe des plaques de plâtre hydrofugées sur les deux parements, pour les locaux humides, des plaques pare-vapeur, résistant à la diffusion de la vapeur d'eau et des plaques à haute résistance aux chocs, pour les lieux exposés.

➲ Manipulation et stockage des plaques de plâtre

Relativement fragiles, les plaques de plâtre doivent faire l'objet de précautions particulières. Il faut être deux, ou même trois, pour les manipuler, étant donné leurs dimensions et leur poids. Portez-les sur chant, afin d'éviter la déformation. Il existe également des porte-plaque et des poignées de transport qui simplifient la manipulation. Stockez-les en revanche à plat, les unes sur les autres, dans un local sec et sain.

3

rail du bas, marquez d'abord les repères sur les murs latéraux, pour les profilés d'extrémité. Ensuite, prenez une série de repères au plafond afin d'effectuer un tracé au cordeau permettant de positionner le rail supérieur.

3 Fixez le rail de plafond. Il est vissé comme celui du bas, par chevillage et perçage (une vis tous les 60 cm). Adoptez des chevilles convenant au support, c'est-à-dire des chevilles pour matériaux pleins sur plafond classique en plâtre, ou des chevilles à expansion sur plafond en hourdis de béton. Préparez ensuite les deux montants d'extrémité : ils sont coupés à la hauteur sol-plafond moins 15 mm. Glissez-les dans les rails et fixez-les sur les murs latéraux par chevillage et vissage. Posez ensuite les deux montants d'encadrement de la porte en réglant d'abord leur verticalité à l'aide d'un niveau à bulle ou d'un fil à plomb (marquez un repère sur le plafond). Notez que le rail de plafond a été percé pour permettre le passage d'une gaine de canalisation électrique en sortie de plafond.

4

4 En pied, les montants d'encadrement de la porte viennent se loger dans le raccord d'angle. La fixation est réalisée, à ce niveau, à l'aide d'une pince à sertir – il faut donc acheter cet outil avec la charpente métallique.

5

5 Mettez en place les autres montants de l'ossature, en les glissant dans les rails haut et bas, en réglant à chaque fois la verticalité et en les espaçant de 60 cm (entraxe). Fixez , en haut et en bas, chaque montant sur les rails, à l'aide des vis métal spécifiques préconisées par le fabricant de l'ossature (vis autoperceuses tête ronde

➲ Les atouts de la plaque de plâtre

Légèreté, grandes dimensions, bonne résistance aux chocs et au feu sont les grandes qualités de la plaque de plâtre. En outre, ce matériau permet de réaliser des cloisons minces présentant des parements lisses qui ne demandent aucune préparation pour la mise en œuvre de revêtements décoratifs tels le papier peint ou le carrelage.

➲ Fixation des appareils sanitaires

Pour les salles de bains, les cloisons en plaques de plâtre sur ossature métallique permettent la pose des appareils sanitaires en applique, en particulier des lavabos, des bidets et des W.-C. Il convient alors d'utiliser un support métallique spécial qui s'adapte entre deux profilés verticaux au moment de la construction de la cloison. Par ailleurs, il est possible d'encastrer un réservoir de W.-C. dans les cloisons suffisamment épaisses.

de 13 mm). Vous les enfoncerez directement à l'aide de la visseuse.

6 Passez à la mise en place du bloc porte (en choisissant le côté d'ouverture de la porte – en général, vers la pièce isolée). Mettez le bloc en position, avec ses tasseaux d'immobilisation, en prenant soin de régler l'horizontalité (posez un niveau à bulle sur la traverse). Effectuez la fixation à l'aide d'au moins quatre vis à bois, régulièrement espacées, de chaque côté. Il faut ensuite réaliser l'encadrement d'imposte, audessus de la porte, avec un rail et trois montants, coupés aux dimensions. Fixez d'abord le rail inférieur sur la traverse de l'huisserie, puis les deux montants latéraux de l'imposte sur les montants verticaux, et enfin le montant intermédiaire de l'imposte sur les rails haut et bas.

7 L'ossature étant terminée, passez à mise en œuvre des plaques de plâtre (premier parement). Coupez-les à la hauteur sol-plafond moins 13 mm, à

➲ Cloison à doubles parements

Il s'agit d'une cloison comportant une double couche de plaques de plâtre sur un ou deux côtés. Elle présente une résistance nettement supérieure à celle de la cloison à parements simples.

➲ Pièces humides

Pour les cloisons édifiées dans les salles de bains et les autres locaux humides, protégez le pied de cloison contre les remontées d'humidité en interposant, sous le rail inférieur, un profilé en plastique souple spécifique à cet usage.

l'aide d'une scie égoïne spécifique, à denture large. Mettez-les en place en les haussant sur deux chutes de plaque afin de les bloquer contre le plafond ; vous pouvez également utiliser un soulève-plaque à étrier, c'est-à-dire un levier à pied qui permet de hausser et de maintenir la plaque. Le jeu ménagé en bas (qui sera dissimulé par les plinthes) est indispensable pour permettre les variations dimensionnelles des matériaux. Fixez les plaques sur les montants avec des vis trompette autoperceuses, à l'aide de la visseuse, à raison d'une vis tous les 15 cm, enfoncée à 1 cm minimum du bord. Les plaques sont placées jointivement, sans aucun jeu latéral.

8 Lorsque vous avez terminé de placer la première couche de plaques sur un côté de cloison, passez à la première couche sur l'autre. Disposez les plaques de manière que les joints soient alternés, sur les montants, entre les deux côtés. En tenant compte de cet impératif, effectuez une coupe particulière, en L, d'une plaque sur chaque côté, et placez ensuite un rectangle pour reprendre la pose avec une plaque entière après la porte.

9 Mettez en place la deuxième couche de plaques (double parement) en décalant, là encore, les joints d'une demi-plaque (joints alternés) par rapport à la première couche. Il faut aussi alterner les vis, posées comme précédemment tous les 15 cm.

10 Passez enfin à la réalisation des joints, effectuée à l'aide d'un enduit pour plaque de plâtre et d'une bande à joint spécifique (microperforée). Gâchez l'enduit dans l'eau, s'il y a lieu (il existe aussi des enduits prêts à l'emploi), et appliquez-le au couteau à enduire sur les bords amincis des plaques. Mettez alors en place la bande, sur toute la hauteur du joint (face meulée au-dessous), et serrez-la dans l'enduit avec le couteau – modérément pour ne pas chasser l'enduit. Recouvrez d'une fine couche d'enduit, un peu plus large. Posez aussi un peu d'enduit sur les têtes des vis. Après séchage, appliquez sur les joints une nouvelle couche d'enduit, d'une largeur d'environ 20 cm, en lissant bien – et posez une deuxième couche sur les têtes des vis. Attendez le séchage complet et effectuez un léger ponçage, avec une cale à poncer ou une perceuse orbitale afin d'obtenir des parements parfaitement plans et nets.

11 Lorsque les joints sont terminés, la cloison est prête pour recevoir la finition. Les angles rentrants (liaison avec le mur) sont traités comme les joints entre plaques, avec l'enduit et la bande microperforée pliée en son milieu (une légère rainure centrale facilite l'opération).

Finitions

Pour la pose de papier peint et pour la peinture, il est préférable de passer d'abord une sous-couche (peinture d'impression) spécifique pour plaque de plâtre, appliquée au pinceau et au rouleau, qui permet d'obtenir des fonds durs, nets et homogènes, et une finition parfaite.

9

10

11

Cloison en carreaux de brique

Solides et résistants, les carreaux de terre cuite permettent de monter des cloisons intérieures légères présentant de bonnes qualités d'isolation phonique et thermique, et une excellente résistance au feu.

Un montage rapide

Le carreau offre les mêmes avantages que la brique plâtrière traditionnelle, c'est-à-dire une brique creuse utilisée en intérieur – pour les cloisons et le doublage des murs –, mais ses grandes dimensions permettent un montage rapide, sans qu'il soit nécessaire d'avoir une grande expérience de la maçonnerie.

L'ancrage

Les coupes ne présentent pas de difficulté particulière : la technique est la même que pour la brique plâtrière. Il est très important toutefois d'ancrer solidement la cloison sur les murs et sur les boiseries – puisqu'une cloison implique en général la création d'une porte. Des éléments de liaison, qui se glissent dans une rainure ménagée sur les chants, améliorent la cohésion et la rigidité de l'ensemble.

OUTILS ET MATÉRIAUX

- Marteau
- Niveau à bulle
- Fil à plomb
- Ciseau
- Hachette de maçon
- Meuleuse d'angle
- Couteau à enduire
- Couteau de peintre
- Règle de maçon
- Serre-joint
- Truelle
- Platoir
- Bac à gâcher
- Escabeau

- Plâtre de montage
- Enduit au plâtre

Pour en savoir plus

Les matériaux **11**
Enduit au plâtre **29**

1 Effectuez d'abord le tracé, au sol, sur les murs et au plafond, des deux côtés de la cloison. Réglez la verticalité à l'aide d'un niveau à bulle ou d'un fil à plomb (vous pouvez vous servir d'un cordeau traceur qui permet de tracer précisément et rapidement). Ensuite, pour ancrer la cloison sur le mur, reportez la hauteur des rangées de carreaux sur le tracé. Si les murs sont, comme ici, doublés d'une plaque de plâtre, découpez celle-ci, avec un ciseau, à la hauteur de la deuxième et de la quatrième rangée et sur les deux murs (cela permet de ne pas interrompre la continuité de la plaque). S'il s'agit de murs traditionnels, ouvrez une saignée de 3 à 5 cm de profondeur sur toute la hauteur.

2 Mettez ensuite la porte en place, avec son huisserie (sans oublier qu'elle doit s'ouvrir vers l'intérieur de la pièce si la cloison délimite un couloir ou un passage). Vérifiez la verticalité des montants de l'huisserie et l'horizontalité de la traverse haute. Immobilisez en place comme indiqué, avec deux tasseaux en V, cloués sur un troisième fixé au plafond. La porte doit être solidement bloquée pour ne pas risquer de bouger – même de quelques millimètres – au cours du montage de la cloison.

2

3 Coupez des tasseaux parfaitement droits à la hauteur de la pièce moins 2 ou 3 cm. Mettez-les en place sur les deux murs, contre le tracé (vers l'extérieur), et bloquez-les en partie haute à l'aide d'un petit coin de bois enfoncé au marteau. Ajustez bien leur position car ils vont servir de guides pour le montage des carreaux. Vous pouvez également utiliser des règles à vérin (accessoires de maçonnerie que l'on peut louer). Si la largeur de la cloison (sans huisserie) excède 3 m, placez un tasseau-guide ou une règle à vérin au milieu.

4 La cloison repose sur une semelle résiliente, en l'occurrence des planchettes de bois bien dressées, de même largeur que les carreaux (proposées en accessoires, avec les carreaux). Destinée à assurer la cohésion de la cloison et à améliorer l'isolation, cette semelle est indispensable : elle est ici constituée de planchettes de même longueur que les carreaux, mais vous pouvez aussi utiliser une semelle continue. Appliquez une couche de plâtre-colle sur une des faces, et mettez les sections en place. Si le sol n'est pas parfaitement plan, utilisez une semelle continue en réglant l'horizontalité à l'aide de cales.

5 Les carreaux de terre cuite sont assemblés à l'aide d'un « plâtre-colle », c'est-à-dire d'un plâtre spécifique pour le montant des cloisons de brique. Gâchez-le en suivant les indications portées sur le conditionnement. Appliquez ensuite sur le chant du carreau deux cordons de plâtre, de part et d'autre, à l'aide d'un couteau à enduire ou d'une truelle. Appliquez également du plâtre sur le chant du carreau qui doit adhérer au mur.

6 Mettez en place le premier carreau. Poussez-le contre le mur et contre le sol afin qu'il trouve son assise et que le plâtre reflue. Immobilisez-le à l'aide d'un serre-joint contre le guide vertical. Vérifiez la position par rapport au tracé car le premier carreau est essentiel pour le montage de toute la cloison.

➲ Liaison avec le sol

Si vous construisez une cloison de carreaux de terre cuite sur un plancher ancien, il est nécessaire de prévoir une semelle rigide, en l'occurrence une lisse en bois d'une épaisseur de 5 cm. Sur un sol maçonné et irrégulier, il faut réaliser un socle en béton de 5 cm de hauteur (coulé avec coffrage). En outre, dans ce dernier cas, pour éviter les remontées d'humidité, intercalez une membrane d'étanchéité entre le sol et la première rangée de carreaux.

➲ Immobilisation de la porte

Pour éviter que le bloc-porte ne bouge, vous pouvez aussi utiliser deux tasseaux disposés en V (voir photo 2) mais, au lieu de les clouer sur un troisième, en les assemblant à l'aide d'un anneau de caoutchouc, découpé dans une chambre à air, qui exercera une pression (de haut en bas) sur l'huisserie. Pour mettre en place le bloc-porte, il peut être nécessaire de recouper les montants du bâti dormant de manière à laisser un jeu de 5 mm entre le bas de la porte et le sol (fini). Après immobilisation et contrôle de l'aplomb au niveau, sur les montants du dormant comme sur la traverse haute, mesurez les diagonales du bâti : elles doivent être rigoureusement égales. Vérifiez à nouveau en cours de bâti car l'enfoncement des pointes dans le bâti peut entraîner un déplacement.

7 Mettez en place le deuxième carreau, de la même manière. Glissez ensuite, au niveau du joint et dans la rainure, un profil de liaison qui permet d'obtenir une meilleure rigidité de la cloison.

8 A l'aide d'une règle de maçon ou d'un tasseau parfaitement dressé, vérifiez que les carreaux de la première rangée sont rigoureusement dans le même plan.

9 Pour assurer la solidarité du carreau de brique avec l'huisserie de porte, enfoncez une pointe zinguée en biais, dans la rainure. Laissez-la dépasser pour qu'elle bloque également, en partie basse, le carreau de la rangée supérieure.

10 Pour terminer la rangée jusqu'à l'huisserie, il faut effectuer une coupe. Prenez les mesures et effectuez un tracé sur le carreau. Pour couper manuellement, utilisez une hachette de maçon

(ou un martelet). Entaillez sur les deux faces, à petits coups, en suivant le tracé.

11 Vous pouvez également effectuer le travail, plus rapidement, en utilisant une meuleuse d'angle équipée d'un disque adapté à la terre cuite. Pour éviter des points faibles dans la cloison, il faut décaler les joints d'un demi-carreau d'une rangée sur l'autre. Cet appareillage implique une coupe en début de rangée. Ici, l'élément doit être engagé dans la saignée pratiquée dans la plaque de plâtre.

12 Continuez à monter la cloison de la même manière, sans oublier de mettre en place les profils de liaison. La dernière rangée oblige à effectuer des coupes en hauteur : prenez les mesures en prévoyant un espace de 1 ou 2 cm entre le haut du carreau et le plafond. Vous devez en outre effectuer une coupe double pour le carreau qui s'adapte sur l'angle supérieur de l'huisserie : travaillez là encore à la hachette ou à la meuleuse d'angle.

13 Bouchez au plâtre l'interstice entre carreau et plafond, à l'aide d'un couteau de peintre. Vous pouvez également effectuer ce rebouchage, après avoir terminé le montage de la cloison, avec de la mousse polyuréthanne expansée, dont il faut ensuite couper l'excédent au cutter. Pour que la liaison cloison-plafond soit parfaitement nette, placez un couvre-joint (ou encore une bande à cueillie ou une corniche).

14 Au fur et à mesure du montage de la cloison, lissez parfaitement les joints afin d'éviter toute surépaisseur. Après séchage, procédez à un premier ponçage. Il faut ensuite enduire la cloison de carreaux de brique avec un plâtre adapté ou un enduit au plâtre. Gâchez le produit en respectant les proportions conseillées par le fabricant. Appliquez-le au couteau à enduire ou à la truelle (étape du gobetage), puis lissez au platoir. Terminez par un léger ponçage, si nécessaire.

15 Les carreaux de terre cuite permettent aussi de réaliser des cloisons comportant un angle sortant. Pour que la construction soit solide, adaptez l'appareillage en alternant, d'une rangée sur l'autre, le côté de la brique saillante. En outre, utilisez des profils de liaison comme indiqué. Pour éviter que l'enduit au plâtre ne s'ébrèche, utilisez une arête de protection (en métal ou en matière plastique), qu'il faut noyer dans l'enduit.

Cloison en béton cellulaire

Le béton cellulaire est sans doute un matériau encore trop méconnu : il offre pourtant de nombreux avantages pour la réalisation de cloisons, de doublages de murs et d'isolation.

Des blocs très légers

Le béton cellulaire a l'aspect des parpaings pleins, mais ses dimensions sont très variables selon les fabricants. Les épaisseurs les plus courantes sont 5 cm (carreaux de béton cellulaire), 10 cm, 15 cm et 20 cm. Sa principale qualité est sans aucun doute sa légèreté, alliée à une grande résistance au choc et à l'écrasement. C'est donc un matériau idéal pour monter des cloisons en étage, sans imposer de contrainte de poids significative à la structure du bâtiment. C'est pourquoi nous l'utilisons ici pour la réalisation d'une cloison de séparation dans les combles.

Une mise en œuvre facile

Le carreau ou le bloc de béton cellulaire se maçonne comme le carreau de plâtre ou le parpaing, mais à l'aide d'un mortier-colle spécifique. Pour monter une cloison, il faut respecter scrupuleusement l'aplomb, et croiser les joints d'une rangée sur l'autre (décalage d'un demi-bloc).

OUTILS ET MATÉRIAUX

- Cordeau traceur
- Fil à plomb
- Niveau à bulle
- Marteau
- Maillet
- Fausse-équerre
- Truelle à dents
- Scie à béton cellulaire
- Truelle
- Tournevis
- Escabeau

- Mortier-colle
- Semelle résiliente
- Clous de charpente
- Pattes de ferrage

Pour en savoir plus

Les matériaux **11**
Fixations **51**

➲ Un matériau polyvalent

Les carreaux et les blocs de béton cellulaire s'utilisent aussi bien en milieu sec (combles, chambres, salles de séjour) qu'en milieu humide (cuisine, salle de bains, sous-sol). Leurs qualités de résistance les désignent tout particulièrement pour le montage des cloisons comportant des ouvertures (portes ou fenêtres).
En outre, le caractère lisse, blanc et net de leurs faces facilite grandement la finition : on peut coller directement dessus un revêtement textile, vinyle ou papier.

1 Effectuez un tracé précis, au sol comme sur les pièces de la charpente, de l'un des parements de la cloison, à l'aide d'un cordeau traceur. Vérifiez la verticalité avec un fil à plomb. Sur le plancher, notez aussi l'emplacement de la porte et ses dimensions (on utilise une huisserie d'une hauteur qui permet de la loger juste sous la panne).

2 Les blocs de béton cellulaire doivent obligatoirement reposer sur une semelle résiliente isolante qui est ici en laine de roche rigide. Le premier pas du montage de la cloison, c'est donc le clouage, sur le parquet, de la semelle – les longueurs étant placées bout à bout. Sur dalle ou sur chape, la semelle peut être simplement collée. Appliquez le mortier-colle préconisé par le fabricant à l'aide de la truelle à dents fournie avec le matériau : elle laisse des cordons de

colle qui assurent une adhérence maximale.

3 Une fois un bloc en place, appliquez une couche de colle à la truelle crantée sur son chant latéral, afin d'assurer la fixation du bloc suivant. Donnez à chaque bloc son assise en frappant avec un maillet ; vérifiez l'horizontalité en posant un niveau à bulle sur le chant supérieur.

4 D'une rangée sur l'autre, décalez d'un demi bloc, pour obtenir des joints croisés. Les coupes sont faciles à effectuer : tracez puis sciez à l'aide d'une scie à béton cellulaire (il s'agit d'une scie égoïne à denture large et affûtage permanent). Ici, la cloison devant être raccordée aux pièces de charpente inclinées, on reporte l'angle à l'aide d'une fausse-équerre avant de procéder à la coupe.

5 Pour être stable, la cloison doit être harpée sur les pièces de charpente. Pour cela, enfoncez à moitié des clous de charpente tous les 15 ou 20 cm, couchez-les et scellez-les ensuite dans le mortier-colle.

6 Procédez à la pose des rangées supérieures, en donnant à chaque bloc son assise à l'aide du maillet. Vérifiez l'aplomb au niveau à bulle.

7 Le bâti dormant de la porte est ferré sur la maçonnerie au moyen de pattes métalliques vissées sur les montants et scellées dans le mortier-colle, entre deux blocs. Notez que certaines grandes surfaces de bricolage proposent des portes intérieures sur mesure, c'est-à-dire des portes standard mises aux dimensions de votre local.

8 Montez les blocs en partie haute de la cloison de la même manière, le mortier-colle adhérant aussi sur le bois (appliquez le produit sur le chant inférieur du bloc avant la mise en place). Effectuez les coupes particulières pour adapter les blocs entre les pièces de la charpente.

9 Terminez la cloison en bouchant tous les vides et interstices, en périphérie de la cloison et autour de l'huisserie de porte, avant de lisser en parement.

➲ Encastrements et fixations

Il est possible d'encastrer des canalisations d'électricité dans un mur en béton cellulaire : les saignées peuvent être ouvertes à la rainureuse ou avec les outils manuels, en l'occurrence le ciseau de maçon et la massette. Les fixations se font par chevillage, comme sur tous les matériaux pleins.

Montage d'un barbecue

Un barbecue en kit, qui se présente sous forme d'éléments faits de briques de terre cuite que vous devez assembler avec du mortier, est une construction légère, facile à monter même si votre expérience en maçonnerie est limitée.

Une grande diversité

Il existe des modèles très divers et de toutes dimensions. Ils sont en général majoritairement en brique dont la couleur et l'aspect varient, ce qui permet de les marier à pratiquement tous les styles d'architecture. Vous trouverez aussi des kits de différents « niveaux », c'est-à-dire qu'ils peuvent être constitués d'éléments très élaborés – et les travaux de montage sont alors très succincts – ou au contraire d'éléments primaires – et la construction est alors proche de celle d'un barbecue à maçonner entièrement.

Tablettes et hotte

Un barbecue en éléments prémaçonnés en brique comprend, outre le foyer, divers compartiments pour le rangement des bûches et des victuailles, des plans de travail et, éventuellement, une hotte qui améliore l'évacuation des fumées vers le haut. Certains modèles sont évolutifs, c'est-à-dire qu'on peut leur donner une note personnalisée.

OUTILS ET MATÉRIAUX

- Truelle
- Maillet
- Fer à joints
- Mètre
- Équerre
- Crayon
- Règle de maçon
- Niveau à bulle
- Seau
- Auge
- Éponge

- Mortier-colle

Pour en savoir plus

Les matériaux **11**

Le béton **17**

Gâcher le mortier **19**

1 Effectuez d'abord le traçage au sol du barbecue en mettant en position les éléments de base et en suivant les contours au crayon. Si vous le montez sur un dallage ou un carrelage, il faut vous aligner sur les joints. Préparez ensuite le mortier-colle, en suivant les indications portées sur le sac du produit. Retournez un élément de base et appliquez, à la truelle, une fine couche de mortier-colle. Retournez-le alors et mettez-le en place en respectant le tracé initial. Frappez-le à petits coups de maillet, sur toute sa surface, pour lui donner son assise. Contrôlez son horizontalité à l'aide du niveau à bulle – et rectifiez l'assise, si nécessaire, également à l'aide du maillet.

2 Continuez à assembler, de la même manière, les éléments qui constituent les montants du barbecue.

➲ Halte au feu !

N'oubliez pas qu'un barbecue représente un danger, non seulement parce qu'il peut occasionner des brûlures (ne laissez pas les enfants s'en approcher) mais aussi parce qu'il risque de communiquer le feu à des arbustes ou des broussailles. Il convient donc de bien nettoyer les abords en éliminant les branchages et les feuilles sèches.

Chacun, à son tour, est retourné, encollé, mis en place et ajusté au maillet. Les joints des éléments sont ici déjà façonnés, et il n'y a donc pas de problème d'épaisseur. A chaque étape du montage, placez une règle de maçon (ou une pièce de bois parfaitement dressée) sur les jambages, et posez dessus un niveau à bulle pour contrôler que la rangée est parfaitement horizontale. Si vous constatez une légère différence, corrigez en frappant au maillet.

3 Le barbecue comprend des étagères, en l'occurrence des plaques de béton armé revêtues d'éléments en briques réfractaires. Elle sont conçues pour s'adapter dans les joints des jambages. Mettez-les en place au bon niveau et contrôlez leur horizontalité.

4 Lorsque les jambages sont terminés, passez à la mise en place du plan de travail. Ici, il est constitué de deux éléments : un pour le pourtour du foyer et un autre au-dessus du compartiment à bûche. Appliquez le mortier-colle sur les derniers éléments des montants et mettez en place le plan de travail en contrôlant bien la position et l'horizontalité.

5 Mettez ensuite en place les jambages de la hotte, qui constituent aussi les supports de la grille du foyer. Pour le premier, prenez d'abord des repères, en le positionnant à blanc (sans mortier-colle) sur le plan de travail, puis retournez-le, appliquez le mortier-colle à la truelle, et mettez-le définitivement en place – là encore en contrôlant l'horizontalité.

6 Si votre barbecue, comme celui-ci, est pourvu d'une hotte, il faut monter des jambages au-dessus du plan de travail. Vérifiez soigneusement leur verticalité à l'aide d'un niveau à bulle – ou d'un fil à plomb si vous y êtes plus habitué. Certains modèles n'ont pas de hotte, mais simplement un contrecœur de foyer (c'est-à-dire un muret de fond).

7 A chaque étape du montage, il faut soigneusement lisser les joints, à l'aide d'un fer à joint, de manière à éliminer les bavures de mortier-colle. Il faut qu'ils présentent le même retrait, par rapport au nu des murets, que ceux des éléments prémaçonnés. Lissez en

➲ Mortier réfractaire

Le foyer, c'est-à-dire l'élément horizontal où brûlent les bûches ou le charbon de bois, est le plus souvent en métal ou parfois prémaçonné en mortier réfractaire. Les autres parties de la construction ne sont pas en contact avec le feu et le mortier réfractaire (résistant à haute température) n'est nullement indispensable.
En revanche, pour certains modèles de barbecue en kit dont les joints ne sont pas déjà façonnés, il faut l'utiliser, mais ce point est toujours précisé sur la notice du fabricant.

➲ Les barbecues « évolutifs »

Ces modèles vous permettent de créer votre barbecue en fonction de vos besoins, de vos goûts et aussi de l'espace dont vous disposez. Vous pouvez placer le plan de travail à droite ou à gauche du foyer, ou même prévoir deux plans de travail. De même, vous avez la possibilité de créer des étagères et des compartiments supplémentaires – ou encore d'intégrer deux foyers dans la même construction. Exposez vos souhaits au vendeur qui vous fournira les éléments dont vous avez besoin.

appuyant, pour éliminer les irrégularités. S'il y a trop de mortier, évacuez l'excès en grattant avec l'extrémité du fer à joints.

8 Lorsque les montants de la hotte sont terminés, mettez en place la hotte elle-même (il n'est pas nécessaire d'attendre le séchage des joints de mortier). Comme il s'agit ici d'une partie lourde, il est préférable d'être deux pour effectuer l'opération. Selon le type du barbecue, cette hotte peut être fixée ou non au mortier-colle (consultez les indications du fabricant).

9 La hotte de ce barbecue est dotée d'un pare-vent dont les supports sont deux simples briques. Appliquez-leur une couche de mortier-colle, mettez-les en place et frappez au maillet pour leur donner leur assise – sans oublier de contrôler au niveau à bulle.

10 Terminez le montage en mettant en place l'élément de faîtage, en l'occurrence le pare-vent. Lui aussi est fixé de la même manière, au mortier-colle.

11 Quand le mortier-colle a commencé à prendre mais avant qu'il ne soit sec (et donc avant de terminer la construction si vous observez une pause), procédez au nettoyage des bavures de mortier-colle à l'aide d'une éponge mouillée, en la rinçant souvent. Après séchage du mortier, s'il y a encore des traces grisâtres, lavez à grande eau en frottant avec une brosse dure.

➲ Implantation

Un barbecue est avant tout un « feu », sur lequel on fait cuire les aliments à la manière rudimentaire, disons, des Gaulois ou des Indiens. C'est pourquoi il peut être implanté pratiquement partout et il n'y a guère de contraintes. Toutefois, il faut veiller à le placer en situation abritée des vents et, à défaut, à l'orienter dos au vent dominant. De même, choisissez l'emplacement de manière que le vent ne rabatte pas les fumées vers la maison ni vers la terrasse sur laquelle vous prenez vos repas extérieurs. En même temps, il faut éviter d'implanter votre barbecue à une trop grande distance de la porte de la cuisine, afin de ne pas compliquer le transport des victuailles et des ustensiles.

➲ Briques réfractaires

Si vous choisissez de construire un barbecue non pas en kit mais directement en briques, sur des plans que vous aurez vous-même dessinés, utilisez des briques réfractaires pour l'ensemble de la construction et pas uniquement pour les parties en contact avec le feu. C'est non seulement nécessaire pour que toutes les briques soient les mêmes, mais aussi parce que ces éléments présentent, outre une grande résistance aux hautes températures, une parfaite tenue au gel et aux intempéries.

Ouverture d'une baie

La rénovation d'une ancienne grange ou d'une vieille demeure passe souvent par l'ouverture de baies, à laquelle il faut procéder en respectant le caractère architectural du bâtiment.

Les conditions à respecter

Le percement d'une fenêtre ou d'une porte est toujours soumis à autorisation préalable (permis de construire) – et dans certaines régions ou zones, vous êtes tenu de respecter certaines contraintes architecturales concernant l'emplacement des ouvertures et leurs dimensions. Il convient donc de se renseigner, pour tout projet de ce type, auprès des services compétents.

Les problèmes techniques

L'ouverture d'une baie implique des travaux importants pouvant comporter certains dangers. Il faut donc prendre des précautions pour étayer la maçonnerie avant d'entreprendre les travaux de démolition. Louez des étais tubulaires ainsi qu'un engin de levage, s'il y a lieu. Dans le cas présent, on entreprend la création de deux fenêtres, avec la mise en œuvre de pierres de taille de récupération.

OUTILS ET MATÉRIAUX

- Pièces de charpente
- Étais tubulaires
- Planches de coffrage
- Engin de levage
- Brouette
- Marteau
- Maillet de maçon
- Griffe de cintrage
- Mètre
- Équerre
- Niveau à bulle
- Cordeau traceur
- Chevillettes
- Taloche
- Truelle
- Pistolet extrudeur
- Rouleau à peindre
- Fers à béton
- Ciment
- Chaux
- Gravillon
- Sable
- Joint d'étanchéité « maçonnerie »
- Bitume d'étanchéité pour soubassement

Pour en savoir plus

Le béton **17**

Gâcher le mortier **19**

Restaurer une façade en pierre **257**

➲ Étayer

Si vous ouvrez une baie à un niveau du bâtiment au-dessus duquel se trouve un plancher, vous devez étayer celui-ci en totalité, à l'aide d'étais tubulaires. Il faut étayer également, par des étais en travers, les autres ouvertures du mur, c'est-à-dire toutes les portes et les fenêtres, car elles risquent de subir des contraintes supplémentaires au cours des travaux.

1 Percez une ouverture dans le mur afin de placer un premier étai en travers, en l'occurrence une pièce de charpente. En effet, l'ouverture d'une baie, quelle qu'elle soit, dans un mur, porte atteinte à la stabilité générale de la construction. Un étaiement solide et conforme aux normes est donc indispensable : la sécurité du bâtiment et la vôtre, aux cours des travaux, sont en jeu. Pour percer une maçonnerie traditionnelle en pierre, comme celle-ci, il faut d'abord desceller un bloc : les autres viennent ensuite facilement. Passez le premier étai (poutre) en travers et mettez en place, de part et d'autre, un étai de maçon tubulaire. Placez ce dernier sur une pièce de bois pour le hausser au bon niveau et réglez la hauteur à l'aide de la broche.

2 Trois solides poutres en travers, supportées par des

étais tubulaires posés sur cales, suffisent ici pour supporter le mur de façade. Tracez, à la craie ou au cordeau traceur, les dimensions de l'ouverture à réaliser. Effectuez la démolition de haut en bas – en partant des étais – en utilisant la massette, le ciseau et la broche de maçon, et la barre à mine si nécessaire. Assurez-vous que tous les blocs restés en place sont solidement maintenus et qu'ils ne risquent pas de se détacher au cours des travaux. Évacuez les gravats pour dégager le chantier. Il faut compléter ici en creusant le sol, afin de dégager le soubassement de la maçonnerie et d'avoir suffisamment de place pour le coffrage ultérieur.

3 Le soubassement, c'est-à-dire la partie de la maçonnerie enterrée à l'extérieur, et remplissant le vide entre les jambages des fenêtres en partie basse, est ici réalisé en béton armé. Mettez en place le coffrage, fait de planches de 30 mm d'épaisseur superposées sur chant avec renforts de montants soutenus par des jambes de force clouées (bloquées contre le pied des étais tubulaires déjà en place), des étais et des cales en partie basse. Vérifiez la verticalité du coffrage avec le niveau à bulle.

4 Ferraillez le soubassement par une armature dont la longueur doit correspondre à celle du coffrage moins 2 cm à chaque extrémité. Mouillez les pièces du coffrage afin d'éviter de « brûler » le béton – dont l'eau de gâchage serait absorbée par le bois – et procédez au coulage du béton. Tapez au maillet sur le coffrage pour que le produit occupe tout le volume et pour éliminer les poches d'air. Si vous préparez vous-même le béton, respectez le dosage suivant : 400 kg de ciment CPA, 450 litres de sable et 750 litres de gravillons.

5 Le soubassement est moins épais que le mur en pierre, et il faut donc effectuer un raccord pour le sol. Il suffit de couler une semelle de béton non armé pour prolonger la dalle du local.

6 Ici, au-dessus du soubassement enterré, on coule en plusieurs étapes une allège en béton armé, en intégrant en parement une maçonnerie en pierre de manière à harmoniser, vers l'extérieur, cette partie avec le reste du mur (on utilise les blocs récupérés à la démolition). Pour ce faire,

➲ Armature

Pour un coffrage comme celui-ci, utilisez des fers d'armature de 12 mm de section, liés par des fers de section plus faible (6 ou 8 mm). Pliez les fers à la griffe à cintrer, sur un madrier, et liez-les avec du fil métallique pour ferraillage. Mettez en place l'armature sans qu'elle touche le fond du coffrage, toute pièce de ferraillage devant être à au moins 2 cm de la surface du béton.

6

7

on utilise un coffrage simple constitué de deux planches couvrant toute la largeur de l'ouverture et maintenues par des chevillettes de maçon.

7 Après séchage du béton et décoffrage, on effectue, sur l'allège de la baie, un tracé – à l'aide d'un cordeau traceur – pour matérialiser la largeur des deux châssis de fenêtre que l'on va implanter.

8 La rénovation se poursuit par la construction de jambages de fenêtre en pierre de taille de récupération. Il ne s'agit pas d'un habillage de parement mais d'une véritable maçonnerie en pierre qui va supporter les linteaux, et donc tout le poids du mur. Il faut donc la monter selon les normes, en respectant l'aplomb – vérification à l'aide d'un niveau à bulle. Les blocs sont assemblés avec du mortier bâtard. On met également en place, sur l'allège en béton armé, deux pierres de taille qui constituent les appuis des nouvelles fenêtres.

9 Les jambages sont montés en pierre de taille jusqu'au niveau des nouveaux linteaux. Étant donné les dimensions des blocs, il est impératif, pour le bardage comme pour la mise en œuvre, d'utiliser un engin de levage comme celui-ci, facile à manœuvrer, que l'on peut louer le temps que dure le chantier auprès d'une entreprise spécialisée.

10 La partie centrale de la baie est constituée par un pilier, monté en pierre de taille pour les jambages des deux fenêtres, avec un remplissage central en moellons récupérés sur la démolition. L'épaisseur donnée au pilier est la même que celle du mur.

11 Les linteaux sont eux aussi en pierre de taille de récupération ; ils se mettent en place classiquement sur les jambages des deux fenêtres, avec un simple joint de mortier. Comme ils n'ont pas la même largeur que le mur, on les double, vers l'intérieur, par des linteaux en bois, également de récupération, qui jouent eux aussi à la fois un rôle de support et de décoration. L'engin de levage est là encore indispensable pour centrer convenablement les linteaux – un tracé préalable étant nécessaire pour la mise en place. Il reste alors à reconstruire la partie du mur qui se trouve au-dessus des linteaux, pour faire la jonction avec le reste de la maçonnerie. On utilise les moellons originaux, dûment nettoyés afin d'éliminer le vieux mortier, en jointoyant avec un mortier bâtard. Il s'agit ici de moellons « rustiqués », c'est-à-dire taillés grossièrement, qu'il faut maçonner par

8

9

10

11

13

14

assises successives, avec du mortier bâtard. Les joints sont « cirés », c'est-à-dire fortement serrés et lissés à la truelle.

12 Le raccord ayant été effectué avec le reste de la maçonnerie, il faut attendre le séchage complet du mortier pour passer à la dépose des étais en travers. Il reste à boucher les trous laissés par ces derniers avec des moellons.

13 La pose des huisseries se fait avec des pattes de liaison métalliques, qu'il faut sceller au mortier dans la maçonnerie. Le contrôle de l'aplomb est essentiel et il faut ensuite boucher tous les vides avec du mortier afin d'éviter les fuites – et les vents coulis. Après séchage du mortier, réalisez un joint d'étanchéité qui évitera la pénétration de l'humidité. Effectuez ce calfeutrage à l'aide d'un mastic d'étanchéité pour maçonnerie, en cartouche, monté sur pistolet extrudeur.

14 A l'intérieur, la dernière étape de la rénovation est le rejointoiement de la maçonnerie à l'aide d'un mortier bâtard décoratif, préparé avec du ciment et de la chaux blancs. Ce mélange sert également de revêtement à l'allège de la fenêtre, après une couche d'accroche, en l'occurrence un gobetis de mortier ordinaire.

15 À l'extérieur, il est nécessaire d'appliquer un revêtement protecteur sur le soubassement en béton armé de la nouvelle baie, afin d'éviter la pénétration de l'humidité du sol et sa remontée dans les murs. Utilisez un produit pour fondation, à base de bitume et de résines, qui forme une couche imperméable. Appliquez-le au rouleau et par temps sec (les outils devant être nettoyés au white-spirit). Attendez quatre jours, pour que le revêtement soit complètement sec, avant de remblayer.

12

15

Fixations sur murs pleins ou creux

La fixation d'objets sur les murs est sans doute l'un des travaux les plus courants du bricolage, ce qui ne signifie pas qu'il soit le plus facile. Pourtant, le plus important c'est de choisir la bonne cheville pour le bon matériau.

Sécurité d'abord

L'accrochage d'objets lourds (éléments de cuisine, rayonnages, armoires de toilettes et à pharmacie, etc.) doit être irréprochable, votre sécurité en dépend. Le blocage doit être parfait, et si la vis ou la cheville tourne dans le vide en fin de serrage, il faut recommencer la fixation.

Le choix d'une cheville

Qu'elle soit en métal, en matière plastique ou en Nylon, la cheville subit une expansion sous l'effet du serrage de la vis (en général une vis à bois), ce qui donne une grande résistance à la fixation. La gamme présentée dans les rayons spécialisés est très vaste : prenez la peine de bien lire les indications données par le fabricant sur la nature du support (plein, friable ou creux) et le type de charge. En cas de doute, utilisez une cheville polyvalente.

Pour les matériaux pleins

Les chevilles à filetage extérieur : elles conviennent particulièrement pour les matériaux poreux ayant tendance à s'effriter, pour le béton cellulaire ou les carreaux de plâtre, comme dans les matériaux de même type. Il existe également des chevilles à filetage extérieur, en Nylon et en métal pour plaques de plâtre (charges légères).

1 Cheville en métal, autoperceuse. Son extrémité pointue et son filetage permettent de l'enfoncer sans perçage préalable.

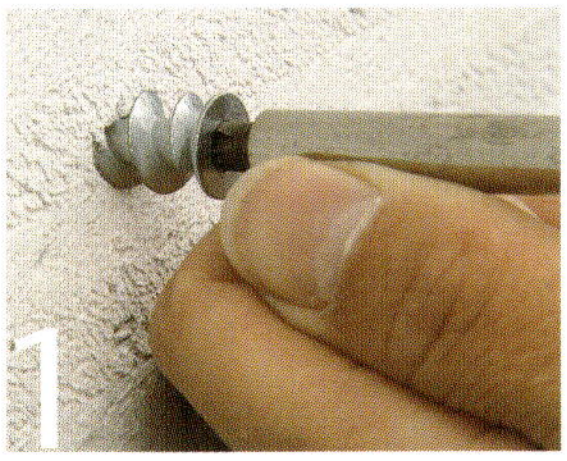

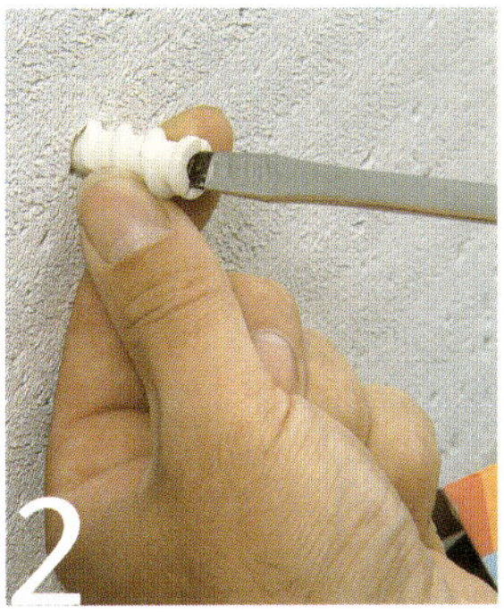

2 Cheville en Nylon. Percez avec une mèche de diamètre inférieur à celui de la cheville, avec une perceuse sans percussion. Elle est dotée d'une fente : enfoncez la cheville en vissant (tournevis ou visseuse).

3 Cheville fendue. En Nylon ou en matière plastique, elle convient à tous types de murs pleins (brique, plâtre, mortier). Sur un mur en parpaing, on l'utilise pour une fixation dans le joint (charges légères ou moyennes). Enfoncez la cheville au marteau, de façon qu'elle affleure le niveau du joint de mortier. Utilisez ensuite une vis à bois.

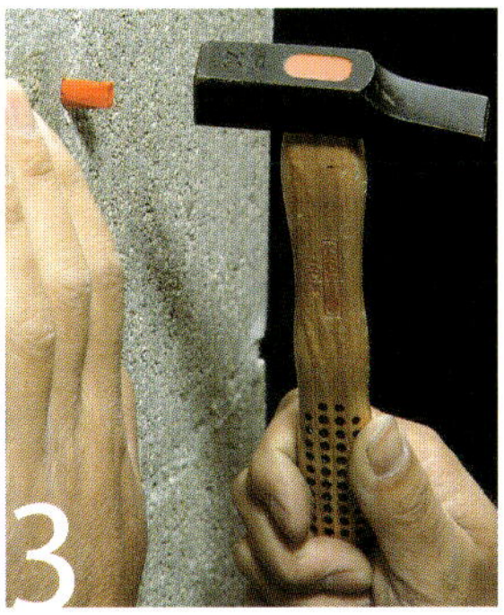

Pour les matériaux creux

4 Cheville à expansion en Nylon : ce type de cheville, à collerette et fendue côté

➲ Quand la cheville tient mal...

La cheville en place et la vis serrée, soumettez-les à un effort de traction.

- **Si la cheville bouge** quand vous tirez ou quand vous vissez à fond, essayez d'utiliser une vis plus grosse – ce qui entraînera une expansion plus importante de la cheville. Pour les charges légères, vous pouvez vous contenter d'introduire une allumette dans la cheville avant de visser.
- **Si la cheville tourne** dans son logement ou qu'elle s'arrache après un effort de traction, il faut utiliser une cheville plus grosse ou de type différent (par exemple une cheville à collerette). Si ce n'est pas possible ou si le trou est très endommagé, il vaut mieux reboucher avec un enduit au plâtre. Mettez la cheville en place immédiatement et attendez le séchage complet de l'enduit (c'est-à-dire une journée) pour visser.

OUTILS ET MATÉRIAUX

- Perceuse-visseuse
- Marteau
- Tournevis
- Cutter
- Clé droite
- Mousse expansible

Pour en savoir plus

Cloison en plaques de plâtre **34**

Cloison en béton cellulaire **42**

tête, s'utilise avec des vis à bois. Percez avec une mèche de diamètre légèrement inférieur à celui de la cheville et enfoncez celle-ci avec un marteau. Vissez ensuite, en insistant pour que le corps de la cheville s'écarte dans la partie creuse.

5 Crochet à cheville à ancrage. Cette cheville, montée sur crochet, convient pour tous types de fixation sur différents matériaux, en particulier les parpaings creux – le corps

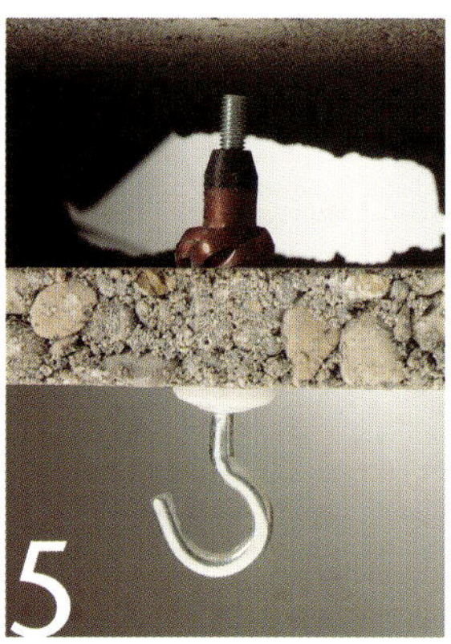
5

de la cheville se déployant en contre-parement, sous l'effet du vissage. Percez un trou de diamètre identique à celui de la cheville, enfoncez celle-ci et serrez. Pour un crochet, comme ici, ou pour un piton, passez la lame du tournevis dans la boucle pour faire levier. Il existe des modèles semblables avec cheville à expansion métallique.

6 Gond à cheville à ancrage en métal. Grâce au contre-écrou fixé à l'extrémité de la tige filetée, les ailettes de cette cheville se déploient, sous l'effet du vissage, pour

6

venir s'appuyer sur le contre-parement. Convient pour des charges relativement lourdes sur plaque de pâtre. Peut-être utilisée également sur d'autres matériaux creux et sur les plafonds en plaques.

7 Cheville à expansion en élastomère. Sous l'effet du vissage, la cheville en élastomère est comprimée par le contre-écrou. Ce type de cheville convient pour des charges assez lourdes sur tous matériaux creux, et peut être utilisé également sur matériaux plein (avec perçage de même diamètre que la cheville). Il existe des systèmes semblables avec tige filetée, comme ici, et aussi avec crochet, gond ou vis.

8 Crochet à aiguille (Crochet X ou similaire). Il s'agit en fait d'un clouage, la forme du crochet lui permettant de s'appuyer sur le parement et lui donnant la plus grande résistance vu l'inclinaison de l'aiguille, guidée par les trous de passage. Peut s'utiliser sur plaque de plâtre et enduit de plâtre. La charge maximale est d'environ 5 kg (pour les crochets les plus gros).

9 Cheville à bascule : en Nylon (comme ici) ou en métal, ce type de cheville est essentiellement utilisé pour accrocher les lustres sur plafonds en plaques de plâtre. La charge maximale est assez faible, de l'ordre de 3 kg. Pour accrocher des objets plus lourds (jusqu'à 15 kg), il faut la passer à travers une ossature métallique du plafond. Il existe également des systèmes basculants en métal. Les chevilles à ressort, dotées de deux éléments qui s'écartent en contre-parement du plafond, offrent les mêmes performances. Percez un trou d'un diamètre égal à celui de la cheville et introduisez complètement le corps de l'accessoire. Tirez ensuite sur le fil de Nylon, de manière à coucher l'élément, et mettez la collerette en place sur le trou. Serrez le crochet à vis et coupez le fil au cutter.

7

8

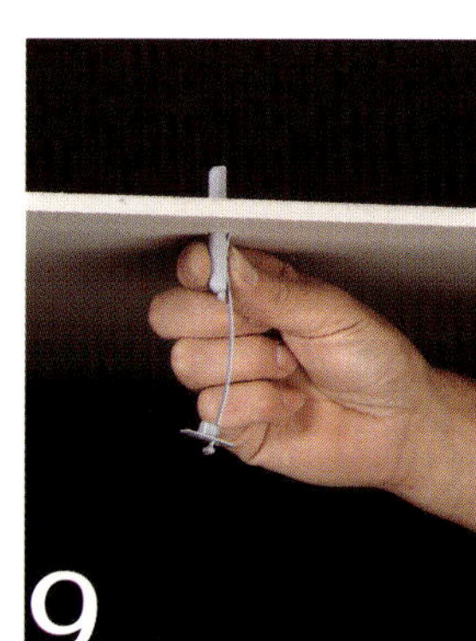
9

➲ Perçage des matériaux

Percer correctement est la première condition pour que l'accrochage soit solide. Utilisez une mèche ou un foret adapté au support – les forets à béton ordinaires conviennent pour tous les matériaux de maçonnerie.

- **Pour les matériaux pleins et durs,** choisissez une mèche du diamètre de la cheville. En général, l'utilisation de la percussion n'est nécessaire que dans le béton (la percussion à des effets négatifs sur certaines maçonneries car elle peut causer des fissures et l'effritement des joints).
- **Pour les matériaux friables** (béton cellulaire ou carreaux de plâtre), utilisez une mèche de diamètre légèrement inférieur à celui de la cheville et percez sans percussion.
- **Pour les matériaux creux,** percez avec précaution en vous servant d'une mèche au diamètre égal (en général) à celui de la cheville. Ne percez pas dans les joints. Montez un guide de profondeur sur la perceuse : le trou doit être un peu plus profond que la longueur de la cheville.

Chape flottante isolée

Ce type d'isolation thermique et acoustique des sols est particulièrement intéressant dans la restauration, pour les pièces sur sous-sol non isolé ou sur vide sanitaire. On peut également l'adopter pour les anciennes granges ou les locaux de ce type. Une chape flottante sur panneaux isolants permet de poser, ensuite, n'importe quelle sorte de revêtement de sol.

Désolidariser des parois

L'un des principaux avantages de la chape flottante est de désolidariser le sol de la pièce des parois, au moyen de bandes résilientes que l'on place contre ces dernières. Cette caractéristique permet d'obtenir une excellente isolation, en particulier sur le plan acoustique. Elle appelle évidemment la mise en place d'une isolation thermique et acoustique sur les cloisons elles-mêmes, de manière à assurer la continuité.

Quels produits ?

Les panneaux isolants utilisés doivent être spécifiquement prévus pour les sols, de manière à résister à l'écrasement. Il s'agit ici de panneaux de polystyrène, qui remplissent ces conditions. Vous pouvez aussi utiliser des panneaux de laine de roche, qui présentent des qualités proches.

OUTILS ET MATÉRIAUX

- Cisaille à métaux
- Niveau à bulle
- Truelle
- Taloche
- Lisseuse mécanique
- Grand couteau (coupe de l'isolant)
- Règles de maçon

- Panneaux de polystyrène
- Bandes résilientes
- Film polyéthylène
- Béton
- Treillis métallique
- Adhésif

➲ Avant-projet

Si vous envisagez, dans le cadre d'un projet de rénovation, de mettre en place une chape flottante isolée, il faut en tenir compte dans les plans puisqu'elle implique un rehaussement du sol : cela a des conséquences directes sur les portes, les escaliers, le cheminement des canalisations, etc. Bien entendu, une telle chape doit être posée sur toute la surface au sol de la construction.

Pour en savoir plus

Le béton **17**

Chape sèche isolante **78**

1 Préparez le sol. Il s'agit ici de la rénovation d'une ancienne grange dans laquelle la chape flottante va être mise en œuvre sur un lit de sable : on commence donc par soigneusement dresser le sol, à l'aide d'une règle de maçon, en vérifiant l'horizontalité à l'aide d'un niveau à bulle. Si la chape est placée sur une ancienne dalle de béton, un ragréage peut être nécessaire. En effet, les moindres irrégularités sont sanctionnées par un affaiblissement de l'isolation, en particulier sur le plan

1

➲ Épaisseur de la chape

La chape de béton peut avoir une épaisseur de 4 à 6 cm. Si les cloisons ont été montées avant, ou dans un local où aucune cloison n'est prévue, 4 cm suffisent.
En revanche, si vous devez monter une cloison en plaques de plâtre, donnez à la chape une épaisseur de 6 cm et utilisez du treillis ayant des mailles de 5 x 5 cm.

acoustique. Dans tous les cas, il faut se préoccuper du niveau d'humidité, toujours nuisible, même si la chape est bien protégée. Un drainage du sol extérieur peut être nécessaire.

2 Pour éviter les remontées d'humidité dans l'isolant, mettez en place un barrage étanche, en l'occurrence un film polyéthylène spécial pour ce type d'utilisation (d'une épaisseur minimale de 100 microns). Commencez par fixer les extrémités du lé sur les parois, avec de l'adhésif, car le film étanche doit protéger la chape isolante dans toute son épaisseur, ainsi que les bandes résilientes périphériques. Faites-le remonter d'une trentaine de centimètres.

3 Déroulez le film polyéthylène sur toute la surface du sol, sans le tendre mais en évitant les plis. Le film est vendu en grande largeur. Toutefois, si vous devez poser plusieurs lés, ceux-ci doivent se chevaucher, au niveau de leur jonction, sur au moins 10 cm. Ce film étanche ne doit en aucun cas être interrompu ni percé.

4 Mettez alors en place les bandes résilientes, en périphérie du local. Il s'agit de plaques de polystyrène, moins épaisses que l'isolant du sol, qu'il faut disposer sur tout le périmètre, bout à bout, sans rupture de continuité. Le rôle de ce bandeau, dont la hauteur est ici d'une vingtaine de centimètres, est très

important : il évite en effet à la chape le contact direct des structures du bâtiment, et supprime du même coup la transmission latérale des bruits, tout en renforçant l'isolation thermique de l'intérieur.

5 Disposez au sol l'isolant, c'est-à-dire les panneaux de polystyrène. Notez que l'épaisseur de cette couche peut varier en fonction du type d'isolation recherchée. On a opté ici pour une épaisseur importante (10 cm), étant donné la nature du sol. On peut toutefois choisir des panneaux de polystyrène ou de laine de roche nettement moins épais (à partir de 15 mm), en particulier sur dalle de béton préexistante et quand on recherche surtout l'isolation acoustique. Dans tous les cas, il est important que les panneaux soient bien jointifs entre eux et contre le bandeau vertical, pour qu'il n'y ait pas rupture de continuité de l'isolation. Effectuez les coupes à l'aide d'un grand couteau bien affûté et placez les panneaux en quinconce (des joints alignés créant des lignes de faiblesse sur la chape).

6 Étant donné la nature de la construction et du sol sur lequel on implante la chape, on étale un deuxième film polyéthylène étanche sur l'isolant, de manière à éviter toute remontée d'humidité. Il faut le disposer comme le premier, sur toute la surface, et le fixer au mur, au-dessus du bandeau de plaques résilientes, avec de l'adhésif.

7 La chape de béton est simplement armée de treillis, comportant des mailles de 10 x 10 cm, qui lui confère une rigidité suffisante étant donné le type de sollicitation à laquelle sera soumis le sol fini. Il n'est pas nécessaire de raccorder entre elles les sur-

➲ Si, comme dans cette grange, le local comporte des piliers en bois, prenez soin de les emmailloter d'adhésif étanche à la base afin que le béton ne soit pas directement en contact avec le bois. Une fois le sol terminé, limitez au cutter la hauteur de l'adhésif.

faces de treillis : il suffit qu'elles se chevauchent légèrement. Couvrez toute la surface, en laissant une marge d'environ 5 cm sur les bords (le treillis ne devant pas être en contact avec la bande résiliente périphérique). Si nécessaire, effectuez les coupes à la scie à métaux ou à la cisaille à métaux.

8 Il reste alors à couler la chape exactement de la même manière qu'une chape de béton classique. Vous pouvez évidemment préparer le béton vous-même si la surface est faible. Toutefois, il est préférable de l'acheter auprès d'une entreprise spécialisée qui vous livrera, par camion-bétonnière **(photo 11 [ie pleine page!]**, un produit spécifique pour ce type d'emploi. Pour couler la chape, mettez en place deux règles-guides, qui serviront de piges, en calculant leur hauteur en fonction de l'épaisseur de la chape ; calez-les avec des plots de béton. Ensuite, dressez la chape à l'aide d'une règle de maçon.

9 Apportez graduellement le béton au fur et à mesure que vous dressez la chape en faisant glisser la règle de maçon sur les guides, comme sur des rails. Reculez peu à peu vers l'entrée du local. Lorsque le béton commence à prendre, jetez des planches dessus et enlevez les règles guides. Comblez alors avec du béton et dressez. Il reste ensuite à lisser toute la surface, à la taloche ou, si la surface est vaste, avec une lisseuse mécanique (que vous pouvez louer).

Terrasse en terre cuite avec mur de séparation

La terre cuite est un matériau noble et traditionnel, remarquable par sa résistance et sa durabilité, et des plus décoratifs par ses nuances douces – qui vont du brun au jaune et du rouge au rose.

Les carreaux de terre cuite

Moins épais que la traditionnelle brique de pavage, les carreaux donnent un aspect différent à la terrasse. Choisissez la nuance qui convient le mieux à l'architecture de la maison mais n'oubliez pas de vérifier que les carreaux sont non gélifs – certains fabricants italiens proposent de remarquables carreaux, mais qui sont conçus pour les terrasses méditerranéennes et non pour celles des régions plus septentrionales.

Un dessin préalable

Quel que soit le type de carreaux que vous choisissez, effectuez un dessin préalable de l'appareillage, c'est-à-dire de la disposition au sol, en respectant les dimensions et en tenant compte de la largeur des joints. Ce plan vous permet de commander la quantité exacte de carreaux dont vous avez besoin, avec une marge (10 à 15 %) pour la casse et les coupes éventuelles.

OUTILS ET MATÉRIAUX

- Règles de maçon
- Spatule crantée
- Auge
- Maillet
- Massette
- Cordeau
- Cordeau traceur
- Mètre
- Équerre
- Niveau à bulle
- Truelle
- Truelle à joint
- Meuleuse d'angle et disque à matériaux
- Tasseaux et pièces de bois
- Contreplaqué
- Gants
- Lunettes de protection
- Carreaux de terre cuite
- Briques perforées
- Mortier-colle
- Mortier à joints
- Mortier bâtard
- Béton prédosé

Pour en savoir plus

Le béton **17**
Gâcher le mortier **19**
Carreler une terrasse **161**
Découpe du carrelage **198**

1 Effectuez d'abord le tracé au sol de la première rangée de carreaux. Auparavant, vous aurez décidé de l'appareillage et vous aurez dessiné un plan précis, à l'échelle, en y faisant figurer tous les éléments. Dans notre exemple, nous effectuons le tracé pour la pose des rangées extérieures – et il est, en général, préférable de commencer par l'extérieur, même quand il y a des coupes à effectuer. On met en place les carreaux aux angles et on positionne deux règles de maçon pour prendre des repères, en vérifiant l'angle droit à l'aide d'une équerre.

2 N'oubliez pas que le tracé du premier axe de pose est essentiel car il détermine la position de toutes les rangées et la réussite de la terrasse toute entière. Il convient donc de bannir les approximations (il est en effet impossible de rattraper de petites erreurs en jouant sur les joints, toute irrégularité sur ce point étant très visible

➲ Avant la pose

Mélangez systématiquement les carreaux provenant de plusieurs palettes. En effet, la terre cuite est un matériau naturel et la nuance du produit fini varie légèrement, en fonction de l'argile utilisée et de divers éléments. Un mélange est donc indispensable pour obtenir une unité de teinte et une harmonie d'ensemble. En outre, avant la mise en œuvre, prenez soin d'humidifier tous les carreaux de terre cuite (de même que les briques pour la construction du mur) en les arrosant copieusement au jet. Vous évitez ainsi que la terre cuite sèche n'absorbe l'eau de gâchage du mortier, rendant celui-ci moins performant.

une fois la pose terminée). Vous effectuerez donc les vérifications nécessaires avant de tracer l'axe de pose, à l'aide d'un cordeau traceur. Pour cette terrasse, les planches de coffrage de la dalle (fraîchement réalisée) sont encore en place et les carreaux les recouvrent parce qu'il doit y avoir ensuite habillage de la maçonnerie du soubassement, et remblayage de terre.

3 Commencez la pose par l'angle extérieur de la terrasse. Les carreaux sont posés sur un lit de mortier-colle, c'est-à-dire d'un mortier de ciment prédosé, pour carrelages extérieurs – produit qui contient des adjuvants le rendant résistant à l'humidité, au gel et aux intempéries. Vous pouvez également préparer vous-même un mortier de scellement à base de ciment CPA (300 kg de ciment par mètre cube de sable 0/6). Appliquez le mortier en lit homogène, à l'aide d'une spatule crantée passée une seule fois (sans croiser). Posez le carreau en l'alignant sur l'axe tracé, et donnez-lui son assise à petits coups de maillet.

4 Continuez la pose des deux rangées extérieures de la même manière, en appliquant du mortier sur deux ou trois mètres. La largeur des joints doit être parfaitement régulière (il existe une valeur minimale pour chaque type de carreau, de dalles ou de pavés, parce que des joints trop fins ne tiennent pas : pour un carrelage comme celui-ci, une largeur de 1 cm convient parfaitement). Si vous n'êtes pas sûr de vous, utilisez de petites cales de bois (qu'il faut retirer une fois les carreaux en place) ou des croisillons d'espacement (noyés dans le mortier).

5 Lorsque les rangées extérieures sont terminées, passez aux rangées suivantes en progressant vers le centre de la terrasse. Respectez l'appareillage choisi (gardez le plan à portée de main). Nous utilisons ici des carreaux carrés de 22 x 22 cm (pour l'encadrement), des carreaux rectangulaires de 22 x 10,5 cm (dimensions de la brique classique) et des petits carreaux de 10,5 x 10,5 cm.

6 A chaque étape de la pose, contrôlez que les rangées du carrelage sont rectilignes, à l'aide d'une règle de maçon (ou d'une pièce de bois bien dressée). Posez également la règle sur les carreaux afin de détecter les éléments qui se trouvent en creux ou en saillie. Rectifiez en les soulevant pour ajouter un peu de mortier, ou en modi-

➲ Problèmes de coupe

Lorsque l'on peut choisir le carrelage de terre cuite avant de couler et qu'il n'y a pas de strictes contraintes de surface, il faut donner à la dalle des dimensions qui évitent toute coupe des carreaux de terre cuite. Sur une surface donnée, les coupes ne sont pas non plus inévitables car il est possible de jouer sur la largeur des joints et sur l'appareillage. Cependant, lorsque des coupes sont inévitables, vous chercherez à les placer dans les parties les plus discrètes. En général, on essaie de les répartir des deux côtés et, surtout, on évite des coupes trop étroites, toujours inesthétiques (il est préférable de les répartir sur deux ou trois rangées). Effectuez les coupes par la méthode traditionnelle, à l'aide d'un ciseau de briqueteur et d'une massette ou d'un martelet. Toutefois, s'il y en a beaucoup, il est préférable d'utiliser une meuleuse d'angle ou une scie circulaire de carreleur avec un disque à matériaux ou à diamants. Dans ce cas, prenez la précaution de porter des lunettes de protection.

➲ Grande surface

Lorsque la surface de la terrasse carrelée ou dallée sur dalle de béton est supérieure à 40 m² et que les longueurs dépassent 15 m, il est obligatoire de mettre en place des joints de dilatation, afin d'éviter les fissures du carrelage.

fiant leur assise de quelques coups de maillet.

7 Les joints sont effectués en une seule fois lorsque la pose du carrelage est complètement terminée et que le mortier de scellement a pris. Utilisez un mortier à joint prédosé pour carrelage extérieur (barbotine) qui contient des adjuvants hydrofuges et qui présente une excellente résistance au gel et aux agents chimiques. Toutefois, pour les terrasses qui doivent être fréquemment nettoyées à l'eau sous pression, il est préférable d'adopter un mortier de jointoiement à base de résine époxydique. Faites pénétrer le mortier dans les joints de la tranche de la truelle.

8 Après voir traité ainsi quelques mètres carrés (le mortier commence à prendre), effectuez un premier nettoyage à l'éponge afin d'éliminer l'excès. Passez-la en travers par rapport aux joints, pour ne pas les évider, en rinçant souvent. Continuez alors à jointoyer, de la même manière, le reste de la terrasse. Ensuite, quand le mortier a pris, effectuez un nouveau nettoyage à l'éponge, afin d'éliminer toutes les traces de ciment.

9 Étalez une couche de sciure de bois sur la terrasse et laissez-la quelque temps, avant de balayer consciencieusement, de manière à nettoyer et à assécher. Si le temps est à la pluie, il faut couvrir la terrasse avec des bâches afin que les joints ne soient pas évidés par l'eau de ruissellement.

➲ Pente et évacuation

Il faut éviter la stagnation de l'eau sur la terrasse, qui crée des flaques gênantes et représente un risque d'infiltration. C'est pourquoi il est indispensable de prévoir une pente au moment de la réalisation de la dalle de béton. On lui donne en général une valeur de 1 cm pour 1 m, et elle n'est donc pas sensible à l'œil. Elle doit évidemment conduire l'eau de pluie vers une évacuation, c'est-à-dire vers le jardin, vers un caniveau ou un siphon. Dans le cas d'une pose, comme ici, sur dalle de béton, c'est cette dernière qui doit être en pente.

Le mur

Nous entreprenons ici un mur de séparation en brique, à l'extrémité de la terrasse (avant que les joints ne soient coulés sur celle-ci). Le matériau choisi est un bloc perforé ayant les dimensions de deux briques, ce qui permet de monter le mur avec un appareillage simple (à la grecque), c'est-à-dire avec un seul bloc en épaisseur, en alternant les joints d'une rangée sur l'autre.

1 Placez un bloc à chacune des extrémités de la première rangée et mettez en place deux lattes de bois de 15 mm d'épaisseur. Il s'agit de donner au mur un socle parfaitement plan, afin de régler l'horizontalité de la première rangée.

2 Utilisez de petites cales de bois pour mettre les deux lattes à l'horizontale et au même niveau (n'oubliez pas que la terrasse présente une pente). Effectuez les vérifications à l'aide d'un niveau à bulle.

3 Remplissez de béton (utilisez un produit prédosé) l'espace entre les deux lattes et laissez sécher, pour disposer d'un socle résistant. Ensuite, sur un lit de mortier, posez un bloc à chacune des extré-

mités et mettez en place un cordeau, contre le chant supérieur des blocs (un clou, glissé dessous, permet de l'écarter légèrement). Vérifiez à nouveau l'horizontalité à la règle de maçon, avec un niveau. Vous pouvez alors commencer la pose de la première rangée de blocs. Utilisez un mortier bâtard : 1 part de ciment, 1 part de chaux hydraulique et 6 parts de sable.

4 Réglez la position de chaque bloc, sur le cordeau, à la massette. Continuez ainsi le montage en respectant l'espacement pour les joints (éventuellement avec des baguettes de 1 cm). Effectuez les coupes au ciseau et à la massette, ou à la meuleuse d'angle.

5 Pour éviter un mur aveugle, on ouvre deux baies avec arc. Le cintrage est réalisé en briques pleines, sur une forme en contreplaqué clouée sur des pièces de charpente qui la soutiennent. Il faut attendre que le mortier de l'arc soit entièrement sec pour déposer les étais.

6 Le chaperon du mur est constitué des mêmes carreaux de brique que l'encadrement de la terrasse. Pour terminer, jointoyez en remplissant au mortier, avant de façonner en creux de la pointe d'une truelle à joint.

Dalle de béton allégé

Une dalle de béton allégé constitue un moyen idéal pour créer un sol plan et dur, capable de supporter n'importe quel revêtement. Elle peut être coulée sur de nombreux supports, en particulier sur un plancher, ce qui autorise son utilisation dans les combles.

Une question d'agrégats

La dalle de béton allégé est constituée d'un ciment classique pour dalle, additionné non pas de gravier, mais de sable (éventuellement) et d'agrégats artificiels, en l'occurrence des billes de polystyrène. Vous pouvez incorporer du sable, en proportion plus ou moins importante, lorsque le support est suffisamment résistant. Toutefois, dans des combles ou un ancien plancher sur solives, il est préférable de n'utiliser que les agrégats artificiels afin de réduire le poids au maximum.

Domaines d'application

Une dalle de béton allégé peut être établie sur divers supports, en particulier les planchers traditionnels ou de panneaux de particules, sur une ancienne dalle (pour mettre un sol à niveau en l'isolant), sur du métal déployé ou encore directement sur terre stabilisée avec hérisson.

OUTILS ET MATÉRIAUX

- Mètre
- Cordeau
- Niveau à bulle ou niveau à fioles
- Éponge
- Cutter
- Règles métallique
- Règles de maçon
- Spatule en plastique
- Pince et pince coupante
- Film plastique
- Planches de coffrage
- Dame

- Panneaux de particules
- Béton allégé
- Plâtre
- Feutre ou papier goudronné
- Bande résiliente
- Treillis métallique
- Fil de fer recuit
- Joints de dilatation
- Sable
- Film polyane

Pour en savoir plus

Les liants **12**
Le béton **17**
Gâcher le mortier **19**
Chape sèche isolante **78**
Pose d'un parquet flottant **138**
Pose du carrelage au sol **149**

1

1 Déterminez d'abord le point zéro, c'est-à-dire le niveau du sol fini, en vous basant sur le seuil des portes. Retranchez l'épaisseur du revêtement prévu et l'enduit, afin d'obtenir le niveau de la dalle finie, et tracez un repère. Marquez ensuite un autre repère sur le mur, à l'aide d'un mètre, à une hauteur y (1 m ou 1,5 m). A partir de ce point, effectuez un tracé, au cordeau traceur, sur les quatre murs de la pièce (avec un niveau à bulle ou, mieux, un niveau à fioles). Utilisez ce tracé pour marquer une série de repères, en bas des murs, au niveau de la chape finie : vous vous y référerez pour régler l'épaisseur de la dalle et pour la dresser.

Dalle dans les combles

2 Nous coulons ici une dalle de béton allégé (Polys Beto de BS Technologies) sur un plancher en panneaux de particules, après la pose de plaques de plâtre (sur isolant). Bouchez au plâtre les interstices (sur un plancher traditionnel en lames, prenez

2

la précaution d'obturer les joints, quand ils sont larges, à l'aide d'un produit spécifique). Effectuez un nettoyage approfondi de la pièce. Passez une éponge humide au bas des murs pour éliminer la poussière et les traces d'enduit, défavorables à l'adhérence de la bande résiliente.

3 La dalle doit être séparée du support par une couche de désolidarisation. Il s'agit ici de feutre non tissé, vendu en rouleau, dont un bord présente une bande

3

4

plastique permettant l'adhérence du joint – vous pouvez également utiliser du papier goudronné (isolant phonique) ou de la laine de roche compressée. Déroulez les bandes dans le sens de la longueur de la pièce, de manière que les lés se chevauchent sur 10 cm environ.

4 Coupez les lés au ras des murs à l'aide d'un cutter. Il faut éliminer tout interstice afin que le béton ne soit en aucun cas en contact direct avec les panneaux de particules. N'effectuez pas de coupe dans le sens de la longueur, mais jouez sur le chevauchement dont la largeur n'est pas limitée.

5 Couvrez en totalité le sol de la pièce de cette couche de désolidarisation. Celle-ci peut-être posée sur tous types de support, notamment les plâtras et les bétons. Toutefois, pour ces derniers (comme pour le métal déployé), il peut être souhaitable d'utiliser un produit d'adhérence classique pour dalle de béton. Dans ce cas, on n'interpose pas de couche de désolidarisation et les performances acoustiques sont moindres.

6 La charpente de ce bâtiment est soutenue par des piliers de bois et il faut donc procéder à une découpe au cutter au ras de ceux-ci. Placez le lé en position, contre le pilier et effectuez directement la coupe en utilisant la semelle du niveau à bulle ou une règle métallique comme guide pour le cutter. De même, si la pièce est de forme irrégulière ou qu'elle présente des renfoncements, effectuez une coupe du cutter du lé.

7 Mettez en place une bande résiliente, sur tout le périmètre de la pièce, afin de désolidariser la dalle des murs, d'améliorer les performances acoustiques et de maintenir le lé de feutre ou de papier goudronné. Cette bande joue en outre un rôle de joint de dilata-

5

6

7

tion. Elle doit remonter impérativement jusqu'au niveau de la dalle finie. Il s'agit d'une bande auto-adhérente : enlevez le cache et pressez.

8 La bande de désolidarisation doit être enfoncée dans l'angle mur/sol, afin qu'elle adhère parfaitement. Marquez le pli avec le manche d'un couteau ou une spatule plastique. Cette bande résiliente doit couvrir aussi, le cas échéant, le pied des piliers.

9 Comme dans une dalle de béton classique, il est possible d'encastrer, dans le béton allégé, toutes les gaines électriques ainsi que les gaines et les canalisations d'eau chaude et froide, à condition de respecter les normes en vigueur en matière d'encastrement dans un sol – n'oubliez pas qu'il est interdit d'encastrer une boîte de dérivations électrique. Le diamètre maximal des canalisations ou la hauteur de leur superposition doit être égal au tiers de l'épaisseur de la dalle. Les gaines électriques comme celle-ci (ICO PE5) doivent être précâblées. Faites-les cheminer et fixez-les provisoirement sur le mur, en sortie de dalle, avec de l'adhésif.

10 Il est impératif d'armer la dalle de béton allégé d'un treillis métallique classique. Déroulez le treillis sur le sol, près d'un mur, et coupez-le à l'extrémité à l'aide d'une pince coupante. Ajustez la position en écartant le treillis du mur de 3 cm (aucune partie du ferraillage ne devant sortir du béton ni affleurer). Placez ensuite la deuxième longueur de treillis, qui doit chevaucher la première.

11 Les treillis métalliques doivent être liés à l'aide d'un fil de fer recuit pour ferraillage, sur toute la longueur du ferraillage. Ligaturez et serrez à la pince. Avec le même fil de fer, attachez les gaines électriques à encastrer au ferraillage.

12 Comme pour toutes les dalles de béton, il est nécessaire de mettre en place des joints de dilatation afin de compenser les variations dimensionnelles des matériaux. On utilise ici des profilés de fractionnement, en matière plastique rigide, qu'il faut disposer tous les 5 m linéaires. En même temps, ils vont jouer le rôle de guides pour le dressage de la dalle. La lèvre supérieure de ces profilés doit être dans le plan de la dalle finie : ajustez sa hauteur avec précision, en vous basant sur les repères tracés, préalablement, sur les murs. Utilisez un long tasseau dressé dont vous

➲ Quelle épaisseur ?

L'épaisseur de la forme de béton allégé dépend du niveau souhaité pour le sol fini (après revêtement). Les normes imposent une épaisseur minimale de 50 mm et une épaisseur maximale de 150 mm ; le plus souvent, elle est d'environ 100 mm. Le treillis de ferraillage doit être placé au tiers de l'épaisseur.

alignerez le chant supérieur sur les repères et réglez la hauteur des profilés, tout en contrôlant l'horizontalité à l'aide d'un niveau à bulle.

13 Glissez de petites cales en contreplaqué, sous les profilés, pour les hausser au niveau correct. En même temps, ces cales permettent de désolidariser le treillis de la couche de feutre ; il est en effet impératif de laisser quelques centimètres au-dessous du ferraillage.

14 Versez le béton allégé sur le sol, en partant d'une extrémité – vous devrez terminer par la porte de la pièce pour ne pas être obligé de vous tenir sur la dalle fraîche. Commencez immédiatement le dressage à l'aide d'une règle de maçon, en la faisant glisser sur les rails (c'est-à-dire sur les profilés métalliques), tout en maintenant l'about en appui sur le mur. Le dressage se fait selon la même technique que pour une dalle de béton classique. Le séchage complet est le même que pour une dalle de béton à agrégats naturels, soit environ une semaine. Durant ce temps, elle doit être protégée des courants d'air et de l'humidité, si nécessaire par un film plastique.

15 Les combles débouchant ici sur une cage d'escalier, il a été nécessaire de mettre en place une planche de coffrage, dûment étayé, pour dresser la dalle à la verticale du parement de la poutre. Lorsque le béton est sec, il reste donc à les déposer.

➲ Enduit

Avant d'aborder la pose du revêtement, qui peut être un parquet flottant ou un carrelage, il est nécessaire d'appliquer une couche d'enduit de lissage pour sol, ou encore une chape mince de mortier classique.

Dalle extérieure

16 Le processus est le même que sur une dalle intérieure. Les avantage du béton allégé résident surtout, à l'extérieur, outre le poids, dans les qualités isolantes et hydrophobes du produit et dans son insensibilité aux parasites et aux moisissures. Commencez par égaliser le sol en bouchant les trous de l'arase avec du sable. Sur terre, il faut d'abord réaliser une fouille de manière à créer un hérisson de pierraille ou de gravats de béton, en damant énergiquement.

17 Étalez un film plastique étanche sur toute la surface de la dalle (film polyane) afin de protéger cette dernière des remontées capillaires. Ce type de film est disponible en grandes dimensions, mais si vous devez poser deux lés, ceux-ci doivent se chevaucher largement. Le film doit remonter sur les murs d'une hauteur égale à l'épaisseur de la chape. Dans certains cas, il est préférable de placer la membrane d'étanchéité sur la dalle, avant le revêtement.

18 Là encore, la dalle doit être armée. Mettez en place les treillis de ferraillage en les liant à l'aide de fil de fer recuit. Les

➲ Les proportions

Pour obtenir 1 m^3 de béton pesant 550 kg :
50 kg de ciment Portland
100 l d'agrégats artificiels
20 à 23 l d'eau
Soit, pour 1000 kg de béton :
– 800 l d'agrégats artificiels
– 400 kg de ciment Portland
– 160 à 175 l d'eau
Ces proportions concernent une dalle ne comprenant que les billes de polystyrène pour tout agrégat.
Lorsque les caractéristiques du bâtiment le permettent, vous pouvez réaliser une forme plus lourde (mais plus économique) en introduisant du sable.
Par exemple :
Pour 1 m^3 de béton pesant 1200 kg, il faut :
– 50 kg de ciment Portland
– 50 l d'agrégats artificiels
– 60 l de sable
– 20 à 23 l d'eau
Le gâchage se fait le plus souvent en bétonnière, mais vous pouvez aussi vous faire livrer le béton par camion, si vous devez traiter une grande surface.

19

20

➲ Billes

Les agrégats artificiels (Polys Beto) utilisés pour la préparation du béton allégé sont des billes de polystyrène expansé. Grâce aux charges électrostatiques, les perles se repoussent entre elles et attirent le ciment, ce qui permet une répartition uniforme des agrégats dans le liant. L'économie de poids est de 85 % par rapport à un béton classique (3 kg d'agrégats remplacent 180 kg de sable). Les qualités de ce béton allégé sont les suivantes (outre l'économie de poids) :

• Grande homogénéité (résistance à la ségrégation)
• Résistance aux chocs (absorbés mais non transmis)
• Excellente résistance thermique par rapport à un béton classique
• Reprise d'eau inférieure au béton classique (2 l/m³ au lieu de 250 l/m³)
• Grande résistance au gel
• Imputrescibilité
• Insensibilité aux parasites et aux moisissures.

extrémités du ferraillage doivent se trouver à 2 ou 3 cm des bords de la dalle.

19 Réglez avec précision la position des profilés de fractionnement qui servent de rails pour le dressage. Vérifiez qu'ils sont tous au même niveau (en posant un niveau à bulle sur une règle de maçon) et horizontaux. Utilisez des cales en contreplaqué pour l'ajustement. Bloquez ensuite les profilés avec des briques.

20 Versez le béton allégé et effectuez immédiatement le dressage entre deux profilés. Sur notre exemple, il faut raccorder la dalle, avec son revêtement ultérieur, à un sol existant, en l'occurrence la forme en béton d'une allée. C'est pourquoi on effectue le dressage à l'aide d'une planche dans laquelle on a découpé un épaulement – la différence de hauteur entre les deux dalles correspond à la chape de mortier plus le revêtement définitif (carrelage, dalles de pierre naturelle, dalles de béton...).

21

21 En cours de dressage et aux extrémités, soulevez le treillis de ferraillage pour que le béton pénètre audessous. Notez que cette dalle extérieure permet l'encastrement des canalisations dans les mêmes conditions qu'une dalle intérieure, à condition d'utiliser des gaines autorisées pour l'extérieur. Durant le séchage, protégez bien la dalle contre les intempéries. Ensuite, appliquez un enduit, par exemple un mortier hydraulique prédosé, pour obtenir un sol très résistant, ou encore une chape mince de mortier.

L'isolation

L'isolation thermique est une condition du confort aujourd'hui considérée comme indispensable. Elle a pour but de maintenir une température agréable et adaptée, dans toutes les pièces, en hiver comme en été. Du même coup, elle permet des économies d'énergie. Quant à l'isolation acoustique, elle est de moins en moins négligée car elle est essentielle à notre tranquillité. D'autant qu'il est dorénavant possible d'associer isolations thermique et acoustique.

Sommaire

Les conditions du confort thermique

L'isolation d'une maison doit se fixer plusieurs objectifs.

Température ambiante : elle doit être de l'ordre de 19 à 22 °C en hiver et de 23 à 16 °C en été ;

Asymétrie de rayonnement : c'est ce qu'on appelle « l'effet de paroi froide » (on éprouve une gêne quand on se trouve près d'un mur ou d'une vitre froide, ou au contact d'un sol non isolé). L'asymétrie de rayonnement doit être inférieure à 3 °C (en dessous de la température ambiante) ; la température du sol doit être comprise entre 15 et 26 °C ;

Vitesse de l'air : isolation ne signifie pas confinement car le manque de circulation de l'air cause une sensation d'étouffement. En revanche, il faut aussi éviter la sensation de courant d'air. La vitesse de l'air dans une pièce doit donc être comprise entre 0,10 m/s et 0,15 m/s en hiver (0,25 m/s en été). Cette ventilation bien comprise évite en même temps les phénomènes de condensation.

Un joint disposé en périphérie de la pièce finit l'isolation du sol (chape sèche).

➲ Un maître mot : continuité

Pour l'isolation thermique ou phonique, il faut éviter toute rupture de continuité qui constitue ce que l'on appelle un « pont » thermique ou acoustique et qui affaiblit, parfois de manière cruciale, les performances de la couche isolante. Ces ponts sont, par exemple, les canalisations diverses (notamment les boîtes de dérivations électriques et les fils de télévision dans le cas des combles), les passages de conduits, en particulier de ventilation, les ouvertures : portes et fenêtres, lucarne et chiens-assis, trappes d'accès dans les combles perdus et, surtout, le défaut de calfeutrement en périphérie de l'isolant (écart entre le bas des panneaux et le sol pour le doublage des murs, liaison entre l'isolation sous rampants et les pieds droits ou les murs de pignon).

Les conditions du confort acoustique

Une isolation thermique classique protège aussi contre le bruit, mais une véritable isolation acoustique doit respecter des normes bien précises.

Le bruit se propage par les endroits souvent négligés par l'isolation thermique, en particulier les portes, les fenêtres et les parois latérales, les canalisations et les gaines techniques.

Par ailleurs, une bonne isolation acoustique fait appel à des isolants particuliers, comme les laines minérales à longues fibres.

Le confort acoustique passe aussi par des choix en matière de décoration et d'aménagement : utilisation de tapis, de moquettes et de rideaux pour limiter les temps de réverbération acoustique et choix de machines non bruyantes.

L'objectif de l'isolation acoustique est de maintenir le bruit ambiant au-dessous de 35 décibels et l'émergence maximale d'un bruit perturbateur à 5 décibels le jour et 3 décibels la nuit, au-dessus du bruit ambiant.

➲ Bilan thermique

Pour la construction, la réglementation oblige à limiter les déperditions, mais les normes sont différentes en fonction des zones climatiques d'hiver. Pour les constructions anciennes, avant d'entreprendre des travaux d'isolation, vous avez toujours intérêt à faire dresser un bilan thermique du bâtiment par des ingénieurs conseil.

La continuité de l'isolation procurée par les panneaux de laine de verre est assurée par un calicot.

L'isolation de la toiture par l'extérieur est doublement intéressante pour ses performances thermique et acoustique, même si sa mise en œuvre demande du temps.

La toiture

Son isolation est essentielle du point de vue du confort thermique et des économies d'énergie car le toit laisse habituellement échapper beaucoup de calories.

Combles aménagés. Lorsque le volume est assez vaste, les combles sont le plus souvent transformés en espace habitable et doivent, par conséquent, être chauffés. Dans ce cas, la barrière thermique doit se situer au niveau de la toiture.

La technique la plus employée consiste à dérouler de la laine de verre sous rampants, et de la recouvrir par des panneaux de particules ou des plaques de plâtre. Toutefois, l'isolation par l'extérieur présente le gros avantage de ne pas réduire le volume habitable et de laisser visible la charpente – ce qui n'est pas négligeable lorsqu'elle est ancienne et de caractère. Cette dernière solution est sans doute plus onéreuse que la pose de laine de verre sous rampants, mais elle mérite d'être envisagée car ses avantages sont incontestables.

Combles aménageables et combles perdus. Les combles simplement « aménageables » ne sont pas utilisés, mais simplement mis en réserve (grenier). La solution consiste alors à mettre en place une barrière thermique au niveau du sol, sur le plancher ou sur les solives, selon le cas, ou même sous le plafond de l'étage inférieur.

Les combles perdus, de faible volume et non utilisés (même pour le stockage), sont fréquents dans les maisons modernes dont la charpente est constituée de fermettes industrielles. On utilise les mêmes techniques que pour les combles aménageables, et aussi le soufflage de laine de verre ou d'autres matériaux en vrac.

Les murs

Le doublage des murs est important pour l'isolation thermique comme pour l'isolation phonique. Il s'agit la plupart du temps de travaux relativement simples, dans le cas d'une rénovation comme pour l'amélioration d'une maison moderne (en parpaings ou en briques creuses). Le plus souvent, on met en place des panneaux de laine de verre par collage ou sur fourrure métallique, en les recouvrant de plaques de plâtre ou de carreaux de plâtre, parfois de lambris, ce qui permet de disposer de parois nettes et propres. Il faut doubler non seulement les murs extérieurs mais aussi, et parfois surtout, les parois peu épaisses qui séparent les pièces habitées de locaux non chauffés (salle de jeux, garage).

Les sols

L'isolation des sols est essentiel du point de vue du confort à la fois thermique et acoustique.

En sous-face. L'isolation de la maison en partie basse utilise des techniques diverses en fonction de la structure du bâtiment.

L'existence d'une cave non isolée et souvent ouverte sur l'extérieur (cas de la cave-garage) est cause de grosse déperditions de chaleur. Dans ce cas, plutôt qu'une chape flottante sur le plancher du rez-de-chaussée, il est préférable d'opter pour une solution en sous-face (panneaux de laine de verre de forte densité sur fourrure métallique et sustentes). On peut ensuite installer un plafond en panneaux de dérivés de bois ou en plaques de plâtre. L'isolation en sous-face est également une bonne solution dans le cas d'un vide sanitaire.

On peut créer un sol dans les combles et renforcer à la fois l'isolation (ici, granule d'argile expansée et plaques de plâtre).

Chape sèche réalisée à l'aide de granule d'argile expansée.

Sous chape. La chape isolante est placée, en rénovation, sur les planchers existants ou sur une ancienne assise de béton. Elle est constituée d'une couche isolante recouverte d'une épaisseur de béton ou, le plus souvent, de béton allégé pour éviter de charger les structures du bâtiment.
La chape sèche est constituée d'une couche isolante recouverte de plaques de plâtre pour sol (qui autorisent l'implantation d'un carrelage) ou d'un autre matériau, en particulier les panneaux de particules pour la pose d'un parquet flottant.
La chape flottante doit être désolidarisée des parois pour que l'isolation acoustique soit bonne. Elle affaiblit alors de manière importante les bruits aériens autant que les bruits d'impact.

Les cloisons

L'isolation thermique des cloisons n'est pas négligeable, en particulier parce qu'elle permet le réglage individuel du chauffage dans chaque pièce ; mais c'est surtout leur isolation phonique qui est importante pour le confort des habitants.
Les cloisons isolées sont le plus souvent des cloisons légères constituées d'une couche isolante prise en sandwich entre deux parements en plaques de plâtre sur ossature métallique. Notez qu'une telle cloison ne joue pleinement son rôle de barrière acoustique que lorsque les parois latérales sont elles aussi isolées. Par ailleurs, elle constitue une excellente protection contre le feu.

L'isolation fournie par les carreaux de plâtre est médiocre. Elle sera renforcée par un matériau approprié.

Isolation d'un mur sous carreaux de plâtre

Cette solution convient à une pièce dont les murs sont sains et relativement plans. Elle apporte une excellente isolation et, en outre, la double cloison en carreaux de plâtre constitue une paroi solide et nette, idéale pour poser un revêtement.

Une pose facile

Les panneaux de laine de verre semi-rigides sont maintenus par deux pattes métalliques, collées (ou vissées) sur le support, qui traversent l'épaisseur de l'isolant. Pour les bloquer en position, il suffit de couder l'extrémité de la patte, d'une pression du pouce. Le pare-vapeur (feuille de kraft) du panneau doit être tourné vers l'intérieur de la pièce. La continuité de ce pare-vapeur est assurée par une bande adhésive.

Une double-cloison de qualité

Le carreau de plâtre alvéolé est un matériau solide, présentant une résistance mécanique et une résistance au feu excellentes – c'est aussi un bon isolant thermique. Ici, la lame d'air que l'on ménage entre la cloison et les carreaux renforce encore l'isolation. Par ailleurs, les carreaux de plâtre sont rainurés, ce qui facilite grandement le montage de la paroi. Ils permettent la fixation d'objets lourds et l'encastrement des canalisations.

OUTILS ET MATÉRIAUX

- Panneaux isolants semi-rigides avec pare-vapeur
- Pattes métalliques
- Calicot adhésif
- Carreaux de plâtre
- Liant-colle pour carreaux
- Semelle étanche

- Pistolet thermocolleur
- Grand couteau
- Mètre
- Spatule à encoller
- Maillet

➲ En hauteur

Dans un local très haut, on place les panneaux les uns sous les autres, sans autre joint que la bande adhésive. Il faut prévoir deux pattes métallique pour chaque panneau (ou morceau de panneau).

Pour en savoir plus

Cloison en carreaux de plâtre **26**
Maçonnerie en parpaing **24**
Fixations **51**
Isolation sous rampants **82**

1 Mettez en place les pattes métalliques destinées à supporter les panneaux isolants semi-rigide. Ici, on les colle avec un pistolet thermocolleur puisque le support le permet. Toutefois, la base des pattes présente des trous et on peut donc aussi les fixer par clouage ou encore par vissage (après perçage et chevillage, sur une maçonnerie). Il faut prévoir deux pattes par panneau.

2 Mettez en place le panneau de laine de verre, après l'avoir coupé à la hauteur de la pièce plus environ 1 cm : ainsi, il touche le plafond (les interstices constituent des ponts thermiques, c'est-à-dire des défauts d'isolation). Pour la coupe, utilisez un grand couteau bien affûté.

3

3 Poussez sur le panneau aux endroits où se trouvent les pattes afin que celles-ci traversent la laine de verre et le pare-vapeur. Coudez alors l'extrémité de la patte, d'une simple pression du pouce : le panneau est en place.

4 Lorsque le support présente des obstacles, en particulier des canalisations, il suffit de découper le panneau et de placer les deux parties de part et d'autre (deux pattes pour chacun). Procédez d'abord au tracé, après avoir pris des mesures précises, et effectuez la découpe au couteau. Comme la laine de verre est compressible, on effectue une coupe simple, comme si la canalisation n'avait pas d'épaisseur.

5 Appliquez ensuite la large bande adhésive sur le joint entre deux panneaux : ce calicot assure la continuité du pare-vapeur et de l'isolation. Coupez la bande au ras du panneau, en haut et en bas.

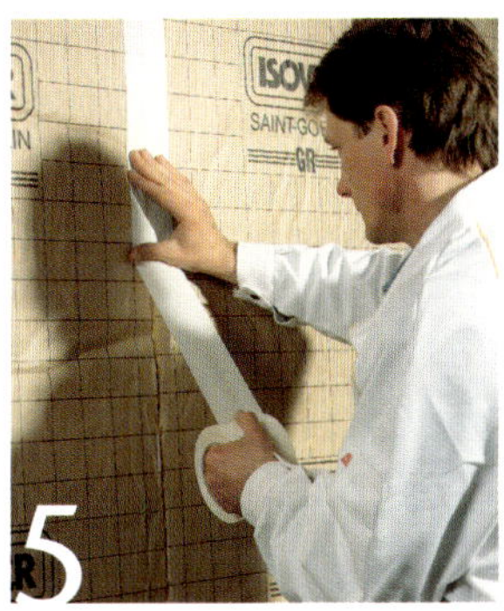

5

4

6

6 Il reste à mettre en place le doublage de la cloison en carreaux de plâtre alvéolés qui s'emboîtent par leurs rainures et leurs languettes. Assemblez-les avec un liant-colle (produit spécial, à gâcher à l'eau), en frappant avec un maillet pour qu'ils s'emboîtent correctement. Laissez un espace de 2 cm environ entrer la cloison et l'isolant : cette lame d'air renforce l'isolation et permet l'assèchement des carreaux en contre-parement. Pour éviter les remontées d'humidité, placez la cloison sur une semelle, en l'occurrence un film étanche.

➲ Autres solutions

Dans un local comme celui-ci, on aurait pu également opter pour des panneaux composites (laine de verre ou polystyrène collé sur plaque de plâtre), directement collés sur le support avec une colle mastic, ou encore des panneaux de laine de verre semi-rigides posés sur fourrure, avec double-cloison en plaque de plâtre. Les carreaux de plâtre occupent davantage d'espace, mais la cloison est plus solide et convient mieux pour la fixation.

Doublage d'une cloison avec fenêtre

Les techniques d'isolation avec fourrure métallique et panneaux de laine de verre ou de laine de roche sont bien adaptées aux murs comportant des ouvertures.

Un système modulaire

Les ferrures métalliques donnent la possibilité de poser et de maintenir l'isolant quelles que soient les caractéristiques du mur, en particulier la présence d'huisseries de portes et de fenêtres. Légères, elles se montent très simplement, à l'aide de vis et par clipsage ; elles sont faciles à couper et à assembler pour réaliser un encadrement des ouvertures. Ce système (Optima d'Isover) est destiné à supporter des plaques de plâtre.

Isolation thermique et acoustique

Ce type d'isolation apporte une continuité parfaite sol-plafond, ce qui n'est pas toujours le cas avec les panneaux collés. De ce fait, il n'y a pas de pont thermique et les performances obtenues sont excellentes. Mais ce système est également très intéressant du point de vue de l'isolation acoustique dans la mesure où son mode de fixation permet de le désolidariser de la maçonnerie, ce qui évite la transmission du bruit.

OUTILS ET MATÉRIAUX

- Cisaille grignoteuse
- Pince à sertir
- Pince à rosace
- Couteau
- Mètre
- Perceuse-visseuse
- Niveau à bulle
- Fil à plomb

- Fourrures métalliques
- Isolant semi-rigide
- Plaques de plâtre
- Vis trompette
- Vis

➲ Pièce humide

Si la double cloison est montée dans une pièce humide, dans un salle de bains par exemple, il faut prévoir, en pied, un film étanche remontant jusqu'à plus de 2 cm du sol fini. Par ailleurs, vous utiliserez des plaques de plâtre hydrofuges (traitées contre l'humidité).

Pour en savoir plus

Le plâtre **14**

Cloison en plaques de plâtre **34**

Fixations **51**

1 Mettez les profilés métalliques aux longueurs. Effectuez la découpe à l'aide d'une cisaille grignoteuse de tôlier (le fabricant des fourrures propose un modèle bien adapté aux profilés).

2 Mettez en place les lisses (cornières en U) haute et basse dans lesquelles viendront s'encastrer les fourrures métalliques. Effectuez un traçage préalable avec un cordeau traceur, la lisse devant être fixée à une distance du mur égale à l'épaisseur de l'isolant plus 10 mm. Vérifiez la verticalité. Le système permet de corriger les défauts d'aplomb du support. Fixez à l'aide de chevilles en matière plastique et de vis (une vis tous les 60 cm maximum). Sur dalle de béton, utilisez le pistoscellement. Pour un plafond en hourdis de béton, servez-vous de chevilles à expansion spécifiques.

3 Une fourrure horizontale, placée à une hauteur du sol de 1,3 m, au maximum, sert à fixer les entretoises qui vont maintenir les fourrures verticales. Posez les fourrures horizontales et mettez en place les entretoises, qui doivent

être distantes de 60 cm au maximum (en fonction de la largeur des plaques de plâtre utilisées). Leur base se clipse dans la fourrure par rotation d'un quart de tour, à l'aide d'une clé spécifique fournie par le fabricant.

4 Passez à la pose des cornières d'encadrement, en haut en en bas de la fenêtre. Vissez ces profilés, après chevillage : ils vont maintenir l'isolant et permettre la fixation des raccords de plaques de plâtre autour de la baie.

5 Les panneaux isolants sont embrochés sur les tiges métalliques. Il s'agit de panneaux semi-rigides de 120 cm de large, qu'il faut couper à la hauteur sol-plafond, plus 10 à 20 mm, afin d'éviter tout interstice et d'assurer un bon maintien. Effectuez cette coupe avec un couteau spécial pour ce type d'isolant, ou avec un grand couteau bien affûté. Placez les panneaux bord à bord, pare-vapeur tourné vers l'intérieur de la pièce. Vissez ensuite les rosaces qui maintiennent l'isolant.

6 Posez les fourrures verticales (coupées à la hauteur sol-plafond moins 10 mm) en les clipsant sur les rosaces. Ici, elles constituent en même temps les montants d'encadrement de la fenêtre. Vous pouvez alors régler l'aplomb de la double cloison, en tournant les rosaces.

7 Pour achever l'encadrement de la fenêtre, posez des fourrures à l'horizontale, à l'aide de raccords d'angle qu'il faut glisser à leur extrémité, avant de les engager sur les profilés verticaux. Fixez-les à l'aide de la pince à sertir.

8 Terminez le montage de l'ossature en plaçant une coupe de profilé à la verticale, au-dessus et au-dessous de la fenêtre et au milieu des panneaux, afin de supporter les plaques de plâtre.

9 Passez enfin à la pose des plaques de plâtre à l'aide de vis trompette. Effectuez les coupes nécessaires pour garnir les quatre côtés de la baie. Il reste ensuite à effectuer le jointoiement des plaques, éventuellement avec des cornières d'angle pour les angles sortants de l'encadrement de la fenêtre.

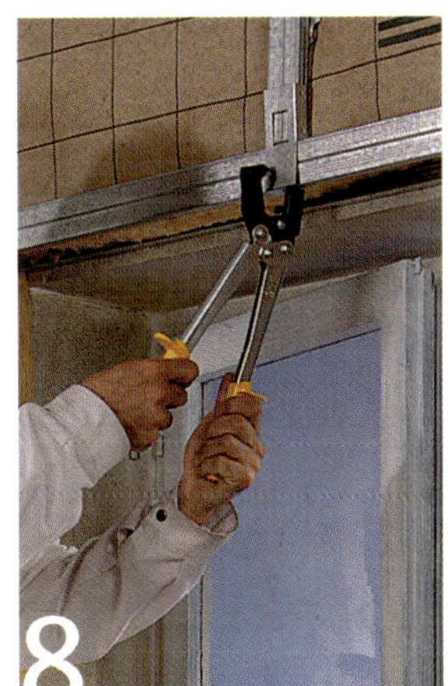

Isolation d'une toiture par l'extérieur

Cette technique est souvent la meilleure solution pour l'isolation des toitures, en particulier en rénovation, car elle laisse la charpente apparente et ne réduit pas le volume habitable.

Une technique à mieux connaître

Une isolation efficace impose toujours une épaisseur conséquente de la couche isolante. Dans les combles, où le volume habitable est parfois restreint, surtout sous la pente, il est dommage de le diminuer encore par une isolation sous rampants. En outre, une ancienne charpente est souvent l'un des plus beaux atouts d'une demeure et il est regrettable de la masquer par des plaques de plâtre. L'isolation par l'extérieur (ici le système Isover) est une solution idéale sous ces deux aspects. Elle apporte en outre une excellente isolation thermique et acoustique (en particulier contre les bruits aériens).

Des travaux conséquents

Bien qu'elle soit relativement simple, cette technique implique une dépose de la toiture, un traitement de la charpente, la pose d'un platelage, de panneaux isolants, de contre-chevrons et de liteaux. Elle exige une bonne expérience de charpentier-couvreur.

OUTILS ET MATÉRIAUX

- Visseuse
- Marteau de charpentier
- Scie égoïne
- Couteau à isolant

- Vis double filetage
- Clous
- Lambris
- Panneaux isolants
- Film plastique
- Chevrons
- Liteaux

Pour en savoir plus

Isolation sous rampants **82**
Étanchéité de la toiture **279**

➲ Préparation de la charpente

En rénovation, après dépose de la toiture, les chevrons doivent être nettoyés et traités avec un produit de protection et, éventuellement, une teinture.
Ceux qui sont endommagés ou déformés doivent être remplacés.
Sur toiture neuve, il faut appliquer la finition aux chevrons avant de poser le platelage. Dans tous les cas, vous devez marquer l'emplacement des chevrons sur le mur afin de mettre en place les contre-chevrons à leur aplomb.

1 Effectuez d'abord la pose d'un platelage, sur le chevronnage. Il s'agit de créer un écran qui va former un support pour l'isolant. Il est réalisé ici en lambris, assemblés à rainure et languette, de manière à constituer un plafond décoratif pour les combles, mettant en valeur la charpente. On peut également utiliser de l'aggloméré hydrofuge mélaminé, de l'aggloméré plaqué bois ou des voliges jointives. Les lambris sont cloués sur les chevrons.

2 Mettez alors en place le pare-vapeur, en l'occurrence un film plastique qu'il faut dérouler à l'horizontale (c'est-à-dire perpendiculairement à la pente), avec large chevauchement des bandes de manière à éviter toute infiltration d'eau. Le film doit couvrir tout le platelage, jusqu'à la panne faîtière.

3 Procédez à la pose de l'isolant. Pour ce type d'isolation, on emploie des panneaux rigides présentant une forte résistance à la

compression, compatibles avec tous les types de couverture. Posez-les bord à bord, sans aligner les joints. La coupe est effectuée avec un couteau à isolant, comme pour les panneaux semi-rigides d'intérieur.

4 Serrez les panneaux les uns contre les autres en interposant une cale de bois et en frappant au marteau. Vous évitez ainsi les interstices qui constitueraient autant de ponts thermiques affaiblissant les performances de l'isolation thermique.

5 Mettez en place les contre-chevrons, à l'aplomb des chevrons, de manière qu'ils s'y superposent exactement (ils ont la même longueur et une section minimale de 40 cm de hauteur et de 60 mm de largeur). La fixation des panneaux isolants et des contre-chevrons se fait simultanément à l'aide de vis spécifiques à double filetage (fournies par le fabricant de l'isolant). La longueur des vis dépend évidemment de l'épaisseur de l'isolant. Enfoncez-les directement dans les chevrons, à l'aide d'une visseuse, en respectant un angle de 30°.

6 Clouez enfin les liteaux, qui doivent être perpendiculaires aux contre-chevrons. Leur écartement et leur section dépendent du type de couverture retenu. En rénovation, il n'est nullement obligatoire de changer la couverture. Si les éléments anciens (ardoises, tuiles plates, tuiles canal) sont en bon état, il est même préférable de les remettre en place.

⊃ Isolation renforcée

En région de montagne, ce système d'isolation permet de mettre en œuvre une sous-couverture afin d'éviter les infiltrations de neige poudreuse. Dans de nombreuses régions, il est nécessaire de poser une seconde couche de panneaux afin d'obtenir une épaisseur d'isolant adaptée aux conditions climatiques. Cette épaisseur nécessaire doit être calculée par un spécialiste de l'isolation car elle dépend aussi de la nature de la couverture (tuiles, ardoises ou autres). Elle peut être de 100 mm (une couche), de 120, de 140 ou de 160 mm (deux couches). Il faut croiser les joints de la seconde couche afin d'améliorer la rigidité.

Chape sèche isolante

Plus facile à mettre en œuvre qu'une dalle de béton allégé, la chape sèche est constituée de plaques de plâtre reposant sur une forme en granule. Elle permet de poser tout type de revêtement de sol.

Dans quels locaux ?

La chape sèche peut être établie sur n'importe quel support – plancher, ancienne dalle, ancien carrelage. Elle est légère et convient pour les étages et les combles, sans demander le renforcement de la structure du bâtiment (sauf exception). C'est donc une bonne solution pour la rénovation, mais également pour le neuf. Vous pouvez l'utiliser, en respectant diverses normes de mise en œuvre, pour les pièces humides (salle de bains, cuisine).

Quelles performances ?

La plaque de plâtre est, en elle-même, un bon isolant acoustique. Cette qualité se trouve fortement améliorée par la forme en argile expansée ou en roche volcanique – dont l'épaisseur a évidemment une grande importance. Cette structure (plaques plus forme) offre aussi une bonne isolation thermique, surtout pour ce qui concerne le flux descendant. Toutefois, pour obtenir de meilleures performances en ce domaine, tant pour le flux ascendant que descendant, il faut ajouter un isolant (polystyrène) d'une épaisseur minimale de 45 mm.

➲ Vous devez construire les cloisons séparatives en plaques de plâtre ou en maçonnerie (brique, parpaing) avant la réalisation de la chape sèche. En revanche, vous pouvez monter sur celle-ci les cloisons de plaques sur fourrure métallique.

1 Commencez par un nettoyage approfondi du sol existant (ici, dans le cadre d'une rénovation, il s'agit d'un plancher traditionnel en lames, sur solives). Rebouchez ensuite tous les trous et fentes du sol, afin d'éviter la dispersion du granule. Rebouchez en particulier les fentes larges du plancher, mais il n'est pas nécessaire de traiter les rainures en bon état. Utilisez un mortier adhésif de rebouchage – le fabricant des plaques propose un produit spécifique – en l'appliquant au couteau à enduire.

2 Pour tracer une horizontale sur un mur de la pièce, utilisez un niveau à fioles :

➲ Un système complet

La chape sèche (Placoplâtre) est constituée de :

- **Deux couches plaques de plâtre** (Placosol) pour sol, présentant une forte résistance au poinçonnement et une face hydrofugée (parement). Dimensions d'une plaque : 1,95 m x 0,56 m ; épaisseur : 12,5 cm. Les deux couches sont assemblées au moyen d'une colle spécifique et par agrafage.
- **Une forme en granule d'argile expansée** ou de roche volcanique qui permet de mettre le sol à niveau et de l'égaliser. Il faut compter 10 litres de granule par centimètre d'épaisseur sur un mètre carré.

Pour l'isolation thermique, on utilise des plaques de plâtre pour sol composites, intégrant un panneau de polystyrène expansé de 45 mm d'épaisseur.

OUTILS ET MATÉRIAUX

- Perceuse-visseuse
- Agrafeuse
- Niveau à fioles
- Niveau à bulle
- Cordeau traceur
- Mètre
- Règle de maçon
- Règles-guides
- Règle de tirage (à épaulements)
- Couteau à enduire
- Plâtoir
- Cutter
- Raclette crantée
- Rouleau
- Pistolet extrudeur
- Film polyane
- Mortier de rebouchage
- Agrafes
- Vis trompette
- Colle plaques de plâtre
- Joint-mastic

Pour en savoir plus

Cloison en plaques de plâtre **34**
Cloison en carreaux de brique **38**
Dalle de béton allégé **62**
Rénovation d'un parquet **155**

cet instrument se compose de deux fioles reliées par un long tuyau. Un liquide coloré permet de prendre deux repères au même niveau (il doit se trouver devant la graduation de la fiole). Ne vous basez pas sur le sol existant car il n'est pas obligatoirement d'aplomb ni parfaitement plan.

3 Effectuez le tracé de l'horizontale, sur le mur, à l'aide d'un cordeau traceur, en le plaçant au niveau des deux repères. Faites aussi ce tracé, avec le même instrument, sur les autres murs de la pièce. A défaut de niveau à fioles, servez-vous d'un cordeau et du niveau à bulle (notez qu'il existe aussi des instruments de traçage au laser à diode à rayon visible, permettant un tracé rapide et très fiable).

4 Utilisez une règle de maçon posée sur des cales pour reporter sur l'un des murs le niveau du point le plus haut du sol existant. Déterminez sur cette paroi le niveau de la forme finie. L'épaisseur de celle-ci doit être au maximum de 160 mm, ce qui donne une bonne isolation acoustique et thermique, et au minimum de 20 mm au-dessus du point le plus haut du sol existant. Bien entendu, pour déterminer l'épaisseur de la forme, il faut tenir compte de l'épaisseur des plaques de plâtre (deux fois 12,5 mm) et du revêtement décoratif, et aussi des contraintes spécifiques, par exemple un raccordement avec le sol d'une pièce voisine ou d'un palier d'escalier.

5 A l'aide du mètre et à partir des horizontales tracées sur les murs, notez d'autres repères, en partie basse, du niveau de la forme finie. Effectuez enfin un tracé, à partir de ces repères, à l'aide du cordeau à fil bleu. Vous disposez ainsi d'une référence, sur tous les murs, pour procéder au dressage de la forme.

6 Un film polyane microperforé apporte une meilleure étanchéité – même s'il n'est pas indispensable. Déroulez les lés sur le sol de manière qu'ils

➲ Canalisations

Comme pour une dalle de béton, vous avez la possibilité de noyer les canalisations dans la forme, à condition de respecter les normes :

- **utilisation des gaines normalisées** pour les canalisations électriques et encastrement interdit pour les boîtes de dérivation ;
- **absence de soudure** ou de raccord pour les canalisations d'alimentation en eau chaude et eau froide, et utilisation des gaines normalisées ;
- **les canalisations doivent être recouvertes** de 2 cm de granule au moins. Les canalisations verticales doivent être placées dans des fourreaux dépassant d'au moins 3 cm le niveau du sol fini.

se chevauchent sur une largeur de quelques centimètres. Coupez au cutter, au ras des murs et effectuez, si nécessaire, des découpes particulières autour des poutres, des piliers ou des renfoncements de murs.

7 Mettez en place les règles de guidage (fournies avec le produit) nécessaires au dressage de la forme. Posez-les sur un remblayage en granule et réglez leur hauteur à partir du tracé, en vérifiant l'horizontalité au niveau. La hauteur de la semelle de ces règles est au niveau de la forme finie. L'espacement entre les deux guides est fonction de la longueur de la règle de tirage utilisée. Déversez ensuite le granule et effectuez le tirage de la forme en faisant glisser les épaulements de la règle sur les deux guides.

8 Utilisez un plâtoir (ou une taloche) pour dresser la forme au pied des murs, en enlevant ou en ajoutant du granule, selon le cas. Procédez de même sur le mur adjacent une fois que vous avez enlevé la première règle.

9 Quand vous avez terminé la première surface de la forme, déplacez une des règles et respectez le même processus pour la remettre en position, afin de continuer le dressage. A chaque fois, vérifiez l'horizontalité. Continuez ainsi afin de tirer la totalité de la forme – sans oublier que vous devez terminer par la porte de la pièce (le démontage de la porte est indispensable, étant donné le changement de niveau).

10 Procédez à la pose de la première couche de plaques de plâtre – sans oublier que celles-ci ont un dessus et un dessous, et qu'il faut donc les tourner correctement. Posez une première rangée de plaques, bord à bord, à partir de la porte et perpendiculairement au plan de celle-ci. Évitez de vous aligner sur les murs car ceux-ci ne sont pas toujours droits, surtout dans des bâtiments anciens comme celui-ci. Posez la seconde rangée en décalant le joint de 20 cm au minimum.

11 Pour couper les plaques, effectuez un tracé préalable sur le parement. Ensuite, avec un cutter, entaillez profondément sur ce tracé, en vous guidant sur une règle métallique. Posez alors la plaque en porte à faux, en plaçant la rive de la règle en

12

13

contre-parement juste sous l'entaillage et pliez la plaque pour la couper. Vous pouvez également utilisez une scie égoïne pour plaques de plâtre.

12 Mettez en place les plaques de rives. Effectuez les découpes nécessaires pour adapter les plaques au pied des poutres, des piliers et fourreaux. Sur toute la périphérie de la pièce (et autour des obstacles), ménagez un joint de dilatation de 5 mm.

13 Si, comme ici, la chape doit être réalisée au bord de la cage d'un escalier débouchant dans le local, fixez une pièce de bois sur la poutre afin de contenir le granule. Son chant supérieur doit être à la hauteur de la forme finie. Alignez le bord de la plaque de plâtre sur la rive du tasseau et fixez-la par vissage, en utilisant les vis trompettes spéciales pour plaques, enfoncées à la visseuse.

14 Utilisez la colle spécifique, vendue par le fabricant des plaques, pour encoller la couche initiale. Étalez-la à l'aide d'une raclette crantée, sans croiser les passes. Il faut compter environ 600 g de colle au mètre carré. Nettoyez les outils à l'eau.

15 Passez à la pose de la deuxième couche de plaques, qui doivent être disposées perpendiculairement aux premières – ou, le cas échéant, parallèlement, mais en contrariant les joints. N'oubliez pas qu'il faut placer les plaques parement au-dessus. Comme pour la première couche, décalez les joints de 20 cm au moins, et laissez en périphérie un joint de dilatation de 5 mm au minimum. Collez les plaques « à l'avancement », c'est-à-dire en posant les plaques et en effectuant les coupes au fur et à mesure. En même temps, agrafez-les sur la première couche au moyen d'agrafes de 26 mm, à raison de 8 agrafes au moins par plaque (vous pouvez aussi les clouer à l'aide de pointes tête homme de 35 mm et bêchevetées).

16 Laissez la colle durcir pendant une nuit (sans marcher sur les plaques). Ensuite, calfatez les joints de dilatation, en périphérie de la chape et autour des obstacles, à l'aide d'un joint-mastic bâtiment. Lissez-le éventuellement avec un doigt mouillé. Ce joint évite la remontée des granules et interdit les infiltrations d'eau. Après séchage du joint, vous pouvez appliquer, au rouleau, une couche d'émulsion de caoutchouc bitumineux – et une seconde, croisée, après séchage.

14

15

16

Isolation sous rampants

L'isolation par rouleaux de laine de verre reste sans doute la meilleure solution dans le cas des charpentes traditionnelles, en particulier pour la rénovation des anciennes demeures et des granges (charpente de type fermette). Il s'agit ici d'une isolation sous rampants et pieds-droits, pour un local destiné à être habité : on va donc poser des plaques de plâtre.

Deux options

Avec une charpente traditionnelle, on peut appliquer l'isolant en double couche, c'est-à-dire d'abord entre chevrons puis sous chevrons, ou encore en simple couche (sous chevrons). La première solution permet de gagner de la place en limitant l'épaisseur de l'isolant sous les chevrons. Dans le cas présent, où l'espace n'est pas un problème, nous préférons une simple couche car elle a l'avantage de garantir une excellente isolation de la toiture en sous-face. En outre, elle assure la parfaite continuité de l'isolation et élimine donc les ponts thermiques. Le système de pose sur suspentes métalliques, avec fourrure pour la fixation des plaques de plâtre, a l'avantage d'être facile à mettre en œuvre.

OUTILS ET MATÉRIAUX

- Perceuse visseuse
- Tournevis
- Scie à métaux
- Scie égoïne
- Cordeau

- Suspentes
- Fourrure métallique
- Raccord d'angle
- Laine de verre (en rouleaux et en panneaux semi-rigides)
- Enduit pour plaque de plâtre
- Bande à joint pour plaque de plâtre

1 Commencez par tracer des repères, sur les chevrons, pour matérialiser la position des suspentes. Placez la première à 10 cm d'une panne. Une suspente est composée d'un étrier, d'une tige présentant un filetage à son extrémité et d'une rosace, qui permet de maintenir l'isolant et aussi la fourrure métallique sur laquelle vous allez visser les plaques de plâtre. Il faut fixer l'étrier au milieu du chevron, de deux vis de 30 mm. L'étrier permet d'ajuster la saillie de la tige. A l'aide d'un mètre, réglez celle-ci en fonction de l'épaisseur de l'isolant (120 mm dans le cas présent), de manière que vous puissiez visser la rosette.

2 Il s'agit ici d'une charpente avec pieds-droits, c'est-à-dire qu'il faut aussi isoler et recouvrir de plaques de plâtre les murs du local. Vous devez donc repérer la position des suspentes, fixées sur les chevrons, qui vont soutenir le raccord d'angle, c'est-à-dire le profilé métallique permettant de faire la liaison entre mur et plafond. Sur le sol, placez une lisse (profilé métallique spécifique) à une distance du mur égale à l'épaisseur de l'isolant plus celle de la fourrure murale. Utilisez un élément vertical, en vous aidant du niveau à bulle, pour repérer la position de la suspente, à l'aplomb de la lisse placée au sol.

3 Vissez d'abord les suspentes sur les chevrons d'extrémité. Tendez ensuite entre elles des cordeaux, noués à l'extrémité de la tige : ils donnent ainsi le plan permettant de posi-

Pour en savoir plus

Isolation d'une toiture par l'extérieur **76**

Traitement des charpentes et des boiseries **281**

4

5

6

tionner les autres suspentes. L'écartement vertical des suspentes doit être compris entre 40 et 60 cm.

4 Passez ensuite à la fixation des suspentes intermédiaires : l'écartement horizontal doit être compris entre 80 et 120 cm. La fixation se fait en général directement à la visseuse, sans qu'il soit nécessaire de percer des avant-trous. Toutefois, lorsqu'il s'agit d'un bois particulièrement dur, utilisez la perceuse et une mèche fine afin d'ouvrir les avant-trous.

5 Continuez à mettre en place les suspentes sur toute la charpente à isoler, avant de commencer à fixer l'isolant lui-même.

6 Mettez également en place des suspentes verticales (et non perpendiculaires aux chevrons) destinées à la fixation du raccord d'angle mur-plafond.

7 Effectuez la coupe des lés de laine de verre, à l'aide d'un grand couteau bien aiguisé. La dimension est égale à la distance entre pannes, ou entre la panne et la limite du pied-droit, plus une marge de 3 à 5 cm qui permet de mieux fixer l'isolant, en le comprimant légèrement. Mettez le lé de laine de verre en position et embrochez-le sur les suspentes, en commençant par le haut. Le pare-vapeur, c'est-à-dire la feuille de papier kraft, doit évidemment être tourné vers l'intérieur du local, pour éviter que l'humidité ne pénètre dans l'isolant. Poussez bien le lé contre la panne afin d'éviter les interstices – qui sont

➲ Examen préalable

Avant de procéder à l'isolation des combles, il est indispensable de vérifier l'état de la charpente et de procéder aux réparations nécessaires – renforcement ou même remplacement de chevron. Il faut aussi repérer les fuites éventuelles de la toiture et y remédier en remplaçant des tuiles ou des ardoises (la localisation des fuites sera en effet beaucoup plus difficile après isolation). De même, il faut envisager le traitement de la charpente contre les insectes xylophages (termites, vrillettes, capricornes). Dans ce domaine, certaines régions sont plus concernées que d'autres ; chaque fois que le traitement est conseillé par les services compétents, il faut l'effectuer (même s'il est onéreux et que les produits sont toxiques et désagréables par leur odeur). Il s'agit d'une intervention par injection, difficile à réaliser, et il est préférable de la laisser à des spécialistes.

7

autant de ponts thermiques (pertes de calories). Mettez ensuite en place le lé voisin, de la même manière, en le comprimant très légèrement afin d'assurer la continuité de l'isolation. Immobilisez les lés de laine de verre en vissant les rosaces.

8 Mettez alors en place, par simple clipsage sur les rosaces, les fourrures métalliques qui améliorent le maintien de l'isolant et qui, surtout, vont vous permettre de poser les plaques de plâtre. Il s'agit de profilés de tôle d'acier légers et résistants, traités contre la corrosion. La coupe se fait à la scie à métaux ou à la cisaille grignoteuse.

9 En partie basse de l'isolation sous rampants, sur les suspentes posées à cet effet, mettez en place un raccord d'angle qui permet de réaliser la liaison entre les fourrures du rampant et celles du pied-droit. Comme les fourrures, cet élément est clipsé sur les rosaces.

10 Dans un local comme celui-ci, aux murs irréguliers, la bonne solution, pour les pieds-droits, consiste à fixer une fourrure murale horizontale, à une hauteur d'environ 1,30 m – si la hauteur totale du mur dépasse 2,6 m, il faut en placer une seconde. Prenez d'abord des repères pour la hauteur (1,3 m du sol) et effectuez un tracé sur le mur, à l'aide d'un cordeau traceur (vérifiez l'horizontalité à l'aide d'un niveau à bulle). Ensuite, fixez la fourrure murale par chevillage et vissage (en utilisant des chevilles adaptées au type de maçonnerie).

11 Les fourrures verticales vont être fixées à une lisse

métallique, posée sur le sol, et à l'élément d'angle, au bas de l'isolation des rampants. Mettez en place une de ces fourrures verticales de manière à régler la longueur de la tige dont l'embase vient se clipser dans le profilé horizontal. Les tiges doivent être espacées de 60 cm.

12 Mettez en place l'isolant vertical. Il s'agit ici d'un

Réglage

Ce système d'isolation a l'avantage de permettre un réglage de la position lorsqu'une plaque de plâtre n'est pas parfaitement dans le plan (c'est-à-dire quand il y a un défaut dans la position des suspentes). Il suffit en effet de visser ou de dévisser légèrement la rosace pour que tout rentre dans l'ordre.

panneau de laine de verre semi-rigide, garni d'un pare-vapeur, qu'il faut embrocher sur une tige. Le panneau est coupé à la hauteur entre sol et élément d'angle, plus une marge de 3 à 5 cm pour un meilleur maintien.

13 Posez les rosaces sur les tiges qui traversent l'isolant comme sur celles qui se trouvent à la jonction de deux panneaux. Ensuite, clipsez sur ces tiges les fourrures verticales – qui se trouvent donc espacées de 60 cm.

14 Les fourrures verticales, qui maintiennent les panneaux isolants des murs, sont fixées en bas sur la lisse posée au sol et en haut sur le raccord d'angle. Il faut les visser à l'aide de vis métal/métal fournies par le fabricant des profilés.

15 L'isolant et les fourrures métalliques étant en position, il reste maintenant à fixer les plaques de plâtre. Commencez par mettre en place celles destinées au revêtement des rampants, en laissant un espace de 1 cm sur les bords. Mettez la plaque en position, sa rive inférieure étant appuyée sur le raccord d'angle, maintenez-la fermement et vissez-la à l'aide de vis trompette (vis spéciales pour la fixation des plaques de plâtre sur profilés).

16 Poussez ensuite la plaque de plâtre de la partie basse, dûment coupée aux dimensions (à la scie égoïne), contre la fourrure métallique (en laissant 1 cm sur le bord). Vissez-la de la même manière que sous rampants. Il reste ensuite à effectuer le jointoiement des plaques de plâtre à l'aide de l'enduit spécifique de bandes microperforées.

Passage de canalisations

Ce type d'isolation permet de faire passer les canalisations, et en particulier les canalisations électriques, derrière la couche d'isolant. Il convient évidemment de respecter les normes, c'est-à-dire d'utiliser des gaines adaptées et de ne pas encastrer les boîtes de dérivation.

Isolation d'une fenêtre

Dans un immeuble ancien, les fenêtres sont souvent responsables de pertes de chaleur parce qu'elles sont mal isolées et que les interstices laissent passer les vents coulis.

Double vitrage

Cette opération consiste à poser un panneau constitué de deux vitres montées en usine sur des profilés métalliques ou en PVC, séparés par une lame d'air déshydratée. Il s'agit d'un panneau unique, qui s'adapte sur les feuillures du châssis et qui, sur une fenêtre traditionnelle comme ici, impose la dépose des petits bois. Le double vitrage assure une meilleure isolation thermique et phonique que le survitrage, simple fixation d'un panneau vitré supplémentaire sans dépose de l'ancien vitrage.

Joints de calfeutrage

L'isolation du vitrage est inopérante si les fuites restent importantes entre vantaux et dormant. Le calfeutrage est donc indispensable, et il existe de nombreux moyen pour le réaliser, depuis les bandes mousse ou caoutchouc jusqu'au mastic silicone. Les profils métalliques à clouer sont sans doute préférables car plus durables, plus esthétiques et aussi plus efficaces. Ils assurent une excellente étanchéité à l'air de l'huisserie.

OUTILS ET MATÉRIAUX

- Perceuse visseuse
- Rabot
- Marteau
- Mètre
- Scie à dos
- Cale à poncer
- Râpe
- Ciseau à bois
- Pistolet extrudeur
- Chasse-clou
- Broche
- Mètre

- Panneau double vitrage
- Colle à bois
- Pointes et vis
- Mastic-colle en cartouche
- Papier de verre

Pose d'un double vitrage

1 Prenez les mesures du vantail, à partir du fond de la feuillure, en hauteur et en largeur (sans tenir compte du petit bois). Vous pourrez ainsi commander le panneau de double vitrage (assemblé en usine) : il sera confectionné en tenant compte du jeu nécessaire pour la pose dans la feuillure.

2 Procédez ensuite à la rénovation de la boiserie elle-même. Il arrive souvent que les vantaux présentent des signes de pourriture au niveau de la traverse basse – particulièrement exposée à l'humidité. Si elle est endommagée, comme ici, rabotez-la en sous-face, sur 3 à 5 mm. Pour travailler commodément, déposez le vantail et placez-le sur deux tréteaux. Ensuite, découpez une latte de bois dur aux dimensions de la pièce et fixez-la avec une colle à bois pour extérieur, en renforçant de pointes tête homme (sans tête) qu'il faut chasser au chasse-clou.

3 Passez ensuite à la dépose du vitrage existant en commençant par éliminer le mastic. Effectuez la

coupe du petit bois à la scie à dos, au niveau du fond de la feuillure. Nettoyez ensuite celle-ci à l'aide d'une râpe à bois, afin que le bois soit parfaitement plan. S'il y a des traces de peinture ou de mastic, nettoyez au ciseau à bois et au papier de verre. Le panneau de double vitrage est rigide et compense la dépose du petit bois pour la solidité du châssis : néanmoins, celui-ci doit être en excellent état et il convient donc de vérifier les assemblages – et de les rénover si nécessaire.

4 Mettez en place le panneau de double vitrage (celui-ci est assemblé par des profilés en PVC). Il doit s'adapter exactement et être en contact avec le fond de la feuillure. Si ce n'est pas le cas, rectifiez celle-ci avec un ciseau à bois.

5 Le panneau de double vitrage est fixé par collage et vissage. Appliquez d'abord, dans le fond de la feuillure, un mastic-colle d'étanchéité pour boiserie : déposez un mince cordon régulier, à l'aide d'un pistolet extrudeur. Mettez alors le panneau en place, en pressant fortement. A l'aide d'une visseuse, enfoncez des vis autoperceuses dans le rebord du panneau afin de fixer solidement celui-ci sur le châssis.

6 Assurez l'étanchéité à l'aide du même mastic pour boiserie. Déposez un cordon régulier afin de combler l'interstice entre la joue de la feuillure et le cadre en PVC. Si le cordon est bien posé, il n'est pas nécessaire de lisser. Toutefois, si vous devez le faire, utilisez une petite spatule en matière plastique.

Joints métalliques de calfeutrage

7 Les joints métalliques de calfeutrage se placent sur le dormant, aussi bien sur les traverses hautes et basses que sur les montants, et aussi sur le chant des vantaux, côté paumelles. Ils sont constitués de deux parties, l'une (semelle) qu'il faut clouer sur la boiserie, et l'autre qui forme la lèvre étanche. Clouez-les en place à l'aide de petites pointes tête plate (vendues avec le joint), qu'il faut achever d'enfoncer au chasse-clou. Sur le dormant, il est nécessaire de former le joint selon le profil de la boiserie, à l'aide d'un outil métallique (par exemple une broche).

➲ Liaison huisserie-mur

Il est fréquent qu'il y ait des fuites entre l'huisserie et la maçonnerie : elles se manifestent par des traces de salissures sur le mur, contre la moulure. Pour réaliser une bonne isolation, il faut les éliminer en déposant la moulure et en effectuant les rebouchages nécessaires, à l'aide de mortier, avant de reclouer la moulure.

Cloison acoustique

Améliorer l'isolation acoustique à l'intérieur d'un appartement n'est pas du superflu, bien souvent... C'est chose possible, qui donne aussi l'occasion de renforcer l'isolation thermique de chacune des pièces.

Quel objectif ?

L'intérêt d'une bonne isolation acoustique est de permettre à chacun des membres de la famille d'avoir ses activités, même bruyantes, sans gêner les autres. A l'intérieur d'un appartement, les nuisances sonores sont surtout les bruits aériens, c'est-à-dire les voix et la musique, les bruits d'impact (chocs) et les bruits d'équipement. Avec une cloison convenablement isolée, il est possible de travailler dans une pièce en entendant à peine la musique ou le son d'un poste de télévision provenant du local voisin (les voix sont audibles mais inintelligibles).

Un isolant adéquat

Les isolants thermiques classiques ne présentent pas tous de bonnes performances acoustiques. Les mousses alvéolaires, par exemple, sont en général trop rigides et ne permettent par à l'air de jouer son rôle – essentiel dans ce domaine d'isolation. Les fabricants de laine de verre proposent des panneaux à fibres fines et longues (comme Panolène acoustique, chez Isover) conçus pour la protection acoustique et utilisés pour garnir des cloisons légères en plaques de plâtre sur armature métallique.

OUTILS ET MATÉRIAUX

- Perceuse
- Visseuse
- Ponceuse orbitale
- Niveau à bulle
- Fil à plomb
- Mètre
- Cisaille grignoteuse
- Pince à sertir
- Scie égoïne
- Couteau à enduire
- Bac à gâcher
- Plaques de plâtre BA 13
- Vis trompette plaque-métal
- Chevilles
- Enduit
- Bande à joint

➲ Encastrement des canalisations

Vous pouvez encastrer les canalisations électriques ou d'eau dans la cloison. Il faut décaler, d'un parement à l'autre, la sortie des canalisations et donc la position des interrupteurs et des prises, afin d'éviter les ponts acoustiques. Décalez-les de 20 cm à l'horizontale et de 10 cm à la verticale.

Pour en savoir plus

Les conditions du confort acoustique **69**

1

1 Après avoir tracé au sol l'implantation de la cloison (sur ses deux parements), repéré la position de l'huisserie de la porte et déposé les plinthes, coupez les rails métalliques à l'aide d'une grignoteuse ou d'une scie à métaux. Vissez-les sur le sol à raison d'une vis tous les 40 à 60 cm.

2

2 Marquez la position du rail du plafond au cordeau traceur, après avoir pris des repères à l'aide d'un fil à plomb : les deux rails (sol et plafond) doivent être dans le même plan. Vissez le rail du plafond à raison d'une vis tous les 60 cm. Utilisez des chevilles adaptées au matériau.

3 Coupez les montants d'extrémité à la hauteur sol-plafond moins 15 mm. Glissez-les dans les rails et fixez-les sur les murs latéraux par vissage, après perçage et chevillage. Continuez le montage de la charpente et mettant en place les montants d'encadrement de la porte,

3

➲ Quel bruit ?

Les professionnels de l'isolation acoustique distinguent divers types de bruits et s'emploient à trouver, dans chaque cas, la meilleure protection.

• Bruits d'équipement : lave-linge, lave-vaisselle, réfrigérateur, chaudière...

• Bruits d'impact : chocs de tous types (transmis surtout par les sols)

• Bruits extérieurs : le plus important est le trafic routier, mais il y aussi le bruit des travaux, des avions, des trains...

• Bruits aériens intérieurs : voix et musiques (conversations, télévision, radio).

Le niveau sonore s'exprime en dB(A), c'est-à-dire en décibels entendus par l'oreille. Le bruit ambiant est le niveau sonore de notre environnement ; pour être acceptable, il doit être de l'ordre de 25 à 35 dB(A). On considère un bruit comme dérangeant lorsque son niveau sonore dépasse le bruit ambiant de 5 dB(A) le jour et de 3 dB(A) la nuit.

assemblés sur les rails de sol au moyen d'un raccord d'angle. Cet assemblage est le plus souvent serti à l'aide d'une pince à sertir (il peut toutefois être également vissé, avec des vis pour métal).

Posez les montants intermédiaires de l'ossature métallique : glissez-les dans les rails haut et bas et espacez-les régulièrement, de 60 cm (entraxe). Pour chaque élément, vérifiez soigneusement la verticalité (niveau à bulle ou fil à plomb). Assemblez à l'aide d'une visseuse, en utilisant des vis autoperceuses enfoncées directement, sans avant-trou. Mettez alors en place l'huisserie de la porte et réalisez l'encadrement d'imposte.

4 Mettez en place les plaques de plâtre, d'un côté de la cloison. Découpez-les à la hauteur sol-plafond, moins 13 mm. Utilisez un soulève-plaque, pour les bloquer contre le plafond, tout en les vissant sur l'ossature avec des vis trompette autoperceuses distantes de 15 cm et enfoncées à au moins 1 cm du bord de la plaque. Posez ensuite l'isolant acoustique : coupez-le à la hauteur de la cloison, plus 2 cm pour assurer un parfait remplissage. Pour éviter les ponts acoustiques, l'isolant doit être en contact avec les deux plaques de plâtre. Pour les coupes dans le sens de la hauteur, prévoyez aussi une marge de 2 cm afin que l'isolant soit en contact avec les deux montants.

5 Montez les plaques de plâtre sur l'autre parement de la cloison, sans oublier de décaler les joints d'une demi-plaque par rapport au premier parement (la largeur d'une plaque étant de 120 cm). Effectuez les découpes pour l'imposte et fixez comme précédemment, à l'aide de vis trompette. Il reste à réaliser les joints entre les plaques, à l'aide d'une bande microperforée et d'un enduit spécifique, sans oublier un joint acrylique, en pied de cloison.

➲ Le confort acoustique

L'équipement de l'appartement est souvent un facteur de nuisance sonore : n'oubliez pas de prendre en compte le niveau sonore d'un lave-linge ou d'une chaudière au moment de l'achat.

• **Pour trouver les bonnes réponses,** identifiez les bruits qui vous dérangent. S'il s'agit (essentiellement) de bruits intérieurs, privilégiez l'isolation acoustique des cloisons ; s'il s'agit de bruits extérieurs, l'isolation doit concerner l'ensemble de la maison, en particulier les surfaces peu ou pas isolées, comme les portes, les fenêtres et les parois.

Les bruits intérieurs se diffusent aussi par les parois latérales : une isolation de celles-ci complète donc le confort acoustique.

• **L'aménagement et la décoration** tiennent aussi leur rôle : dans une pièce carrelée, aux murs nus et ne comportant que peu de meubles, la réverbération sonore peut être gênante ; en revanche, les moquettes, les tentures et les rideaux réduisent sensiblement cette réverbération.

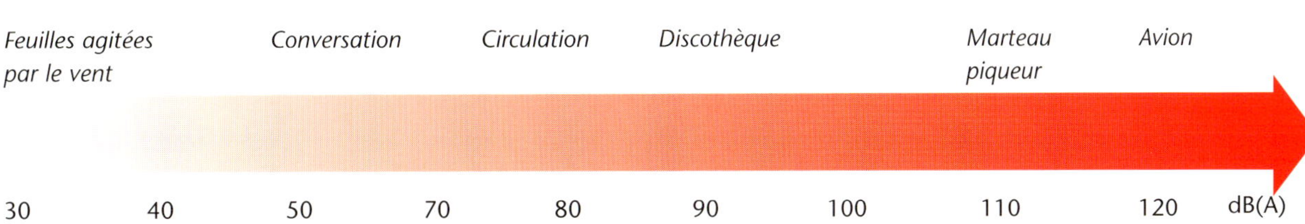

Le chauffage

Tant pour votre confort que pour votre budget, rien ne sert de chauffer si l'appartement n'est pas bien isolé. L'isolation des parois, des portes, des fenêtres et de la toiture est donc complémentaire, sinon prioritaire, au choix du système de chauffage et à son entretien.

Sommaire

Chauffage central ou appareils individuels ?

Le chauffage central apporte un confort irremplaçable. Bien sûr, il est complexe et onéreux à installer. Mais une fois en place, son coût de fonctionnement est nettement inférieur à celui de radiateurs individuels, pour une performance égale.

Il n'est pas impossible d'installer soi-même le chauffage central, et plusieurs fabricants proposent des systèmes de kit d'un niveau plus ou moins élevé (une bonne expérience du travail des tubes et quelques notions de maçonnerie sont indispensables).

Les radiateurs électriques (convecteurs ou radiateurs à circulation d'huile) ont connu un grand succès pour leur souplesse d'utilisation, mais le coût de l'électricité a souvent détourné les consommateurs vers d'autres énergies. De plus, d'autres problèmes liés à la protection de l'environnement sont venus se greffer sur cet aspect économique. Ils ont par exemple récemment amené certains pays à réglementer l'usage des radiateurs électriques et même à les interdire. Toutefois, ces appareils restent très utilisés particulièrement durant les intersaisons ou dans les salles de bains, sous forme de sèche-serviettes.

Gaz, fuel ou autre ?

Le gaz de réseau représente sans doute la meilleure option dans toutes les régions où il est distribué. C'est une énergie relativement propre, dont la chaudière, assez légère (souvent murale), ne demande qu'un conduit d'évacuation simple à installer (dans une ancienne cheminée ou par l'extérieur). C'est aussi le cas des chaudières-ventouses, dont les gaz brûlés sont rejetés par un conduit à double paroi traversant le mur d'adossement de l'appareil.

Chaudière éléctrofioul avec corps de chauffe en fonte. Un simple interrupteur permet de placer la chaudière sur l'energie voulue.

Les chaudières au fuel sont au contraire de gros appareils demandant un local indépendant de 8 m^3 au moins, au sol bétonné, isolé des locaux d'habitation (en général une cave ou une dépendance) à cause des odeurs. De plus, il faut prévoir un système de stockage du combustible (citerne en rez-de-chaussée, en sous-sol ou enfouie dans une fosse à l'extérieur). Ces chaudières sont robustes et elles offrent une souplesse comparable à celles au gaz.

Les chaudières polycombustibles sont intéressantes dans les régions où il est possible de se procurer facilement du bois. Leur prix d'achat est relativement élevé, mais elles sont robustes et de longue durée. Selon le type, il s'agit d'appareils bois (ou charbon)/mazout, bois (ou charbon)/gaz ou tous combustibles. Les chaudières à double foyer passent automatiquement d'un combustible à l'autre.

Ci-contre, radiateur sèche-serviette idéal pour salle de bains

À droite, chaudière à gaz avec brûleur atmosphérique, ce qui améliore le rendement.

Radiateur en acier fait de panneaux en simple, double ou triple épaisseur. Il en existe aussi des modèles horizontaux.

Entretenir le chauffage central

Il est indispensable, et relativement facile, d'entretenir un système de chauffage central. Et s'il est conseillé, pour des questions de sécurité et d'assurance, de faire appel à des professionnels pour l'entretien de la chaudière, qu'elle soit à gaz ou au fuel, il faut savoir effectuer vous-même quelques petites interventions.

Purge des radiateurs. Lorsque certains éléments d'un radiateur restent froids alors que les autres sont chauds, c'est parce que de l'air y est emprisonné, ce qui gêne la circulation de l'eau chaude.

Pour l'évacuer, il suffit d'ouvrir la purge en plaçant un récipient au-dessous, et d'attendre que l'eau sorte de manière continu (sans « cracher »). Ensuite, il peut être nécessaire d'ouvrir le robinet d'alimentation de la chaudière pour réajuster la pression au niveau normal (de préférence quand le chauffage est arrêté – ou en fractionnant).

Sur les radiateurs anciens, il arrive que la purge soit très difficile à ouvrir – c'est parfois une simple vis, souvent bloquée par la rouille et les couches successives de peinture. Dans ce cas, décapez-la avec un produit spécifique et utilisez une huile dérouillante de déblocage, puis essayez à nouveau, en prenant garde de ne pas détériorer la fente de la vis. Lorsqu'elle reste bloquée, vous pouvez essayer de purger l'appareil en dévissant légèrement l'écrou d'entrée, côté robinet, à l'aide d'une grosse clé ; préparez un grand récipient car il est en général nécessaire de faire sortir beaucoup d'eau pour évacuer l'air.

Changement des robinets. Pour remplacer un robinet, commencez par couper la chaudière et la pompe (commandée par un interrupteur). Ensuite, ouvrez le robinet de vidange du circuit. En même temps, ouvrez successivement les purges des radiateurs, en commençant par celle de l'appareil situé le plus haut dans la maison. Si vous devez intervenir sur un appareil situé, par exemple, au deuxième étage, il n'est pas nécessaire de vider complètement le circuit : il suffit d'attendre que l'eau ne sorte plus par la purge du radiateur concerné.

Procédez alors au démontage en dévissant l'écrou d'entrée du radiateur. Ensuite, déposez le robinet à l'aide de deux clés – l'un bloquant l'écrou du collet-battu, l'autre tournant celui du radiateur. Assurez-vous que vous maintenez bien le premier car, sinon, vous pourriez tordre la canalisation de cuivre.

Montez le nouveau robinet en suivant le protocole inverse et en appliquant, sur les deux filetages, du ruban Téflon (deux ou trois tours) ou de la filasse avec de la graisse de plomberie. Il faut ensuite remplir le circuit en ouvrant le robinet d'alimentation, près de la chaudière, et en fermant les purges des radiateurs l'une après l'autre, en commençant par l'appareil le plus bas, dès qu'il n'en sort plus que de l'eau.

Il est préférable d'être deux pour effectuer l'opération. Si vous êtes seul, ne laissez ouverte que la purge d'un radia-

➲ L'antigel est un poison

Si le circuit du chauffage central est protégé par de l'antigel et qu'il y a une fuite à un raccord, l'eau qui s'écoule est dangereuse. Si votre animal domestique, chat ou chien, la lape, il risque un empoisonnement, souvent fatal. Prenez donc la précaution de vérifier, de temps en temps, qu'il n'y a pas de fuite.

teur par étage et purgez les autres appareils après coup, si nécessaire. Ajustez la pression de la chaudière et vérifiez-la quelques heures après la mise en marche – contrôlez aussi qu'il n'y a pas de fuite au niveau des raccords du nouveau robinet.

Bruits et gel. Les bruits dans les radiateurs et les canalisations sont dus à la présence d'air et de gaz dans l'eau. La purge du circuit est donc la première intervention à effectuer (voir plus haut).
Vous pouvez également utiliser un produit anti-corrosion qui neutralise les émissions de gaz (c'est indispensable pour les radiateurs en alliage d'aluminium) ou qui mettent en suspension les dépôts de rouille et les boues, que l'on élimine ensuite par vidange du circuit.
Si vous vous absentez en hiver, pensez à protéger le circuit en ajoutant de l'antigel à l'eau. Cette précaution est nécessaire même si vous laissez votre installation en fonctionnement, en position « hors-gel », car une panne est toujours possible.

Les cheminées

Une cheminée traditionnelle est un « feu d'agrément », ce qui signifie qu'elle est agréable à regarder mais qu'elle ne chauffe pas beaucoup : le rendement des feux ouverts est très faible et les déperditions de chaleur considérables.

Conduit de fumée en inox. Pose d'un élément de dévoiement en sortie de souche.

Implantation. Le tirage d'une cheminée dépend de la hauteur du conduit et de sa section, ainsi que du volume de la pièce et des ouvertures (ces indications permettant de décider des dimensions du foyer et de l'avaloir, ou entrée du conduit).
Cela vaut pour les cheminées traditionnelles comme pour les cheminées en kit, c'est pourquoi les fabricants proposent toujours une étude personnalisée.
Si vous devez remettre en marche une cheminée qui n'a pas servi depuis longtemps ou installer une cheminée en kit (après dépose de l'ancienne), inspectez et testez d'abord le conduit. S'il est trop grand pour la cheminée choisie ou non étanche, il faudra le gainer (tubes métalliques, rigides ou flexibles selon le profil du conduit). Cette opération est accessible à un amateur.
S'il n'y a pas de conduit, il est relativement facile d'en créer un en ayant recours à des tubes en inox isolés.

Foyers et inserts

Il s'agit d'appareils de chauffage, en fait des poêles à bois modernes, présentant un excellent rendement ; ils sont intégrés dans la cheminée, une vitre en vitro-cérame laissant le feu apparent.
Les inserts son glissés dans la cheminée existantes et raccordés au conduit de fumée : ils chauffent la pièce comme un poêle.
Un foyer est un appareil autour duquel la cheminée est construite ; il peut être relié à un système de ventilation permettant de chauffer les autres pièces de la maison. Il peut fonctionner porte ouverte, comme l'âtre d'une cheminée, mais il devient alors un simple feu d'agrément dont le rendement est faible.

Un feu d'agrément est tellement agréable…

Thermostat d'ambiance

Un thermostat d'ambiance régule la température de tout l'appartement : c'est donc à la fois un instrument de confort et d'économie.

Sans hésitation

Cet appareil réagit à la température ambiante et non à celle des radiateurs. Mais il commande à ces derniers, les coupe ou les met en route pour maintenir la température désirée. C'est donc un équipement complémentaire à une bonne isolation – en particulier le calorifugeage des canalisations pour éviter les déperditions de chaleur quand celles-ci cheminent dans les locaux non chauffés – qui autorise de notables économies. Il peut être combiné à des robinets thermostatiques qui remplacent les robinets classiques des radiateurs.

Plutôt en saillie

C'est donc sans hésitation que l'on peut décider de poser un thermostat d'ambiance, d'autant que les interventions, particulièrement pour la pose en saillie comme c'est ici le cas, ne sont pas d'une grande difficulté. Le raccordement de l'appareil impose d'amener l'alimentation jusqu'à lui, à un endroit où la sonde de température ne sera pas influencée par une source de chaleur ou une zone froide. Le passage des câbles électriques se fait sous plinthes et moulures en PVC.

1 Une fois les moulures PVC posées (collées) de manière à amener les deux câbles d'alimentation et le conducteur de protection (phase, neutre et terre) jusqu'à l'emplacement choisi pour le thermostat, démontez l'appareil pour séparer la platine dont le socle sera fixé contre le mur. Il existe des modèles de moulures PVC de différentes largeurs, l'idéal étant de disposer d'un compartiment pour chaque câble. Dans le cas contraire, il est possible de placer les conducteurs dans un même compartiment (ils sont isolés les uns des autres par la gaine en plastique qui les enveloppe), à condition d'en limiter le nombre à trois.

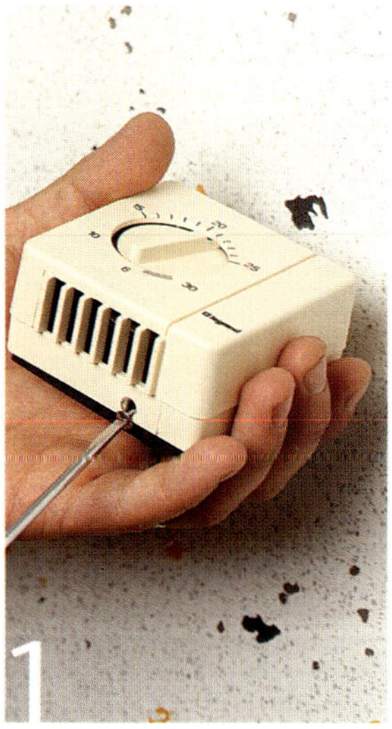

2 Présentez la platine en position (le niveau idéal se situe à environ 1, 50 m du sol) et repérez les points de fixation en passant la pointe du crayon dans chacun des quatre trous. Ensuite, percez puis chevillez (à ces emplacements) pour visser la platine contre le mur. Placez le corps de l'appareil de sorte que, une fois le couvercle en place, ce dernier soit posé contre la moulure . il est obligatoire qu'ils soient jointifs.

3 Sectionnez les câbles en conservant une longueur

OUTILS ET MATÉRIAUX

- Perceuse
- Pince coupante et pince à dénuder
- Boîte à coupe et scie à dos
- Marteau
- Tournevis
- Crayon
- Cutter
- Moulures PVC et accessoires de liaison
- Câbles de 2, 5 mm²
- Chevilles et vis
- Colle PVC

Pour en savoir plus

L'électricité **118**

Poser et raccorder une prise **128**

Fixations **51**

➲ Sonde et thermostat

Certains thermostats se présentent comme des éléments modulaires à monter directement sur le tableau de répartition. Il suffit alors de raccorder l'appareil à une sonde correctement placée dans l'appartement pour analyser la température moyenne : ni près des radiateurs, ni près des fenêtres, hors des courants d'air...

➲ R pour repiquage

Vous pouvez établir une dérivation à partir d'un circuit existant, à condition de respecter les règles de sécurité : pas plus de 5 points, utilisation de boîte de dérivation ; la dérivation peut aussi se faire à partir d'une prise de courant de manière à amener les câbles d'alimentation du thermostat jusqu'à l'emplacement choisi. Dans ce cas, la normalisation impose de le faire à partir d'un socle de prise portant la lettre R, pour repiquage. Pensez-y dans le cas de travaux de rénovation.

suffisante pour les intégrer dans les bornes. Vérifiez que vous ne serez pas obligé de trop les courber non plus. Dénudez leur extrémité sur un centimètre environ. Il faut dénuder sur une longueur minimale, correspondant à la profondeur des alvéoles des bornes de raccordement. La gaine isolante qui recouvre les conducteurs remplira ainsi entièrement son rôle, écartant tout risque de court-circuit, en particulier quand les câbles sont proches.

4 Ouvrez suffisamment les bornes en desserrant les vis, puis introduisez les extrémités des câbles dans leur logement. Resserrez les vis. Durant tous les travaux de raccordement, coupez le courant au niveau du compteur pour travailler en toute sécurité.

5 Le raccordement est terminé. Les crans de la molette de réglage permettent d'obtenir et de maintenir la température voulue. Faites les réglages avant de replacer le plastron (le capot) de l'appareil.

6 Présentez le plastron et marquez les limites de l'encoche que vous devez ouvrir pour le passage de la moulure, dont l'extrémité sera alors parfaitement jointive au thermostat. Découpez cette encoche avec un cutter. Au besoin, ébarbez légèrement avec du papier de verre.

7 Fixez le plastron par enclipsage sur le corps de socle du thermostat, par simple pression, puis introduisez la vis de blocage prévue sur le côté supérieur. Le plastron sert de capot et protège la platine et les raccordements. Pour finir, remontez le couvercle des moulures. Le thermostat sera en état de marche une fois que vous aurez protégé le circuit par un disjoncteur au niveau du tableau de répartition.

➲ Il est préférable de remplacer les robinets de radiateurs classiques par des **robinets thermostatiques** qui, une fois réglés à la température voulue (19 °C recommandés) contrôlent le fonctionnement de l'appareil selon la température de la pièce.

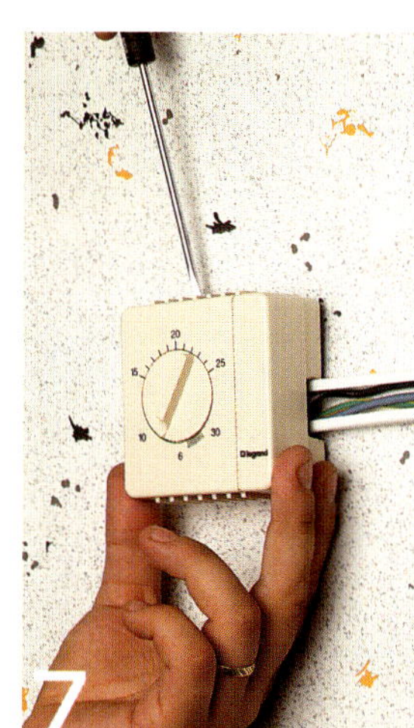

Installation d'un foyer fermé

Dans une cheminée traditionnelle, à feu ouvert, les déperditions de calories sont importantes. Ce n'est pas le cas dans un foyer, qui est un appareil fermé et que l'on installe comme un poêle.

Chauffage...

Les foyers sont des appareils de chauffage à feu fermé autour desquels on construit une cheminée. Il s'agit donc, en fait, d'une évolution du classique poêle à bois ou à charbon, mais sous une forme éminemment décorative. Ils fonctionnent aussi bien porte fermée que porte ouverte, mais la chaleur dispensée est plus grande dans le premier cas – certains modèles pouvant être raccordés à un réseau de distribution d'air par gaines pour chauffer les pièces voisines.

...et agrément

L'originalité de ces appareils de chauffage, c'est bien sûr de laisser voir la flamme : ils sont dotés d'une ou de plusieurs vitres en vitrocérame (haute résistance à la température et aux chocs). Ils allient donc les avantages d'un feu d'agrément à ceux d'un appareil de chauffage efficace.

➲ Sécurité

Pour éviter tout risque ultérieur, l'installation de ce type d'appareil de chauffage doit se faire en respectant scrupuleusement les normes spécifiées dans la notice de montage. Lisez celle-ci attentivement et faites appel à un professionnel si vous jugez que les techniques préconisées dépassent vos compétences.

OUTILS ET MATÉRIAUX

- Marteau-perforateur
- Massette
- Ciseau de maçon
- Niveau à bulle
- Maillet
- Scie égoïne pour plâtre
- Auge à gâcher

- Blocs de béton cellulaire
- Carreaux de plâtre
- Mortier réfractaire
- Liant-colle (carreaux de plâtre)
- Enduit de rebouchage

Pour en savoir plus

Souche et conduit de cheminée **102**
Carreaux de plâtre **12**

1 Il s'agit ici d'une pose en saillie, dans un décor moderne, d'un appareil de chauffage (foyer) de style résolument contemporain. La première phase est la dépose de l'ancienne cheminée. Il faut également briser, à l'aide d'une massette, l'ancien avaloir qui gênerait le raccordement – le conduit de cheminée devant être tubé.

2 Ce type de foyer exige une prise d'air extérieure

qu'il est toujours préférable, dans la mesure du possible, de faire déboucher directement derrière la cheminée, afin que la gaine soit la plus courte possible. Effectuez le perçage dans la maçonnerie à l'aide d'un marteau-perforateur (que vous pouvez louer dans une grande surface de bricolage). Donnez au trou des dimensions suffisantes pour passer la gaine et vérifiez que la sortie est bien dégagée.

3 La partie arrière du foyer repose sur des blocs de béton cellulaire (il convient d'abord de décider de la hauteur à laquelle sera fixée l'appareil, puis de disposer les blocs en vérifiant leur horizontalité à l'aide d'un niveau à bulle (il est plus sûr de faire un montage à blanc pour s'assurer de la position des différents éléments avant le scellement). Centrez les blocs dans le foyer et tenez compte du point de raccordement au conduit. Assemblez les blocs à l'aide d'un mortier réfractaire. Appliquez le mortier à la spatule crantée et raclez l'excédent avec une truelle. Rectifiez la position des blocs à l'aide d'un maillet.

4 Mettez en place le foyer, en le posant sur le socle de blocs de béton et en le calant dans sa partie avant : réglez soigneusement l'horizontalité et vérifiez qu'il est en position correcte – son axe doit être perpendiculaire au plan du mur. Ici, il y a scellement de la partie arrière de l'appareil sur le mur de support, à l'aide de mortier réfractaire.

➲ Inserts, foyers-inserts et récupérateurs

• **Les inserts** sont des appareils de chauffage, comme les foyers, mais que l'on installe à l'intérieur des cheminées existantes. Ils évitent les déperditions de chaleur.
Leurs dimensions doivent bien sûr être adaptées à celles de la cheminée. Ils sont raccordés au conduit de fumée par l'intermédiaire d'un élément en kit, s'il s'agit d'un conduit de cheminée en parfait état, ou par un tubage dans le cas contraire.

• **Les foyers-inserts** peuvent être utilisés à l'intérieur d'une cheminée existante (comme les inserts) ou comme élément chauffant d'une cheminée à construire (comme les foyers) ; en outre, il est généralement possible de les raccorder à un réseau de distribution d'air chaud. Inserts et foyers-inserts, comme d'ailleurs les foyers simples, constituent des chauffages d'appoint d'une puissance non négligeable (de l'ordre d'une dizaine de kW/h). Ils peuvent comporter des turbines, leur permettant de diffuser la chaleur, et même un thermostat.

• **Les récupérateurs de chaleur** sont des appareils que l'on glisse dans une cheminée traditionnelle ; ils comportent une grille sur laquelle brûlent les bûches, avec un système de turbines qui pulsent l'air chaud. Il suffit de les poser dans l'âtre, sans autres travaux d'installation.

5 Effectuez le raccordement au tubage de la cheminée – selon le cas, vous utiliserez un kit de raccordement ou un scellement au mortier. Notez que le conduit est ici dévoyé et qu'il est garni, pour cette raison, d'un tubage flexible.

6 L'habillage, tout autour du foyer, est réalisé avec des carreaux de plâtre. Ce matériau, particulièrement indiqué pour sa résistance au feu, est facile à mettre en œuvre (*voir* page 26). Prenez des mesures précises pour procéder aux coupes des carreaux.

7 Découpez les carreaux de plâtre à l'aide d'une scie égoïne spécifique. Mettez en place les éléments au-dessous et tout autour du foyer, afin de compléter la cloison. Utilisez le liant-colle recommandé pour ce type de matériau. Effectuez les petits rebouchages à l'aide d'un enduit au plâtre.

➲ **Ce type de foyer** est compatible avec toutes sortes de revêtements – ici, il s'agit de plaques de parement. Un socle en pierre reconstituée, posé par terre, permet d'éviter les risques de chute de braise sur la moquette, quand on ouvre la porte pour recharger le feu. Lorsque la porte est fermée, la sécurité est parfaite.

Montage d'une cheminée en kit

Une cheminée en kit est considérée comme un « feu d'agrément », c'est-à-dire un élément de confort, qui contribue à rendre l'atmosphère chaleureuse sans être indispensable au chauffage.

Plus ou moins « prêts à monter » ...

Les kits de cheminées présentent des niveaux de difficulté divers. Certains modèles sont prêts à monter, avec tous leurs éléments. Mais vous pouvez aussi partir d'une structure, avec quelques éléments préfabriqués (jambages, socle), et compléter avec des matériaux en vrac : en particulier tuilots et mulots réfractaires.

Où et comment ?

Il n'est pas possible de monter n'importe quelle cheminée n'importe où. Il faut respecter des règles concernant les dimensions de l'ouverture du foyer, dépendant de la hauteur du conduit de cheminée et de sa section, ainsi que du volume de la pièce. Dans un local de 100 m^3, vous pouvez adopter une ouverture de 90 x 90 cm si la section du conduit est de 30 cm. De plus, la hauteur du conduit doit être égale à sept fois la hauteur du foyer.

Si vous optez pour une cheminée prête à monter, dessinez pour le fabricant un plan précis du local et de l'appartement, avec les volumes des pièces et les caractéristiques du conduit et de la souche. Certaines entreprises proposent une assistance technique ou s'engagent à poursuivre les travaux s'ils s'avèrent trop complexes pour vous. La réussite du montage dépend, pour une large part, de la bonne réalisation du jointoiement – un défaut, à ce niveau, entraîne des fuites de fumées très gênantes. La liaison de l'avaloir (en tôle ou en béton) avec les éléments en pierre reconstituée ou en terre cuite doit être soignée.

OUTILS ET MATÉRIAUX

- Niveau à bulle
- Fil à plomb
- Maillet
- Cordeau traceur
- Truelle
- Cales en bois
- Perceuse
- Burin et ciseaux de maçon
- Massette
- Serre-joints de maçon
- Mortier réfractaire
- Plâtre réfractaire
- Panneaux composites

Pour en savoir plus

Souche et conduit de cheminée **102**

1 La cheminée est implantée sur un mur doublé en carreaux de plâtre, dans le cadre d'une rénovation, à l'emplacement d'une ancienne cheminée dont le conduit a été déposé. Commencez par la mise en place du socle. Réglez son horizontalité, en vous assurant que son axe est perpendiculaire au plan du mur contre lequel la cheminée est adossée. Il s'agit ici d'un kit prêt à monter dont le niveau de difficulté est assez élevé (reproduction d'un modèle ancien, en petits éléments de terre cuite, de type mulot), précédemment assemblés et présentés en blocs.

2 Gâchez le mortier réfractaire et étalez une couche à l'arrière du socle, de 3 cm d'épaisseur environ, et de la largeur du contre-cœur. Dressez ce dernier contre le mur d'adossement. Fixez-le provisoirement en enfonçant une chevillette au marteau. Attachez le plus grand soin au réglage de la position du contre-cœur, essentielle pour la réussite du montage. Vérifiez la verticalité à l'aide d'un fil à plomb et ajustez la position à petits coups de maillet (ou d'une massette, à condition de ne pas frapper sur la brique !).

3 Vérifiez le centrage en traçant, au cordeau, l'axe du contre-cœur et celui du socle, après avoir pris des

➲ Les problèmes de tirage

Lorsque la cheminée tire mal, c'est en général un problème de ventilation – on le vérifie en ouvrant la porte ou la fenêtre. Il faut alors créer une prise d'air, s'il n'en existe pas, ou agrandir celle qui existe.
S'il s'agit d'erreur de calcul concernant les dimensions de l'ouverture du foyer, il faut rehausser ce foyer, par exemple avec des briques réfractaires.
Un défaut de tirage peut aussi provenir de la souche, trop basse ou située dans une zone de surpression : vous devez alors intervenir en changeant la souche ou en plaçant un écran à la sortie. Enfin, notez que le tirage est plus mauvais lorsqu'il fait soleil, même en pleine saison froide, car la détente en sortie de la souche (due à la différence de température) se fait mal.

mesures précises. Ajustez, si nécessaire, pour que les deux axes coïncident, et contrôlez l'équerrage. Attendez que le mortier soit sec.

4 Passez à la mise en place des jambages, de chaque côté. Étalez un lit de mortier réfractaire à l'emplacement où va venir la base du jambage.

5 Pour sceller le jambage sur le contre-cœur, appliquez une couche de mortier réfractaire sur le côté du bloc. Le jambage intègre un grillage à mailles fines pour sa jonction avec le mur d'adossement. Une fois le jambage en place et convenablement étayé, il faut effectuer un remplissage au plâtre à ce niveau.

6 Lorsque les deux jambages sont en place et que le mortier et le plâtre sont suffisamment secs, passez à la mise en place de l'ébrasement, constitué de deux montants et d'une traverse. Les premiers sont scellés au mortier réfractaire sur les jambages et sur le socle, avec remplissage au plâtre à l'extérieur.

7

7 Mettez en place la traverse de l'ébrasement, réglez son horizontalité avec précision en utilisant des cales en bois provisoires, puis effectuez le scellement au mortier réfractaire.

8 Une prise d'air (débouchant à l'extérieur) est prévue sur un des côtés, avec une gaine métallique. Percez vers l'extérieur pour passer la gaine et placez une grille en sortie. Scellez cette gaine au plâtre sur le jambage.

9 Quand le mortier est sec, mettez en place l'habillage en bois, puis posez l'avaloir en tôle ; réglez sa position et immobilisez-le avec des serre-joints et un tasseau. Effectuez alors le scellement. Terminez le tubage du conduit de cheminée en le raccordant à l'avaloir.

9

10 Même si les boisseaux utilisés sont isolés, il faut néanmoins fermer le « conduit » – il s'agit ici, en fait, d'un simple coffrage permettant de dissimuler les boisseaux. C'est pourquoi on utilise des panneaux composites, en l'occurrence des plaques de plâtre garnies de laine de roche présentant une parfaite résistance à la chaleur. En partie haute, contre l'ancien chevêtre, on fixe un simple panneau de laine de roche incombustible avec pare-vapeur en aluminium.

8

10

Souche et conduit de cheminée

Quel que soit le type de foyer dont vous avez décidé de vous équiper, il faut en compléter l'installation par la création d'un conduit et d'une souche (à moins de passer par une souche et un conduit existants).

Sans conduit existant

A l'heure actuelle, grâce aux progrès en matière d'isolation, il est possible de créer une cheminée dans n'importe quelle pièce de la maison, même s'il n'existe pas de conduit et sans qu'il soit nécessaire d'en construire un traditionnel en boisseaux de terre cuite. Nous optons ici pour un conduit en inox, facile à installer et ne posant aucun problème d'implantation : parfaitement isolé, il reste « froid » et ne représente pas de danger pour la construction, en particulier pour les boiseries.

Questions préalables

Ce type de conduit est disponible dans les grandes surfaces et chez certains revendeurs. Il doit être adapté aux conditions particulières du bâtiment. Au moment de l'achat, vous devez transmettre certaines données : hauteur entre la sortie de la cheminée et le plafond du (ou des) étage(s), hauteur entre le plancher des combles et le faîte du toit, distance entre l'axe de la sortie de la cheminée et le plan du faîte du toit.

1 Commencez la réalisation par l'implantation de la souche de cheminée en kit. Il s'agit d'une souche en imitation brique, mais il existe des souches en kit de tous styles, et vous pouvez donc harmoniser la vôtre à l'architecture de la maison. La mise en place est simple et n'implique pas de travaux de maçonnerie – il faut toutefois bien choisir l'endroit de la couverture où vous l'implantez (voir encadré ci-dessous). En outre, vous devez mesurer la pente du toit, pour l'indiquer au moment de la commande de la souche. Commencez par créer un encadrement, au niveau de la charpente, en doublant les chevrons et en clouant des traverses. Déposez ensuite les éléments de couverture, tuiles plates (comme ici), tuiles mécaniques, ardoises, bardeaux... Effectuez le sciage des liteaux, à l'aide d'une

OUTILS ET MATÉRIAUX

- Scie égoïne
- Échelle de toit avec crochets de faîtage
- Marteau

- Conduit de fumée isolé inox-galva
- Souche de cheminée préfabriquée
- Pièces de charpente
- Clous de charpentier

Pour en savoir plus

Installation d'un foyer fermé **96**

Montage d'une cheminée en kit **99**

➲ Implantation de la souche

Les règles à connaître.

- **La souche doit dépasser le faîte du toit de 40 cm** – c'est indispensable pour un bon tirage et c'est aussi une norme impérative. En outre, il ne doit pas y avoir d'autre construction dans un rayon de 8 m. Vous devez donc placer la souche préfabriquée et isolée assez près du faîte.
- **Il faut tenir compte aussi des vents dominants :** directement exposée au vent, c'est-à-dire sous une surpression, la cheminée tire mal. On place donc généralement la souche du côté de la pente du toit opposée aux vents dominants. On peut la monter de l'autre côté si la maison se trouve dans une zone dépressionnaire (à l'abri d'une construction, d'une colline ou d'un rideau d'arbres).

➲ Sécurité

Les normes imposent une distance minimale de 16 cm entre le conduit de fumée et les pièces de charpente, quelles qu'elles soient. Une souche préfabriquée est légère et n'impose pas de charge supplémentaire à la charpente. Dans la mesure du possible, il faut se contenter de scier les liteaux, sans toucher aux chevrons : créez alors un encadrement en doublant les chevrons – d'un côté ou de l'autre, selon les possibilités, et en clouant des traverses.
Toutefois, il peut être nécessaire de scier un chevron : dans ce cas, doublez les deux chevrons voisins pour éviter tout affaiblissement de la charpente. Ne modifiez ni les pannes ni les fermes car vous feriez courir un risque au bâtiment.

scie égoïne, de manière à ouvrir le passage. Mettez en place la souche : elle est équipée d'une jupe d'étanchéité et de patins qu'il faut accrocher sur la charpente, et elle est fixée, sous les chevrons, par deux barres métalliques reliées par des tiges filetées, qu'il faut serrer par vissage d'écrous à oreilles.

2 L'étanchéité est assurée, à la base de la souche, par une bande de solin autoadhésive. Une fois cette bande posée, remettez ensuite en place les éléments de couverture, ceux situés sous la souche devant être recouverts par la jupe.

3 Ces boisseaux en inox, isolés de laine de roche et revêtus de galva, très légers et faciles à mettre en place, n'imposent pas la création d'un chevêtre au niveau du passage du plancher. Engagez le premier boisseau dans la souche. Alors qu'avec un conduit en boisseaux de terre cuite, le dévoiement, c'est-à-dire l'angle maximum autorisé, est de 30°, il est de 45° avec ce conduit en inox, ce qui facilite grandement l'implantation – même s'il reste préférable d'éviter les dévoiements.

4 Le raccordement entre deux boisseaux se fait à l'aide d'un collier que l'on serre manuellement, ce qui facilite le démontage, le cas échéant. Raccordez ainsi l'ensemble du conduit, jusqu'à la cheminée (avaloir).

5 Vue du conduit, dans les combles. Le double dévoiement à 45° permet une pente raide en partie haute, avec un parcours vertical sur la plus grande longueur. La traversée du plancher se fait sans chevêtre : le conduit est simplement soutenu par deux traverses métalliques en appui sur les solives.

La plomberie

Une installation de plomberie de qualité est l'un des premiers éléments de confort de la maison. Elle concerne la distribution de l'eau (froide et chaude) et son évacuation. Le plus souvent, l'eau chaude est fournie par un chauffe-eau ou par un ballon (associé au chauffage central).

Sommaire

La distribution de l'eau

La distribution de l'eau dans la maison, à partir du réseau public ou d'une alimentation spécifique, se fait à l'aide de canalisations aboutissant aux appareils : lavabo, évier, baignoire, douche, W.-C., machines à laver... Le plomb a servi longtemps à fabriquer ces canalisations, d'où le nom de « plomberie ».

Implanter un réseau de canalisations implique de considérer plusieurs critères : le tracé de leur cheminement et leur pente, qui doit faciliter la circulation de l'eau (entre 1 m et 1,5 m/s) ; leur diamètre, qui doit tenir compte du débit nécessaire suivant l'appareil desservi.

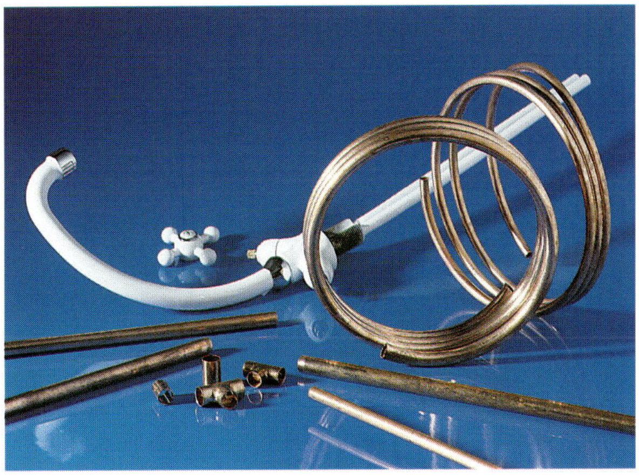

Cuivres recuit (en couronne) et écroui (en tube).

Les canalisations d'alimentation

Le plomb, qui est resté longtemps le seul matériau employé, est aujourd'hui interdit dans les habitations neuves. Le matériau dorénavant le plus utilisé est le cuivre, malgré l'emploi grandissant du PVC (matière plastique) ; on trouve aussi le polyéthylène et l'acier.

Le cuivre. Il en existe deux catégories. Le cuivre *recuit,* appelé ainsi pour avoir subi une cuisson qui lui donne sa malléabilité, se destine plutôt aux installations encastrées. Il est disponible en couronne de 10 m. Le cuivre *écroui* se présente quant à lui en barres qui sont fixées contre les murs pour des installations apparentes. Ce type de cuivre peut néanmoins être chauffé pour être cintré (*voir* pages 108-109). Les canalisations en cuivre écroui sont fixées contre les murs à l'aide de colliers spéciaux. Leur liaison entre elles se fait par l'intermédiaire de raccords soudés ou vissants.

Le PVC. Longtemps réservé à l'évacuation, il est de plus en plus employé dans l'alimentation. Il convient aussi bien aux installations apparentes qu'aux encastrements, et présente l'avantage de pouvoir être assemblé par simple collage, qui assure une parfaite étanchéité. De plus, des raccords spéciaux permettent les liaisons avec les canalisations en cuivre, en acier ou en fonte.

Les tresses en acier. Leur principal atout, c'est leur flexibilité, qui rend possible leur utilisation pour les situations difficiles. Il s'agit en fait de tubes en caoutchouc enveloppés dans une gaine métallique et équipés à chaque extrémité d'un raccord.

➲ Le diamètre des canalisations en cuivre

(les chiffres sont en millimètres : le premier indique le diamètre intérieur, le second, le diamètre extérieur)

Baignoire, douche	16/18
Lavabo	10/12
Évier	14/16
W.-C.	8/10

Le cheminement de l'eau dans la maison

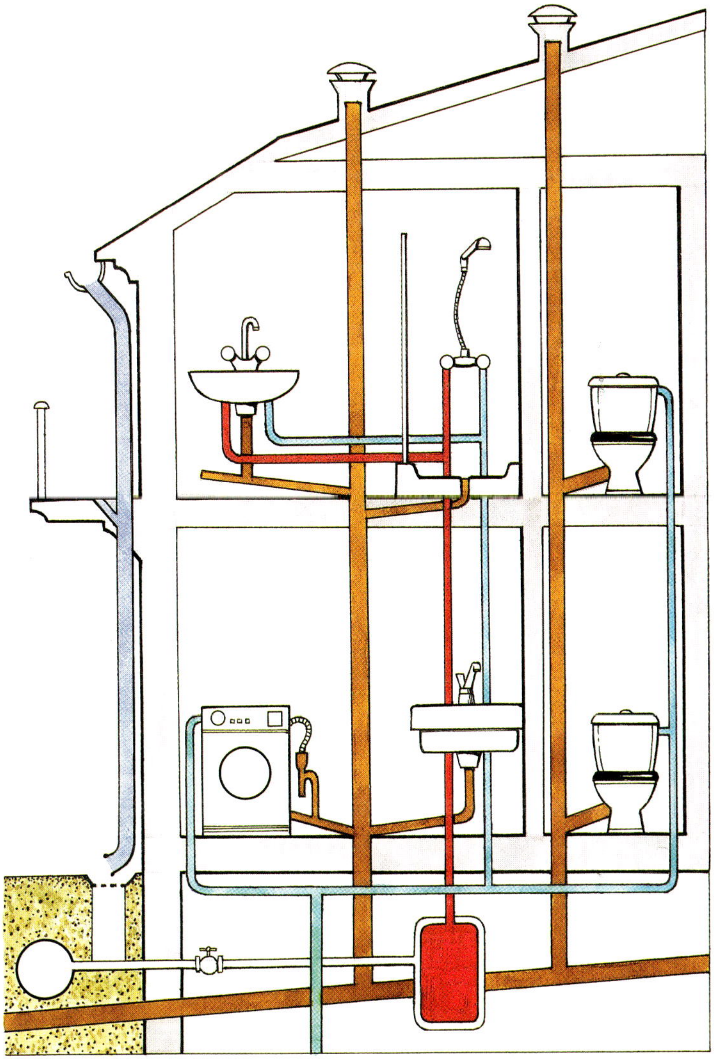

Préparation au raccordement des robinets aux canalisations d'alimentation en cuivre.

Les robinets et les appareils sanitaires

C'est par les robinets que l'eau est mise à la disposition de l'usager. On utilise aussi des robinets de commande et de protection. On distingue donc les robinets d'arrêt (ou vannes), situés avant et après le compteur, et les robinets placés sur les appareils sanitaires.

La responsabilité de la vanne située après le compteur incombe à l'usager. Ce robinet sert à couper l'eau dans toute la maison en cas de problème ou de travaux. On monte aussi des robinets d'arrêt sur certaines zones de l'installation, par exemple sur la canalisation conduisant à un réseau extérieur dont on souhaite interrompre l'alimentation pour une mise hors gel.

Il existe plusieurs modèles de robinets pour équiper les appareils : mélangeurs fixes (pour baignoire ou lavabo) ou à col de cygne rotatif ; mitigeurs, qui apportent encore plus de précision dans le réglage de la température de l'eau (les mitigeurs thermostatiques sont de ce point de vue les plus performants ; il existe même des mitigeurs thermostatiques centralisés pour un réglage collectif de la température de l'eau de tous les appareils sanitaires de la salle de bains).

Le choix des appareils sanitaires relève du confort et de la décoration. Leurs formes et leurs couleurs sont très variées, dans des matériaux divers : porcelaine, métal, grès émaillé, acrylique...

L'évacuation

L'eau usée est rejetée des appareils puis collectée vers le réseau public (égout) ou vers une installation privée (fosse septique). En dehors des eaux pluviales, canalisées par les gouttières, on distingue les eaux usées (provenant des lavabos, éviers, baignoires, douches) et les eaux-vannes (W.-C.), qui doivent être évacuées par des canalisations distinctes (*voir* schéma page 105).

Le réseau d'évacuation de l'eau depuis les appareils est constitué de canalisations en PVC (mais aussi en fonte, en grès, en amiante-ciment) et de siphons.

Le siphon, qui constitue une garde d'eau permanente, permet d'empêcher les remontées des mauvaises odeurs.

Les canalisations en PVC, de diamètre variable selon les appareils sanitaires, sont assemblées entre elles par l'intermédiaire de raccords de toutes sortes collés (manchons, réductions, coudes, dérivations, col de cygne, etc.).

Il faut également prévoir l'installation de manchons de dilatation car le PVC réagit à la chaleur ambiante et à celle de l'eau (*voir* page 113).

Le premier élément de l'évacuation, c'est le siphon. Sa forme permet de garder un « bouchon » d'eau permanent.

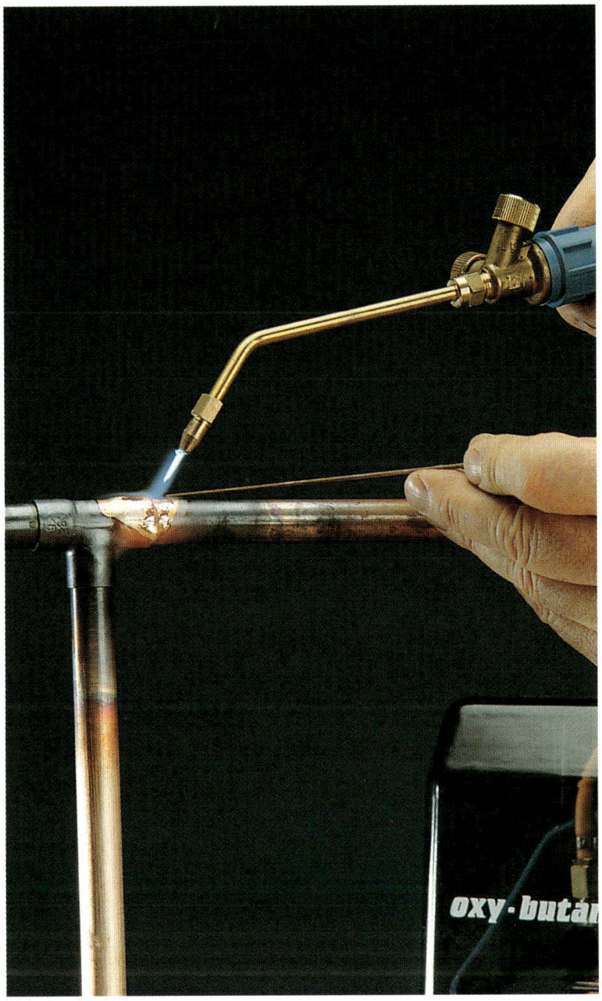

La soudure (brasure) est une technique à maîtriser avant de se lancer dans une installation d'envergure.

Les travaux de plomberie

Les travaux de plomberie font intervenir un outillage spécifique pour le travail des tubes en cuivre ou en PVC. L'assemblage des premiers se faisant par raccords soudés, on aura besoin des outils de chauffe nécessaires. S'y ajoute le matériel pour couper les tubes et les cintrer. Bien entendu, la panoplie habituelle du bricoleur s'impose - marteau, perceuse, niveau, tournevis, cordeau…

Avant de commencer, il est indispensable de dresser le plan de l'installation que vous souhaitez réaliser : cela vous aidera à décider des longueurs et du cheminement des tubes, du matériel, des accessoires et de l'outillage dont il faudra vous équiper. Ce plan, à exécuter sur du papier millimétré, vous permettra d'envisager les difficultés (traversée de parois, passage d'obstacle impliquant dérivations, raccords, cintrages).

Installation sous tubes en cuivre

Réaliser une installation de plomberie consiste à assembler les tubes entre eux, à les fixer contre la maçonnerie et à les raccorder à la robinetterie. On choisit, la plupart du temps pour des raisons de coût, les raccords soudés par brasure. La brasure consiste à assembler deux pièces métalliques par l'intermédiaire d'un métal d'apport qui fond au contact des pièces chauffées. C'est une technique qui peut intimider le néophyte mais qui est relativement simple à mettre en œuvre. Pour la réussir, les pièces doivent être correctement préparées et, surtout, le métal d'apport doit être choisi en fonction de la nature des pièces à assembler afin d'offrir la résistance recherchée. On parle alors de brasage tendre (pour les canalisations d'eau froide et à faible pression) ou de brasage fort (pour les canalisations d'eau chaude et de chauffage central). Le métal d'apport, disponible sous forme de baguette, présente en conséquence des points de fusion différents selon sa nature : ce point de fusion détermine le type d'outil de chauffe à utiliser.

➲ Brasage fort ou tendre ?

Cela dépend de la résistance recherchée.

- **Le brasage tendre**, réalisé avec de l'étain comme métal d'apport, se fait à une température de 250 °C. Une lampe à souder peut suffire. On l'utilise pour les canalisations d'eau froide à faible débit car il présente une résistance faible.
- **Le brasage fort** présente une résistance mécanique plus élevée. La température requise est alors comprise entre 630 et 820 °C selon le métal d'apport utilisé (argent, cuivre, cuivre/phosphore).
- **Les collets battus** s'apparentent aux raccords vissants car ils mettent en œuvre un boulon, un écrou et une rondelle d'étanchéité. Ils demandent pourtant une préparation des deux tubes venant en contact (*voir* page 109). Leur utilisation est réservée au raccordement des canalisations d'alimentation aux appareils sanitaires. Jamais pour une installation complète.

Préparation d'un collet battu, afin de raccorder les tubes d'alimentation en eau à la robinetterie.

Travail du cuivre

En tube ou en couronne, le cuivre reste le matériau le plus utilisé dans les installations de plomberie. Il se travaille et s'assemble facilement (collets battus, raccords vissants, soudure).

Couper, cintrer

Toute extension ou modification d'une installation existante met en œuvre les tubes en cuivre qu'il faut couper, cintrer et fixer (à l'aide de colliers adaptés) selon les longueurs à couvrir et la configuration des locaux. Avec le matériel adapté, vous parviendrez sans difficulté à de bons résultats.

Raccorder

En ce qui concerne les raccordements, en revanche, il faut acquérir une certaine maîtrise de la soudure (brasure), qui est le mode d'assemblage le plus courant dès que les travaux acquièrent une certaine importance. Les raccords mécaniques pourraient en effet constituer une bonne solution pour les débutants, mais ils reviendraient assez chers s'il fallait généraliser leur emploi sur toute une installation. Les raccordements permettant de prolonger ou de modifier une installation existante peuvent être soudés ou mécaniques (vissants). La soudure demande un savoir-faire qu'il n'est pas toujours indispensable de posséder pour modifier une installation existante.

OUTILS ET MATÉRIAUX

- Coupe tube
- Toupie ou mandrin
- Marteau
- Étau
- Lampe à souder ou chalumeau
- Pince ou ressort à cintrer
- Clés anglaises
- Laine d'acier

- Baguette de métal d'apport
- Flux décapant
- Joint d'étanchéité
- Ruban Téflon

Coupe et préparation des tubes

1 Les tubes en cuivre se coupent à l'aide d'un coupe-tube. Cet outil présente un une tige filetée que l'on tourne au moyen d'une poignée pour pousser le tube contre une molette en acier très dur. La coupe est ensuite effectuée en faisant tourner l'instrument d'une main, en maintenant le tube de l'autre – et en resserrant la poignée : la molette entame le métal. On peut aussi couper les tubes de cuivre avec une scie à métaux, mais on risque de les déformer.

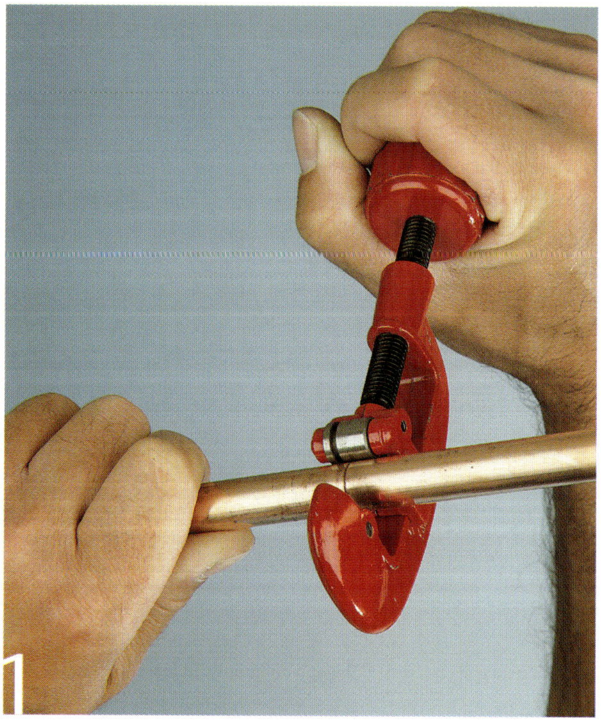

Pour en savoir plus

Les canalisations d'alimentation **105**

Installation d'un lavabo **116**

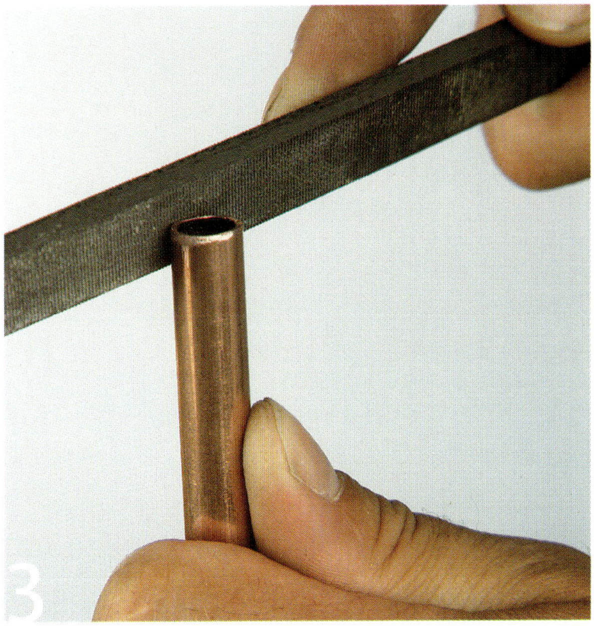

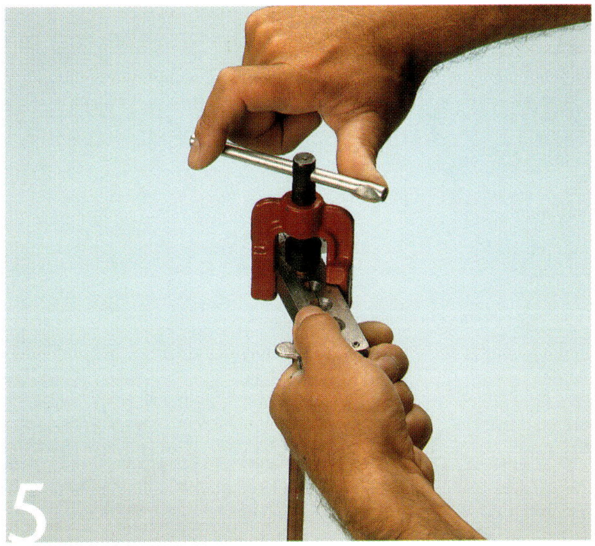

2-3 La coupe effectuée, éliminez les irrégularités avec la pointe d'une lame ou l'alésoir escamotable dont le coupe-tube est généralement doté. Cet alésage est indispensable car les ébarbures de métal sont gênantes pour la réalisation des assemblages. Pour les bords extérieurs, utilisez une lime.

Collets battus

4-5 Les collets battus permettent d'assembler deux tubes en cuivre de même section par simple vissage, sans soudure. Cette technique consiste à rabattre les extrémités des canalisations afin de les présenter l'une contre l'autre pour les assembler à l'aide d'un raccord fileté avec parties mâle et femelle. Après avoir coupé le tube à la longueur voulue, introduisez-le dans l'ouverture de la matrice correspondante à sa section et évasez son extrémité à l'aide d'un mandrin à épaulement et d'un marteau ou d'une toupie (photo 5). Pour travailler plus facilement, bloquez la matrice dans un étau, lui-même immobilisé sur l'établi.

6 La matrice comporte plusieurs ouvertures, adaptées aux différents diamètres des tubes. L'extrémité du tube évasée, finissez de l'aplatir avec un marteau en maintenant le

➲ Les joints d'étanchéité

Les joints d'étanchéité sont différents selon leur utilisation. Les joints en cuir sont réservés aux canalisations d'eau froide ; ceux en fibre, aux canalisations d'eau chaude.

7

8

9

➲ Le raccord bicône

Le raccord bicône permet d'assembler deux tubes dans le prolongement. Il comporte deux écrous (à enfiler sur chaque tube), des « olives » et un raccord fileté (à garnir avec du ruban Téflon). Le serrage s'effectue au moyen de deux clés, en veillant à ramener les deux écrous l'un vers l'autre en même temps.

tube sur le côté opposé de la matrice.

7 Enfilez l'écrou sur le tube par l'autre extrémité. Si vous travaillez sur un tube déjà en place, prenez garde à enfiler l'écrou avant de former le collet. Formez de la même manière l'extrémité de l'autre tube à assembler au premier. Au moment du montage, insérez un joint d'étanchéité entre les deux tubes et disposez du ruban Téflon sur le filetage.

Emboîture

8-9 Deux tubes peuvent également être assemblés par emboîture suivie d'une brasure. Pour emmancher un tube dans un autre, commencez par évaser ce dernier. Servez-vous pour cela d'un mandrin monté sur une perceuse.

Cintrage

10 Même pour une installation limitée, on est amené à couder une canalisation : suivre un angle de mur ou passer un obstacle demande de cintrer le tube en cuivre, ce qui est à la portée du bricoleur. Pour cintrer un tube, commencez par le chauffer à l'emplacement du coude pour rendre le métal plus malléable (il retrouve sa rigidité par la suite).

Utilisez une lampe à souder ou un chalumeau. Passez ensuite le tube dans le galet gradué de la pince à cintrer aux dimensions correspondantes au diamètre du tube, de sorte que la partie à cintrer se trouve sur la graduation (on peut former des angles jusqu'à 180°). Tenez d'une main le manche le long duquel le

10

tube est bloqué et ramenez doucement l'autre manche. Immobilisez l'outil contre votre genou ou un autre support.
Il faut une pince à cintrer par diamètre de tube.

11 Pour cintrer un tube, vous pourrez aussi vous servir d'un ressort. Chauffez le tube puis passez-le dans le ressort. Exercez la pression voulue pour l'amener à l'angle souhaité. Le cintrage achevé, ajustez le tube à la bonne longueur.

Brasure

12 La brasure permet d'assembler deux tubes en cuivre de manière parfaitement étanche ; simple à réaliser, elle offre une excellente résistance, à condition que les pièces soient correctement préparées. Il faut dépolir et dégraisser les zones des tubes qui seront en contact. Décapez le métal avec de la laine d'acier. Si vous devez réaliser un brasage tendre (à l'étain), appliquez ensuite un peu d'étain en pâte avec un pinceau (le produit est vendu en flacon). Si l'assemblage exige un brasage fort (à l'argent ou au cuivre), commencez par enduire les pièces de flux anti-oxydant à l'endroit du brasage.

13 Mettez les pièces en contact (ici, par l'intermédiaire d'un T de dérivation). Chauffez l'extrémité enduite des tubes en contact avant d'approcher la baguette de métal d'apport. Cette dernière doit fondre au contact des pièces chaudes et non de la flamme directe. La brasure « file » dans le joint.

➲ Métal d'apport

Le métal d'apport permet d'assembler deux pièces métalliques par brasure. Il en existe de différentes sortes, que l'on doit choisir selon la nature des pièces et la résistance recherchée. Il se présente sous forme de baguettes, de pâte ou en fil. Il comprend parfois un décapant (flux) incorporé.
Parmi les principaux métaux d'apport on distingue :
– **l'aluminium et l'étain,** qui procurent une résistance assez faible ; à réserver pour les petites soudures (en électricité, électronique, modélisme) réalisées avec un fer à souder. On s'en sert aussi pour les assemblages plomb/cuivre.
– **le cuivre, le cuivre/phosphore,** le laiton enrobé et l'argent, qui apportent une résistance supérieure. L'argent, dont le point de fusion est de 630 °C, permet d'assembler tous les métaux sauf l'aluminium, l'étain, le plomb et la fonte. Le cuivre, dont le point de fusion est de 820 °C, sert à assembler les pièces en cuivre. Le laiton enrobé, au point de fusion de 875 °C, est utilisé pour le cuivre, l'acier ou la fonte.

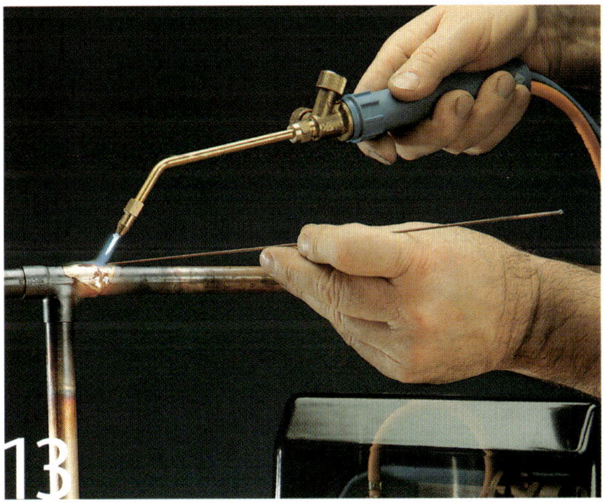

Travail du PVC

Léger et résistant, facile à travailler et à assembler, le PVC a mis la plomberie à la portée du bricoleur. Il est surtout utilisé pour les évacuations des eaux ménagères, eaux vannes et pluviales, en remplacement des vieilles canalisations en plomb ou en zinc, mais il l'est aussi de plus en plus pour l'alimentation.

Des tubes adaptés

Toutes les canalisations d'évacuation sont désormais réalisées en tubes de PVC. Il en existe de différents diamètres, qu'il faut adapter au débit d'eau (*voir* tableau ci-dessous). Les plus gros (400 mm) servent aux évacuations enterrées, les plus petits (30 mm) à celles des lavabos.

Accessoires d'assemblage

Le cheminement des canalisations rend nécessaire l'emploi d'un certain nombre d'accessoires de liaison. En dehors des tubes droits, vous trouverez des manchons droits ou de dilatation, des réductions, des coudes (aux angles divers : 20°, 30°, 45°, 90°, etc.), des tés, des cols de cygne... La liste est longue : il suffit de savoir que l'ensemble de ce matériel vous permet de faire face à toutes les situations.

1 Les tubes en PVC se travaillent très facilement. Commencez par établir un plan de l'installation de manière à calculer les longueurs et le type de raccords nécessaires. Faites un tracé le plus précis possible. Coupez ensuite les longueurs de tubes à l'aide d'un coupe-tube spécial, réplique de celui qui est utilisé pour la coupe des tubes en cuivre.

2 La coupe est aussi faisable à la scie. On se sert de la scie à métaux (ou d'une scie à dos), dont la denture fine est plus adaptée au plastique. Immobilisez le tube dans un serre-

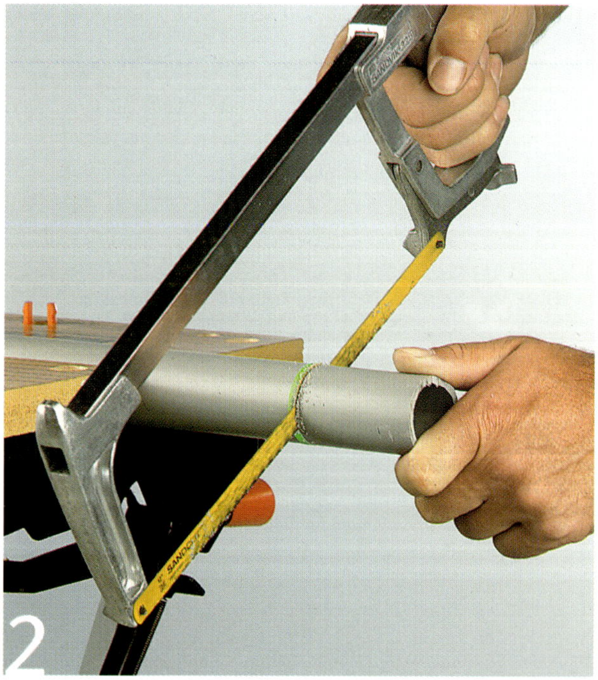

OUTILS ET MATÉRIAUX

- Coupe-tube ou scie à métaux
- Marqueur
- Lime
- Serre-joint
- Papier de verre

- Colle PVC
- Trichloréthylène

➲ Diamètre des canalisations d'évacuation

(en mm)

Chutes des eaux ménagères	50 à 80
Chutes des eaux-vannes	90 à 100
Évacuation baignoire, douche	40 minimum
Évacuation lavabo, bidet	30 minimum
Évacuation évier	40 minimum

Pour en savoir plus

Fixations **51**
L'évacuation **106**
Installation d'un lavabo **116**

3

4

5

Comment fixer les canalisations

Les canalisations en PVC se dilatent à la chaleur ambiante mais aussi à celle de l'eau qui s'écoule à l'intérieur, ce qui impose l'emploi de manchons de dilatation sur toute canalisation dont la longueur est supérieure à 2 m. Sans cela, les joints peuvent rompre. Pour la fixation des canalisation au mur, utilisez des colliers d'un diamètre supérieur à celui des canalisations.

joint : le matériau est résistant, mais ne serrez pas trop tout de même. Sciez bien parallèlement à la table pour scier droit.

3 Rectifiez la coupe avec une lime. Chanfreinez les parties mâles des assemblages. Ébavurez convenablement afin de faciliter les assemblages, mais surtout pour que rien ne fasse obstacle au bon écoulement des déchets véhiculés par l'eau (comme les cheveux), ce qui pourrait être à l'origine de la formation d'un bouchon.

4 Les assemblages des différents éléments en PVC se font par simple collage. C'est là l'un des principaux avantages de ce matériau : on est dispensé de soudure. Bien sûr, il faut employer la colle adaptée. La tenue des assemblages est excellente et l'étanchéité parfaite, à condition d'appliquer la colle uniformément sur des surfaces bien nettoyées (dégraissées au trichloréthylène et décapées au papier de verre).

5 Décapez de la même manière toutes les surfaces en contact. Ici, il s'agit de l'intérieur d'un coude qui doit permettre la liaison à angle droit de deux longueurs de tube.

6 Encollez aussi l'intérieur du coude sur la partie qui recouvrira l'extrémité du tube. Emboîtez immédiatement les éléments et éliminez tout de suite les bavures de colle avec un chiffon, avant qu'elles ne sèchent. Attention : la colle durcit rapidement ce qui interdit toute rectification de positionnement au-delà de 30 secondes. Pour l'étaler, utilisez un pinceau ou directement l'extrémité du tube (jamais le doigt !).

Traversée de murs et de planchers

Pour prévenir les effets de la dilatation et la propagation des bruits, il est conseillé d'habiller les canalisations en PVC d'un manchon isolant en mousse de caoutchouc lors du passage au travers des murs ou des sols.

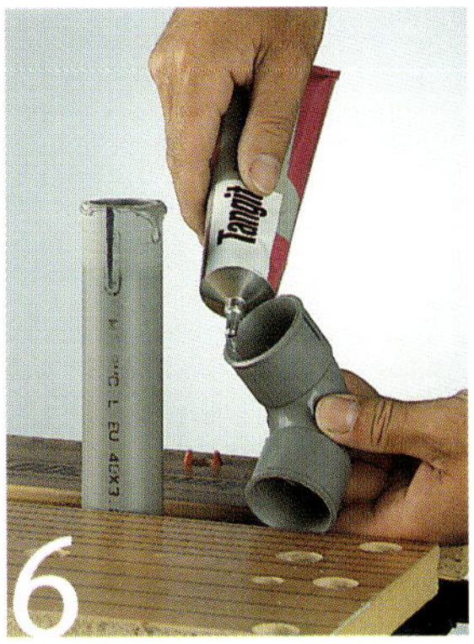

6

Plomberie sans soudure

Le champ d'application du PVC s'est considérablement élargi avec l'apparition de tubes et de raccords adaptés à l'alimentation en eaux chaude et froide. Ce matériel permet en effet de réaliser une installation complète sans soudure.

Génération plastique

Voilà qui va séduire tous ceux qui appréhendent les travaux de soudure (au demeurant très accessibles, même à un débutant) : les tubes en CPVC (PVC surchloré), assemblés par raccords collés, se prêtent à l'alimentation en eau sous pression des appareils sanitaires (évier, douche, lavabo, baignoire), aux éviers, aux WC, aux chauffe-eau, aux machines à laver... Le collage, dont certains ont pu redouter les faiblesses, se révèle au contraire parfaitement étanche, dans le cas des installations apparentes comme pour les encastrements. De plus, il est possible de raccorder une telle installation sur une alimentation en cuivre existante.

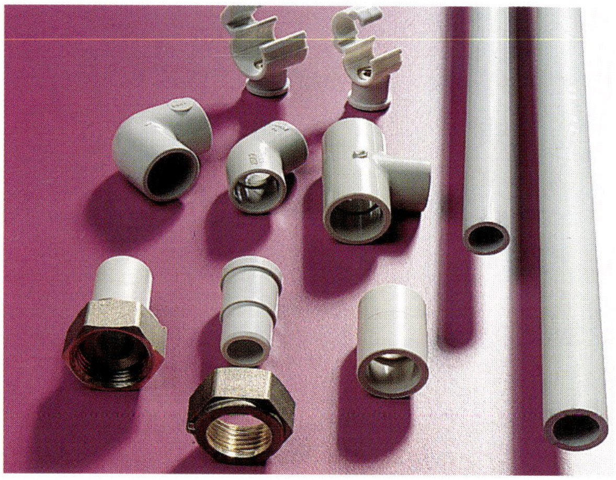

OUTILS ET MATÉRIAUX

- Scie à métaux
- Boîte à coupe
- Lime
- Alésoir
- Pinceau
- Perceuse et foret à maçonnerie
- Clés anglaises

- Tubes et raccords pour alimentation sans soudure (ici, type Girpi)
- Colle PVC
- Colliers de fixation murale

Tubes de différents diamètres exigés par les diverses installations, manchons, réductions, coudes à 90 et 45°, tés, appliques murales, embouts filetés : une gamme complète en CPVC pour créer une installation ou pour se raccorder sur une alimentation existante sous tubes en cuivre.

Pour en savoir plus

Les canalisations d'alimentation **105**

Installation d'un lavabo **116**

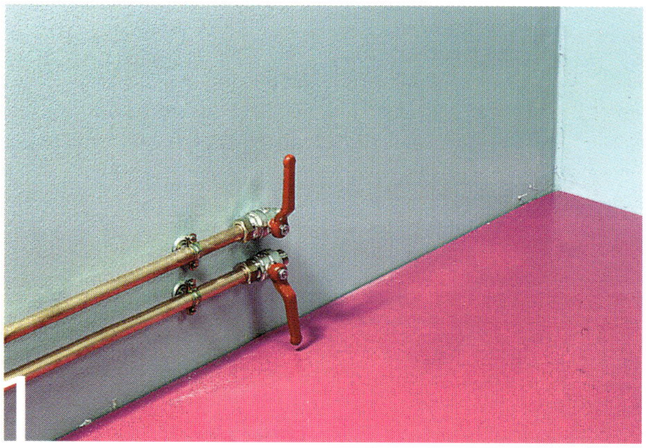

1 Le but est ici de prolonger une installation existante sous tubes en cuivre. Les arrivées d'eau sont commandées par des robinets-vannes, points à partir desquels l'extension va se faire.

2 Découpez les longueurs de tubes nécessaires selon le plan de votre installation que vous aurez établi. Utilisez une scie à métaux pour travailler facilement et précisément (car cette scie possède une denture fine). Glissez le tube dans une boîte à coupe (que l'on retrouve dans la panoplie du travail du bois) pour bien scier selon votre repère. Après découpe, montez les tubes « à blanc » afin de vérifier le montage. Profitez-en pour repérer les points de fixation des appliques murales (la distance à respecter entre elles est indiquée sur les emballages).

3 Chanfreinez les extrémités des tubes avec une lime. Cette opération a pour but de faciliter l'intro-

➲ Distance entre les colliers de fixation

Diamètre extérieur du tube :	14 mm	16 mm	20 mm	25 mm
Distance entre les colliers :	50 cm	60 cm	65 cm	70 cm

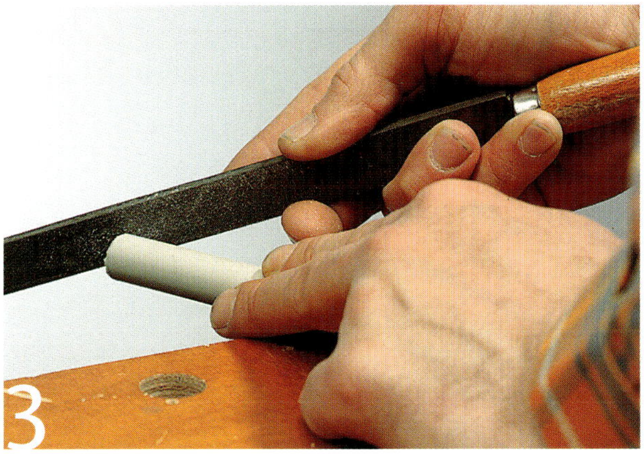

duction du tube dans le raccord (manchon, réduction ou coude).

4 Utilisez un alésoir afin d'ébavurer aussi l'intérieur du tube. On élimine ainsi les morceaux saillants de plastique qui peuvent subsister après la découpe.

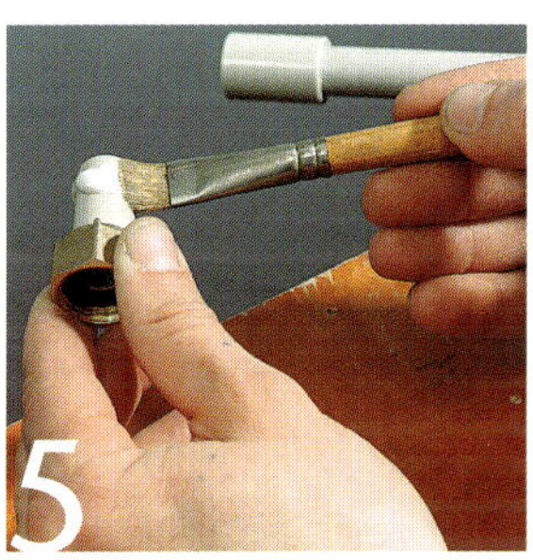

5 Encollez les surfaces qui seront en contact : ici, l'extérieur du raccord et l'intérieur du manchon déjà placé sur le tube. Cet embout comportant un écrou sera introduit d'un côté dans le tube et de l'autre raccordé à l'arrivée d'eau. Avant collage, essuyez avec un chiffon propre et assurez-vous que les surfaces en contact ne sont pas humides.

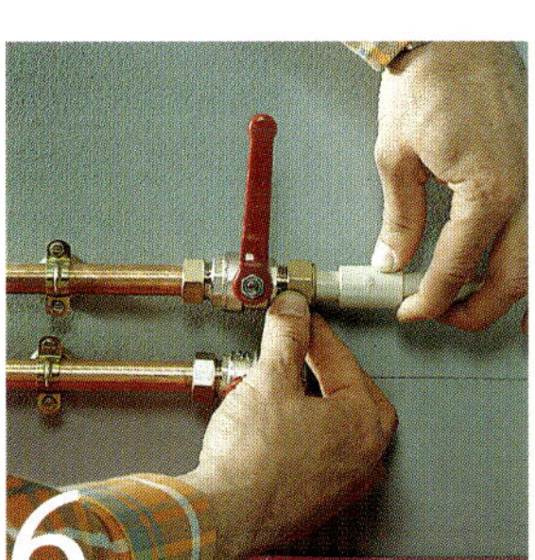

6 Montez la prolongation après la vanne grâce à l'écrou. Retirez les bavure de colle.

7 Les différents raccords permettent de faire face à toutes les situations. Ici, ce « chapeau de gendarme » est nécessaire pour franchir un tube.

8 L'arrivé d'eau est raccordée à la tuyauterie provenant des robinets une fois le collier de fixation posé. Cette liaison s'effectue à l'aide de raccords à embout fileté.

9 Serrez les écrous avec deux clés. Laissez sécher la colle au minimum une heure avant la mise en eau.

➲ La pose encastrée

La pose encastrée de ces canalisations est possible sans la protection de gaines pour toutes les jonctions collées. Elle est cependant à proscrire pour les liaisons mécaniques vissées.

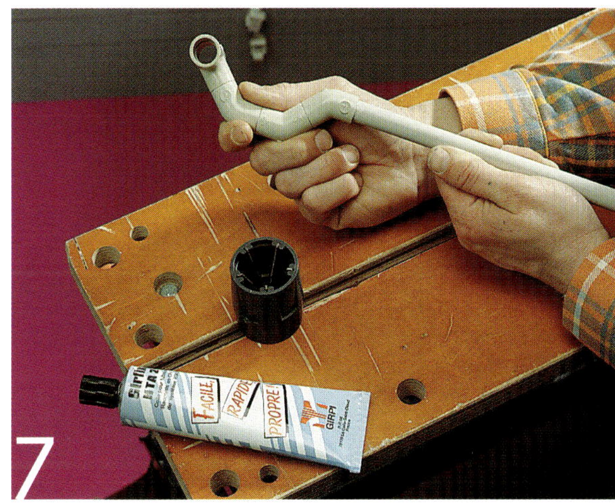

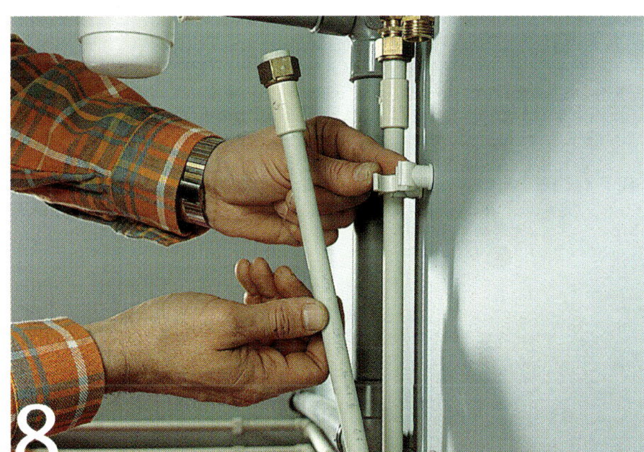

Installation d'un lavabo

Cette installation de lavabo fait appel aux techniques de soudure de base (brasage) pour la pose des canalisations d'alimentation en cuivre. Quant à l'évacuation, elle peut se faire en cuivre (notre démonstration) ou en PVC.

Soudure : travaux pratiques

Ce travail n'est pas insurmontable pour un bricoleur équipé d'un matériel de soudure autorisant des températures nécessaires au brasage (*voir* encadré). Rappelez-vous que la température produite est déterminée par la capacité de débit de lance du chalumeau. Effectuez les tâches préparatoires avec soin : tracé, coupe des tubes à la bonne longueur et éventuellement assemblages, cintrages.

Pose du lavabo

Si le lavabo doit être installé en applique, fixez les pattes de soutien de l'appareil par chevillage et vissage. Attention, ne comptez pas sur le pied pour soutenir l'appareil. Son rôle consiste ici à dissimuler les canalisations qui conduisent à la robinetterie.

1 Présentez le lavabo contre le mur et déterminez l'emplacement des canalisations. Faites un tracé précis : vous pourrez ainsi évaluer la longueur des canalisations et repérer les emplacements des parties cintrées et des raccords. Fixez les colliers de fixation près des raccords et des coudes.

OUTILS ET MATÉRIAUX

- Niveau à bulle et crayon pour le tracé
- Coupe-tube et scie à métaux
- Lime
- Toile émeri
- Ressort ou pince à cintrer
- Matériel de soudure
- Étau, toupie, marteau pour collets battus
- Clés à molette
- Tournevis
- Colliers de fixation pour tube en cuivre
- Vis et chevilles
- Tube cuivre pour l'alimentation (10/12)
- Tube cuivre ou PVC pour l'évacuation
- Joint d'étanchéité et graisse au silicone
- Rondelles d'étanchéité
- Ruban Téflon
- Filasse

Pour en savoir plus

Travail du cuivre **108**
Travail du PVC **112**

2 Posez les tubes (alimentation et évacuation) après cintrage et raccords. La liaison finale avec la tuyauterie intégrée aux robinets du lavabo se fait en place. L'évacuation peut être en cuivre ou en PVC. Donnez-lui une légère pente (ici, 4-6 cm/m ; 8-12 cm/m pour une baignoire).

3 Il est bon de prévoir des robinets d'arrêt sur l'installation (sur l'eau chaude et sur l'eau froide) afin de pouvoir l'isoler en cas de fuite. Pour poser un robinet de ce type,

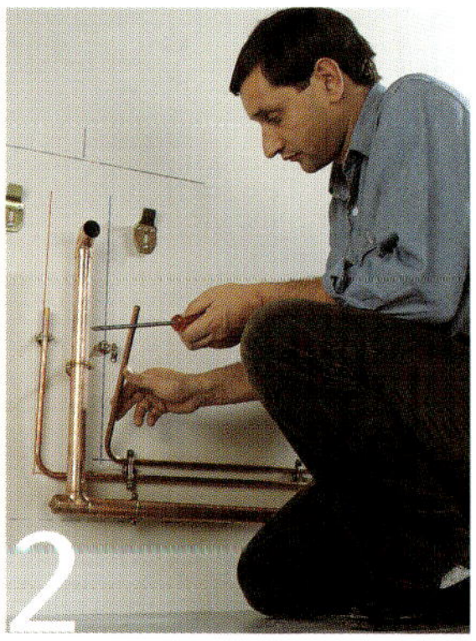

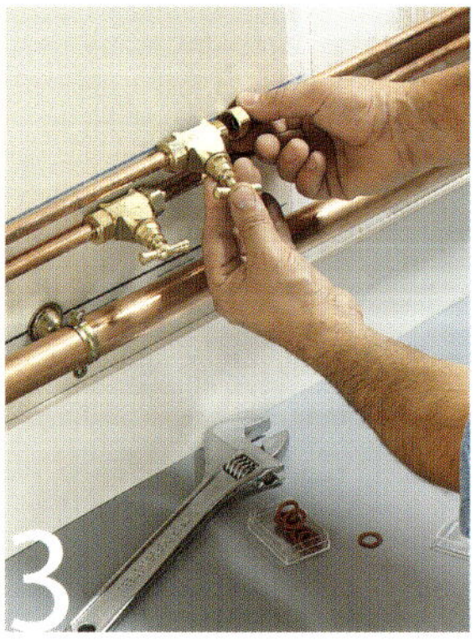

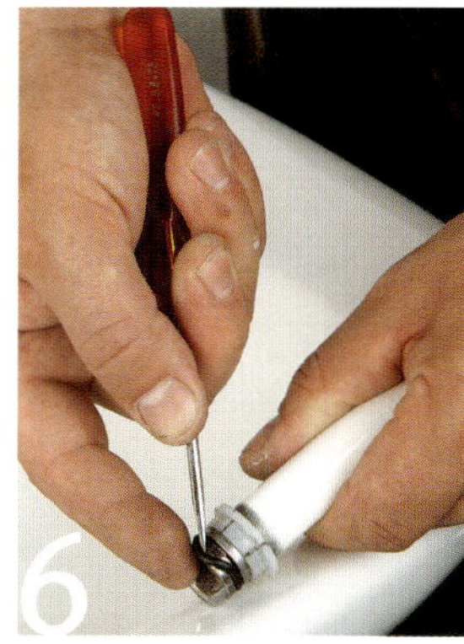

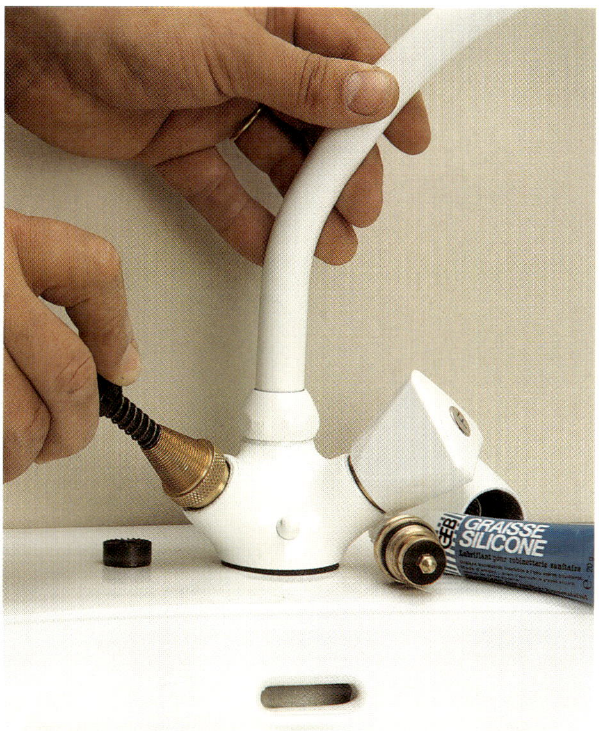

sectionnez la canalisation en place avec une scie à métaux (car l'emploi du coupe-tube est ici impossible) et ébarbez soigneusement les coupes (lime et toile émeri). Effectuez les raccords au robinet par brasage et avec des manchons et des écrous adaptés. N'oubliez pas de placer une rondelle d'étanchéité lors du montage du robinet et de garnir les filetages de ce dernier de ruban Téflon ou de filasse.

Évacuation

4 Si la canalisation d'évacuation est en PVC, coupez-la à la bonne longueur (scie à métaux) et raccordez les différents éléments entre eux par collage (*voir* page 112). Si elle est en cuivre (comme sur cet exemple qui permet d'évoquer le travail de soudure), procédez au brasage des raccords.

Alimentation

5 Il y a deux canalisations d'alimentation, l'une pour l'eau chaude (à gauche), l'autre pour l'eau froide (à droite). Le brasage ici effectué permet de raccorder la tuyauterie conduisant au robinet. Cet accessoire permet de protéger le mur de la flamme. Remarquez également le cintrage inférieur à 90° qui a permis d'amener la canalisation à la verticale.

6 La soudure terminée, vous pouvez passer à la robinetterie. Montez le col de cygne après avoir mis en place une rondelle d'étanchéité à la base.

7 Mettez ensuite les robinets en place en utilisant de la graisse sanitaire au silicone pour garantir à l'installation une parfaite étanchéité.

8 Appliquez un cordon d'un joint d'étanchéité au silicone sur la ligne de contact entre le lavabo et le mur. On utilise ici un petit pistolet à colle (avec un bâtonnet de silicone) sans fil, idéal lors de travaux d'aménagement.

➲ Le diamètre des canalisations

Le diamètre des tubes est toujours exprimé par deux chiffres, par exemple 10/12 ou 12/14, qui sont les dimensions habituelles pour les tubes en cuivre. Le premier indique en millimètre le diamètre intérieur, le second le diamètre extérieur. Le choix du diamètre tient compte du débit nécessaire. Pour un lavabo, des conduits de 10/12 suffisent. Un diamètre plus important est nécessaire pour une baignoire ou pour une douche.

➲ Le brasage

Il s'agit ici de réaliser un brasage fort, qui doit présenter une bonne résistance mécanique. Il doit pour cela se faire à une température supérieure à 800 °C et avec des baguettes de métal d'apport argent 40 % ou cuivre-phosphore. Attention : c'est la lance du chalumeau qui commande le débit de gaz permettant d'obtenir la bonne température (le débit se règle grâce à une molette placée sur la lance). Chauffez les tubes puis approchez la baguette de métal d'apport quand le cuivre prend une couleur rouge cerise. En effet, c'est la chaleur des tubes qui fait fondre le métal d'apport et non la flamme du chalumeau. Vous devez donc écarter la flamme avant d'approcher la baguette.

Raccordement d'une machine à laver

Le raccordement d'un lave-linge ou d'un lave-vaisselle à l'eau (froide) passe par le montage d'une dérivation. Dans ce but, il faut installer une dérivation à partir d'une conduite d'alimentation. Cette opération se fait par la pose d'un robinet autoperceur ou par piquage. Quelle que soit la solution retenue, commencez par couper l'eau au niveau du compteur ou du robinet-vanne.

Dérivation par piquage...

C'est une méthode qui présente toute les garanties d'étanchéité grâce aux joints soudés. Mais elle est aussi un peu complexe à mettre en œuvre car elle demande d'intervenir sur une installation existante. Bien entendu, mieux vaut, lors de travaux d'aménagement, établir une dérivation en T à l'aide d'un raccord spécial (T).

...ou robinet autoperceur ?

Cette deuxième solution a de quoi séduire car elle est plus simple et plus rapide à mettre en œuvre. Elle n'impose en effet que le vissage du robinet sur la canalisation d'alimentation à l'emplacement choisi. Toutefois, elle est peut-être moins durable que la précédente - et le raccord lui-même coûte beaucoup plus cher. En définitive, chaque solution présente ses avantages : choisissez en fonction de votre équipement et de la pérennité que vous souhaitez donner à l'installation.

OUTILS ET MATÉRIAUX

Pour le piquage :

- Matériel de soudure
- Pince ou ressort à cintrer
- Perceuse et foret
- Tournevis
- Pince à piquer
- Robinet de puisage
- Vis et chevilles
- Rondelles d'étanchéité
- Colliers de fixation murale

Pour le robinet autoperceur :

- Clés anglaises

Piquage

1 L'assemblage par piquage consiste à monter une canalisation en dérivation sur une alimentation existante. La dérivation présente un diamètre inférieur à la conduite principale. La première étape consiste à percer la canalisation existante au diamètre exact de la dérivation. Utilisez pour cela un foret au bon diamètre. La position du trou (légèrement en avant en raison de la présence du mur) impose de cintrer le bas de la dérivation.

2 L'assemblage des deux canalisations se fait par brasage. Avant de présenter la dérivation devant l'orifice, commencez par former deux petites pattes à son extrémité pour l'empêcher de s'engager trop loin dans la canalisation principale (et de gêner la circulation de l'eau). Cette opération se fait avec un outil dit « pince à piquer ». Avant de passer à la soudure, fixez la dérivation contre le mur avec

Pour en savoir plus

Travail du cuivre **108**

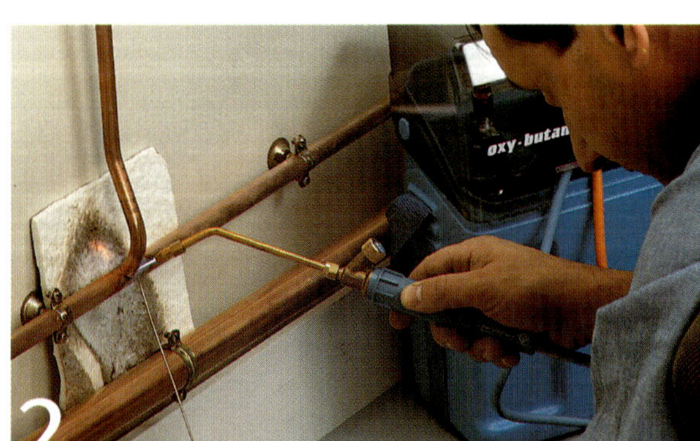

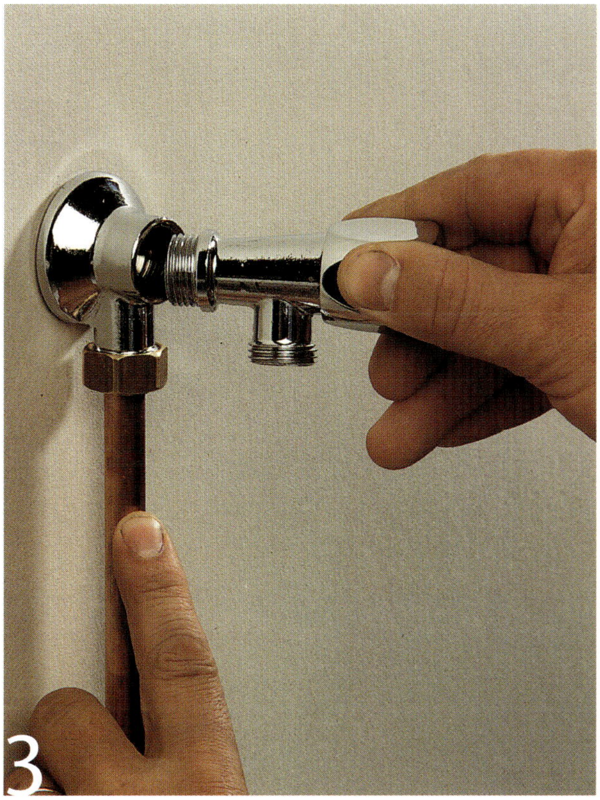

3

➲ Comment cintrer

Quand on ne peut pas utiliser de raccords, on doit cintrer une canalisation pour former le coude nécessaire. Pour cela, commencez par chauffer le métal à l'aide de la flamme d'un chalumeau afin de le rendre plus malléable. Plongez ensuite la partie chaude dans de l'eau froide (pour mieux la manipuler) et passer le tube dans le ressort pour le former selon l'angle souhaité.

un collier posé à environ 30 cm du piquage.

3 L'alimentation de la machine à laver est commandée par un robinet de puisage installé sur la dérivation. Déterminez son emplacement puis vissez-le contre le mur. Le raccordement entre le robinet et la dérivation se fait grâce à un collet battu et un écrou (avec sa rondelle d'étanchéité).

4 L'installation se termine en raccordant le flexible d'alimentation de la machine au robinet. Ce dernier peut toujours rester en position « ouvert » puisque c'est la machine elle-même qui commande la prise d'eau lors de son fonctionnement.

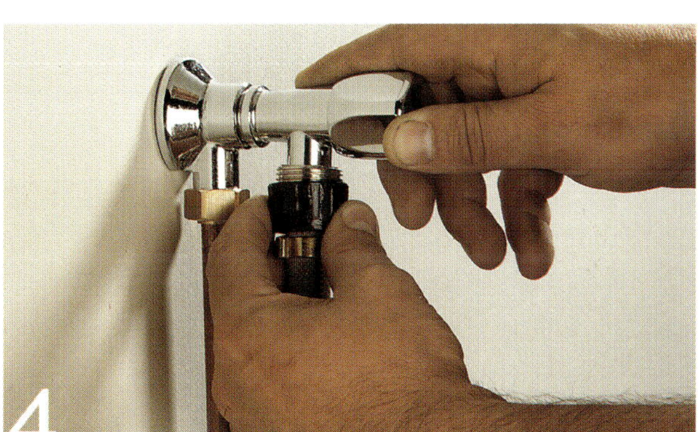

4

Robinet autoperceur

5 Pour réaliser une dérivation, l'autre méthode (plus simple) consiste à employer un robinet autoperceur qui s'achète avec ses accessoires. Comme son nom le laisse entendre, cet appareil s'installe sur la canalisation. Choisissez l'emplacement du robinet de façon à pouvoir intervenir facilement par la suite en cas de besoin.

6 Le robinet est équipé d'un pointeau qui perce la canalisation lors du serrage. C'est ainsi que se fait la prise d'eau. La sortie filetée que vous voyez sur la photo reçoit le flexible d'alimentation de la machine.

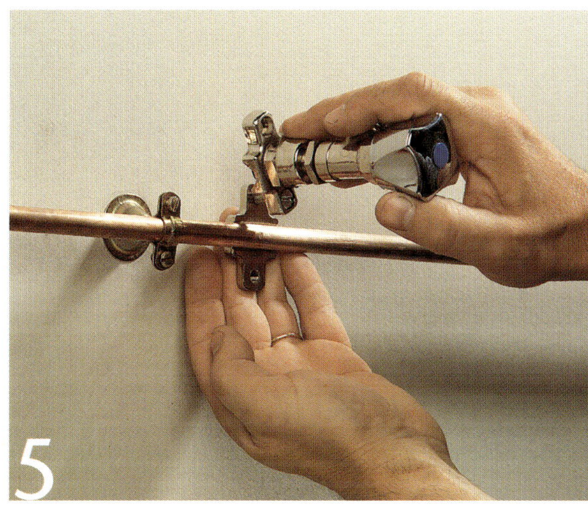

5

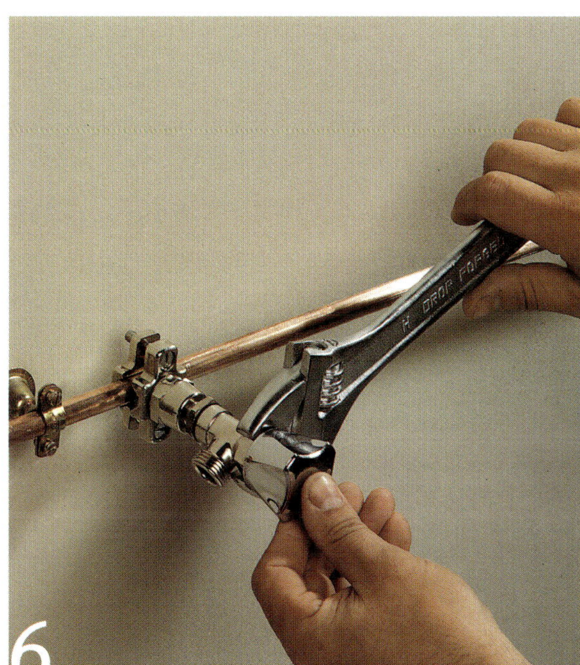

6

L'électricité :
Les bonnes conditions d'installation et d'utilisation

Le matériel moderne, sûr, esthétique et facile à mettre en œuvre, donne la possibilité à tout le monde de réaliser une installation électrique, surtout s'il s'agit de rénovation ou d'extension (pose d'interrupteurs, de prises, de variateurs de lumière, etc.). Mais même si les travaux entrepris sont limités, accordez toute votre attention aux règles de sécurité.

Sommaire

Comment ça marche

Il n'est pas besoin de faire ici de grands développements théoriques sur l'énergie électrique. Il est important de savoir qu'une fois distribué au particulier, le courant électrique doit être réparti dans la maison selon un certain nombre de circuits. Ces circuits ont donc tous leur origine au tableau de répartition.

Le courant électrique est conduit jusqu'aux points d'utilisation (prises, éclairage, appareils) par l'intermédiaire de conducteurs. Ces conducteurs, constitués de câbles de cuivre, cheminent sous des moulures ou des plinthes en PVC, ou sont encastrés dans la maçonnerie (ils sont alors placés sous conduits). Des normes très précises et obligatoires régissent l'emploi des différents types de conducteurs (leur section doit être adaptée à la puissance des appareils et à la sollicitation des circuits, voir plus loin) et de conduits (dont l'utilisation dépend de la nature de la maçonnerie).

Identifier les différents circuits au niveau du tableau à l'aide d'étiquettes. Il sera plus facile de savoir quel est le coupe-circuit qu'il faut remplacer en cas de panne.

Conduit encastré : pour être encastrés, les conducteurs doivent obligatoirement être placés sous un conduit.

L'une des premières mesures de sécurité est d'utiliser un matériel conforme aux normes établies par l'Union technique de l'électricité (UTE) : il porte alors le label NF-USE. Ce matériel va du plus simple, tels la prise ou l'interrupteur, jusqu'au plus complexe comme le tableau de répartition (« compteur ») et les éléments modulaires dont il peut être équipé (en ce qui concerne les tableaux modernes). A ce propos, sachez qu'il n'est pas interdit de poser soi-même un tableau de répartition (dit aussi tableau d'abonné) mais que la conformité de l'installation aux normes sera ensuite validée par les services officiels.

Différencier et identifier les circuits

Un circuit ne doit pas comporter plus de cinq points d'utilisation pour éviter les surcharges, et donc les risques d'échauffement dangereux. Pour cette même raison d'ailleurs, il est interdit et risqué de monter plusieurs multiprises en cascade pour pallier le manque de prises. Les plinthes modernes et le matériel modulaire dont elles peuvent être équipées (voir pages suivantes) offrent des possibilités d'extension des installations existantes à la fois sûres et très pratiques.

La première des précautions consiste à protéger les circuits dès leur départ du tableau de répartition par un

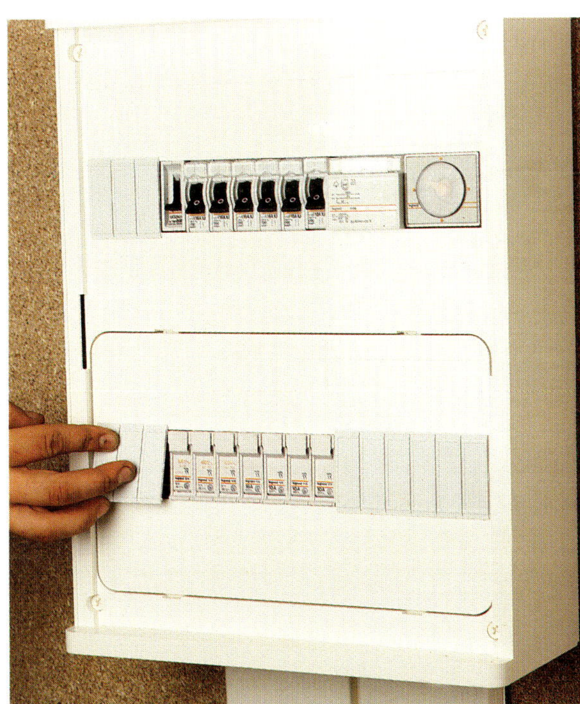

Ces disjoncteurs divisionnaires adaptés aux différents circuits sont facilement montés sur les rails du tableau.

coupe-circuit (fusible à cartouche ou disjoncteur divisionnaire). Le rôle d'un coupe-circuit, comme son nom l'indique, consiste à couper le courant au niveau du tableau, donc à en priver tous les points d'utilisation sur un même circuit, dès que l'intensité tolérée est dépassée. Chacun des coupe-circuit doit être calibré en fonction de l'intensité du circuit qu'il protège : 25 A pour les circuits prises, machines à laver ou chauffe-eau ; 15 ou 16 A pour les circuits éclairage fixe ; 38 A pour les appareils de cuisson... Plus un coupe-circuit est sensible, plus il est sûr. Les disjoncteurs divisionnaires magnétothermiques (à coupure phase + neutre) sont, de ce point de vue, les plus performants. Ils sont aussi faciles à poser puisqu'ils se montent par simple encliquetage sur les rails des tableaux de répartition modernes.

Comment choisir les conducteurs et les prises

Les conducteurs (les câbles) ainsi que les prises doivent être choisis en fonction de la puissance des appareils électriques alimentés. Pour cela, il faut commencer par déterminer l'ampérage (l'intensité) qu'ils pourront supporter : divisez la puissance (en watts, ou W) de l'appareil alimenté par ces conducteurs, par la tension du courant (exprimée en volts ou V).

Ainsi, pour un appareil de 2200 W alimenté en courant 220 V, on a besoin d'un câble dont la section puisse supporter un ampérage de 10 A. Si la section des conducteurs ne supporte pas une telle intensité, il se produira un échauffement qui fera fondre la gaine protectrice du conducteur, mettra ce dernier à nu et sera ainsi cause d'accident.

Les plinthes en PVC peuvent accueillir des conducteurs de courant fort ou de courant faible (téléphone, télévision), les câbles réservés à l'informatique, dans des compartiments distincts, et donc des prises aux fonctions différentes. Éléments de raccordement, embouts, angles viennent en complément de ces plinthes. Ce matériel est résistant aux chocs et aux agents chimiques (donc aux produits d'entretien).

Ne surchargez ni les circuits ni les prises. Multipliez plutôt le nombre de prises (pas plus de 5 par circuit) et proscrivez l'abus des multiprises. Remarquez ici la plinthe PVC qui peut aussi accueillir la prise télévision (à gauche).

Cette barrette de raccordement (ou de coupure) permet de relier le conducteur de terre, côté extérieur enterré ou relié à un piquet métallique lui-même enterré.

La terre

La liaison à la terre doit prévenir les accidents survenant à la suite de mauvais contacts d'un conducteur, pouvant entraîner une fuite du courant électrique. Elle se fait par l'intermédiaire d'un câble spécifique (sa gaine, de couleur jaune et vert, permet de l'identifier), dont la fonction est de conduire ces fuites vers la terre. Autrement, le conducteur défectueux pourrait mettre sous tension un appareil métallique dont le contact serait alors très dangereux, voire mortel.

Depuis quelques années, tous les circuits, mêmes ceux desservant les points d'éclairage fixes, doivent être raccordés à une prise de terre, raccordement qui s'effectue centralement au niveau du tableau de répartition (compteur), où une barrette est reliée à une borne de la prise de terre, constituée d'un câble de cuivre ou d'acier ou à un piquet enterré à l'extérieur de la maison.

Attention : sauf avis d'un professionnel, il est strictement interdit d'utiliser les canalisations d'eau, de gaz, de chauffage, ainsi que tout conduit métallique, pour le raccordement à la terre, qu'il s'agisse d'un appartement ou d'une maison individuelle.

Le cas des lieux humides

Il s'agit de la salle de bains et de la cuisine. Elles sont soumises à des règles strictes en matière d'installation électrique dans la mesure où l'eau, excellent conducteur du courant électrique, peut provoquer de graves accidents en cas de défaut de liaison d'un conducteur et donc de fuite de courant. Pour cette raison, un dispositif appelé « liaison équipotentielle » doit être mis en place dans toute salle d'eau. Il a pour but de relier l'ensemble des corps métalliques (canalisations, appareils, huisserie) à l'aide d'un câble, lui-même relié à la terre par l'intermédiaire du bornier situé au niveau du tableau de répartition.

La sécurité dans la salle de bains

Volume 0 : tout appareillage y est interdit sauf s'il est alimenté en très basse tension (TBTS 12 V et interrupteur infrarouge à pile.

Volume 1 : comme volume 0 et chauffe-eau à accumulation autorisé.

Volume 2 : comme volumes 0 et 1, appareils de classe II autorisés.

Volume 3 : appareils protégés par un disjoncteur différentiel 30 mA autorisés.

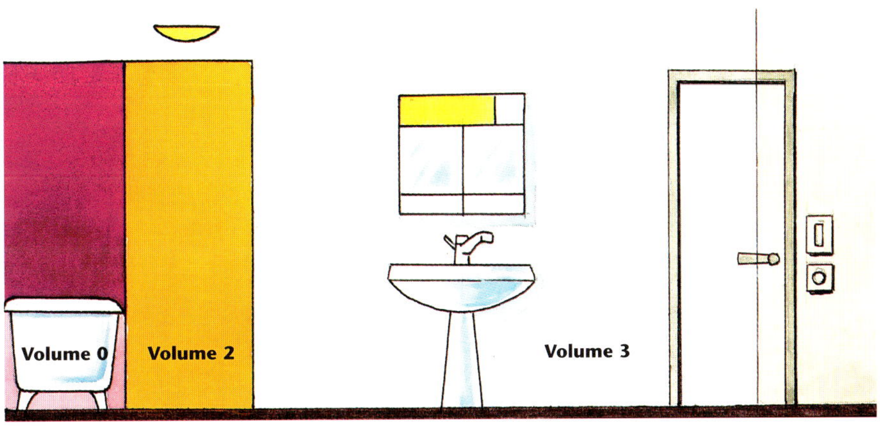

Installer un tableau de répartition

Le tableau d'abonné est le centre de répartition du courant électrique dans la maison. Il commande et protège les différents circuits. Le matériel moderne, modulaire, laisse à l'utilisateur la possibilité d'installer lui-même le tableau et même de le faire évoluer par la suite.

1

Distribuer et protéger

Le tableau de répartition est placé après le disjoncteur général. Sa fonction est de distribuer le courant vers les différents circuits tout en les contrôlant et en les protégeant par des coupe-circuit. Le tableau dont nous présentons ici la mise en œuvre offre l'avantage de pouvoir évoluer en fonction des extensions de l'installation. Il est dit « modulaire » car il comporte des emplacements pour des extensions ultérieures; on peut donc y ajouter des coupe-circuit et même des appareils de commande tels que relais-heures creuses, programmateur, minuterie, thermostat d'ambiance, etc. Ce système offre donc une grande souplesse ainsi qu'une parfaite sécurité.

Une sécurité renforcée

Le mode de connexion offre en effet une parfaite sécurité dans la mesure où les pontages traditionnels d'un coupe-circuit à l'autre se font grâce à une barrette de répartition spéciale : il suffit de raccorder le premier disjoncteur pour que les autres le soient aussi. Le conducteur de protection (mise à la terre) est également centralisé, le câble principal conduisant à la prise de terre située à l'extérieur.

OUTILS ET MATÉRIAUX

- Perceuse
- Tournevis d'électricien
- Couteau d'électricien
- Pince à dénuder

- Vis et chevilles
- Disjoncteurs divisionnaires
- Câbles

Fixation du tableau

1 Déterminez l'emplacement du tableau en fonction de l'arrivée des câbles d'alimentation de l'extérieur : il doit rester facilement accessible. Élégant, il peut être placé dans une entrée sans être forcément dissimulé. Équipez le support des rails d'alimentation, puis présentez-le contre le mur. Repérez les points de fixation et percez à l'aide d'une perceuse équipée d'une mèche adaptée. Chevillez, vissez.

Pour en savoir plus

Différencier et identifier les circuits **121**

La terre **123**

Montage des borniers

2 Montez les borniers (par clippage) sur les rails de distribution (ici, montage du neutre ; on peut voir sur le bas de la photo, à gauche, le bornier de la phase). Dénudez l'extrémité des conducteurs généraux (phase, neutre et terre qui débouchent au-dessus du tableau) et raccordez-les aux borniers correspondants. Ces derniers comportent plusieurs départs, pour les différents circuits de la maison.

2

Montage des disjoncteurs

3 Tous les circuits doivent être protégés dès le tableau de répartition. Pour cela, on emploie des coupe-circuit : il s'agit ici de disjoncteurs divisionnaires qui se montent, également par clippage, sur les rails. Un coupe-circuit doit être calibré selon la puissance des appareils du circuit qui détermine la section du conducteur : 25 A pour les circuits prises, machines à laver ou chauffe-eau ; 16 A pour les circuits « éclairage fixe » ; 38 A pour les appareils de cuis-

3

son… Les disjoncteurs sont montés les uns à côté des autres sur le rail.

4 Le raccordement des disjoncteurs (et des autres appareils modulaires placés sur le rail) au secteur se fait par l'intermédiaire d'une borne d'arrivée. Dénudez l'extrémité du câble, introduisez-la dans la borne et serrez la vis pour permettre au contact de se faire.

5 C'est à l'aide d'un « peigne », ou barrette de répartition, que se fait la liaison entre les différents disjoncteurs ou appareils modulaires. Le peigne est muni de dents métalliques qui s'insèrent sur le dessus des modules, où une vis permet d'établir le contact. Il est possible de couper le peigne à la longueur voulue, selon le nombre de modules. Par ce système qui assure la liaison entre les modules, le raccordement est limité à un seul d'entre eux. On en mesure l'avantage : finis les pontages, boucles, etc.

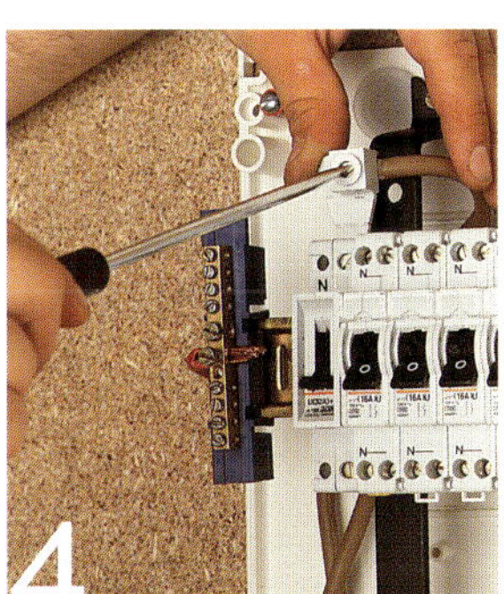
4

5

6

7

6 Cependant, les connexions qui ne peuvent se faire par ces barrettes se font toujours par pontage : c'est le cas de ces deux appareils situés sur la droite du rail. Ces pontages sont réalisés avec des petites longueurs de câbles (utilisez les couleurs normalisées : rouge pour la phase, bleu pour le neutre pour mieux vous y retrouver), dont les extrémités, dénudées, sont insérées dans les bornes prévues à cet effet.

Raccordement

7 L'installation d'un tableau de répartition va bien sûr de paire avec celle des différents circuits. Vous constatez que les conducteurs desservant ces derniers ont été amenés jusqu'au tableau où ils sont clairement identifiés. Pour établir la connexion entre ces conducteurs et l'alimentation, il faut introduire leur extrémité dénudée dans les bornes inférieures des disjoncteurs respectifs (un disjoncteur par circuit). Le rail inférieur (sur notre photo) permet d'accueillir une deuxième rangée de disjoncteurs ou d'appareils modulaires.

8 Pour de nombreux circuits et pour les éléments métalliques présents dans les salles d'eau, le raccordement à la terre est essentiel à la sécurité des utilisateurs. Les conducteurs de protection de chacun des circuits, de couleur vert/jaune, aboutissent au bornier de terre fixé à l'extrémité du rail. Le bornier est lui-même raccordé au conducteur de protection général, qui est relié à la prise de terre située à l'extérieur (piquet métallique enterré ou boucle en fond de fouille).

➲ Attention !

Le conducteur de protection de chaque circuit devant être protégé doit aboutir individuellement au bornier de terre, de manière que la défaillance de la protection de l'un des circuits n'entraîne pas celle de tous les autres.

8

Poser et raccorder un interrupteur

Les appareillages modernes sont à la fois pratiques à installer, sûrs et esthétiques. Il existe de nombreux modèles d'interrupteurs que vous poserez en saillie ou en encastrés. Cette dernière opération n'est pas très complexe si les murs sont faits de plâtre (carreaux ou plaques).

Pose en saillie

La pose d'un interrupteur implique d'abord d'amener le courant jusqu'à cet appareil, puis de le raccorder à la prise où à la lampe qu'il commande. On utilise pour cela des baguettes en PVC dans lesquelles sont installés les conducteurs, ou des conduits encastrés.

Si l'interrupteur commande un circuit d'éclairage fixe ou un socle de prise de 16 A, utilisez du câble de 1,5 mm² de section. Comme vous pouvez le constater sur les photos et sur le schéma de câblage, seul le fil de phase (rouge) est interrompu pour être relié aux bornes de l'interrupteur.

Conduits encastrés

Si vous choisissez d'encastrer l'installation, il vous faut utiliser des conduits appropriés ainsi que des conducteurs à âme massive (un seul fil plein, contrairement aux conducteurs à âme câblée formés de plusieurs brins). Nous utilisons ici des conduits ICO (Isolant flexible Cintrable Ordinaire) en matière plastique, non propagateurs de flamme et étanches.

OUTILS ET MATÉRIAUX

Pour la pose sous baguettes :

- Boîte à coupe et scie à dos
- Cutter
- Tournevis et tournevis d'électricien
- Marteau
- Perceuse
- Pince à dénuder

- Moulures PVC et interrupteur
- Câbles bleu et rouge
- Colle PVC
- Chevilles et vis

Pour la pose encastrée :

- Massette, burin et ciseau de maçon
- Grattoir triangulaire
- Perceuse et scie cloche
- Auge et truelle
- Pince coupe et pince à dénuder
- Tournevis d'électricien
- Conduits ICO
- Câble de 1,5 mm² de section
- Interrupteur avec son boîtier
- Plâtre
- Pointes à béton

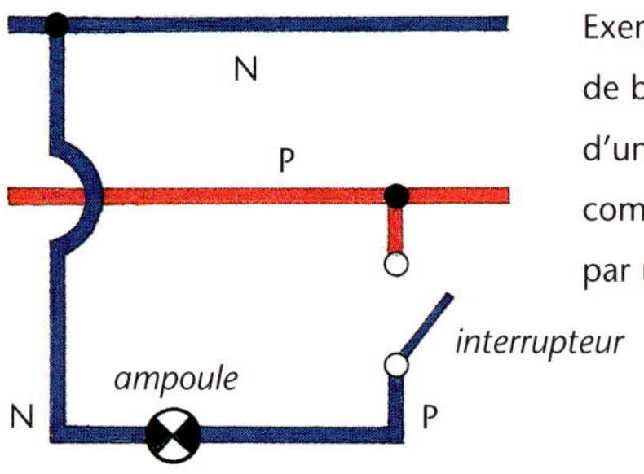

Exemple de branchement d'une lampe commandée par un interrupteur.

➲ La section des câbles

La section des conducteurs dépend de la puissance des appareils qu'ils alimentent. Ainsi, on doit utiliser des conducteurs de :

- 1, 5 mm² pour une puissance de 10 A (circuit éclairage) ;
- 2, 5 mm² pour 16 A (circuit prises) ;
- 2, 5 mm² à 6 mm² pour 16 A à 32 A (circuits spécialisés : machines à laver, cuisinière...) ;
- 6 mm² pour 32 A (circuit chauffage).

Pose en saillie

1 Les baguettes en PVC s'installent par collage ou clouage. Découpez les longueurs nécessaires (avec une boîte à coupe et une scie à dos) avant de les fixer. Faites tout l'entourage de la porte si l'interrupteur est posé près de cette dernière. Il existe des raccords permettant les liaisons à 90°.

2 Fixez le support de l'interrupteur après avoir percé et chevillé aux

Pour en savoir plus

Cloison en carreaux de plâtre **26**
Poser et raccorder une prise **130**

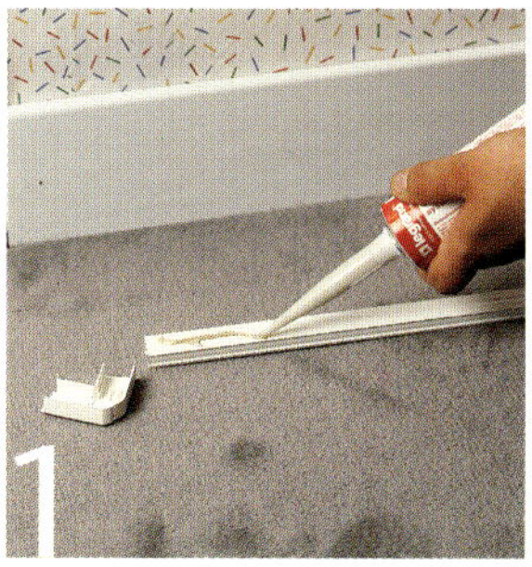
1

3

emplacements repérés. Pour le vissage, utilisez des vis à tête fraisée.

3 Passez les câbles dans la moulure (rouge = phase ; bleu = neutre). Amenez le câble de la phase jusqu'à la borne avant de le sectionner (ne voyez pas trop juste !). Dénudez son extrémité (avec une pince à dénuder qu'il faut parfois régler à la section du câble) et introduisez-la dans l'orifice prévu. Maintenez la liaison en serrant la vis correspondante. Faites repartir le câble de phase de l'autre orifice pour l'amener jusqu'à la prise ou à la lampe que l'appareil commande.

Pose encastrée

4 Dans ce cas, le boîtier comme le conduit sont

4

2

noyés dans la maçonnerie. Effectuez le perçage (ici avec une scie cloche montée sur une perceuse) et les saignées nécessaires (avec un ciseau de maçon et un burin).

5 Passez les conduits dans la saignée et maintenez-les en position avec quelques pointes. Faites ensuite passer les conducteurs dans le conduit : pour cela, réunissez-les avec un adhésif et tirez-les ensemble avec un fil de fer.

➲ Attention !

Une installation encastrée doit toujours se faire sous conduit.
Les câbles électriques ne doivent jamais être directement noyés dans la maçonnerie.

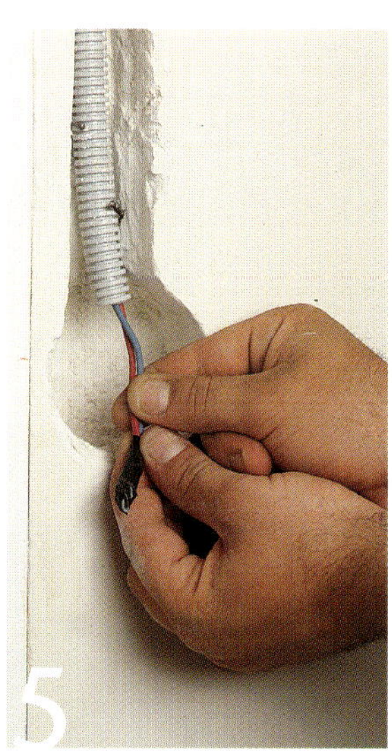
5

6 Faites passer les conducteurs dans le boîtier (en l'ouvrant un peu au cutter) et rebouchez l'ensemble au plâtre. Les pointes qui servent à maintenir le conduit peuvent rester en place. Placez un peu de plâtre sous le boîtier pour sceller ce dernier.

7 Laissez déborder un peu le plâtre puis attendez environ deux heures avant d'égaliser avec la truelle. Poncez en finition pour préparer le mur à la pose du revêtement.

8-9 Pour finir, raccordez les extrémités dénudées des conducteurs aux bornes de la platine. Il ne vous reste plus qu'à visser cette dernière et à poser le couvercle de l'interrupteur.

6

7

8

9

Installer un va-et-vient

Indispensable dans un couloir, un escalier ou une chambre, un va-et-vient permet de commander un point d'éclairage unique à partir de deux endroits différents ; s'il y en a davantage, on utilise un télérupteur. Le télérupteur n'est pas plus difficile à installer et offre beaucoup plus de possibilités. On le préfère donc en général. Seul obstacle : son prix.

Alimentation

Toutes les étapes préparatoires à l'installation d'un va-et-vient sont les mêmes que celles du montage d'un interrupteur : pose des moulures et des plinthes PVC ou ouverture des saignées et passages des conduits. Les commutateurs sont le plus souvent près des portes : situez-les à une hauteur comprise entre 1 m et 1, 20 m. Utilisez des câbles de 1, 5 mm^2 de section. Dans le cas où le circuit est monté en dérivation, il faut prévoir une boîte de dérivation avec domino, ou dé de raccordement, adapté (attention : ce matériel ne doit pas être encastré).

Câblage et raccordement

Le câblage est un peu plus complexe à réaliser que pour un interrupteur. Il revient à monter deux circuits en parallèle : en plus du raccordement du conducteur de phase, on installe des navettes, c'est-à-dire deux longueurs de câble reliant les deux commutateurs. Ces navettes permettent d'inverser le sens d'utilisation des appareils. C'est pour cette raison que les commutateurs de va-et-vient comportent trois bornes.

OUTILS ET MATÉRIAUX

- Perceuse
- Pince à dénuder
- Tournevis d'électricien
- Boîte à coupe et scie à dos
- Massette et burin
- Cutter

- Moulures PVC
- Vis et chevilles
- Conducteurs de 1,5mm^2 de section
- Colle PVC
- Conduits ICO

Pose en applique

1 Commencez par déterminer les emplacements des deux commutateurs du va-et-vient (en haut et en bas de l'escalier, à l'entrée de la chambre et près du lit, aux deux extrémités du couloir...) et posez les longueurs de moulures et de plinthes PVC nécessaires à leur raccordement. Fixez aussi les socles de ces appareils en les vissant dans la maçonnerie (après chevillage). Amenez les câbles (la phase et les deux navettes) jusqu'aux appareils et dénudez leur extrémité sur un centimètre environ.

Pour en savoir plus

Pose d'un interrupteur **126**

Comment choisir conducteurs et prises **122**

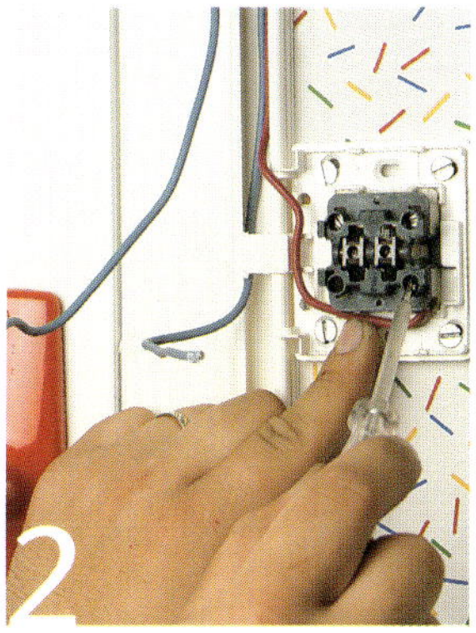

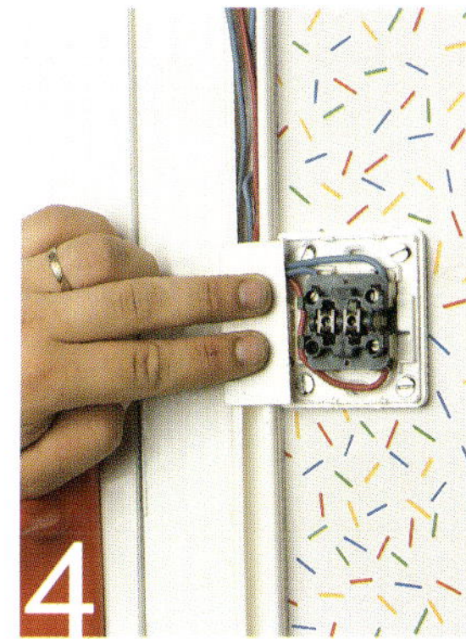

2 Raccordez le conducteur de phase aux commutateurs en introduisant les extrémités dénudées dans les bornes. Serrez les vis.

3 Raccordez aussi les navettes qui doivent relier des bornes correspondantes d'un appareil à l'autre. Les deux navettes peuvent être prélevées dans un câble d'une même couleur (différente néanmoins de celle de la phase), mais il faut pouvoir les identifier (par exemple en les repérant avec un marqueur au moment du raccordement aux commutateurs) pour ne pas risquer de se tromper de borne.

4 Cet élément se fixe sur la moulure par clippage, à ce niveau de manière à maintenir les câbles à cet endroit où ils subissent une torsion et à les protéger sur cette zone qui est située entre la moulure et le commutateur.

5 Montez ensuite le boîtier de l'appareil sur lequel sera posée la plaque. Certains commutateurs sont équipés d'une lampe témoin.

Pose encastrée

6 Si vous avez choisi d'encastrer le circuit dans la maçonnerie, ouvrez les saignées à l'aide d'une massette et d'un burin ou d'une rainureuse pour les travaux les plus importants. Installez les conduits dans les saignées et passez les câbles à l'intérieur depuis les points de dérivation ou depuis le tableau s'il s'agit d'un nouveau circuit. Ouvrez aussi les logements pour les boîtiers et découpez les entrées dans ces derniers au cutter de manière à y accéder par l'arrière.

7 Le raccordement effectué (comme pour la pose en applique), rebouchez les saignées : utilisez du plâtre ou de la mousse polyuréthane vendue en bombe aérosol et donc plus facile à appliquer. Sur une paroi en plâtre, le plâtre ou un enduit de rebouchage au plâtre est le plus approprié. Dans un mur de parpaing, on utilise de la mousse, du plâtre ou du mortier. La platine est maintenue dans le boîtier par deux griffes qui s'écartent au vissage. Pour finir, montez la plaque du commutateur.

➲ La mousse polyuréthane

Ce produit permet de bourrer facilement et rapidement les interstices, les vides, les trous, les saignées... ; il remplace ainsi à merveille les produits traditionnels comme le mortier ou le plâtre. Présentée en bombe aérosol (et donc très facile à mettre en œuvre), la mousse polyuréthane sert également à calfeutrer les portes et les fenêtres, à isoler les passages de tuyauteries, à caler les dormants des portes et des fenêtres. On l'utilise comme isolant thermique et pour insonoriser les conduits de chauffage.
Une fois injecté (remplissez les cavités partiellement en raison de l'expansion de la mousse), le produit durcit au bout d'un certain temps (ce qui donne la possibilité de rectifier le positionnement des éléments). Durcie, la mousse polyuréthane se façonne au cutter, à la scie à métaux ou au couteau. Elle peut être poncée, peinte ou enduite.

Poser et raccorder une prise

L'emploi de plinthes en PVC permet de rénover ou d'étendre facilement une installation électrique. Certaines de ces moulures comportent plusieurs compartiments qui peuvent accueillir les câbles de circuits différents.

Rappel de quelques règles

Comme les conducteurs qui servent à l'alimenter, une prise doit être adaptée à la puissance de l'appareil dont elle assure le branchement. Sur ce type de plinthes, il est possible de monter des prises de 10/16 A ou de 20 A avec terre. Il est plus confortable et plus sûr de disposer de plusieurs prises. Mais n'oubliez pas qu'un même circuit ne doit pas comprendre plus de cinq points d'alimentation. Par ailleurs, si l'installation se fait en sous-sol ou à l'extérieur, le matériel utilisé (prise et conduits) doit impérativement être étanche.

En saillie ou encastrée ?

Les plinthes en PVC, faciles d'emploi, l'emportent pour leur côté pratique. Faciles à « ouvrir » grâce à leur couvercle démontable, elles offrent la possibilité d'ajouter à loisir une ou plusieurs prises supplémentaires par la suite. Dans le cas de travaux de rénovation, il est donc conseillé d'y recourir pour remplacer les baguettes en bois dorénavant interdites. La pose encastrée en revanche, si elle est plus complexe étant donné les travaux de maçonnerie qu'elle entraîne, peut être plus séduisante pour sa discrétion.

OUTILS ET MATÉRIAUX

Pour la pose en saillie :
- Boîte à coupe et scie à dos
- Cutter
- Tournevis d'électricien
- Pince coupante
- Pince à dénuder
- Plinthes PVC et prise
- Colle
- Vis et chevilles
- Câbles

Pour la pose encastrée :
- Burin, masse et ciseau de maçon
- Perceuse et scie trépan
- Truelle
- Auge
- Pince coupante et pince à dénuder
- Tournevis d'électricien
- Conduits ICO
- Pointes à maçonnerie
- Boîtier et prise
- Câbles (phase, neutre et terre)

Pour en savoir plus

Le cas des lieux humides **123**

Monter une prise TV **132**

Pose en saillie

1 La pose des plinthes en PVC est simple. Elle se fait par collage, une fois le revêtement mural posé, s'il y a lieu. Des accessoires spéciaux dissimulent et protègent les angles (rentrant ou sortant) et maintiennent en même temps les câbles bien calés dans leur compartiment. Comme on le constate sur la photo, la présence de plusieurs compartiments permet de bien séparer les différents circuits (ici : prises, téléphone et télévision).

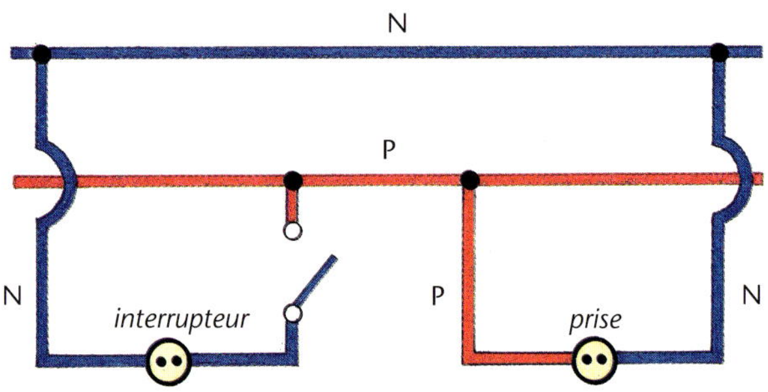

Raccordement d'une prise simple (à droite) et d'une prise commandée par interrupteur (à gauche).

2 Présentez le support de la prise contre le mur et repérez les points de fixation en passant la pointe du crayon dans les trous spécialement prévus. Percez à ces emplacements puis introduisez les chevilles dans lesquelles les vis seront logées. La fixation doit être solide afin de résister à l'arrachement.

➲ Sécurité enfants

Dans les chambres d'enfants, utilisez des prises de courant équipées d'obturateurs qui ne s'ouvrent que lors de l'introduction de la fiche et qui s'opposent par conséquent à l'introduction d'autres objets.

3 Posez la platine de la prise puis dénudez les câbles (ici, phase et neutre) sur une petite longueur (1 cm) qui sera introduite dans chacune des bornes, indifféremment. Aucune partie dénudée ne doit se trouver hors du bornier.

4 Introduisez les extrémités dénudées des conducteurs dans les bornes et serrez les vis de blocage. Il suffit ensuite de visser le boîtier de la prise puis son enjoliveur, et de remonter le couvercle de la plinthe, qui reste facilement démontable au cas où l'on voudrait par la suite prolonger l'installation.

Encastrement

5 Si vous avez choisi la pose encastrée, ouvrez les saignées nécessaires et le logement circulaire pour le boîtier de la prise. Posez le conduit dans la saignée et maintenez-le en place avec quelques pointes à maçonnerie. Ces pointes resteront lors du rebouchage. Rebouchez (ici avec du plâtre car la cloison est en carreaux de plâtre) après avoir passé les conducteurs dans le conduit et dans le boîtier. Laissez une légère surépaisseur de plâtre pour compenser le retrait du produit lors du séchage : vous poncerez après séchage.

➲ Étanche !

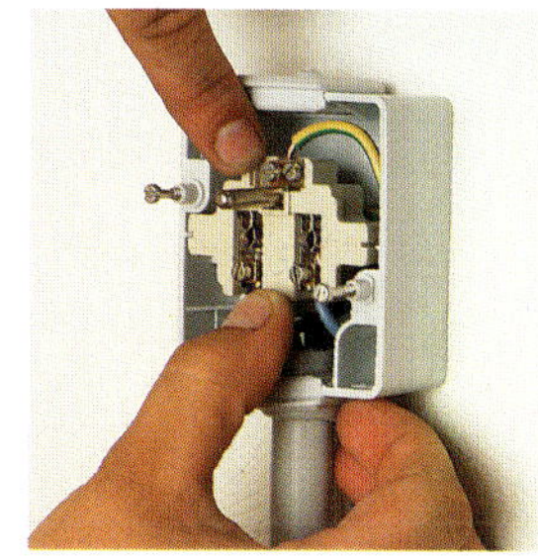

Pour les sous-sols ou les garages, comme pour l'extérieur, utilisez des prises étanches. De plus, le passage des conducteurs d'alimentation (phase, neutre et terre) se fait sous conduit rigide (IRO) afin de protéger les câbles de l'humidité et des chocs.

6 Il est plus rationnel de poser le revêtement mural avant de raccorder les câbles au bornier de la prise. Raccordez les extrémités dénudées des conducteurs dans leur logement correspondants (ici, la terre). Logez les conducteurs dans le boîtier puis montez la grille. Sa fixation se fait par deux griffes qui s'écartent dans le logement lors du serrage des vis. Il vous reste à poser la plaque puis l'enjoliveur de la prise pour terminer votre travail.

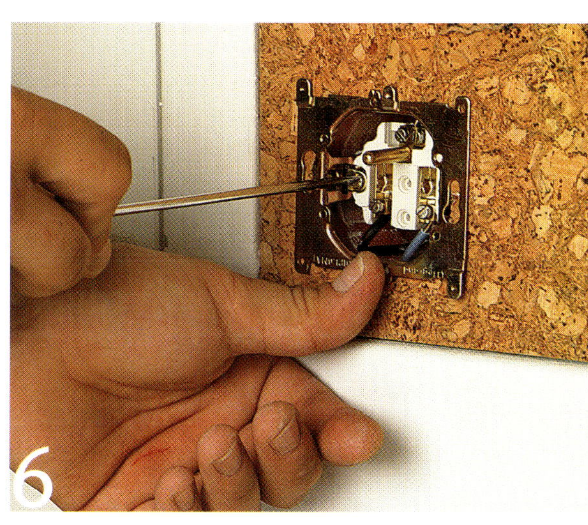

Monter une prise TV

Le câble de télévision traîne toujours... L'intégrer dans une plinthe pour le faire aboutir à la prise correspondante ne demande pas de brevet spécial ! De plus, cela vous donne la possibilité de placer plusieurs prises à partir de la même antenne.

Un jeu d'enfant

Certains modèles de plinthes en PVC présentent plusieurs compartiments dans lesquels il est possible de faire passer les câbles de circuits différents : circuits prises, télévision, téléphone, informatique... A ces modèles correspondent des prises adaptables dont la pose est très simple.

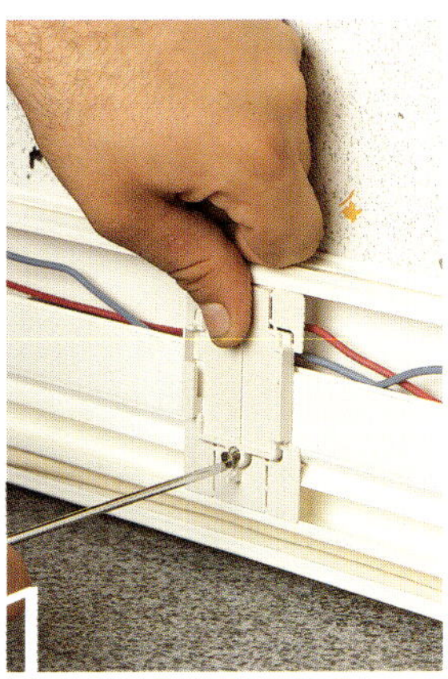

1 En cours d'installation d'un circuit prise (ce qui explique la présence des câbles électriques), il a été ici prévu de monter une prise télé. Pour ce faire, commencez par monter le support de la prise (par vissage) à l'emplacement choisi sur la plinthe.

OUTILS ET MATÉRIAUX

- Pince à dénuder et pince coupante
- Boîte à onglet et scie à dos

- Plinthe PVC
- Colle PVC
- Câbles TV

2 Dénudez l'extrémité du câble afin de le raccorder à la prise : il s'agit ici d'une prise de télévision simple, mais il existe d'autres modèles de prises combinant télévision et radio FM. Maintenez ensuite le câble en serrant la bride.

3 La prise se fixe sur son support par simple pression. Faites passer le câble dans son compartiment. Attention de ne pas trop le courber.

4 Montez le cadre puis le capot de la prise, également par simple pression. Le compartiment inférieur de la plinthe est encore libre : il pourra recevoir les câbles du réseau téléphonique. L'installation terminée, remontez les couvercles des plinthes.

Pour en savoir plus

Pose d'une prise **130**

Équiper une lampe

Le montage d'une lampe est très simple... mais encore faut-il savoir et voir comment le faire ! Voici en quelques photos la manière de procéder, dont les principales opérations sont : le montage de la fiche, celui de la douille et le raccordement de l'interrupteur.

Le raccordement

Pour raccorder une lampe, il faut en effet une fiche et une douille ; un interrupteur, placé sur le câble d'alimentation, permet de commander l'éclairage facilement. Les deux conducteurs à âme câblée sont jumelés et se présentent sous la forme d'un fil souple méplat.

La fiche sert à brancher la lampe. Il en existe plusieurs modèles différents. Ici, elle comporte deux bornes dans lesquelles sont intégrés les conducteurs.

L'éclairage

L'éclairage est commandé par un interrupteur dont la présence évite de brancher et de débrancher la lampe pour l'allumer ou l'éteindre. Vous pourrez aussi monter un variateur de lumière dit « de passage », en raison du fait qu'il se monte en coupure de fil souple. Ces appareils peuvent être commandés manuellement ou du pied, ou encore par émetteur à infrarouge.

La fiche

1 Découpez l'enveloppe isolante qui réunit les deux conducteurs puis dénudez chacun de ces derniers sur un centimètre environ.

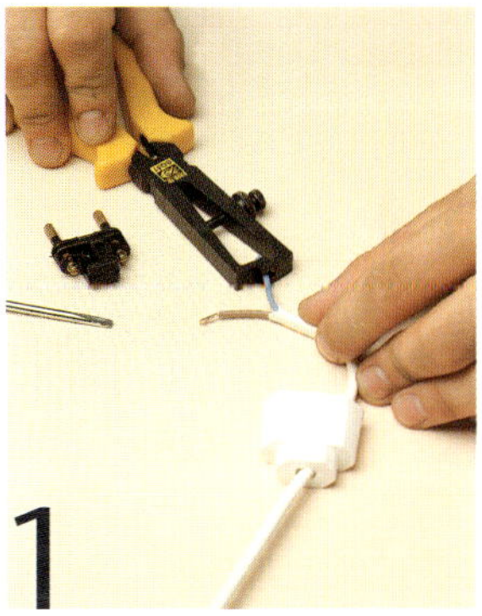

2 Torsadez les brins qui forment l'âme câblée des conducteurs pour en introduire plus facilement l'extrémité dans les bornes de la fiche. Serrez les vis qui les retiennent dans les alvéoles.

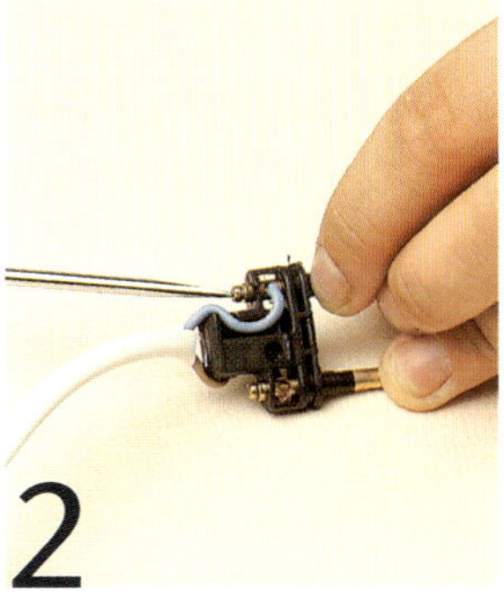

OUTILS ET MATÉRIAUX

- Pince à dénuder
- Tournevis d'électricien

- Fiche de 6 A
- Douille
- Interrupteur
- Câble méplat

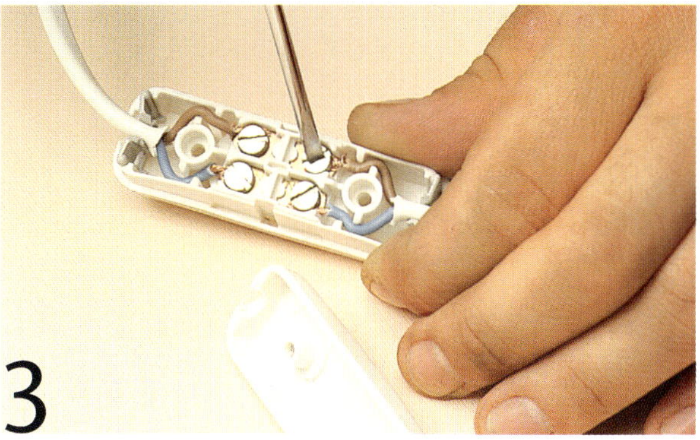

L'interrupteur

3 Pour monter l'interrupteur sur le câble, il faut sectionner ce dernier à un emplacement qui facilite sa commande manuelle. Dénudez les conducteurs et intégrez-les dans les bornes, de part et d'autre de l'interrupteur.

La douille

4 Voici la douille démontée. Il en existe aussi en matière plastique. Vous aurez le choix entre des modèles à baïonnette (notre photo) ou à vis. Ils déterminent le type d'ampoule que vous utiliserez.

5 Passez le câble à l'intérieur de la lampe et installez la cuvette de la douille. Dénudez les extrémités des conducteurs.

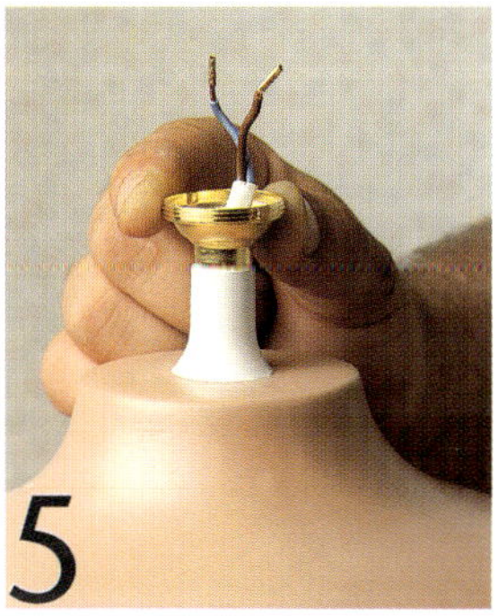

6 Raccordez les extrémités des conducteurs aux plots de la douille en serrant les vis après avoir passé les fils (tressés) dans les emplacements prévus. Finissez de remonter la douille. Il vous reste à poser l'abat-jour pour achever votre lampe.

Les revêtements de sols

En matière de décoration intérieure, les professionnels affirment qu'il faut toujours commencer par le sol, se décider entre carrelage, parquet, moquette ou revêtement souple, pour ensuite sélectionner les revêtements muraux, les tissus d'ameublement et les meubles. En effet, un revêtement de sol est en général conçu pour le long terme, et il donne son caractère de base à une pièce.

Sommaire

Quel support ?

Le choix d'un revêtement de sol dépend bien entendu des goûts de chacun, mais aussi de la nature de la pièce et de l'état du sol existant.

Toutefois, à l'heure actuelle, il est pratiquement possible de poser n'importe quel revêtement de sol dans n'importe quel type de pièce – y compris du carrelage dans un grenier. Il suffit de préparer le support en conséquence, par exemple de couler une dalle allégée avant de poser le carrelage en étage.

Quel que soit le revêtement retenu, le support doit être en bon état et sain. La moquette ou les revêtements souples ne sauraient être des cache-misère : les irrégularités d'un parquet en mauvais état ou d'une vieille chape apparaissent rapidement et gâtent l'effet décoratif. Il est donc souvent nécessaire de procéder à un ragréage des anciennes chapes, des anciens carrelages et des parquets détériorés à l'aide de mortiers auto-lissants.

Pour ce qui concerne le parquet, ne sous-estimez pas les possibilités de la rénovation. Si le matériau est sain, vous pouvez fort bien redonner au revêtement son lustre premier par un traitement approprié, même si quelques lames sont endommagées (leur remplacement est possible). Si votre maison présente d'anciens parquets en chêne, il est dommage de les dissimuler sous de la moquette ou sous un revêtement souple, alors que le bois est hautement décoratif et confortable.

Le support doit être adapté au revêtement qu'il va recevoir. Ici, préparation d'un lit de sable sur lequel seront posées des dalles de pierre naturelle.

Moquette et revêtement plastique

Si le choix des moquettes est très vaste, vous devez tenir compte du classement de chaque modèle en fonction de sa résistance à l'usure. Les moquettes recommandées pour salle de séjour, salon et chambre (classe T3) ne conviennent pas à un usage intensif ; pour les lieux à fort passage – ou si vous souhaitez des revêtements plus solides et plus durables, capables par exemple de supporter les roulettes des fauteuils mobiles – optez pour les moquettes recommandées pour couloirs et escaliers, ou pour locaux publics (classes T4 et T5).

Par ailleurs, certaines moquettes présentent des qualités spécifiques : traitement contre les salissures ou compatibilité avec le chauffage par le sol.

Pour la mise en œuvre, vous avez le choix entre la pose collée, qui donne une excellente tenue au revêtement, mais dont la dépose n'est pas facile, et la pose libre, avec de simples bandes adhésives double-face maintenant le tapis en périphérie. Cette dernière solution est en général retenue dans les logements locatifs.

Quant à la moquette en dalles, elle est très facile à poser et à entretenir, dans la mesure ou les éléments ne sont pas collés : ils se maintiennent les uns les autres et par leur propre poids.

Les revêtements plastiques sont classés, comme les moquettes, en fonction de leur résistance (certains sont conseillés pour les chambres et les séjours, d'autres pour les couloirs et escaliers) ; il existe aussi des modèles compatibles avec le chauffage par le sol. Leur qualité dépend en particulier de l'épaisseur de la couche d'usure (0,15 mm pour les revêtements ordinaires, 0,25 ou même 0,30 mm pour les plus résistants). Vendus en largeur de 2 m ou de 4 m, ces revêtements plastiques se posent sensiblement de la même manière que les moquettes.

Des dalles de moquette ne demandent pas d'encollage préalable : elles sont bloquées les unes contre les autres.

Le parquet

Comme revêtement de sol, le bois a des qualités exceptionnelles : isolant, résistant à l'usure, aux chocs et extrêmement durable. Il est de surcroît confortable, anti-allergique et chaleureux. On a calculé qu'un parquet coûte environ 25% moins cher que n'importe quel autre revêtement si l'on prend en compte le prix d'achat, la durabilité et les frais d'entretien.

Les planchers traditionnels (pin des Landes, sapin blanc du nord ou chêne), en lames de 23 mm d'épaisseur, se clouent sur les lambourdes, perpendiculaires aux solives. Ils constituent une excellente solution dans bien des cas, en particulier en rénovation, dans le cadre d'aménagement de combles.

Les lames de parquet à pose flottante sont souvent constituées de plusieurs couches de bois assemblées sous presse (stratifiées), avec une âme en MDF hydrofuge, ce qui leur donne une grande robustesse et une parfaite stabilité dimensionnelle. Il peut s'agir aussi de lames ayant reçu en usine une finition vitrifiée très dure, ou de dalles (dont les dimensions sont en général de 32,5 x 32,5 cm) reproduisant des décors de parquets classiques. Les lames ou les dalles sont simplement posées et emboîtées (avec encollage des rainures), sur une sous-couche de mousse de polyéthylène, de liège ou sur un isolant phonique du type Fibraline. La pose est simple, la seule difficulté résidant dans les coupes – qui doivent être précises. Les parquets flottants sont le plus souvent établis sur une chape neuve en bon état ou de ragréage, mais on peut également les placer sur un ancien carrelage (ce qui oblige à effectuer un rattrapage de niveau aux portes).

Les parquets à coller se présentent généralement en dalles mosaïque minces, constituées de lamelles assemblées, offrant des décors divers. La mise en oeuvre se fait sur chape neuve en bon état, à l'aide d'une colle spécifique pour parquets vernis ou vitrifiés. Il existe aussi des parquets minces autocollants à poser sur sous-couche : ils ont le même aspect qu'un parquet flottant.

Ce type de parquet est dit « flottant » car les lames sont simplement emboîtées les unes contre les autres (rainure et languette), après encollage.

Carrelage et dallage

Les carrelages de sol sont en grès cérame, robuste mais à la gamme de coloris sommaire, en grès cérame émaillé, qui a reçu une couche décorative de parement, en grès cérame fin vitrifié, coloré dans la masse, en grès étiré, très résistant, ou en terre cuite – qui peut être naturelle, vernissée ou grésée (mélange d'argile et de grès).

Les carreaux sont classés en fonction de quatre facteurs : usure (U) due à la marche, résistance au poinçonnement (P), comportement à l'eau (E) et résistance aux produits chimiques et aux taches (C). Dans chaque catégorie de ce classement UPEC, le matériau reçoit un indice, de 0 à 4. C'est ainsi qu'un carrelage pour salle de séjour (sans accès sur l'extérieur) sera classé U2P2E1C0, un carrelage pour salle de bains U2P2E2C1, un carrelage pour cuisine U3P3E2C2, et un carrelage pour terrasse (extérieur) U4P3E3C1.

Les dalles en grès cérame, en grès étiré, en pierre reconstituée (notamment en marbre reconstitué) et en pierre tranchée se posent de la même manière que le carrelage. Pour ce qui concerne les terres cuites, prenez la précaution de vérifier qu'elles ne sont pas gélives (attention notamment aux terres cuites italiennes, conçues pour un climat méditerranéen et qui ne supportent absolument pas les hivers rudes).

Belle imitation de dallages anciens. Les carrés de couleur prennent place entre les éléments octogonaux de pierre reconstituée.

Avant la pose d'un carrelage de sol, il faut s'assurer que le gros œuvre est capable d'en supporter le poids. La pose se fait le plus souvent sur dalle de béton (classique ou allégé), à l'aide d'un mortier-colle appliqué à la spatule à dents. Pour certaines rénovations, vous pourrez préférer une pose traditionnelle sur lit de sable, avec lait de chaux. Les coupes sont plus difficiles que pour le carrelage mural. Pour le revêtement d'une ou plusieurs pièces, vous pouvez louer une scie à matériau ou un coupe-carreau électrique à disque diamanté.

Pour une terrasse, choisissez des carreaux adaptés pour l'extérieur, c'est-à-dire résistants au gel et aux intempéries.

Parquet flottant

Les parquets actuels se posent plus facilement qu'un carrelage et offrent beaucoup d'atouts, tant du point de vue de l'esthétique que de la solidité, de la durabilité et du confort.

Collé ou flottant ?

La pose collée est surtout utilisée pour les dalles mosaïque – ainsi que pour les lames de 15 mm d'épaisseur. Elle exige un support plan, rigide et sain. La colle peut être appliquée soit sur le sol, soit en contre-parement des dalles. La pose flottante est plus rapide – seules les rainures et languettes étant encollées – et permet de mettre en place une couche isolante. Elle convient pour les lames, longues ou courtes, et certaines dalles mosaïque.

Deux types de parquet

Pour la pose flottante, il existe essentiellement deux types de parquet. Les contrecollés plaqués sont constitués d'un parement en bois massif collé sur un support de médium ou d'aggloméré. Les contrecollés lamellés, plus chers et de meilleure qualité, comportent une couche inférieure en pin, une couche centrale en lamelles de pin ou de sapin et un parement en bois massif ; ils présentent une résistance remarquable au gonflement et à la déformation.

OUTILS ET MATÉRIAUX

- Perceuse
- Scie égoïne
- Scie à guichet
- Règle
- Équerre de menuisier
- Fausse-équerre
- Marteau
- Tournevis
- Couteau à enduire

- Colle à bois prise rapide
- Produit de ragréage
- Mortier de rebouchage

Pour en savoir plus

Chape flottante isolée **53**
Le parquet **136**

➲ Les dimensions des lames

Les lames courtes, utilisées pour la pose à bâtons rompus ou au point de Hongrie ont en général une longueur de 50 cm et une largeur de 12,5 cm. L'épaisseur peut être de 9,5 mm ou de 14 mm. On trouve également des lames plus courtes (42 cm). Pour les longues (pose à l'anglaise) ou à coupe de pierre, les longueurs les plus usuelles sont de 120 cm, 132 cm et 139 cm. Elles sont conditionnées en paquet couvrant en général une surface d'environ 1 m². Le prix au m² est plus faible si vous achetez par 25 m².

1

1 On procède ici à la pose de parquet flottant dans une pièce en cours de rénovation, sur chape de ciment – l'ancien revêtement de sol ayant été déposé. Il faut procéder également à la dépose des plinthes (sauf quand il s'agit de plinthes électriques où passent des conducteurs).

2 Si nécessaire, effectuez les travaux de rebouchage sur la chape, à l'aide d'un couteau à enduire. Lorsque celle-ci comporte des parties mal adhérentes ou pulvérulentes, il faut procéder à un ragréage à l'aide d'un produit autolissant pour intérieur. Il est possible de poser le parquet flottant sur un ancien revêtement en bon état, en particulier sur une moquette ou sur un vinyle, qui joue alors le rôle d'isolant (essentiellement phonique, et aussi thermique dans une faible mesure). Vous avez également la possibilité de placer une sous-couche de feutre bituminé ou de polyéthylène rétracté qui isole, rattrape les irrégularités et évite les remontées d'humidité par capillarité.

3 Le tracé préalable est essentiel pour réussir la pose d'un parquet flottant à bâtons rompus : il faut tracer un axe qui coupe la pièce en deux, perpendiculaire au milieu du seuil d'une porte et suivant le côté le plus long. Utilisez une longue règle de maçon ou une lame parfaitement dressée, ainsi qu'une équerre.

2

4 Emboîtez deux lames et mettez-les en place comme indiqué (elles sont inclinées à 45° par rapport à l'axe du seuil). Elles vous permettent de prendre les repères (angles des abouts) pour tracer une deuxième droite. Ces deux axes (en rouge ici) vont vous servir de guides pour la pose des deux premières rangées de lames. Vérifiez bien l'équerrage car toute erreur à cette étape compromet la réussite de la pose.

5 Emboîtez une troisième lame sur les deux premières et, par ailleurs, assemblez de la même manière deux autres lames pour les placer comme précédemment, sur les axes, à l'autre extrémité de la pièce. Alignez une règle (pièce de bois bien dressée) sur les angles extérieurs des lames et clouez-la avec des pointes à béton : vous disposez ainsi d'un guide pour aligner les premières lames sans avoir à vérifier les mesures à chaque fois.

6 Commencez la pose en assemblant plusieurs lames à bâtons rompus, en encollant la rainure (simple encollage) à l'aide d'une colle à bois vinylique (inté-

➲ **Dans la pose à bâtons rompus**, retenue ici, les lames sont d'égale longueur et les abouts sont coupés à angle droit : les joints forment une ligne brisée régulière.
Pour la pose à point de Hongrie (on dit aussi « à fougère »), les frises sont d'égale longueur et régulièrement inclinées, leur extrémité étant coupée d'onglet : les joints forment une ligne droite.
La pose à l'anglaise est plus économique puisque toutes les lames sont parallèles, les joints étant placés comme ils viennent (mais jamais alignés d'une rangée sur l'autre).
Dans la pose à coupe de pierre, on utilise des lames d'égale longueur et les joints sont régulièrement alternés comme dans une maçonnerie en pierres de taille.

rieure), de préférence à prise rapide. Déposez un cordon régulier de colle (elle est blanche mais devient translucide en séchant), emboîtez les frises à fond et essuyez immédiatement les bavures de colle à l'aide d'un chiffon humide.

7 Il peut être nécessaire de recouper la base des boiseries, par exemple les jambages d'une cheminée, comme ici, ou des moulures d'huisserie, afin de glisser dessous les lames, de manière à donner au revêtement l'aspect d'un parquet traditionnel. Dans ce cas, posez une lame de parquet au pied de la boiserie et effectuez une coupe à l'aide d'une scie égoïne couchée, en faisant glisser la lame sur le parement, tout en poussant sur l'outil de la main gauche. Une coupe de ce type peut aussi être effectuée à l'aide d'un ciseau à bois.

8 Il est nécessaire de procéder à des coupes en biais pour la jonction du parquet contre les murs. Si ces derniers sont droits, il faut respecter un angle de 45°. Cependant, il est plus prudent d'utiliser une fausse équerre de menuisier (sauterelle) afin de reporter l'angle avec précision et de tirer le trait de coupe. Bloquez la lame entre les deux mâchoires d'un étau et effectuez la coupe avec une scie à denture fine.

9 Poursuivez la pose en tous sens, à partir de la première rangée – après avoir ôté la règle-guide. Encollez la languette de la lame que vous venez de poser avant d'assembler la suivante. Utilisez un marteau ou un maillet pour emboîter chaque lame à fond, en prenant soin d'interposer une cale de bois

➲ Joint de dilatation

Les parquets contrecollés lamellés présentent une grande stabilité dimensionnelle. Néanmoins, il faut prévoir, sur tout le périmètre du parquet, un joint de dilatation – qui peut être nettement moins large que pour la pose de lames traditionnelles en bois massif. Respectez un interstice d'environ 10 mm entre l'about des lames et la maçonnerie, de tous côtés. Ce vide sera par la suite dissimulé par les plinthes, ou encore par des baguettes quart-de-rond.

11

rainurée (souvent fournie par le fabricant) ou une lame sacrifiée afin de ne pas risquer d'endommager la languette.

10 La pose d'un parquet donne l'occasion de créer deux niveaux dans une pièce, afin d'isoler par exemple un coin repas ou un coin bureau. Le dessous de cette estrade constitue en même temps un espace de rangement : on y loge de grands « tiroirs » réalisés en contreplaqué et assemblés par vissage avec renfort de ferrures (en l'occurrence, des connecteurs pour bois). Les tiroirs sont montés sur roulettes afin d'être déplacés facilement. L'estrade elle-même est simple à fabriquer à partir d'un bâti en tasseaux et de panneaux de contreplaqué. Elle est revêtue de parquet flottant, exactement comme le reste de la surface.

11 Poursuivez la pose rangée après rangée. Effectuez au fur et à mesure les coupes à chaque extrémité, sans oublier de prévoir l'espace nécessaire au joint de dilatation.

➲ Barre de seuil

Pour rattraper la différence de niveau au seuil de la porte – le parquet devant être interrompu au milieu de la feuillure de l'huisserie – vous mettez en place une barre de seuil en bois ou en aluminium, qu'il faut recouper à la scie égoïne et visser.

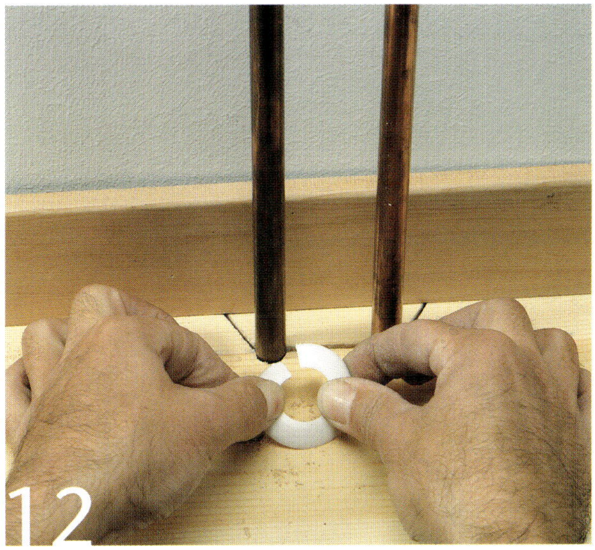

12

13

12 Il existe ici un espace suffisant sous la plinthe électrique pour y glisser les lames du parquet. Ne calez pas les lames contre la maçonnerie mais laissez au contraire un petit interstice pour que la dilatation du bois se fasse sans contrainte. Sur les autres murs, la pose du parquet est suivie par celle de plinthes ou de baguettes quart-de-rond.

13 Il est parfois nécessaire d'effectuer des coupes particulières, notamment pour le passage de canalisations d'eau ou de chauffage central. Effectuez dans ce cas un repérage précis, en reportant les mesures sur la lame concernée, et percez les trous à l'aide d'une perceuse équipée d'une mèche à bois. Ensuite, tracez un trapèze et effectuez la découpe à l'aide d'une scie à guichet, la lame étant immobilisée sur l'établi. Mettez en place et utilisez des bagues autocollantes pour maintenir la coupe.

Pose de la moquette

Les moquettes actuelles (les velours unies ou imprimés, les structurées ou les bouclées), sont faciles à poser pour un amateur. Elles sont vendues en largeur de 4 m.

Quelle type de pose ?

La pose collée est sans doute la plus satisfaisante car elle assure une parfaite tenue du revêtement (elle ne convient évidemment pas aux moquettes à revers non enduit). Elle est possible sur tout type de sol (parquet, chape, carrelage) et a pour seul inconvénient la difficulté de la dépose. La pose libre (sur bande adhésive double face) n'a pas ce désavantage, et on la préfère en général dans les logements locatifs. Elle assure un maintien très suffisant dans les pièces à caractère d'habitation.

Préparation des fonds

La moquette ne dissimule en rien les irrégularités d'un sol : au contraire, avec le temps et le piétinement, celles-ci sont de plus en plus accusées. Sur une chape de ciment ancienne, un ragréage s'impose. Si le sol est sale ou gras, nettoyez-le à la lessive Saint-Marc. Par ailleurs, il est toujours préférable de déposer les plinthes pour faire passer la moquette dessous : la finition n'en est que meilleure.

➲ Sens

La moquette a un sens, c'est-à-dire que les poils se couchent d'un côté. Repérez-le en passant la main dessus (il est souvent indiqué par une flèche, au dos de la semelle) : on oriente en général le revêtement de manière que le couchant des poils soit dirigé vers la fenêtre.

1 Étalez la moquette dans la pièce deux ou trois jours avant la pose. Effectuez une coupe préparatoire, si nécessaire, en laissant une marge de 50 cm de tous côtés (en ne tenant compte que de la plus grande dimension si la forme de la pièce est irrégulière). Ensuite, retournez la moitié du revêtement et commencez à encoller. Utilisez une colle prête à l'emploi, spécifique pour moquette : c'est un produit à simple encollage, qui facilite le positionnement du revêtement (il a l'avantage de permettre la circulation sur

OUTILS ET MATÉRIAUX

- Spatule crantée
- Spatule à maroufler
- Cutter
- Araseur
- Maillet

- Colle pour moquette
- Barre de seuil

Pour en savoir plus

La moquette **135**
Revêtement plastique **145**

2

3

➲ La pose libre

L'adhérence est nettement moins bonne que pour la pose collée, mais elle est habituellement largement suffisante dans les locaux d'habitation. Nettoyez bien le sol aux endroits où vous allez coller la bande adhésive double face (utilisez éventuellement du trichloréthylène pour dégraisser). Collez l'adhésif le long des plinthes (sans ôter la pellicule protectrice) et mettez la moquette en place. Arasez, à l'aide d'un cutter et d'un araseur, en commençant par les angles. Soulevez alors le revêtement, ôtez la pellicule protectrice de l'adhésif, remettez en place et marouflez, à l'aide d'une spatule ou d'un marteau à maroufler.

4

la moquette immédiatement après la pose) ; son tack initial est élevé, c'est-à-dire que la moquette « tient » avant que la colle ne soit sèche. Après la mise en place, vous bénéficiez d'au moins une demi-heure pour effectuer les rectifications de position.

2 Posez le lé de moquette, tirez énergiquement, sans déformer, afin d'éliminer les moindres plis. Vérifiez que le revêtement est convenablement orienté.

3 Procédez au marouflage de toute la surface à l'aide d'une spatule, en insistant près des bords et en poussant au maximum le tranchant de l'outil dans l'angle. Relevez ensuite l'autre moitié de la moquette, encollez le sol à la spatule crantée et rabattez le revêtement.

4 Passez immédiatement à la réalisation des coupes, sans attendre le séchage de la colle. Commencez dans un coin de la pièce : entaillez au cutter jusqu'à l'angle. Ensuite, coupez au cutter en suivant l'angle du mur, en guidant la lame contre une règle métallique ou contre le chant de la spatule à maroufler. Tenez le cutter bien droit car, si vous l'inclinez, la coupe sera biaise et laissera voir la semelle de mousse. Vous

➲ La moquette en dalles

Ce type de revêtement est très pratique.
Les dalles, le plus souvent de 50 x 50 cm, sont installées en pose libre (sans colle ni bandes adhésives) ; lourdes et stables, elles se maintiennent les unes les autres et autorisent l'utilisation de sièges à roulettes.

A Commencez la pose par le tracé d'un axe perpendiculaire au seuil de la porte. Fixez la première dalle (référence) avec de l'adhésif double face.

A

B

C

B Utilisez un tendeur spécifique pour dalle de moquette, qui agrippe le velours et permet de l'ajuster précisément.

C Pour mesurer les coupes, en périphérie, vous pouvez utiliser ce type de cadre métallique à vis qui permet de travailler avec précision.

pouvez également utiliser un araseur, qui permet de couper bien droit et avec précision.

5 Pour araser près d'un angle sortant, procédez de la même manière en coupant d'abord verticalement au cutter, jusqu'à l'angle. Ensuite, marouflez avec la spatule et coupez au cutter au ras du mur (ou de la plinthe).

6 Il est souvent nécessaire d'effectuer des coupes spécifiques, en particulier autour des canalisations de chauffage central qui sortent du sol. Dans ce cas, entaillez droit au cutter, jusqu'au mur, puis passez la moquette autour de la canalisation, avant de maroufler. Si vous devez effectuer des découpes spéciales autour d'une colonne ou du pied d'un appareil sanitaire, coupez d'abord en laissant une marge de 5 à 10 cm, puis ouvrez des entailles verticales. Vous pouvez ainsi maroufler efficacement et couper en suivant le profil de l'obstacle.

7 Pour terminer, mettez en place la barre de seuil (ici, avec fixation invisible). Il faut d'abord percer la dalle, mettre en place les chevilles puis frapper au maillet.

➲ Plusieurs lés

Si vous devez raccorder deux lés de moquettes, veillez d'abord à les placer dans le même sens. Faites-les se superposer un peu, puis coupez-les en même temps, l'un sur l'autre : cela donne une parfaite jonction. Disposez-les ensuite bord à bord, avant de les relever l'un après l'autre pour encoller le sol. Marouflez énergiquement, de part et d'autre du joint : celui-ci disparaît pratiquement.

Revêtement plastique

La facilité de la pose est l'un des principaux atouts des revêtements de sol plastiques, qu'ils soient en grande largeur ou en dalles. Mais il faut toujours bien préparer le support.

Grande largeur

Les lés de revêtement plastique ont en général une largeur de 4 m (parfois aussi de 2 m), ce qui permet de les poser sans joint dans de nombreuses pièces, avec un seul joint dans les autres. C'est intéressant dans la mesure où c'est toujours au niveau des joints que les revêtements de sol se soulèvent, se déchirent et sont vulnérables. On place en général le lé dans le sens de la plus grande longueur, et de manière que le joint soit perpendiculaire à la fenêtre.

Préparation du support

Elle est essentielle pour la bonne tenue du revêtement comme pour l'aspect final. Quelle que soit l'épaisseur du matériau et de sa couche d'usure, elle ne saurait masquer des irrégularités et des trous du support (ceux-ci apparaissent rapidement en surface, marquant le revêtement). Il faut souvent procéder à un ragréage sur une ancienne chape, sur un vieux carrelage ou même sur parquet.

OUTILS ET MATÉRIAUX

- Taloche
- Truelle
- Pierre à poncer
- Couteau de peintre
- Brosse
- Aspirateur
- Tuyau en PVC
- Seau

- Mortier de surfaçage
- Colle pour sol plastique

➲ Les enduits de ragréage pour sols

Il en existe une large gamme pour répondre à la nature du support (ancienne chape en bon état ou libérant des particules non adhérentes). Ces enduits sont autolissants – c'est-à-dire qu'ils laissent une surface parfaitement lisse, après séchage. Les produits à deux composants (résines + ciment) donnent une couche dure et imperméable qui s'oppose aux remontées d'humidité. On trouve aussi des produits de ragréage à base de bitume que l'on applique sur vieux planchers, irréguliers en surface, afin d'obtenir un sol plan et lisse apte à recevoir le revêtement plastique.

Pour en savoir plus

Chape flottante isolée **53**
Dalle de béton allégé **68**
Chape sèche isolante **78**
Moquette et revêtement plastique **135**

1 Préparez le support en grattant les petites irrégularités de surface. Si la chape est en mauvais état, appliquez un primaire d'accrochage adapté, en l'occurrence une couche d'apprêt de résine époxydique (à deux composants) – qui convient sur sol à très faible porosité ou sur dalle sur terre-plein susceptible d'être concernée par des remontées capillaires d'humidité. La couche d'apprêt n'est pas nécessaire sur chape en bon état, parfaitement homogène et débarrassée de toute trace d'huile ou de graisse (un nettoyage énergique à l'eau chaude, avec un nettoyeur haute pression, est recommandé).

2 Si l'ancienne chape comporte des irrégularités importantes, effectuez le rebouchage à l'aide d'un mortier hydraulique de surfaçage à deux composants. Préparez le mortier en versant d'abord le composant B (ciment et charge spéciale) dans le seau livré avec le produit.

➲ La peinture pour sol

Facile à mettre en œuvre, la peinture sur sol convient sur différents supports – dalle de béton, chape de mortier, ancien parquet ragréé, pavage de brique ou dallage – à condition qu'ils soient lisses, propres et non humides. Il est presque toujours nécessaire d'effectuer un nettoyage approfondi (avec un shampooing pour ciment sur les chapes et les carrelages). Sur vieille chape, appliquez un anti-poussière pour ciment, en couche d'apprêt. Les peintures destinées au sol sont monocomposantes (à base de résine polyuréthane) ou à deux composants (à base de résines époxydiques). Les secondes présentent une très haute résistance à l'abrasion, aux chocs et aux produits chimiques, mais les premières forment également une couche durable, solide et imperméable. Ces peintures conviennent pour l'intérieur comme pour l'extérieur et laissent une surface décorative, facile à entretenir. Elles s'appliquent au pinceau ou au rouleau, en général en deux ou trois couches.

3 Versez ensuite le composant A (résine en émulsion) en mélangeant en permanence à l'aide d'une truelle, jusqu'à obtention d'une pâte homogène. Vous pouvez aussi utiliser un accessoire de malaxage à adapter sur perceuse électrique (réglée sur une faible vitesse de rotation).

4 L'ancienne chape doit être parfaitement humidifiée pour que le mortier de réparation adhère au support. Utilisez une grosse brosse et humidifiez jusqu'au refus, mais éliminez le film d'eau en surface.

5 Effectuez l'application du mortier à l'aide d'une taloche et en suivant les recommandations du fabricant. Lissez soigneusement pour obtenir un sol parfaitement plan.

6 Attendez que le mortier de surfaçage soit bien sec,

146 ▸ SAVOIR TOUT FAIRE

➲ Pose collée ou pose libre ?

Collé en plein, le revêtement plastique présente une meilleure stabilité : il ne bouge pas, même en cas de circulation intensive dans la pièce. La pose libre se fait au moyen de bande adhésive double face.
Cette technique a l'avantage de permettre une dépose plus facile, lorsqu'on décide de changer de revêtement.
En revanche, il y a davantage de risques de voir le revêtement se soulever au niveau des joints et de la porte.
Une fois le support bien préparé, appliquez les bandes adhésives le long des murs et le long des joints.
Déroulez les lés de vinyle, effectuez les arasements nécessaires, puis enlevez le film protecteur des bandes et pressez le revêtement pour le fixer.

puis poncez avec une pierre au corindon.

7 Avant de commencer la pose du revêtement, effectuez un dépoussiérage approfondi de toute la surface, à l'aide d'un aspirateur puissant.

8 Entreposez le revêtement dans la pièce quelques jours avant de le poser, afin qu'il s'adapte à la température de l'appartement. Le vinyle est plus facile à poser quand il fait un peu chaud (il est alors plus malléable). Déroulez le lé dans la pièce en l'alignant sur la plus grande longueur. Si les murs sont droits, il suffit de pousser le lé contre les plinthes : il n'y aura donc pas d'arasement à ce niveau. Effectuez une première coupe du lé à l'extrémité (ou aux deux si les murs ne sont pas droits), en laissant une marge d'une quinzaine de centimètres.

9 Effectuez les coupes le long de la plinthe. Poussez bien le revêtement dans l'angle, marquez le trait de coupe à l'aide du bout rond des ciseaux et coupez ensuite, en suivant le pli, à

➲ Les colles pour revêtements

Il existe différents types de produits :
Colle revêtements de sol : présentée en seau, c'est une colle fluide (convenant aussi pour moquette), destinée à tous les supports, que l'on applique avec une spatule à dents de 2 mm. Elle présente un temps de gommage : il faut attendre quelques minutes, après application, pour placer le revêtement. Le temps d'ouverture, pour procéder à la pose, est d'environ une demi-heure.
Colle polyvalente sol et mur : elle est proche de la précédente et convient pour les revêtements textiles, les moquettes et le liège.
Fixateur : produit intéressant pour les logements locatifs car il permet la pose collée du revêtement plastique, et en même temps une dépose très facile. Il suffit en effet de nettoyer le support à l'eau pour éliminer toute trace de produit. Il s'applique au rouleau en mousse et il présente un temps de gommage.

l'aide du cutter. Vous pouvez aussi utiliser un araseur, outil simple qui permet de couper tous les revêtements de sol (plastique ou moquette). Au niveau des angles, pour pouvoir enfoncer le revêtement jusqu'à la base de la plinthe, il faut effectuer des entailles verticales dans la marge. Procédez de la même manière pour les obstacles (canalisations, moulures). Si la pièce comprend un renfoncement, vous devez prévoir une marge supplémentaire pour pousser le lé jusqu'au mur du fond, et effectuez une coupe le long de la plinthe. Si les murs sont droits et que le revêtement ne comporte pas de motifs, il est possible de placer deux lés côte à côte, à joint vif, sans effectuer de coupe. Dans le cas contraire, faites se chevaucher légèrement les deux lés. Coupez ensuite en même temps les deux épaisseurs, avec le cutter, en vous guidant sur une longue règle métallique. Retirez les chutes : les deux lés se joignent correctement.

10

10 Les arasements terminés, effectuez l'encollage. Relevez le lé, en le repliant sur lui-même, sur la moitié de sa longueur. Utilisez une colle pour revêtements de sol plastiques et appliquez-la à l'aide d'une spatule crantée (en suivant les indications du fabricant).

11 Rabattez le lé et marouflez (appliquez fortement), par exemple à l'aide d'un morceau de canalisation PVC de plomberie. Travaillez du centre vers les bords pour chasser les bulles d'air. Procédez ensuite à la mise en place et à l'encollage du lé voisin, pour achever de revêtir la pièce. Attendez 24 heures que le séchage soit complet avant de remettre les meubles en place.

11

Carrelage d'un sol

La pose d'un carrelage, selon la méthode classique, peut se faire en même temps que l'on coule une dalle de béton sur un sol. Il s'agit ici d'un carrelage de terre cuite avec des motifs.

Couler une dalle

La pose de carrelage sur un sol ancien, dans une pièce de plain-pied lors de travaux de rénovation, impose en général le coulage d'une dalle avec le double objectif de disposer d'une base plane et nette pour le nouveau revêtement et de mettre le sol à niveau. On peut aussi couler une dalle à l'étage, à condition que la structure de la maison soit capable de supporter la charge – il faut donc demander l'avis d'un architecte.

Établir un plan

Le carrelage de terre cuite est ici directement mis en place, au fur et à mesure que l'on coule la dalle. Comme pour tous les carrelages de sol, il est prudent de commencer par faire un plan d'appareil : il permet de calculer la quantité de carreaux nécessaire et de déterminer la meilleure disposition, de manière à équilibrer les coupes. Dans vos calculs, n'oubliez pas de tenir compte de la largeur des joints.

1

OUTILS ET MATÉRIAUX

- Meuleuse d'angle
- Pelle
- Truelle
- Taloche
- Maillet
- Batte de carreleur
- Éponge
- Règle de maçon
- Équerre de carreleur
- Chevillettes
- Cordeaux
- Niveau à bulle
- Mètre
- Auge à gâcher

- Béton
- Mortier-colle
- Ciment à joint
- Sciure

1 Commencez par placer des repères pour marquer le niveau du sol fini (en retranchant l'épaisseur du carrelage). Dans une pièce à rénover, on l'effectue en général à partir du seuil, pour avoir le même niveau que la pièce voisine. Utilisez une longue règle de maçon en posant dessus le niveau, et placez, à une extrémité de la pièce et d'un côté, un carreau sur un plot de béton, en réglant sa hauteur. Il donne le niveau 0. Commencez alors à couler le béton en une large bande, en le jetant à la pelle. Dressez-le grossièrement. Ensuite, à partir du premier carreau repère, placez-en un second, de l'autre côté, toujours avec la règle de maçon et le niveau. Dressez ensuite la dalle, à la règle, en vous basant sur les deux repères.

2 Continuez à couler la dalle, en larges bandes, sur les autres côtés de la pièce : vous allez en effet d'abord dresser la dalle en

Pour en savoir plus

Dalle de béton allégé **68**

Sol à l'ancienne **153**

2

➲ Angles irréguliers

Comme pour toute pose de carreaux ou de dalles au sol, quel que soit le matériau, ne vous alignez pas sur les murs car les angles des pièces ne sont pas toujours droits.
Une pose à blanc, pour déterminer des axes de pose, permet de constater ce type de défaut et de laisser une marge près du mur qui sera ensuite comblée de mortier et cachée par la plinthe, afin d'éviter des coupes irrégulières ou étroites.
Si la pièce est elle-même de forme irrégulière (trapèze), il faut choisir un mur comme référence pour tracer, perpendiculairement, le premier axe.
On retient en général le mur qui intègre la porte ou celui où s'ouvre la baie.

périphérie, avant de remplir au centre. Mettez alors en place d'autres repères, à partir des premiers et avec la règle et le niveau. Apportez beaucoup de soin à ces repérages afin d'obtenir un sol fini parfaitement plan et horizontal.

➲ Quel béton ?

Pour une dalle comme celle-ci, il est indispensable de louer une bétonnière, à moins de se faire livrer la quantité de béton voulue par une entreprise spécialisée. Si vous le préparez vous-même, comptez environ 3 parts de ciment (CPA) pour quatre parts de sable et 8 parts de gravier (granulométrie fine).

3 Poursuivez le même travail en apportant du béton à la pelle avant de le dresser en le tirant à la règle. Vérifiez qu'il ne subsiste pas de creux et comblez-les, le cas échéant, à la truelle. La technique employée ici permet de poser immédiatement le carrelage en périphérie sans être obligé de marcher sur la dalle fraîche : ainsi, vous n'êtes pas obligé d'attendre que celle-ci sèche avant de commencer la pose.

4 Effectuez le lissage de la chape à la taloche, en effectuant des mouvements larges et circulaires, de manière à préparer la première bande de béton pour débuter la pose du carrelage. Notez que l'encastrement de canalisations d'évacuation et d'arrivée d'eau est parfaitement possible dans une telle dalle.

5 Lorsque la dalle de béton est convenablement dressée en périphérie de la pièce, abordez directement la pose du carrelage. Pour la mise en place des premiers carreaux, effectuez une pose « à blanc » (c'est-à-dire sans mortier). Dans le cas présent, la partie du carrelage comprenant des motifs est entourée de rangées de carreaux parallèles au murs. Mettez en place ces rangées dans un angle, en réservant l'espace pour les joints. Utilisez des cordeaux, sur des chevillettes plantées dans le béton, pour matérialiser les deux axes de pose. Réglez leur position à l'aide d'une grande équerre métallique de carreleur.

6 Commencez la pose des premières rangées de grand carreaux. Utilisez un mortier-colle (gâché à l'eau) ou un mortier gris ordinaire, gâché assez liquide, et appliquez-le sur la dalle, à la truelle. Commencez la mise en place des carreaux en les alignant soigneusement sur le cordeau. Les éléments sont posés à bain soufflant, c'est-à-dire qu'il faut les enfoncer dans le mortier de manière que celui-ci reflue légèrement : donnez-leur cette assise en frappant à petits coups de maillet.

7 Lorsque vous avez terminé un encadrement, avec des petits carreaux, remplissez-le par des rangées disposées en diagonale. Effectuez les coupes à la meuleuse d'angle, à la scie à matériaux ou encore à la carrelette. N'oubliez pas de bien respecter les espacements, pour les rangées en diagonale comme pour les droites : pour plus de sûreté, utilisez des croisillons. Lorsque vous avez terminé un motif, réglez avec précision la planéité : utilisez une batte de carreleur et frappez à petits coups de maillet.

➲ La terre cuite

Sa qualité et son aspect dépendent directement de la terre utilisée. Les plus beaux carreaux de terre cuite sont fabriqués ou moulés à la main : ils donnent un caractère chaleureux et inimitable à un sol, dans le cadre d'une rénovation ou d'une construction moderne.
La terre cuite, par ses qualités thermiques et son confort, est très adaptée à un système de chauffage par le sol.

- **Il est préférable de mélanger** les carreaux de différents paquets pour obtenir une teinte homogène : il y a toujours de légères différences de nuances entre les séries, dues aux caractéristiques de l'argile utilisée.
- **L'humidification préalable** de tous les carreaux évite qu'ils n'absorbent l'eau de gâchage du mortier, ce qui pourrait affaiblir leur adhérence.
- **La terre cuite n'est pas imperméable.**

On peut toutefois lui appliquer un produit hydrofuge incolore – qui change légèrement sa nuance et son aspect. Si vous préférez un entretien plus traditionnel, utilisez une émulsion de cire végétale.

8 A chaque étape de la pose du carrelage, prenez soin de vérifier l'équerrage et l'alignement de chacune des rangées, en particulier pour les encadrements des motifs. Rectifiez, si nécessaire, en soulevant les carreaux pour les replacer en position. Quand le premier motif est terminé, utilisez la règle de maçon pour vous servir de guide. Mettez-la en place avec l'équerre.

9 Effectuez un second contrôle pour vous assurer que la distance entre la règle et la rangée périphérique est la même aux deux extrémités.

10 Continuez la pose des motifs en commençant, à chaque fois, par l'encadrement. Si vous devez vous placer sur la dalle encore fraîche pour pouvoir travailler plus commodément, jetez sur celle-ci un panneau de fibres dur ou de contreplaqué.

11 Pour mettre en place les rangées en diagonale des motifs, commencez toujours par celle du milieu. Pour gagner du temps, faites les coupes en série, tout en effectuant un tracé préalable sur chaque carreau.

12 Lorsque le carrelage est terminé, attendez 48 h pour que le mortier-colle soit sec et que la dalle ait elle-même commencé à sécher. Procédez alors au jontoiement. Utilisez un ciment à joints et faites-le pénétrer entre les carreaux à l'aide d'une raclette de carreleur, que vous passez en tous sens.

Quand vous aurez traité une certaine surface, passez une éponge humide, en diagonale par rapport aux joints afin de ne pas les évider. Continuez à jointoyer le reste du carrelage. A la fin, passez à nouveau l'éponge partout, en la rinçant souvent, pour éliminer toute trace de barbotine. Jetez de la sciure sur le carrelage et laissez-la quelque temps pour qu'elle absorbe toute l'humidité, puis balayez soigneusement.

➲ Joints colorés

On trouve couramment du ciment à joint blanc ou gris, et également des mortiers colorés. Toutefois, vous pouvez aussi colorer du mortier blanc avec des pigments en poudre ou en tube – en mélangeant soigneusement pour obtenir une couleur homogène. Dans le cas d'une terre cuite comme celle-ci, un ciment gris ou blanc est parfaitement adapté.

➲ Où placer les coupes ?

En dessinant le plan d'appareil, rejetez toutes les coupes vers les deux murs adjacents les moins en vue ; évitez notamment de les placer sur le mur qui porte la baie et interdisez-vous toute coupe le long du foyer d'une cheminée. Par ailleurs, notez que les motifs décoratifs, comme dans le cas présent les carrés formant cadres pour la pose en diagonale, doivent toujours être entiers. C'est pourquoi on les entoure de quelques rangées de carreaux.

Sol à l'ancienne

Les carrelages et dallages d'autrefois, utilisés dans les châteaux et les grandes demeures, ont une élégance inégalée. Les matériaux modernes permettent aujourd'hui de les reproduire.

Pierre reconstituée

On appelle ainsi des éléments constitués de pierre pulvérisée, additionnés de colorants et agglomérés par des résines. A partir de moulages effectués sur des carreaux et des dalles d'autrefois, les fabricants imitent à la perfection des revêtements anciens. C'est le cas pour ce sol à éléments octogonaux de couleur blanc pierre, avec ses cabochons qui peuvent être bleus, jaunes ou noirs, qui reproduit un revêtement du XVIIIe siècle (sol Richelieu, de Modulo). Les dalles sont vendues en boîtes, permettant de couvrir une surface de 0,5 ou de 1 m^2/boîte.

Destination

Les sols en pierre reconstituée conviennent aussi bien pour l'intérieur que pour l'extérieur : il s'agit d'un matériau particulièrement résistant, à l'usure comme aux chocs, imperméable et présentant une grande longévité. Utilisez-les aussi bien dans une cuisine que dans une salle de séjour ou une entrée, ou même sur la terrasse.

OUTILS ET MATÉRIAUX

- Meuleuse d'angle
- Maillet
- Spatule crantée
- Auge à gâcher
- Équerre de maçon
- Niveau à bulle
- Cordeau traceur
- Malaxeur (accessoire de perceuse)
- Règle de maçon
- Poche à joints
- Pinceau

- Mortier-colle
- Mortier à joint

➲ Quel support ?

Ce dallage, d'une épaisseur de 20 mm seulement, est évidemment beaucoup moins massif que les sols d'autrefois en dalles de pierre taillées. Il est donc relativement léger (37 kg au m^2) et c'est pourquoi on peut l'utiliser comme un carrelage classique car il n'entraîne pas de surcharge pour la structure du bâtiment. On le pose sur dalle de béton, nettoyée et dégraissée, avec un ragréage si elle comporte des parties pulvérulentes.

Pour en savoir plus

Carrelage et dallage **137**
Carrelage d'un sol **149**

1 Tracez d'abord un axe perpendiculaire au foyer de la cheminée ou au mur de départ, à l'aide d'un cordeau traceur. Effectuez ensuite une pose « à blanc » sur 2 m^2 et réglez l'équerrage à l'aide d'une équerre de maçon : les premiers éléments posés sont déterminants pour la réussite de l'ensemble. Après gâchage, appliquez le mortier-colle à l'aide d'une spatule crantée, en effectuant une passe unique (ne croisez pas, pour ne pas ôter trop de produit). Utilisez le mortier-colle préconisé par le fabricant du revêtement : c'est un produit à base de ciment, contenant des adjuvants, qui adhère fortement sur les supports propres et dégraissés. Il est vendu en seau, prêt à l'emploi.

2 Il faut aussi encoller les éléments au revers – toujours à la spatule crantée. Ce double encollage est ici nécessaire pour obtenir

l'adhérence voulue. Mettez en place les octogones en respectant des joints réguliers de 5 à 8 mm, puis posez au centre les cabochons. Pour positionner ces derniers avec précision, basez-vous sur les poinçons de repérage imprimés sur le chant des dalles. Quand vous avez terminé une surface d'environ 1 m², placez une règle de maçon sur les éléments et vérifiez leur horizontalité au niveau.

3 Donnez son assise à chaque dalle (ou rectifiez sa position) dans le mortier-colle, avec le maillet. Le temps d'ouverture du mortier-colle permet d'effectuer ces corrections sans se précipiter.

4 Effectuez un tracé sur chaque dalle et cabochon à couper. Placez ensuite l'élément sur un panneau de contre-plaqué, bloquez-le avec un pied et tronçonnez en tenant la meuleuse – équipée d'un disque à matériau – des deux mains (portez des gants et des lunettes de protection). Les cabochons étant trop petits pour les maintenir du pied, il est préférable de les bloquer sur le bord d'un établi à l'aide d'un serre-joint. La meuleuse d'angle permet aussi d'exécuter les coupes particulières (épouser une canalisation ou un détail d'architecture) : il suffit de tracer la courbe sur la dalle à l'aide d'un gabarit en carton, et d'effectuer la découpe en plusieurs étapes.

5 La pose terminée, attendez 24 h que le mortier-colle sèche suffisamment. Vous pouvez alors passer à la réalisation des joints. Utilisez le mortier à joint proposé par le fabricant, après l'avoir gâché à l'eau (il est disponible sous plusieurs teintes). Introduisez-le dans la poche spéciale pour jointoiement, dont vous aurez coupé la buse en fonction de la largeur des joints. Déposez un cordon régulier pour remplir le joint.

6 Après un vingtaine de minutes, alors que le mortier commence à prendre, grattez l'excèdent à l'aide du manche d'un pinceau. Vous donnez ainsi aux joints un profil en creux, en leur conservant une certaine irrégularité, ce qui est souhaitable pour un sol à l'ancienne.

7 Terminez en brossant légèrement le joint, avec cette fois les poils du même pinceau, dans le but

de leur donner un aspect patiné. Pour faciliter le séchage et le nettoyage du mortier à joint, jetez de la sciure partout sur le carrelage et laissez-la absorber l'humidité, puis balayez énergiquement.

➲ Calculs préalables

Comme pour tous dallages et carrelages, il faut dresser d'abord un plan, sur papier, après avoir relevé les mesures précises de la pièce. Ce calepinage vous permet de préciser la position des dalles (elles mesurent 31 cm de côté, tandis que le cabochon fait 12 x 12 cm) et de bien équilibrer les coupes en périphérie de la surface à recouvrir. Dans une salle de séjour, on aligne une rangée entière d'éléments octogonaux (les cabochons étant coupés en deux) sur le foyer de la cheminée, quand elle existe, ou sur le mur qui porte la baie. Sur une terrasse, on part du côté externe.

Rénovation d'un parquet

A condition qu'il ne soit pas touché par la pourriture, un ancien parquet peut toujours être rénové. Même très encrassé, le bois retrouve sa beauté originelle, après un sérieux décapage.

Examen et diagnostic

Après avoir déposé l'ancien revêtement, vérifiez soigneusement l'état des lames. Si certaines vous paraissent suspectes, sondez-les en essayant d'y enfoncer une lame ; si vous la rentrez facilement, il est probable que le bois est pourri. Il faut alors déposer les lames touchées, identifier la cause de la pourriture et y remédier avant de remplacer les parties endommagées.

Quel objectif ?

Il est toujours possible de redonner un aspect décoratif à un ancien parquet, même s'il a été maintes fois verni ou qu'il porte des traces de colles et de produits divers, car le bois ne s'abîme pas. Même si vous avez l'intention de poser une nouvelle moquette, du vinyle ou un autre revêtement, une rénovation préalable du parquet est toujours nécessaire pour obtenir une surface propre, nette et saine.

OUTILS ET MATÉRIAUX

- Ponceuse à bande
- Ponceuse vibrante
- Ciseau à bois
- Maillet
- Couteau à enduire
- Tournevis
- Couteau
- Pinceau à vitrifier
- Masque à poussière

- Colle à bois
- Mastic à bois
- Papier abrasif
- Vitrificateur

Pour en savoir plus

Parquet flottant **138**
Pose de la moquette **142**
Revêtement plastique **145**

1

Préparation

1 La dépose d'un ancien revêtement donne parfois de mauvaises surprises, en l'occurrence une colle très résistante, qui ne vient pas avec la moquette, l'aiguilleté ou le linoléum. Si le revêtement lui-même est difficile à décoller, utilisez une bêche de jardin dont vous aurez aiguisé le tranchant, car elle donne beaucoup de force pour arracher. Cependant, il faut l'incliner suffisamment afin de ne pas risquer de marquer le bois. Lorsque le revêtement souple est particulièrement récalcitrant, utilisez une décolleur de moquette, qui dissout rapidement la colle.

Rainures

2 Sur un vieux parquet, les rainures sont souvent très encrassées par la cire et la poussière – et parfois même bouchées par un mastic. Évidez-les complètement à l'aide d'un vieux tournevis.

Ponçage

3 Effectuez le ponçage à l'aide d'une ponceuse à bande de ce type, ou d'une ponceuse plus grosse dotée d'un manche, qui évite de se baisser (les deux modèles se louent dans les grandes surfaces). Il s'agit d'un travail bruyant, qui dégage de la poussière – bien que la machine soit dotée d'un aspirateur. Le port d'un masque protecteur est indispensable. Pour poncer correctement, la règle est de ne jamais laisser la machine tourner en position stationnaire car l'abrasif creuserait le bois. Poncez en avançant doucement et régulièrement, dans le sens des lames, et soulevez la ponceuse en arrivant à l'extrémité du parquet. Retournez-vous alors et continuez à poncer dans l'autre direction.

4 Effectuez le ponçage le long des murs à l'aide d'une ponceuse excentrique, puisque la machine à bande ne permet pas de décaper les rives. Ce type d'engin est relativement difficile à manier car il risque de marquer le parquet si vous ne le présentez pas correctement. Mettez la ponceuse en marche et abaissez-la doucement en la tenant à deux mains. Veillez à ne jamais l'incliner. Il faut terminer les coins de la pièce à la main, avec une cale à poncer ou directement

➲ Décapage préalable

Si le parquet était auparavant ciré ou verni, prenez la précaution de le décaper afin d'éviter l'encrassement rapide de l'abrasif – ce qui risque d'entraîner des frais assez importants. Utilisez un décireur ou un décapant pour vernis. Par ailleurs, si quelques lames sont maintenues par des clous apparents, noyez ces derniers dans le bois, au chasse-clou, car ils déchireraient l'abrasif.

➲ Ponçage en trois temps

Pour obtenir une finition parfaite, vous devez effectuer trois ponçages successifs, le premier avec un abrasif à gros grain, le second avec un grain moyen, et le troisième un grain fin. Méfiez-vous du premier, car il creuse rapidement et risque de laisser des marques. Toutefois, si le parquet est en assez bon état, dispensez-vous de la première étape. Si vous utilisez une ponceuse à parquet dotée d'un manche, elle comporte un levier de « débrayage », très utile pour éviter les marques sur le bois. Mettez-la en position à l'extrémité du parquet, démarrez-la et abaissez-le levier en commençant à pousser – la machine avance en fait d'elle-même, et il ne faut pas la retenir. Si la ponceuse est dotée d'un variateur, réglez-le sur une vitesse lente.

5

6

7

➲ Boucher les interstices !

La fine poussière libérée par le ponçage risque de se diffuser dans les autres pièces. Pour l'éviter, bouchez sous les portes avec des chiffons ou avec du ruban de masquage de peintre.

tement avec une feuille de papier de verre pliée en deux. Pour ce dernier travail, il existe aussi des ponceuses spéciales pour endroits difficiles, munies d'une semelle vibrante triangulaire.

Rebouchage d'un trou

5 Si un nœud a sauté, laissant un trou dans un parquet traditionnel en lames, il faut reboucher de manière soignée afin que la réparation soit invisible. Préparez des chutes de bois en les taillant au couteau, afin de leur donner une section plus ou moins carrée et un profil légèrement aminci. En encollant généreusement avec de la colle à bois (colle viny lique), enfoncez ces pièces au maillet, pour les bloquez fermement.

6 Attendez le séchage de la colle, c'est-à-dire une nuit. Ensuite, à l'aide d'un ciseau à bois parfaitement affûté, sectionnez les pièces de bois au nu de la lame de parquet. Inclinez le ciseau pour que le biseau soit appuyé sur la surface du bois, et frappez au maillet. Égalisez le mieux possible au ciseau, puis poncez avec un abrasif à grain fin pour obtenir une surface bien lisse.

Vitrification

7 Le parquet est maintenant prêt pour la finition : vous pouvez le vernir, le peindre ou le cirer. Si vous retenez la première solution, utilisez un vitrificateur pour parquet. Commencez par dépoussiérer en profondeur toute la surface en passant longuement l'aspirateur ; insistez particulièrement sur les rainures, avec la petite buse de l'appareil. Passez alors à l'application du vernis vitrificateur. Utilisez un pinceau plat à vitrifier (en synthétique), et travaillez en suivant les indications du fabricant du produit. Vernissez dans le sens du bois, en « tirant » bien, c'est-à-dire en étalant le produit au maximum, afin d'éviter les surépaisseurs, toujours très visibles après séchage. Arrangez-vous pour terminer par la porte

➲ Essai de vernis

Les vernis vitrificateurs ne donnent pas exactement la même teinte selon que le parquet est en sapin, en chêne ou en une autre essence, et la deuxième couche laisse une finition un peu plus foncée que la première. En outre, il ne faut pas oublier qu'une nuance foncée apparaît plus foncée encore sur une grande surface. C'est pourquoi on a souvent intérêt à retenir un produit très clair (ou incolore), et parfois même à éclaircir le bois préalablement.

➲ Les vernis vitrificateurs et autres produits

• **Vitrificateur polyuréthane sans odeur.** Vernis très facile à appliquer, non toxique, séchant rapidement, donnant un aspect satiné ou ciré.
• **Vitrificateur polyuréthane à durcisseur incorporé.** Il est plus résistant aux chocs et plus durable que le précédent, mais aussi un peu plus difficile à appliquer. Aspect brillant, satiné ou ciré.
• **Vitrificateur à deux composants.** Vernis à haute résistance à l'usure, aux rayures, aux chocs et aux taches. Aspect brillant, satiné ou ciré.
• **Blanchisseur.** A appliquer avant la vitrification pour éclaircir le bois.
• **Shampoing parquet.** Produit de nettoyage pour décirer les parquets encrassés.

pour ne pas avoir à marcher sur le vernis frais. Laissez sécher (le temps dépend du type de produit). Effectuez alors un ponçage léger, avec un abrasif à grain fin, toujours dans le sens des lames.

8 Passez un chiffon humide pour éliminer la poussière du ponçage et laissez sécher.

9 Rebouchez les rainures à l'aide d'un mastic à bois spécial, prêt à l'emploi. Appliquez au couteau à enduire, en passant dans les deux sens sur les rainures afin que le produit pénètre bien. Essuyez ensuite l'excès, en vous conformant aux indications du fabricant. Laissez séchez. Ce rebouchage des rainures ne s'impose que lorsqu'elles sont trop larges. Il donne toujours un bel aspect régulier au parquet. Passez alors la deuxième couche de vernis vitrificateur, de la même manière que la première, et laissez sécher.

10 Après le vernissage, la réparation du trou est un peu visible puisque le bois tranché ne prend pas le vernis comme le bois de fil – mais elle a l'aspect d'un noeud et passe inaperçue.

➲ En biais

Il faut poncer dans le sens des lames. Cependant, si les rives de certaines lames font saillie, effectuez le premier ponçage en biais, pour les mettre à niveau.

Pose de dalles sur lit de sable

Autrefois, carrelages et dallages étaient posés sur un lit de sable dressé et damé. Sous une forme adaptée, cette ancienne technique est ici reprise pour mettre le sol à niveau et pour poser un dallage de pierre naturelle à l'intérieur.

Lit de sable

Une couche de sable – un sable de rivière fin et parfaitement sec – constitue une base aussi solide et ferme qu'une dalle de béton pour poser un carrelage. En outre, elle a l'avantage d'absorber les variations dimensionnelles du bâtiment sans qu'il soit besoin de joint de dilatation. Elle peut placée sur différents types de supports, même sur la terre battue (il faut alors interposer un film d'étanchéité) ; ici, on l'étale sur une ancienne arase de béton de manière à rehausser le sol, dans le cadre d'une rénovation.

Pour réussir

L'essentiel est d'effectuer un parfait dressage de la couche de sable – d'épaisseur variable, selon le niveau à rattraper – de manière que le carrelage soit lui-même rigoureusement plan. Sur un tel support, les mortiers-colles pour carrelage ne conviennent pas : on a recours à un lait de chaux qui assure une excellente adhérence.

OUTILS ET MATÉRIAUX

- Mètre
- Niveau à bulle
- Cordeau traceur
- Cordeaux
- Chevillettes
- Pelle
- Règle de maçon
- Équerre
- Truelle
- Maillet
- Raclette de carreleur
- Brosse dure

- Sable
- Chaux hydraulique

Pour en savoir plus

Carrelage et dallage **137**

Sol à l'ancienne **153**

1 Déterminez le point zéro, c'est-à-dire le niveau du sol terminé. Matérialisez ensuite le niveau du lit de sable en défalquant l'épaisseur du dallage, à l'aide d'une cale de bois placée sur un plot de sable. A partir de cette cale, prenez un repère sur l'un des murs puis effectuez un tracé sur les quatre murs à l'aide d'un cordeau traceur. A partir du tracé, établissez d'autres cales, en différents points de la pièce pour régler l'épaisseur et l'horizontalité du lit de sable.

2 Versez les sacs de sable sur l'arase et commencez à dresser le lit à partir de la porte : servez-vous de la règle de maçon, en vous basant sur les cales. Le processus de dressage est le même que pour une dalle de béton. Toutefois, il est préférable de dresser d'abord une surface limitée, de poser tout de suite les dalles et de continuer le dressage du lit. Vous évitez ainsi de marcher sur le sable. Notez que l'on encastre dans le lit des canalisations électriques ou d'eau : il suffit de se conformer aux normes dans le choix des gaines. Continuez le dressage en vous guidant toujours sur les cales et en effectuant des contrôles de l'horizontalité à l'aide d'un niveau posé sur la règle de maçon.

3 Commencez la pose des dalles. Pour vous guider, tendez un cordeau avant de mettre en place chaque rangée. Les dalles sont fixées à l'aide de lait de chaux, c'est-à-dire d'un mortier de chaux gâché liquide. Ce lait, absorbé en surface par le sable, assure une forte adhérence et une excellente cohésion du revêtement. Étalez ce mortier à la truelle, en couche peu épaisse.

4 Donnez son assise à chaque élément en le frap-

➲ Quel type de sol ?

Un dallage de ce type peut être établi sur les sols. Ici, il s'agit d'une ancienne arase en béton, mais on peut aussi étaler le lit de sable sur de la terre stabilisée, en interposant un fil d'étanchéité.

pant de quelques coups de maillet. En déplaçant le cordeau à chaque rangée, vous obtenez facilement une grande régularité des joints (de faible largeur, pour des dalles en pierre de ce type). Pour plus de sûreté, vous pouvez utiliser des croisillons d'espacement. Lorsque vous avez terminé quelques mètres carrés, placez la règle de maçon sur le dallage et posez dessus le niveau, afin de vérifier l'horizontalité. Si nécessaire, ajustez la position des éléments qui ne sont pas dans le plan.

5 Continuez la pose en déplaçant le cordeau à chaque fois. Notez que l'on effectue ici une pose en diagonale. Il faut donc d'abord tracer un axe perpendiculaire au plan de la porte (ou à celui de la fenêtre, selon la configuration de la pièce), puis la perpendiculaire, avant de tracer les bissectrices – qui donnent le sens de la pose. Quand vous avez terminé une surface, passez à la suivante en dressant à nouveau quelques mètres carrés de sable.

6 Passez au jointoiement, lui aussi effectué avec un lait de chaux de même consistance. Répandez la barbotine sur le dallage et faites-la pénétrer à l'aide d'une raclette. Insistez, en passant la raclette en tous sens, afin que le produit pénètre bien.

➲ La pierre naturelle

Les techniques actuelles de tranchage permettent d'obtenir des dalles minces, aussi faciles à mettre en œuvre qu'un carrelage. Puisqu'il s'agit d'un sol intérieur, il n'est pas nécessaire de choisir de la pierre non gélive, ce qui élargit les possibilités. La technique utilisée ici est la même que pour les dallages de terrasse et d'allée – c'est-à-dire sur lit de sable damé – mais le sol est stabilisé grâce au lait de chaux.

7 Laissez le lait de chaux se solidifier et durcir un peu, puis éliminez l'excédent de produit en frottant énergiquement à l'aide d'une brosse à chiendent. Passez-la en diagonale sur les joints pour ne pas les évider.

Carrelage d'une terrasse

La pose d'un carrelage à l'extérieur, sur une terrasse de toit ou de plain-pied, ou sur un balcon, ne pose pas plus de difficulté qu'à l'intérieur, mais il faut choisir des carreaux adaptés.

Quels carreaux ?

Les carreaux de grès émaillé sont les plus utilisés pour l'extérieur. A l'achat, contrôlez qu'il s'agit de carreaux spécifiques pour l'extérieur ou de carreaux « intérieur-extérieur » : c'est la garantie qu'ils résistent parfaitement au gel et aux intempéries. Choisissez en outre des carreaux anti-dérapants car une surface glissante est dangereuse. Dans certaines gammes, les fabricants proposent aussi des nez-de-marche et des plinthes assortis.

Les bons produits

Sur une terrasse ou un balcon, le carrelage se pose en général sur une dalle de béton qui doit être dûment nettoyée, dégraissée et éventuellement ragréée à l'aide d'un mortier adapté. Ne commettez pas d'erreur dans le choix des produits : utilisez un mortier-colle conçu pour l'extérieur et un mortier à joint contenant un adjuvant hydrofuge. De plus, il faut prévoir un joint d'étanchéité pour la jonction sol-mur.

OUTILS ET MATÉRIAUX

- Scie à matériaux
- Règle de maçon
- Équerre
- Mètre
- Cordeau traceur
- Malaxeur (accessoire de perceuse)
- Spatule crantée
- Maillet
- Niveau à bulle
- Raclette de carreleur
- Éponge
- Pistolet extrudeur

- Mortier-colle
- Mortier à joint
- Adjuvant hydrofuge
- Joint élastomère
- Sciure

1

1 Après avoir effectué un dessin préalable sur le papier afin de décider de l'appareillage, procédez au tracé sur la dalle elle-même. Les carreaux sont ici disposés selon une diagonale de la terrasse, avec tout autour une bordure large d'un carreau. Bien entendu, pour le plan comme pour le tracé, il faut tenir compte de la largeur des joints, qui est ici de 10 mm. Tracez d'abord des axes perpendiculaires et équidistants des côtés de la terrasse, à l'aide de l'équerre et d'une règle de maçon – après avoir mesuré et pris des repères.

2

2 Tracez la diagonale qui correspond au sens de la partie centrale du carrelage. Dans vos calculs, n'oubliez pas que pour un nombre donné de rangées de carreaux vous devez compter un joint en moins que de rangées.

3 Lorsque la terrasse s'ouvre sur le vide, comme ici, il faut tenir compte de l'épaisseur des carreaux que l'on pose verticalement sur les bords de la terrasse – les éléments horizontaux devant en effet recouvrir le chant supérieur des éléments verticaux – pour l'esthétique et pour éviter les infiltrations. Au moment de tracer les repères, maintenez un carreau vertical en place, de manière à ajuster la position du carreau de bordure. Prenez ce type de repère au moins en trois endroits sur chaque côté et effectuez un tracé à l'aide d'un cordeau traceur.

Pour en savoir plus

Terrasse en brique 57

➲ Quantité

Sur la base de votre plan, vous pouvez calculer la quantité de carreaux dont vous avez besoin. Prévoyez entre 10 et 15 % de marge (selon la complexité de l'appareillage) pour les coupes et la casse.

➲ Préparation des fonds

Sur une dalle de béton, ancienne ou récente et revêtue ou non d'une chape de ciment, commencez toujours par un nettoyage approfondi à l'aide d'un nettoyeur haute pression – en réglant très fine la buse de sortie. Vous dégraissez et nettoyez ainsi en profondeur et vous éliminez toutes les parties mal adhérentes ou pulvérulentes. Si la dalle n'est pas en parfaite état, il est indispensable d'utiliser un mortier de ragréage pour chapes extérieures avant de commencer les travaux. S'il s'agit d'un ancien carrelage, il faut effectuer la dépose et utiliser, là encore, un mortier de ragréage.

4 Commencez la pose par l'angle extérieur de la terrasse à partir duquel vous avez effectué le tracé. Dans le cas présent, il faut réaliser une coupe particulière étant donné la présence du poteau de la balustrade. Pour effectuer un travail précis, il est pratiquement indispensable de louer une scie à matériaux (une simple meuleuse peut convenir, mais le travail qu'elle fournit manque de précision). Cette scie tronçonneuse, sur table, est équipée d'un disque diamant (dont l'usure est en général tarifée au forfait). Avant de commencer, entraînez-vous à effectuer quelques coupes sur des chutes. En outre, lisez attentivement les consignes de sécurité mentionnées dans le mode d'emploi de l'appareil. Pour effectuer une coupe, faites toujours un tracé, positionnez le carreau sur le plateau et abaissez la scie – sans jamais approcher la main du disque!

➲ Les disques diamant

Ils ont une efficacité beaucoup plus grande que les meules à tronçonner utilisées habituellement sur les meuleuses. Ils sont faits d'un disque d'acier avec un segment soudé au laser et constitué d'une concrétion diamantée et de liant métallique au cobalt – ce qui explique leur prix élevé. Ils permettent de réaliser des coupes rapides et de grande précision, sans risque d'éclatement du marériau. Au moment de la location, précisez le type de matériau que vous souhaitez couper. Pour le grès, il faut utiliser un disque pour matériaux abrasifs.

5 Mettez le carreau coupé en position, à blanc (c'est-à-dire sans mortier-colle), et vérifiez qu'il s'adapte bien sur le poteau de la rambarde. Ici, l'ouverture des encoches en V aurait été bien plus difficile avec une meuleuse. Si vous avez commis une erreur de mesure ou de coupe, n'essayez pas de la rectifier : utilisez un autre carreau.

6 Préparez le mortier-colle. Nous avons sélectionné un mortier hydraulique à deux composants, nettement plus performant qu'un mortier de ciment ordinaire : il présente une forte adhérence sur la plupart des matériaux, il est imperméable à l'eau et insensible aux cycles gel-dégel (comme d'ailleurs aux sels de déverglassage). En outre, il est facile à utiliser

car il s'assouplit à la mise en œuvre pour reprendre ensuite davantage de compacité (consistance thixotrope). La durée d'utilisation est d'environ une demi-heure, à une température de 20 °C. Versez le composant A (résine en émulsion) dans le récipient du composant B (ciment et charge) et mélangez intimement à l'aide d'un malaxeur (en accessoire de perceuse) réglé sur une vitesse lente.

7 Posez d'abord quelques carreaux de bordure, à partir de l'angle de la terrasse. Appliquez une couche de mortier-colle à l'aide d'une spatule crantée (notez que pour certains mortiers-colles il est conseillé d'humidifier la dalle avant la mise en œuvre – conformez-vous aux indications du fabricant). Mettez les carreaux en place et donnez-leur une assise de quelques coups de maillet. Après avoir posé quatre ou cinq carreaux, vérifiez l'horizontalité à l'aide d'un niveau à bulle sur une règle de maçon.

8 Continuez la pose, toujours à partir de l'angle, en mettant en place les rangées en diagonale. Effectuez les coupes en série : le long de la bordure, on coupe les carreaux en deux de manière à constituer une rangée d'éléments triangulaires. Alignez scrupuleusement la pose sur le tracé, afin d'éviter les erreurs et de respecter une largeur des joints constante. Pour plus de sûreté, vous pouvez aussi utiliser de petites cales en bois de 10 mm d'épaisseur, afin que les joints soient parfaitement réguliers.

9 Encollez à chaque fois, avec la spatule, une surface d'environ 2 m², et mettez les carreaux en place avant de passer à la surface suivante. Effectuez une seule passe avec la spatule : ne croisez pas car vous enlèveriez trop de mortier. Les coupes finales sont rejetées du côté du mur et de la bordure intérieure ; lorsque c'est possible, il faut choisir un appareillage permettant d'éviter des coupes trop petites. A chaque étape de la pose, n'oubliez pas de vérifier l'horizontalité des rangées avec une règle de maçon sur laquelle est posé un niveau à bulle.

10 La salle de séjour qui s'ouvre sur la terrasse est elle aussi carrelée, avec des éléments de mêmes dimensions. Pour créer un lien entre les deux surfaces, on aligne les carreaux de bordure de la terrasse

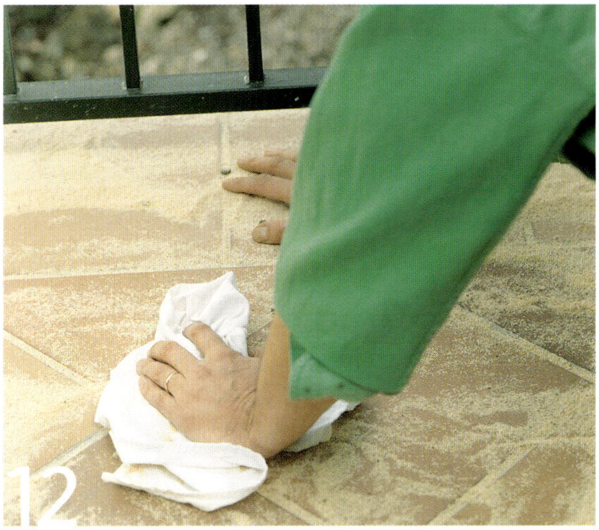

sur ceux de la pièce – la semelle du niveau servant ici de règle.

11 La terrasse débouche sur un escalier conduisant au jardin et il faut également carreler les marches. Coupez d'abord les carreaux « nez de marche » (à chant arrondi) à la largeur de la marche plus l'épaisseur d'un carreau. Après encollage à la spatule, mettez-les en place. Coupez alors les éléments pour les contre-marches, en tenant compte de la largeur du joint, en haut et en bas – utilisez de petites cales pour les maintenir pendant la prise du mortier (environ 2 heures).

12 Réalisez les joints à l'aide d'un mortier spécifique, prédosé. Au moment de le gâcher, ajoutez un adjuvant, en l'occurrence un hydrofuge en poudre qui assure une parfaite imperméabilisation, une plus grande résistance au gel et qui, en même temps, donne une meilleure onctuosité, facilitant la mise en œuvre. Faites pénétrer le mortier dans les joints à l'aide d'une raclette de caoutchouc. Après avoir traité ainsi quelques mètres carrés, enlevez l'excès de mortier à l'éponge (essorée), qu'il faut passer en travers par rapport aux joints pour ne pas évider ces derniers. A la fin, lorsque le mortier a commencé à prendre, passez à nouveau l'éponge, en la rinçant souvent. Étalez ensuite une couche de sciure qui va absorber l'humidité. Lustrez énergiquement avec un chiffon. Vous pourrez alors balayer. Si des auréoles de ciment réapparaissent sur les carreaux, nettoyez-les avec de l'eau acidulée ou avec un produit spécifique contre les efflorescences.

➲ Étanchéité

Pour assurer l'étanchéité de la liaison carrelage-mur de façade, il est préférable d'appliquer un joint élastomère. Utilisez un mastic à base de polyuréthanne en cartouche placée dans un pistolet extrudeur : déposez un cordon régulier, puis serrez et lissez en utilisant une spatule.

Carrelage d'une table de jardin

Le carrelage n'est nullement condamné aux sols et aux murs : vous pouvez l'utiliser dans de nombreux emplois, en particulier à l'extérieur où il se marie fort bien avec le jardin et le décor végétal.

Aux bonnes mesures

Nous réalisons ici un décor avec de grands carreaux de ciment émaillés (très résistants aux intempéries), parce que les dimensions du plateau de la table s'y prêtent : il n'est pas nécessaire d'effectuer des coupes. Cependant, quand ce n'est pas le cas, une table comme celle-ci vous donne l'occasion d'aborder la mosaïque artisanale, c'est-à-dire la réalisation d'un motif à partir de petits éléments (tesselles), achetés ou récupérés sur des chutes de carrelage.

1 Percez à intervalle régulier dans l'encadrement métallique pour passer les vis de fixation du plateau. Il s'agit de contreplaqué CTB-X qualité « marine » (C4), qui résiste à l'humidité et aux intempéries.

OUTILS ET MATÉRIAUX

- Spatule crantée
- Maillet
- Raclette de carreleur
- Éponge
- Pinceau
- Contreplaqué CTB-X
- Mortier-colle
- Ciment à joints
- Anti-efflorescences
- Hydrofuge pour carrelage
- Croisillons

Appliquez une colle Néoprène liquide sur le cadre et étalez-la avec un pinceau. Mettez le plateau en position, pressez, puis retirez-le : il est encollé sur les bords. Attendez le temps de gommage de la colle (une dizaine de minutes). Mettez en position définitive, puis vissez, par en-dessous, avec de petites vis à bois.

2 Appliquez un mortier-colle prêt à l'emploi pour carrelage de sol sur tout le panneau de contreplaqué. Utilisez une spatule crantée, sans croiser les passes.

3 Posez les carreaux en commençant par la bordure. Mettez en place chaque élément ; donnez-lui son assise, sur le mortier-colle, de quelques coups de maillet. Pour une table comme celle-ci, les joints sont très fins (1 ou 2 mm).

4 Continuez la pose des bords vers le centre. Quand le plateau est entièrement carrelé, posez dessus une règle de maçon et regardez en vue rasante pour vous assurer que tous les carreaux sont dans le même plan. Si ce n'est pas le cas, rectifiez l'assise d'un élément à coups de maillet ou retirez-le pour ajouter du mortier- colle, avant de le remettre en place.

5 Préparez du ciment à joints (barbotine) blanc, pour carrelage de sol. Faites-le pénétrer dans les joints avec une raclette de carreleur, maniée en tous sens sur le plateau. Quand le ciment commence à prendre, éliminez l'excès de produit avec une éponge (passée transversalement par rapport aux joints).

6 Étalez un peu de ciment à joints en poudre. Attendez que le produit durcisse un peu, puis frottez la surface avec un chiffon. Après séchage complet, appliquez un produit de traitement contre les efflorescences, afin d'éliminer les auréoles dues aux remontées du ciment.

Les revêtements muraux

Le choix des revêtements muraux est d'abord une question de décoration intérieure. En effet, leur discrimination, liée à la destination des pièces est aujourd'hui bien oubliée. Il existe des papiers peints pour les cuisines et les salles de bains, alors que le carrelage, autrefois réservé aux locaux humides, est maintenant présent dans toute la maison.

Sommaire

La décoration : il faut y penser...

Les possibilités sont très vastes, ce qui rend le choix plus difficile. Mais en matière de décoration, soyez prudent car il est facile de commettre des grosses erreurs. Prenez le temps d'y penser et faites des expériences en utilisant des échantillons et des spécimens. On se laisse facilement séduire par un beau papier ou un tissu somptueux, mais que donnera-t-il sur les murs, associé au mobilier ?

• **Pensez d'abord aux couleurs !** Un papier peint ou une peinture donne le ton d'une pièce, crée le fond du décor. Il ne faut pas le considérer pour lui-même, mais en relation avec le reste du décor. Méfiez-vous des couleurs sombres – qui paraissent encore plus sombres sur de grandes surfaces ; elles créent un sentiment d'oppression et mangent l'espace. Les couleurs claires, au contraire, accrochent la lumière, repoussent les murs, et mettent en valeur meubles et objets. Évitez les couleurs froides (vert, bleu) et le blanc dans les pièces peu ensoleillées.

• **Méfiez-vous des revêtements « lourds » !** L'une des caractéristiques de la décoration murale, c'est que l'on a généralement envie d'en changer après quelques années. Sur ce plan, le papier peint et la peinture sont donc les valeurs les plus sûres.

• **Pensez pratique !** Un tissu de prestige dans une salle de séjour, c'est très beau, mais comment empêcher les enfants d'y poser des mains pas toujours propres ? Heureusement, il existe aujourd'hui de nombreux matériaux à la fois décoratifs et faciles à entretenir.

Le choix d'un revêtement, de sa nature, de ses coloris et des motifs, doit se faire en fonction de la décoration.

Préparation des fonds

C'est l'étape essentielle de la mise en œuvre d'un revêtement mural. Une fissure mal rebouchée se remarquera sous un papier peint (même lessivable) ou une peinture (surtout une laque !), parfois même sous un carrelage. Prenez le temps de décaper convenablement les fonds en éliminant vieilles peintures ou anciens papiers peints, rebouchez les trous et les fissures (avec du calicot, si nécessaire). Le cas échéant, il peut être indispensable de refaire complètement l'enduit.

S'il y a lieu, il faut gérer les problèmes d'humidité : traitement des murs par l'extérieur et même drainage du sol dans les maisons individuelles, traitement par l'intérieur à l'aide de revêtements de protection, réparation d'une canalisation encastrée qui fuit ou d'éléments de toiture fissurés, amélioration de la ventilation. Aucun revêtement, même le carrelage, ne tient bien longtemps lorsque le mur est humide.

Il est très important de bien préparer les murs avant de poser un quelconque revêtement. Les fissures, en particulier doivent être rebouchées.

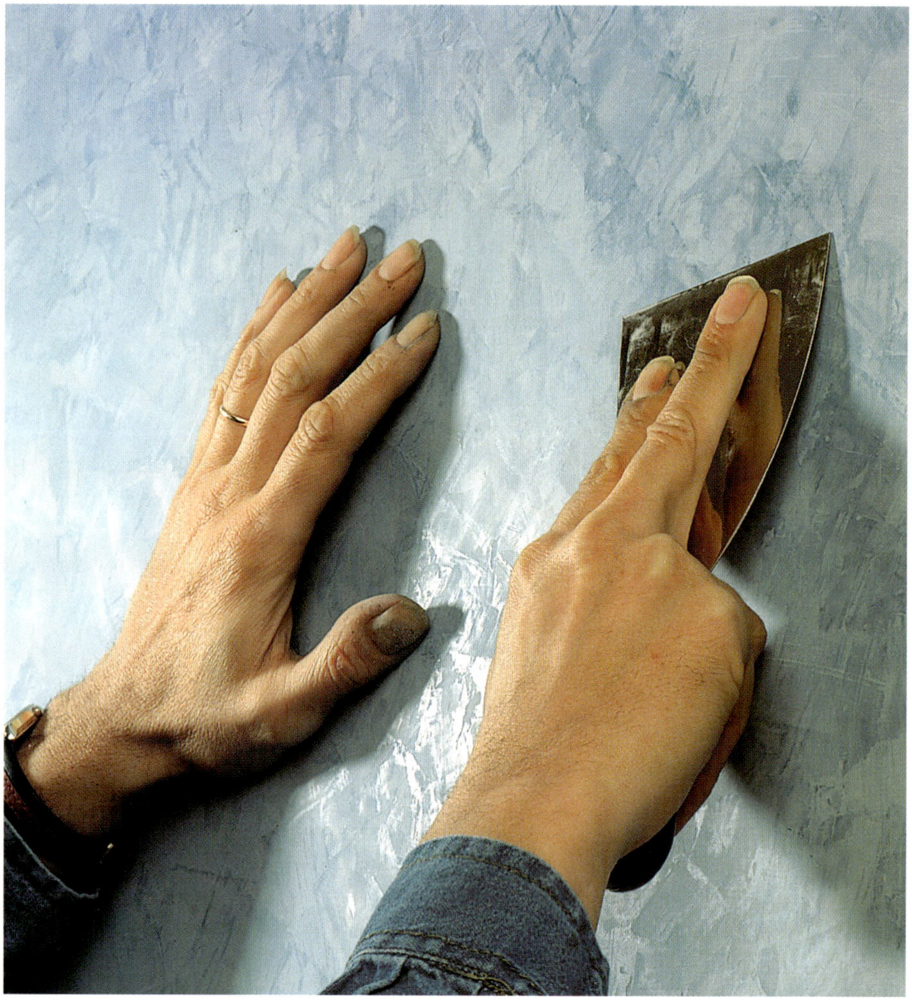

La peinture à effet, qui demande un certain tour de main pour être réussie, offre un magnifique résultat.

La peinture

Elle fait un retour en force dans la décoration intérieure. Elle crée une impression d'espace et de lumière, et met idéalement en valeur les meubles et l'ensemble des objets de la décoration.

Les peintures glycérophtaliques (laques brillantes ou satinées) sont intéressantes pour leur solidité et leur longévité, mais les peintures acryliques ont le grand avantage d'être faciles à appliquer sur tous les supports, tout en étant belles et résistantes. Elles permettent aussi de nombreux effets décoratifs, en particulier la peinture au peigne, à l'éponge et au chiffon, ce qui vous donne la possibilité de travailler les fonds dans le but de les texturer de manière originale et en fonction de vos options en matière de décoration.

Aujourd'hui, les fabricants proposent des produits spéciaux, appelés « peintures à effet » : ils sont constitués de deux peintures acryliques, une base pour la couche de fond et un glacis pour l'impression du décor. Pour rehausser et égayer vos pièces, faites appel à ces procédés anciens mais toujours intéressants et pittoresques que sont la peinture au tampon et au pochoir.

Les papiers peints

Ils offrent une gamme illimitée de couleurs, de motifs et de textures, et beaucoup sont aujourd'hui proposés en préencollés, ce qui facilite la pose. Selon la nature de la pièce, vous choisirez entre le simple papier peint (non lavable) et le papier vinyle ou vinyle expansé (lavables) qui s'accommodent fort bien d'une pièce humide comme la cuisine – les fabricants proposent d'ailleurs toute une gamme de papiers vinyles pour cette pièce. Dans tous les cas, vous pourrez égayer le décor avec des frises et des tissus coordonnés.

Les revêtements muraux lessivables (mousse de PVC) ou vinyles sur PVC, conviennent aux salles de bains mais aussi dans toutes les situations où les murs sont exposés aux salissures, par exemple dans les entrées et même dans les salles de séjour. Leur pose est pratiquement aussi simple que celle du papier peint classique.

Vous pouvez également avoir recours à d'autres types de revêtements, en particulier la toile de verre à peindre. Pratique pour dissimuler un fond imparfait, elle est très simple à mettre en œuvre, donne un décor texturé intéressant et une finition parfaite.

Carrelage et plaquettes de parement

Traditionnel et indétrônable dans les salles de bains et les cuisines (sur les murs comme sur les plans de travail et au sol), le carrelage, sous de multiples formes (faïence, grès, mosaïque, verre), trouve place dans d'autres pièces, par sa richesse de couleurs qui compense largement sa réputation de froideur. Grâce aux colles et aux outils de coupe actuels, sa pose est simple et à la portée de tous.

Les plaquettes de parement constituent un revêtement qui reste encore à découvrir. Conçues, selon les modèles, aussi bien pour l'intérieur que pour l'extérieur, elles créent des décors originaux et durables. Elles prennent l'aspect de briques décoratives, de briques de plâtre, de moellons bruts, de pierres taillées, et conviennent bien dans les salles de séjour et les entrées, mais aussi dans les cuisines et dans les chambres. Leur mise en œuvre est aussi simple que celle d'un carrelage de faïence, d'autant plus qu'il existe des éléments de finition spécifiques pour les angles rentrants et sortants, ce qui aide bien à camoufler quelques erreurs de coupes ou imperfections à ces endroits…

Le lambris (ou frisette) se pose facilement par emboîtement des lames les unes sur les autres, par ailleurs fixées sur une structure de tasseaux.

Le carrelage reste de loin le matériau le plus utilisé dans les cuisines et les salles de bains.

Les lambris

Le bois est intéressant pour son aspect chaleureux et ses qualités d'isolant. Les lambris, le plus souvent posés sur des tasseaux fixés au mur, peuvent convenir à tous les types de décors, traditionnels, rustiques ou contemporains. Vous avez la possibilité de les placer à la verticale, à l'horizontale ou en diagonale, et de composer des décors originaux à l'aide d'éléments de couleur. Les lames à rainure et languette, dont la largeur est variable, peuvent être achetées non finies, et vous devrez alors leur appliquer un revêtement verni, peint ou lasuré ; si elles ont été traitées en usine, vous en disposerez dans une large gamme de coloris et d'aspects, lames bicolores, décor cérusé.

Calcul des quantités

Prenez d'abord les mesures précises de toutes les surfaces de la pièce à revêtir.

Pour le papier peint, le tissu, les lessivables et les revêtements de même type, il faut calculer la hauteur, avec les marges nécessaires aux arasements, afin de déterminer combien de lés vous pouvez couper dans un rouleau (10,05 m de long pour le papier peint). Calculez ensuite le nombre de lés nécessaires, en fonction du périmètre, sans tenir compte des portes et des fenêtres (sauf s'il s'agit de grandes baies). Dans le cas du papier à larges motifs, ajoutez à la hauteur du lé une longueur égale à la distance entre deux motifs identiques. Vérifiez toujours vos calculs et, par prudence, achetez un ou deux rouleaux supplémentaires : si vous ne les utilisez pas, vous pourrez vous en servir, par exemple, pour revêtir des boîtes de rangement ou un paravent.

Pour le carrelage comme pour les plaquettes de parement, calculez la surface des parties à revêtir et ajoutez une marge de 10%, pour les coupes et en prévision de la casse. Achetez impérativement tous les carreaux en une seule fois car il existe de légères différences de teinte entre les différents lots.

Préparation des murs

Il est indispensable de reboucher trous et fissures et de bien préparer la surface des murs avant d'appliquer des revêtements tels qu'une peinture ou un papier peint.

Le produit adéquat

Parmi la large gamme d'enduits de rebouchage et de lissage, il faut sélectionner les mieux adaptés. Vous aurez le choix entre les produits prêts à l'emploi, présentés sous forme de pâte, et les enduits en poudre qu'il faut gâcher dans l'eau, plus économiques.

Identifier les fissures

On doit distinguer différents types de fissures. Les plus fines sont dues à des défauts de l'enduit de plâtre ou au jeu des matériaux. Elles sont stables et ne réapparaissent pas une fois colmatées. En revanche, les fissures vivantes, dues aux variations dimensionnelles des matériaux, qui affectent toute l'épaisseur du plâtre et parfois même toute l'épaisseur du mur, menacent de réapparaître et doivent recevoir un traitement particulier, en l'occurrence un entoilage.

OUTILS ET MATÉRIAUX

- Couteau de peintre
- Couteau à enduire
- Grattoir triangulaire
- Auge à gâcher
- Cale à poncer
- Escabeau

- Enduit de rebouchage pâte (tube ou pot) et poudre
- Plâtre fin
- Mousse expansive
- Bande d'entoilage

1 Utilisez le plâtre pour reboucher des trous importants, par exemple les cavités d'encastrement des appareils électriques. Maintenez le boîtier de l'appareil au niveau du nu du mur à l'aide d'un tasseau cloué. Rebouchez avec du plâtre fin, gâché à l'eau selon les indications du fabricant. Après humidification du mur, à l'aide d'une éponge, appliquez-le avec un couteau à peintre, en lissant en surface avec un couteau à enduire. Après séchage, ôtez le tasseau et achevez le rebouchage, toujours au plâtre. Laissez une légère surépaisseur en surface, pour compenser le retrait, et poncez après séchage.

2 Pour les fissures de tous types et les trous laissés par les clous et les vis, utilisez un enduit de rebouchage (produit à base de plâtre présentant un très faible retrait au séchage). Commencez par élargir la fissure à l'aide d'un grattoir triangulaire afin de lui donner une forme légèrement en queue d'aronde (plus large au fond qu'à l'ouverture) ; il faut faire tomber toutes les parties friables ou mal accrochées, de manière à aller jusqu'au plâtre sain. Nettoyez, humidifiez et appliquez l'enduit de rebouchage au couteau de peintre, en serrant (tassant) bien pour qu'il pénètre au fond de la fissure. Lissez ensuite en

➲ Poudre ou pâte ?

L'enduit, de rebouchage ou de lissage, présenté sous forme de poudre est plus économique. Il convient mieux pour les grandes surfaces, les travaux importants de rebouchage et de lissage. Gâchez-le dans une auge, en respectant les proportions préconisées par le fabricant, et prenez soin de bien malaxer afin d'obtenir une pâte homogène.
Les enduits en pâte ont l'avantage d'éviter le temps de préparation et de présenter un dosage parfait, sans risque d'erreur de mélange.

Pour en savoir plus

Le plâtre **15**
Poser et raccorder un interrupteur **126**
Poser et raccorder une prise **130**

2

surface avec un couteau à enduire.

3 La technique est la même avec un enduit de rebouchage en pâte : application au couteau de peintre, lissage au couteau à enduire.

3

4 Appliquez un enduit de lissage à l'aide d'un large couteau à enduire. Ce produit permet d'obtenir des fonds lisses et uniformes, et de rattraper les légères irrégularités de la surface (micro-fissures et très petits trous). Lissez régulièrement sur toute la surface. Notez que l'inclinaison de la lame du couteau à enduire détermine l'épaisseur de l'enduit : elle doit donc être constante pour toute la surface à traiter. Après séchage complet, effectuez un ponçage à l'aide d'une cale à poncer.

4

➲ D'autres enduits

- **L'enduit gras** est utilisé pour reboucher des trous et des fissures aussi bien à l'intérieur qu'à l'extérieur. Il laisse une surface dure, imperméable et relativement difficile à poncer. A l'intérieur, il faut le réserver pour les endroits exposés à l'humidité.
- **L'enduit à laquer** est un enduit de lissage particulièrement fin, qui laisse une surface nette et plane, pour une finition lisse comme un miroir avec une laque glycérophtalique. Préférez les enduits à laquer en pâte car le dosage du produit revêt une grande importance pour la réussite de l'opération.

5

5 Très facile à mettre en œuvre, cet enduit de lissage en tube permet de traiter de petites surfaces.

6 Le papier d'apprêt est une bonne solution pour obtenir des fonds parfaitement lisses, avant de peindre ou de poser un revêtement papier. Posez-le en lés, juxtaposés à joints vifs, comme le papier peint classique.

6

➲ Entoilage

Pour éviter que les fissures vivantes, sur les murs ou le plafond, ne réapparaissent après quelques semaines ou quelques mois, il est nécessaire d'entoiler. Élargissez la fissure au grattoir triangulaire avant de reboucher avec un enduit ; appliquez ensuite la bande de calicot sur l'enduit, en serrant avec le couteau à enduire. Appliquez alors une nouvelle couche d'enduit de manière à noyer la bande de tulle. Créez une petite surépaisseur pour compenser le retrait au séchage. Laissez sécher et poncez.

Pose de papier peint avec frise

La pose des papiers peints modernes, avec les colles actuelles, est très facile, qu'il s'agisse de papier classique ou de préencollé. Les frises offrent de larges possibilités en matière de décoration d'intérieur.

La propreté d'abord

Pour poser correctement le papier peint, travaillez avec des outils propres et adaptés et évitez autant que possible les bavures de colle – ou essuyez-les immédiatement avec un chiffon humide. Lavez-vous les mains aussi souvent que nécessaire pour ne pas laisser, sur les papiers ou les peintures, des traces toujours difficiles à effacer ensuite.

Les frises

Elles permettent, comme ici, d'évoquer les anciens revêtements de bois, c'est-à-dire les lambris à glace, à petit ou à grand cadre, avec moulures de cimaise et de corniche (on a recours, dans le cas présent, à deux types de frises différents mais coordonnés). On les utilise parfois simplement le long de la plinthe ou encore pour une pose en astragale (le papier est interrompu à une certaine distance du plafond et surmonté d'une frise), le haut du mur étant peint comme le plafond, pour donner l'impression d'une moindre hauteur. Mais c'est dans les chambres d'enfants que les frises trouvent aujourd'hui leur principal emploi. Elles sont colorées et ornées de motifs divers, ce qui permet d'égayer la pièce.

OUTILS ET MATÉRIAUX

- Table à encoller
- Mètre
- Niveau à bulle
- Cutter
- Équerre
- Brosse à maroufler
- Spatule à maroufler
- Chiffon (ou éponge)
- Bac (pour la colle)
- Règle métallique
- Colle papier peint
- Colle pour frise

Pour en savoir plus

Décoration murale au pochoir **192**

1 Commencez par tracer un axe vertical sur le mur. Ne vous alignez ni sur un angle, qu'il soit rentrant ou sortant, ni sur l'huisserie d'une fenêtre ou d'une porte, car ils sont rarement d'aplomb. Utilisez le niveau à bulle et calculez la position de l'axe pour qu'il se trouve à une distance d'un angle rentrant égale à la largeur d'un lé moins 2 ou 3 cm. Coupez alors les lés à la hauteur plinthe-plafond, plus une marge de quelques centimètres pour les arasements.

2 Encollez le lé sur une table de tapissier ou sur un long panneau posé sur deux tréteaux, et affichez-le. Tenez-le par ses deux coins supérieurs et alignez-le avec soin sur l'angle mur-plafond et sur l'axe vertical tracé. Marouflez à partir du haut, avec la main ou avec une brosse à maroufler, du centre vers les bords, pour chasser les bulles d'air. Le lé dépasse de 2 ou 3 cm sur le mur adjacent : marouflez avec beaucoup de soin dans l'angle, pour que le papier adhère jusqu'au fond. S'il

➲ Colle et encollage

Utilisez une colle universelle pour papier peint, en poudre. Préparez-la par solution dans l'eau, en respectant les proportions préconisées par le fabricant. Remuez bien et de manière continue, tout en versant la colle, et laissez reposer quelques minutes. Le fabricant indique le nombre de rouleaux de papier que vous pouvez encoller avec le paquet, ce qui vous permet de calculer le nombre de paquets que vous devez acheter. Utilisez une brosse à encoller pour étaler la colle du centre vers le bord. Laissez le papier s'imbiber quelques minutes. Repliez ensuite le haut et le bas du lé vers le centre sans appuyer sur le pli. Vous pourrez ainsi porter le lé facilement pour l'afficher.

3

4

n'est pas possible d'aligner le lé à la fois sur l'axe et sur le plafond, c'est que ce dernier n'est pas droit. Remontez alors le lé de 2 ou 3 cm, vous araserez ensuite. Dans tous les cas, marouflez soigneusement dans l'angle du plafond et, en bas, contre la plinthe. Effectuez ensuite les arasements au cutter.

3 Continuez la pose des lés de manière à revêtir complètement la pièce. Sur le mur adjacent, alignez à nouveau le lé sur un axe vertical tracé sur le mur. Si les murs ne sont pas d'aplomb, le retour du premier lé permet de masquer l'irrégularité : il y a alors un léger chevauchement des deux lés. Au niveau des portes et des fenêtres, appliquez le papier sur le mur et marouflez comme s'il n'y avait aucun obstacle. Effectuez ensuite une coupe, au cutter, avec une marge de 2 ou 3 cm et marouflez le retour dans la baie. Terminez ensuite la pose de papier dans la baie, en coupant des bandes.

4 Pour coller la frise, en cimaise comme en encadrement, il faut obligatoirement effectuer un tracé préalable. Utilisez le niveau à bulle pour tracer un axe horizontal – on s'aligne ici sur l'appui de la baie. En revanche, pour poser la frise le long du plafond, alignez-vous sur ce dernier, même s'il n'est pas parfaitement d'aplomb.

5 Chaque fois que c'est possible, la frise doit être en un seul tenant pour toute la largeur du mur, avec une marge de quelques centimètres pour les raccords d'angle. Encollez-la (utilisez la même colle à papier peint ou mieux, une colle spécifique pour frise) et repliez-la, envers sur envers (ou en accordéon), sans marquer le pli. Affichez-la en vous alignant sur l'axe tracé. Marouflez au fur et à mesure, à la main et à la spatule – y compris le retour de 2 cm dans les angles. Pour le mur suivant, tracez également un axe horizontal et raccordez les motifs à partir de l'angle.

5

6 Effectuez aussi un tracé très précis pour les encadrements (qui évoquent les lambris traditionnels), en utilisant cette fois encore le niveau à bulle – et aussi l'équerre pour vérifier la rectitude des angles. Calculez les dimensions de ces encadrements pour les répartir sur les différents murs de manière régulière et symétrique.

➲ Dimensions des frises

Leur largeur est très variable et leur longueur est le plus souvent de 5 ou de 10 m.

7 Affichez les frises, après les avoir encollées, en les alignant sur le tracé. Dans les angles, les deux bandes se chevauchent : il faut alors poser une règle métallique sur la double épaisseur, à 45°, et couper au cutter (raccord d'onglet). Enlevez les chutes et marouflez à la spatule pour achever le raccordement.

6

7

Pose de vinyle au mur

Cette technique de pose est adaptée à tous les revêtements muraux plastiques légers et souples (envers textile, papier, mousse, ou textiles muraux contrecollés sur papier).

Préparation des fonds

Elle est essentielle pour ce type de revêtement, comme pour le papier ou la peinture. Le support doit être parfaitement propre et sain : il faut donc décoller les anciens papiers ou revêtements, décaper les vieilles peintures qui adhèrent mal, reboucher les trous et les fissures, en particulier les fissures vivantes, et surtout éliminer les causes éventuelles d'humidité.

La colle

Choisissez un produit adapté pour le revêtement concerné, c'est-à-dire une colle « revêtements de mur » ou « textiles muraux » (ou encore une colle « polyvalente sol et mur » pour les revêtements les plus lourds). Lisez attentivement les recommandations du fabricant, en particulier concernant le « temps de gommage », c'est-à-dire le temps qu'il faut attendre, après application, pour poser le revêtement ; il varie en effet en fonction du produit et de la nature du fond (absorbant ou peint). Les colles actuelles ne tachent pas, sont sans odeur et s'appliquent à la spatule crantée (dents de 1 mm, sauf avis contraire du fabricant). La « consommation », en général de l'ordre de 180 à 250 g au m^2, vous permet de calculer la quantité dont vous avez besoin.

OUTILS ET MATÉRIAUX

- Escabeau
- Table de tapissier
- Mètre
- Crayon
- Règle de tapissier ou de maçon
- Ciseaux de tapissier
- Spatule crantée
- Spatule à maroufler
- Couteau à enduire (large)
- Cutter
- Tournevis

- Revêtement mural
- Colle revêtements

1 Tracez un axe vertical au milieu du panneau à l'aide d'une règle métallique de tapissier ou d'un tasseau parfaitement dressé. Vérifiez la verticalité à l'aide d'un niveau à bulle ou d'un fil à plomb – et ne vous fiez pas aux murs qui ne sont pas toujours droits ! Il est judicieux de calculer la position de cet axe de départ afin d'avoir des coupes équilibrées des deux côtés – et d'éviter les coupes étroites.

2 Mesurez la hauteur entre plinthe et plafond et coupez à cette longueur, plus une marge de 10 cm pour les arasements, tous les lés nécessaires pour revêtir le panneau. Travaillez sur une table de tapissier ou sur un panneau posé sur deux tréteaux et utilisez une grosse paire de ciseaux de tapissier. Appliquez la colle sur le support à l'aide de la spatule crantée en effectuant une seule passe : ne croisez surtout pas car vous ôteriez trop de colle. Attendez le temps de gommage de la colle, si nécessaire.

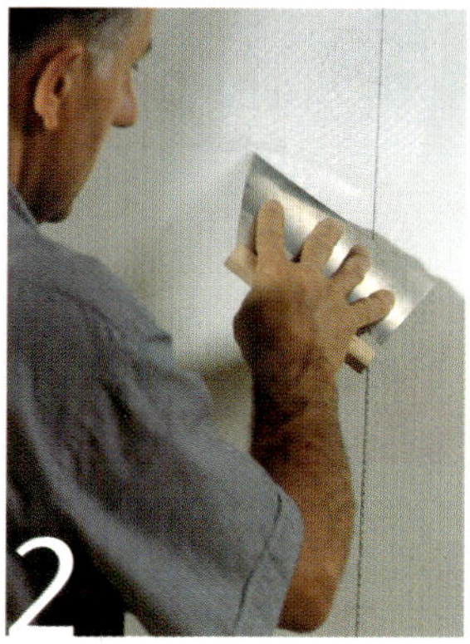

3 Affichez le lé sur le support en commençant par le haut : tenez-le aux deux coins supérieurs et alignez-le à la fois sur l'axe vertical et sur l'arête plafond-mur. Plaquez-le au centre et en haut, et marouflez à l'aide d'une spatule de tapissier : il s'agit d'appliquer le revêtement sur le fond en chassant les bulles d'air. Marou-

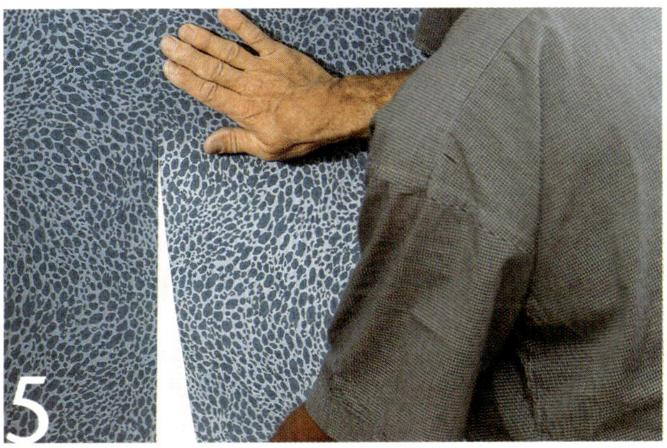

flez toujours du centre vers les bords et de haut en bas – en vérifiant systématiquement l'alignement sur l'axe vertical. En cas de défaut d'aplomb, il faut décoller complètement le lé et recommencer la pose.

4 Procédez immédiatement à l'arasement au ras de la plinthe. Poussez le revêtement dans l'angle avec la lame d'un couteau à enduire et coupez à l'aide d'un cutter.

5 Passez alors à la pose du second lé : affichez-le comme le premier en l'alignant sur le bord de ce dernier pour qu'il n'y ait ni recouvrement ni interstice. Les lés de revêtements muraux sont en effet posés « à joints vifs », c'est-à-dire bord à bord. Procédez ensuite à l'arasement le long de la plinthe.

6 Lorsque vous avez posé tous les lés de pleine largeur, mesurez la distance entre le bord du dernier lé et l'angle rentrant du mur. Coupez alors un lé à cette largeur, avec une marge de quelques centimètres. Encollez le support, affichez la coupe et arasez dans l'angle rentrant, avec le couteau à enduire et le cutter, selon la technique employée pour la plinthe. Pour la pose du lé suivant, sur le lé adjacent, procédez comme pour le précédent. Affichez-le en débordant, dans l'angle, de 2 ou 3 cm, et arasez comme précédemment.

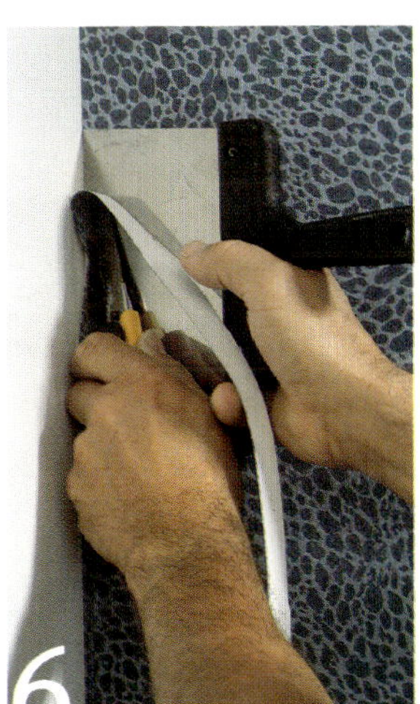

7 La pose du revêtement dans tous les angles sortants et en particulier pour les baies, (ouvertures des portes et des fenêtres), ainsi que pour les renfoncements, se fait selon la même technique : à joint vif (sans recouvrement). Encollez le support et affichez le lé comme s'il n'y avait pas d'obstacle, en marouflant soigneusement. Ensuite, effectuez la coupe au cutter, en suivant l'arête. Cette technique facilite la pose lorsque la baie est cintrée, comme ici. Posez un lé de la même manière dans la joue de la baie.

8 Pour poser le revêtement autour des appareils électriques (prises et interrupteurs), il faut démonter ces derniers, après avoir coupé le courant au tableau d'abonné : déposez le boîtier s'ils sont en applique, et uniquement le couvercle s'ils sont encastrés. Posez le lé en effectuant une petite découpe en croix, au cutter, pour laisser passer les conducteurs ; puis, après marouflage et arasement, remontez les appareils.

➲ Arasement en haut

Lorsque le mur n'est pas droit, il n'est pas possible d'aligner le lé en même temps sur une verticale et sur l'arête mur-plafond. Dans ce cas, réservez une marge de quelques centimètres en partie haute et arasez comme pour le bas.

Revêtement mural en local humide

Le revêtement vinylique mural est idéal dans cette buanderie, ou dans tout autre local exposé à l'humidité. Pour en réussir la pose, un préalable : bien préparer les fonds et choisir la bonne colle.

Quel revêtement ?

Il ne faut pas confondre les papiers peints « cuisine », c'est-à-dire des revêtements à support papier enduit d'une couche de vinyle, et les revêtements muraux lessivables, à surface émaillée sur support PVC stabilisé, qui présentent une bonne étanchéité ainsi qu'une résistance aux chocs et à la chaleur. Les seconds sont particulièrement intéressants pour les salles de bains et les buanderies, même s'ils trouvent aussi leur place dans les autres pièces de la maison. Les fabricants offrent à l'heure actuelle une large variété de décors, souvent renouvelés, en particulier des imitations de carrelages (comme dans le cas présent), de marbres, des surfaces grenées ou piquetées, et une remarquable gamme de couleurs. Ces revêtements, classés M1 (difficilement inflammables), sont en général vendus sous une largeur de 1 m ou de 70 cm.

OUTILS ET MATÉRIAUX

- Spatule crantée
- Spatule à maroufler
- Ciseaux
- Cutter
- Araseur
- Table de tapissier
- Mètre
- Cordeau traceur
- Sèche-cheveux
- Fil à plomb

- Colle Néoprène gel
- Colle vinylique

1 Le revêtement vinylique va ici recouvrir le mur et les rayonnages en bois. Pour obtenir une parfaite adhérence sur la partie verticale des étagères, utilisez une colle Néoprène (double encollage). Commencez par découper des longueurs suffisantes pour revêtir les deux faces de l'étagère et son chant ; ensuite, mettez le revêtement en place et effectuez un tracé pour délimiter la partie qui va couvrir le chant (les étagères ont été menuisées spécialement pour l'occasion, leur chant ayant une largeur équivalant à quatre carreaux du décor du revêtement). Procédez à l'encollage de cette

➲ Des produits pour préparer les fonds

- **Durcisseur** : Sur plaques de plâtre, plâtre neuf, enduit de mortier ou badigeon, utilisez un durcisseur (fixateur-régulateur) qui permet de traiter les parties poudreuses et friables. En réduisant la porosité des fonds, ce produit limite de manière notable la consommation de colle (qui coûte relativement cher).
- **Neutralisants** : Si vous devez poser (comme dans le cas présent) un revêtement mural souple directement sur du béton ou sur un enduit de mortier, utilisez un encollant neutralisant : il rapporte à une valeur moyenne le taux d'alcalinité du support, ce qui élimine les risques de décollement et de cloque dus aux réactions chimiques avec la colle. Il favorise en outre l'accroche de la colle et diminue la consommation.
- **Primaire d'accrochage** : Il est possible de poser du revêtement mural souple sur une surface lisse et difficile, par exemple sur un ancien carrelage de faïence devenu inesthétique. Toutefois, il faut d'abord appliquer (au rouleau), après un solide nettoyage, un primaire d'accrochage qui renforce fortement l'adhérence des colles et évite les décollements ultérieurs.

Pour en savoir plus

Pose de revêtement plastique au sol **145**
Les papiers peints **168**
Préparation des murs **170**

➲ Colle acrylique

Pour les locaux très humides (salles de bains très utilisées), il existe des colles acryliques prêtes à l'emploi, particulièrement performante sur tous supports, offrant une forte adhérence immédiate (« tack » élevé) et un collage résistant parfaitement à l'humidité de condensation. Elle est relativement fluide et s'applique au rouleau (et non à la spatule crantée).

bande et du support avec une colle Néoprène en gel : étalez une couche de colle fine et régulière. Patientez le temps nécessaire au gommage, c'est-à-dire une dizaine de minutes (la colle ne doit plus poisser sous les doigts). Mettez alors en contact, en positionnement le revêtement avec soin : la prise est immédiate.

2 Lorsque le lé du revêtement vinylique est fixé sur le chant, il faut l'adapter sur les parements et contreparements de la planche. Toutefois, comme il est relativement rigide, il est préférable de le chauffer afin de le plier plus facilement. Utilisez un sèche-cheveux en chauffant sur toute la longueur de l'arête et pliez le revêtement, en marquant bien son pli, pour qu'il ne fasse plus de « bosse ».

3 Encollez la planche à l'aide d'une colle vinylique prête à l'emploi (en pot de plastique) pour revêtements muraux. Appliquez-la à la spatule crantée en effectuant une seule passe, sans croiser (pour ne pas enlever trop de produit). Rabattez le revêtement et marouflez-le d'un bout à l'autre de la planche à l'aide d'une spatule en matière plastique.

4 Sur le mur, le revêtement vinylique se pose selon les mêmes techniques de base que le papier peint : il faut tracer un axe vertical (en contrôlant avec un fil à plomb) et poser le premier lé près d'un angle, avec un retour de 2 cm sur le mur adjacent. Les lés sont posés bord à bord (joint vif). Puisque le revêtement présente ici un motif carrelé « mosaïque », il faut faire coïncider les lignes. La colle vinylique présente un très bon pouvoir glissant, ce qui facilite l'ajustement. Pour les coupes au niveau des plinthes, marquez le trait avec un feutre et coupez aux ciseaux. Vous pouvez aussi utiliser un cutter, en vous guidant avec une règle métallique, ou un araseur de tapissier.

➲ Additif anti-moisissure

Si vous avez remarqué sur les murs de la buanderie ou de la salle de bains la présence de moisissures et de champignons, ajoutez un additif anti-moisissure à la colle vinylique. Vous éviterez ainsi la réapparition des taches de moisissure au niveau des joints et sur le revêtement lui-même. Respectez les doses conseillées par le fabricant. Cet additif ne modifie en rien les qualités de la colle.

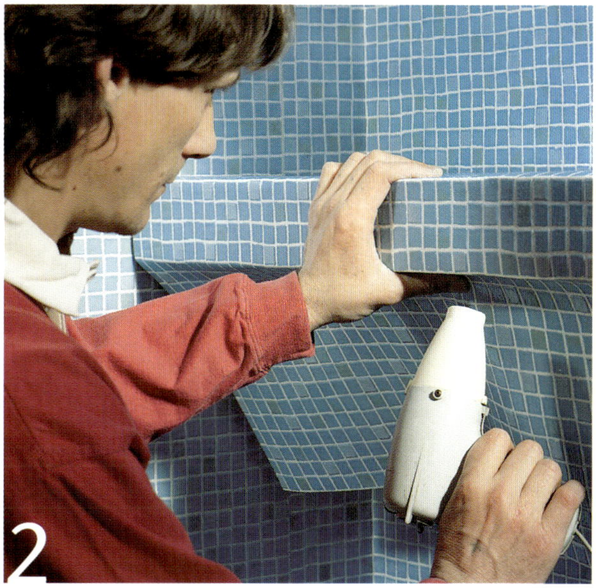

Décoration à l'encre

La décoration intérieure n'est nullement condamnée à rester fidèle à la peinture : il existe beaucoup d'autres produits, tel l'encre, pour revêtir les fonds de manière différente.

Les encres

Depuis quelques années, la gamme des encres s'est enrichie de beaucoup de nouveautés et de nombreux décorateurs les utilisent aujourd'hui, non seulement pour l'impression au tampon ou pour réaliser des motifs et des calligraphies au pinceau, mais également pour la décoration murale proprement dite. Ces encres de couleur permettent de réussir de très jolis effets de transparence d'une grande légèreté – c'est leur principal intérêt par rapport aux peintures.

Les effets

Les encres vous donnent la possibilité de réaliser des évocations ou des imitations de marbres, d'opale, d'ambre, d'écaille de tortue, d'agate, de malachite, de bois (loupe, érable madré) et de marbres divers, avec une transparence qu'on ne trouve pas dans les imitations classiques à base de glacis et de peinture. Nous présentons ici une impression destinée à une salle de séjour, mais vous pouvez aussi l'adapter avec des tons clairs, bleu ou vert par exemple, pour une chambre : l'effet obtenu est alors plus doux et plus discret.

➲ Quelles encres ?

Utilisez des encres liquides, à pouvoir coloré élevé, qui conviennent aussi bien au pinceau qu'à l'aérographe, et même au rouleau. Nous avons retenu ici les encres Fluidine (Lefranc & Bourgeois) qui offrent 32 nuances, qui sont diluables à l'eau et superposables. On les trouve en flacons de 50 ou de 250 ml, en étui de 6 ou de 12 flacons assortis.

OUTILS ET MATÉRIAUX

- Rouleau à peindre
- Brosse à badigeon
- Brosse à pochoir
- Pinceau à lisser (spalter)
- Récipients
- Pochoir
- Estompe
- Tampon à lustrer
- Escabeau

- Encres à l'eau
- Crayon pastel
- Couleurs en bâton
- Peinture acrylique
- Pâte à encaustiquer
- Colle à papier peint
- Ruban de masquage

1 Préparez le mur en rebouchant les fissures et les trous et en appliquant, si nécessaire, un enduit de lissage suivi d'un ponçage. Dépoussiérez et passez deux couches homogènes de peinture blanche acrylique mate pour constituer le fond. Laissez sécher quelques heures.

Pour en savoir plus

Préparation des murs **170**
Décoration murale au pochoir **192**

2 Préparez de la colle pour papier peint par solution dans l'eau (en respectant le dosage conseillé sur le paquet), laissez-la reposer quelques minutes et appliquez-la en couche homogène sur toute la surface à peindre. Ce traitement durcit le fond et forme une pellicule filmogène qui le rend moins poreux – ce qui permet de réussir l'effet de transparence tout en consommant beaucoup moins d'encre.

3 Préparez l'encre pour la première couche. Mélangez plusieurs couleurs, si nécessaire, et faites des essais sur une feuille de papier. Évitez les teintes trop foncées qui rendent plus difficiles les effets de transparence. Ici, nous diluons légèrement dans l'eau. Mélangez bien.

4 Passez la première couche. A l'aide d'un large pinceau à lisser, appliquez l'encre de manière irrégulière, en travaillant avec le poignet, comme si vous cherchiez à peindre des nuages. Couvrez ainsi toute la surface, de haut en bas. Vous pouvez revenir immédiatement sur une surface déjà colorée si vous n'êtes pas satisfait de l'effet obtenu.

5 Appliquez d'autres couches de manière à créer l'effet recherché, de lumière et de transparence. Vous pouvez introduire des teintes moins diluées afin de former des marbrures.

6 Pour réaliser une frise, comme ici, avec une partie centrale à rinceau floral au pochoir et un encadrement plus foncé, délimitez la surface à l'aide de ruban de masquage. Travaillez avec un crayon pastel de manière à imprimer la couleur par places, puis fondez les teintes à l'aide d'une estompe (à défaut, d'un chiffon). Cet encadrement plus sombre va mettre en valeur la frise florale en créant un effet de lumière sous-jacente.

7 Après avoir découpé le motif dans un film pour pochoir (PVC ou acétate cristal), fixez ce dernier contre le mur. Positionnez-le soigneusement et maintenez-le avec du ruban du masquage. Appliquez la teinte à l'aide d'une couleur à l'huile en bâton, puis estompez avec une brosse à pochoir sèche. Il est préférable que la couleur ne soit pas homogène afin de créer des effets de profondeur et de transparence.

8 Lorsque l'encre et la frise sont parfaitement sèches, appliquez au chiffon de la pâte à encaustiquer sur toute la surface. Il s'agit d'un produit de finition (employé habituellement sur bois) qui offre une certaine protection : il résiste à l'eau, aux vapeurs et aux projections de graisses et permet l'entretien avec un chiffon humide. Passez une seule couche, mince et homogène.

9 Terminez en lustrant avec un tampon, de manière à obtenir un brillant doux qui accroche la lumière. Cette pâte à encaustiquer est légèrement teintante.

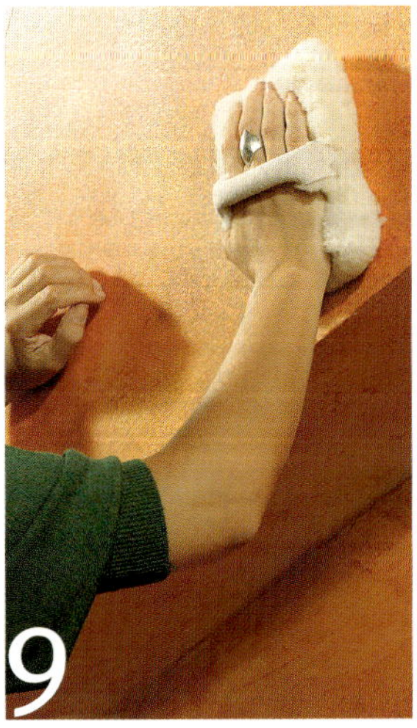

Peinture à effet

De nouveaux produits, apparus depuis quelques années, offrent la possibilité à tout un chacun de réussir des effets décoratifs muraux particuliers, qui étaient jusqu'alors le domaine d'artisans très spécialisés.

Un vaste domaine

Ce qu'on appelle la peinture décorative concerne des procédés particulièrement séduisants, des finitions de prestige, dans la grande tradition des artistes décorateurs d'autrefois. Il s'agit de tout ce qui concerne l'imitation – du bois, du marbre, du granit, du lapis-lazuli et de beaucoup d'autres matériaux – , de la peinture à l'éponge, au peigne ou au chiffon, de l'impression au tampon et du pochoir ainsi que de la peinture à main levée.

Une décoration différente

Les peintures à effet gagnent du terrain dans la décoration intérieure, sur les peintures ordinaires et sur les papiers peints. Elles offrent l'attrait d'une finition de type traditionnel qui présente le caractère d'un travail artisanal. Elles laissent une part à l'initiative et à la création personnelles dans leur application et donnent au décor une touche différente et originale.

1 Remuez la peinture à la main, avec un tasseau, de manière qu'elle soit homogène. Effectuez ensuite l'application de la première couche à l'aide de deux couteaux de peintre : posez des touches de peinture, en appuyant, avec l'un des couteaux ; utilisez le second pour gratter le premier et le recharger en peinture. Continuez ainsi sur toute la surface, en évitant les surcharges.

2 Laissez sécher la première couche 6 heures environ. Effectuez alors un léger ponçage avec un abrasif à grain fin, pour gommer les surépaisseurs et homogénéiser l'ensemble.

OUTILS ET MATÉRIAUX

- Couteaux de peintre
- Couteaux à enduire
- Escabeau

- Abrasif
- Baume des antiquaires
- Hydrofuge

➲ Le stuc italien

Il s'agit d'un produit acrylique de consistance pâteuse, à base de chaux et de résines, qui produit un effet marbré, à la manière italienne traditionnelle. Il existe en 18 nuances et il faut compter environ 4 m² au kg (pour les deux couches). Le nettoyage des outils se fait à l'eau.

➲ Préparation des fonds

Cette peinture s'applique sur enduit de plâtre en bon état, (correctement rebouché et éventuellement ré-enduit avec un produit de lissage) et sur plaques de plâtre. Vous pouvez aussi l'utiliser directement sur une peinture ancienne en bon état et bien adhérente, après nettoyage et lessivage, avec rinçage à l'eau claire. Dans ce cas, il est préférable de passer d'abord une couche de primaire teinté dans la couleur de la peinture à effet.

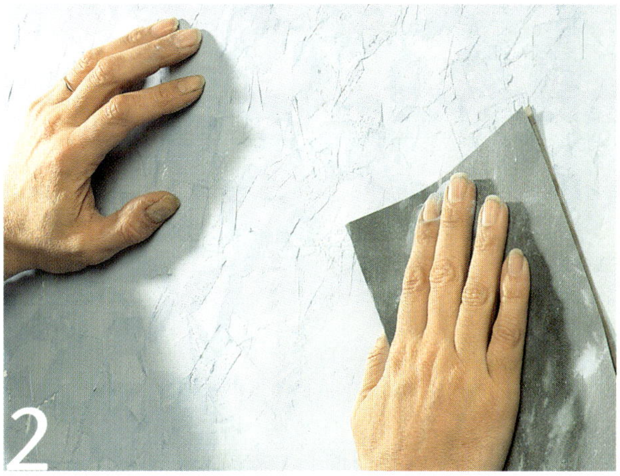

Pour en savoir plus

Enduit au plâtre **29**
Cloison en plaques de plâtre **34**
La peinture **168**
Préparation des murs **170**

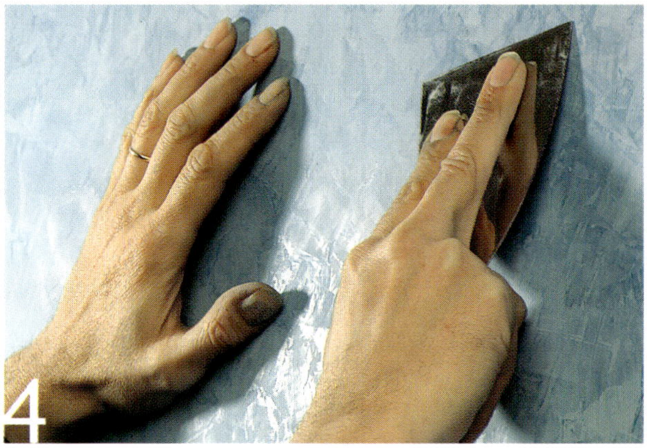

3 Passez la seconde couche, de la même manière, mais en utilisant des couteaux plus larges (modèles « américains »), afin de créer l'effet marbré recherché. Là encore, il faut éviter l'épaisseur excessive. On peut laisser le revêtement tel quel après le passage de la seconde couche. On obtient alors un aspect mate/satiné.

4 Pour obtenir un aspect brillant, il faut ferrer la surface, c'est-à-dire repasser la lame du couteau légèrement humidifiée, en appuyant fortement.

5 Ici, l'utilisation de couteaux à enduire, nettement plus larges que les couteaux de peintre, donne une finition différente, avec des motifs beaucoup plus amples et fondus. Pour créer un décor de même type, vous pouvez aussi avoir recours à petit plâtoir de maçon.

6 Le ferrage au couteau à enduire, après légère humidification de la lame, permet d'obtenir un effet brillant, comme dans le cas précédent.

7 Si vous souhaitez donner à la décoration un aspect encore plus brillant, utilisez un produit à base de cire d'abeille, par exemple du Baume des antiquaires, destiné aux cuirs d'ameublement et aux bois. Passez ce produit avec un chiffon, en film mince et, après séchage, lustrez avec un tampon. Il est possible de rendre la surface lessivable en appliquant, après séchage (au moins 24 heures), un produit hydrofuge incolore pour murs.

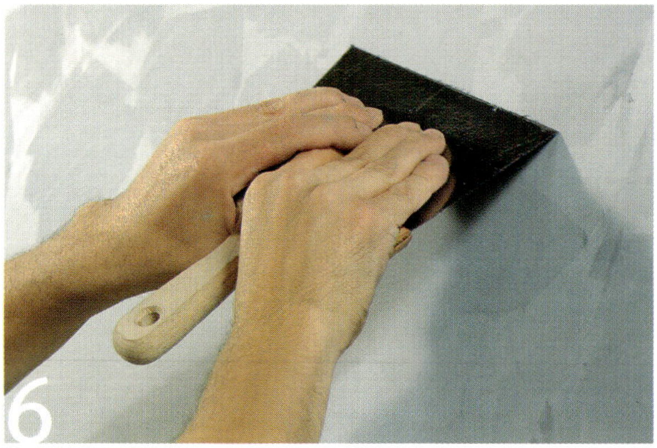

➲ D'autres peintures à effet

- **Effet moucheté :** vernis incolore gélifié, avec paillettes mates en suspension. S'applique sur une sous-couche.
- **Effet craquelé :** peinture acrylique mate, s'appliquant sur une sous-couche et prenant d'elle-même un effet finement craquelé lors du séchage, imitant les peintures anciennes.
- **Effet épongé, essuyé, peigné ou marbré :** glacis incolore à teinter avec une peinture acrylique satinée, que l'on applique sur une sous-couche blanc satiné avant de le travailler à l'éponge, au chiffon, au peigne ou à la spatule.

Peinture au tampon

Le principal intérêt du tampon, c'est sa propreté : il permet de peindre sur tout support en en suivant facilement les limites, sans faire de taches ni de bavures.

La peinture au mohair

Un tampon à peindre est constitué d'une couche de mousse (qui lui donne la souplesse nécessaire) sur laquelle se trouve du mohair synthétique dont les poils courts et fins étalent la peinture selon le même principe que les soies d'un pinceau. Il existe des tampons de diverses largeurs que vous utiliserez en fonction des surfaces à peindre. L'attirail est en général vendu comme un ensemble, avec des tampons de différentes tailles et un bac chargeur, avec son rouleau.

Où l'utiliser ?

Le tampon peut s'appliquer sur tout support pourvu que celui-ci soit plan et régulier : il convient particulièrement pour peindre les boiseries, en particulier les moulures de battant et de dormant de porte, les plinthes, les montants et les petits bois de fenêtre. Utilisez-le également pour peindre les lambris, les meubles et pour certaines peintures spéciales sur mur (rayures). Les grands tampons conviennent particulièrement pour peindre les plafonds sans risque de tache.

1

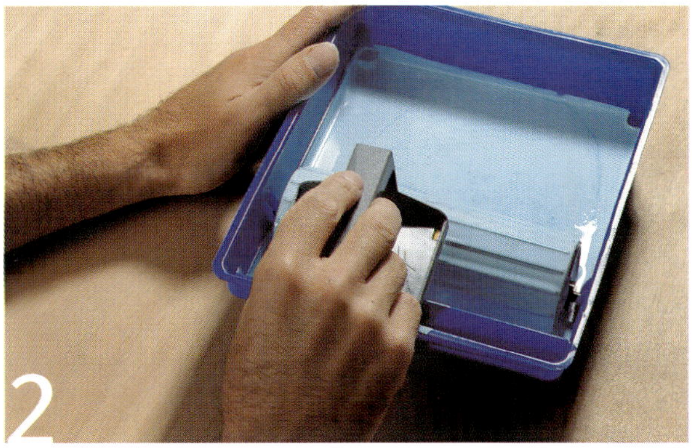

2

1 Le tampon de mohair, avec son support mousse, est interchangeable. Montez-le sur le support adapté, en fonction de la surface à peindre.

2 Préparez la peinture dans un récipient. Ici, nous partons d'une peinture acrylique blanche en ajoutant des colorants en tube, afin de lui donner la nuance souhaitée. Un très petit volume de colorant modifie beaucoup la teinte. Procédez graduellement, en remuant sans cesse avec une baguette afin que la couleur soit homogène.

3 Montez le rouleau-chargeur sur le bac et versez de la peinture dans le récipient. Chargez alors le tampon en faisant tourner

3

➲ Laque au tampon

Ce type de tampon en mohair convient fort bien pour réussir une laque sur un meuble – petite table ou coffret. Il lisse en effet fort bien la peinture et offre l'avantage de ne pas laisser de poils. Préparez la peinture en la dissolvant au white-spirit, si elle a une consistance trop épaisse. Passez le tampon en bandes régulières, se chevauchant légèrement, puis croisez les passes et lissez. Pour obtenir un résultat parfait, poncez au papier de verre à grain fin et dépoussiérez avant chaque couche.

OUTILS ET MATÉRIAUX

- Tampons à peindre
- Bac de chargement

- Peintures et colorants
- Cuvette

Pour en savoir plus

Préparation des murs **170**

le tambour dont les nervures font monter la peinture en quantité adéquate.

4 Faites d'abord un essai sur du carton pour vérifier le chargement du tampon, puis peignez la boiserie ou le mur. Ici, le tampon permet de peindre le chant supérieur de la plinthe sans risquer de tache sur le mur. Lissez bien pour « tendre » la peinture.

5 Pour peindre les petits bois d'une fenêtre sans toucher les vitres, ou la moulure d'une porte à panneau, choisissez un tampon plus petit. Rechargez aussi souvent que nécessaire, mais toujours sur le rouleau-chargeur. Un excès de chargement entraîne toujours des bavures.

6 Dès que vous avez terminé, passez le tampon sous le robinet pour éliminer le plus gros de la peinture, puis lavez-le à l'eau tiède et au savon, avant de le rincer avec soin. Si vous avez utilisé de la peinture glycérophtalique, effectuez le premier nettoyage au white-spirit, avant de laver à l'eau et au savon. Laissez sécher les tampons et rangez-les dans un sac en plastique pour les protéger de la poussière.

➲ Peinture du plafond au tampon

Les grands supports de tampon peuvent être montés sur long manche, permettant de peindre au plafond sans escabeau. Chargez le tampon sur le rouleau du bac et peignez en bandes parallèles et adjacentes, de manière à recouvrir une surface de 1 m^2 environ. Croisez pour obtenir une peinture homogène. Passez ensuite à la surface voisine. Après séchage, passez une deuxième couche, de la même manière.

➲ Les pigments

En poudre, les pigments permettent de colorer toutes sortes de peintures, qu'il s'agisse des différents liants (huiles, gommes, colles) utilisés pour la peinture artistique et décorative, pour les peintures acryliques ou glycérophtaliques (blanches ou déjà colorées) que l'on emploie pour les murs ou les meubles. Ces pigments peuvent être mélangés entre eux et il suffit de très petites quantités pour colorer une peinture. Vous devez donc procéder par essais successifs, en remuant soigneusement à chaque ajout. Achetez ces pigments avec circonspection car leur prix est relativement élevé. Ils sont vendus en petits flacons (souvent de 100 g) dans les grandes surfaces, dans les boutiques pour artistes-peintres et dans celles spécialisées dans l'artisanat et les loisirs.

Toile de verre à peindre

La toile de verre à peindre est un revêtement original pour les murs, à mi-chemin entre un tissu et une peinture. Elle se met en œuvre avec une colle spéciale, qui sert aussi de peinture.

Une surface structurée

La toile de verre est un matériau à mailles plus ou moins fines, qui donne au fond un aspect structuré, sans toutefois habiller le mur comme un tissu classique. En même temps, ce support à peindre est plus chaleureux qu'une peinture classique, grâce à sa texture. La toile de verre convient aussi bien dans une entrée que dans une chambre ou une salle de séjour.

Anti-fissures

La toile de verre est un revêtement léger qui ne dispense pas d'une préparation soignée des fonds – faute de quoi les fissures et les trous seraient vite visibles en surface. Cependant, comme les bandes toilées noyées dans l'enduit, elle s'oppose à la réapparition des fissures vivantes. Entièrement en fibre de verre, elle est vendue en rouleaux de largeur variable et elle est très légère.

1 Préparez les fonds comme pour la peinture (après avoir protégé le sol de la pièce à l'aide de bâches en matière plastique). Élargissez les fissures et les trous à l'aide d'un grattoir triangulaire. Insistez sur les fissures « vivantes », qui traversent toute l'épaisseur de l'enduit de plâtre, en leur donnant un profil en queue d'aronde (plus large au fond qu'à l'entrée).

2 Humidifiez le support et appliquez de l'enduit de rebouchage (en poudre, après gâchage, ou en pâte prête à l'emploi). Serrez l'enduit avec un couteau de peintre avant de lisser avec un couteau à enduire.

3 Pour durcir le fond, réduire sa porosité et améliorer l'adhérence de la colle, appliquez sur toute la surface un durcisseur pour enduits de plâtre, à l'aide d'un rouleau. Ce produit, vendu prêt à l'emploi, est recommandé sur tous les fonds poudreux et farinants, avant peinture. Il est microporeux et laisse respirer le support.

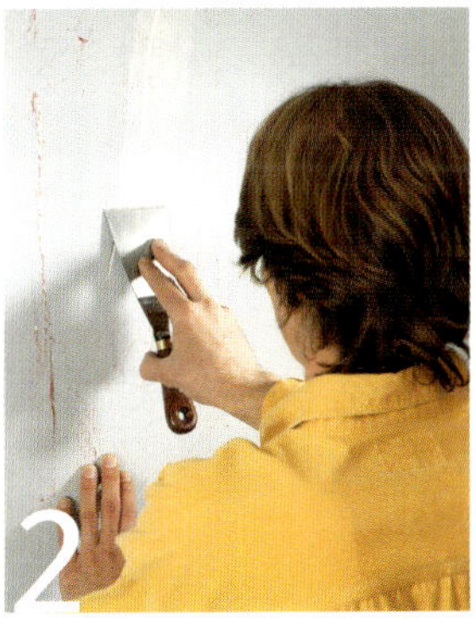

OUTILS ET MATÉRIAUX

- Grattoir triangulaire
- Couteau de peintre
- Couteau à enduire
- Pinceau rond
- Rouleau « murs et plafonds »
- Spatule à maroufler
- Ciseaux de tapissier
- Cutter
- Table de tapissier
- Escabeau

- Colle à toile de verre
- Durcisseur
- Enduit de rebouchage
- Colorant

➲ Colle et peinture à la fois

La colle pour toile de verre est en fait une colle-peinture – ou une peinture-colle. Elle produit le même effet qu'une peinture acrylique mate.

Pour en savoir plus

Enduit au plâtre **29**
Préparation des murs **170**

4 Préparez la colle en la teintant à l'aide d'un colorant en tube. Procédez par petites touches, pour trouver la nuance qui vous convient (n'oubliez pas qu'une peinture trop foncée est difficile à supporter dans une pièce). Colorez en une seule fois toute la quantité de colle dont vous avez besoin – sinon vous auriez du mal à retrouver la même nuance. Vous pouvez aussi noter le nombre de gouttes de colorant que vous introduisez dans le bac de colle. Mélangez bien, avec un tasseau propre, afin d'obtenir une couleur homogène.

5 Commencez à peindre avec un pinceau rond là où le rouleau ne peut pas aller : la bordure du plafond et de la plinthe, les angles rentrants...

6 Passez ensuite une couche de colle-peinture sur toute la surface, à l'aide du rouleau. Ne peignez qu'une surface légèrement plus large que le lé de toile de verre, de manière à pouvoir l'afficher sur une colle qui n'a pas encore commencé à sécher.

7 Mettez en place le lé de toile de verre comme un lé de papier peint. Affichez-le d'abord en haut, contre le plafond et marouflez-le de haut en bas et du centre vers les bords, à l'aide d'une spatule en matière plastique. Préalablement, vous aurez effectué la coupe du lé, avec des ciseaux et sur une table de tapissier, après avoir mesuré la hauteur entre plinthe et corniche (ou entre plinthe et plafond),

en prévoyant une marge de quelques centimètres. Après affichage du lé, effectuez l'arasement au niveau de la plinthe à l'aide d'un cutter ou d'un araseur.

8 La pose peut commencer à partir d'un angle rentrant. Posez le premier lé en le faisant recouvrir de quelques centimètres le mur adjacent. Marouflez avec soin dans l'angle, en poussant le lé de toile de verre dans l'angle. Posez le lé suivant, sur le mur adjacent, le long d'un axe vertical tracé au fil à plomb, en recouvrant aussi le retour d'angle sur quelques centimètres : cette technique est plus sûre, surtout si les murs ne sont pas bien droits.

9 Passez à nouveau la spatule à maroufler sur toute la surface du lé, en pressant fermement, de manière que la peinture pénètre et traverse la toile de verre. Celle-ci prend d'ores et déjà la couleur de la colle. Passez alors à l'encollage de la surface suivante, d'une largeur à peu près identique à celle du lé suivant.

10 Lorsque la pièce est complètement tapissée, passez la seconde couche de colle-peinture, cette fois sur la toile de verre, pour lui donner sa coloration définitive. C'est ce double traitement qui donne l'impression d'un matériau teinté dans la masse. Commencez par étaler la peinture au rouleau, puis terminez au pinceau rond pour effectuer les raccords près de la corniche (ou du plafond), de la plinthe et des angles rentrants. Servez-vous d'un bout de carton comme écran.

Pose du lambris

Les lambris en bois naturel sont rapides à poser et, qu'ils soient placés à la verticale, à l'horizontale ou en diagonale, ils servent admirablement tous les styles : traditionnel, rustique ou moderne.

Quelle présentation ?

Les lambris (frisette) sont le plus souvent en pin des Landes, en sapin blanc du Nord, ou même en châtaignier pour la qualité supérieure. Ils reçoivent une classification selon l'aspect : sans nœuds, petits nœuds ou nœuds moyens. En outre, ils peuvent être bruts (vous avez alors la possibilité de les vernir, de les lasurer ou de les peindre vous-même) ou revêtus d'une finition en usine.

Sur fourrure de tasseaux

Le plus souvent, les lambris sont agrafés sur des tasseaux, fixés horizontalement sur le mur, ou sur un réseau de tasseaux horizontaux et verticaux. Un revêtement de lambris constitue un doublage de la cloison : il permet d'encastrer les canalisations et de dissimuler des fonds sans avoir besoin de les rénover. Il est également possible de le mettre en œuvre sur une couche isolante de laine de verre ou de roche.

1 Il est préférable d'utiliser des tasseaux traités contre les parasites (en particulier dans les régions infestées par les termites). Nous les mettons ici en place directement sur les solives : la fourrure de tasseaux va donc être désolidarisée du mur, ce qui facilite l'encastrement des canalisations et ce qui améliore la circulation d'air en sous-face. Posez d'abord les montants, à raison d'un tasseau par solive fixé au moyen d'un connecteur bois (à clouer ou à visser). Vérifiez la verticalité avec le niveau ou le fil à plomb. Clouez ensuite des traverses destinées à raidir l'ensemble.

2 Passez à la pose des lames. Vous pouvez commencer contre une huisserie de porte ou de fenêtre, ou encore contre l'angle d'un mur. Dans tous les cas, il faut contrôler la verticalité de la première lame – qui détermine la position de toutes les autres. La fixation se fait

OUTILS ET MATÉRIAUX

- Perceuse
- Agrafeuse-cloueuse
- Scie trépan
- Marteau
- Tournevis
- Scie à coupe d'onglets
- Niveau à bulle
- Fil à plomb
- Mètre

- Vis
- Clous
- Chevilles
- Connecteurs bois

➲ Quelle quantité ?

Les lambris sont vendus en bottes ou en carton couvrant une certaine surface (par exemple bottes de 10 lames, couvrant 1,8 m^2). Prévoyez une petite marge pour les coupes.

Pour en savoir plus

Isolation sous rampants **82**

Traitement des boiseries **281**

➲ Les clips

Traités contre la rouille, ces éléments comprennent une pince, maintenant le lambris, qu'il est possible de régler, avec la lame d'un tournevis, en fonction de l'épaisseur de la joue de la rainure. Quelques dents, en sous-face, assurent l'accrochage du clip sur le tasseau.

habituellement à l'aide de clips métalliques que vous agraferez (de préférence avec une agrafeuse-cloueuse électronique). Poussez à fond le clip sur la joue de la rainure avant d'agrafer.

3 Pour que le lambrissage soit parfait et les lames bien droites, vous devez les assembler à fond. Poussez-les fermement et frappez sur leur chant à petits coups avec la panne du marteau (comme ici) ou avec le maillet.

4 Pour introduire des notes de couleur et améliorer l'aspect du revêtement, on intercale ici des lamelles qui viennent s'adapter entre deux lames (on les raccorde en les aboutant). Il faut alors employer des clips spéciaux, plus larges, qui ménagent la place de la lamelle. Ces éléments colorés peuvent être utilisés sur l'ensemble du revêtement, ou seulement sur une partie ou encore sur un panneau.

➲ Les coupes pratiques et économiques

Effectuez toutes les coupes à l'aide d'une boîte à onglets et d'une scie à dos (à denture fine), ou encore d'une scie à coupe d'onglets. Il est parfois nécessaire de procéder à des découpes particulières, par exemple d'un détail d'architecture : il est alors préférable d'utiliser un gabarit.
Si vous utilisez des lambris grande longueur, il est possible d'éviter les coupes (mais les chutes peuvent être importantes, d'où un coût plus élevé).
En général, on dispose les lames de manière à aligner les joints toutes les deux rangées. Vous pouvez aussi opter pour la pose à coupe perdue (pose à l'anglaise), plus économique puisqu'elle réduit les chutes au maximum : on raccorde les lames bout à bout sans se préoccuper de la position des joints. Une autre solution consiste à créer une ligne de coupe uniforme, par exemple à hauteur de cimaise, et l'on introduit alors un cabochon formant moulure de cimaise.

➲ Les angles et les finitions

Pour masquer la jonction des lames dans les angles rentrants, clouez de la baguette quart-de-rond – de la même teinte que le lambris. De même, utilisez des profilés pour les angles sortants. Fixez aussi une baguette quart-de-rond pour la jonction avec le plafond, et terminez en clouant les plinthes (sur les tasseaux, à travers les lames).

5 La pose en diagonale n'implique pas de difficulté particulière. Ici, on met d'abord en place la lame en diagonale qui va limiter cette partie du revêtement. Ensuite, les lames sont assemblées et fixées normalement, avec ou sans lamelles. Notez les ouvertures, pratiquées à l'aide d'une scie trépan, pour y loger les boîtiers d'appareils électriques.

➲ Clouage

Les clips de fixation peuvent également être cloués sur le tasseau (à défaut d'être agrafés). Utilisez une seule pointe, à tête plate, par clip.

Lambris traditionnel

0Autrefois, la partie basse des murs peints ou tapissés était revêtue de lambris d'appui, c'est-à-dire de panneaux de bois entourés de moulures et surmontés d'une cimaise. En voici une version moderne.

Panneaux, châssis et moulures

Ces lambris, vendus prêts à assembler, présentent toutes les parties des lambris traditionnels : panneaux de bois massif assemblés à embrèvement dans des châssis de bois plus épais. Ces panneaux sont ornés d'une plate-bande et garnis d'une languette pour l'assemblage sur les traverses et les montants qui portent des moulures décoratives (lambris à petit cadre). L'ensemble ne repose pas sur la plinthe, comme chez certains lambris classiques ; il est désolidarisé du parquet, les montants se prolongeant en pieds. La traverse haute vient s'emboîter sur une moulure de cimaise en deux parties.

Une mise en œuvre facile

Les lambris sont maintenus par le socle de la baguette de cimaise, que l'on visse sur le mur. Les mises à longueur sont réalisées au moyen de frises assemblées à rainure et languette. Des baguettes moulurées permettent le franchissement des angles sortants et l'adaptation sur le chambranle des portes. Toutes les parties du lambris sont fixées par collage.

OUTILS ET MATÉRIAUX

- Maillet
- Scie à dos
- Boîte à onglets
- Scie à coupe d'onglet
- Cordeau traceur
- Mètre
- Niveau à bulle
- Perceuse visseuse
- Vis
- Colle à bois (vinylique)
- Chevilles

Le lambris prêt à poser comprend :

- panneaux à plate-bande
- montants et traverses
- moulures (petit cadre)
- moulure d'angle
- moulure de cimaise et socle
- plinthe moulure
- frise
- fausse languette

Pour en savoir plus

Rénovation d'un parquet **155**

Pose du lambris **188**

Tracer, repérer **212**

Utiliser une scie égoïne **214**

1

1 Effectuez un tracé préalable sur le mur correspondant à la position de la moulure de cimaise. Utilisez le cordeau traceur en prenant des points de repère (à partir du parquet) et en contrôlant l'horizontalité avec le niveau. Notez que la pose de lambris traditionnels permet de dissimuler un mur en mauvais état ; toutefois, celui-ci doit être sain, c'est-à-dire non humide.

2 Commencez par visser le socle de la moulure de cimaise contre le mur, au niveau du tracé. Recoupez (coupe droite avec une scie à dos et une boîte à onglets, ou une scie à onglets) après avoir pris les repères, en position. Marquez les emplacements des che-

2

➲ A quelle hauteur ?

Il existe des lambris prêts à monter de hauteurs variables. Traditionnellement, les lambris ont une hauteur de 0,70 m ou 0,80 m dans les chambres, et de 1,30 m à 1,50 m dans les salles à manger.

villages et percez (perceuse et mèche à maçonnerie). Fixez ensuite le socle avec des vis à bois à tête fraisée (visseuse ou tournevis).

Montez les panneaux sur les traverses et les montants, en appliquant préalablement un peu de colle à bois dans les rainures. Enfoncez les pièces à l'aide d'un maillet, en protégeant le parement du bois avec une petite cale.

Fixez le lambris contre le socle de la moulure de cimaise en engageant une fausse languette dans la rainure supérieure de la traverse haute de manière à assurer la liaison avec la cimaise. Il reste à mettre en place (après encollage) la partie supérieure de la moulure de cimaise qui maintient le panneau.

Laissez un jeu de quelques millimètres entre la fausse languette et le fond de la feuillure du socle de la cimaise pour ne pas contrarier les variations dimensionnelles dues aux changements de température.

➲ Quelle finition ?

Toutes les finitions traditionnelles du bois conviennent pour ce type de lambris. Utilisez une teinture si le style de l'appartement et du mobilier l'exige, mais méfiez-vous des teintes très foncées, qui obscurcissent la pièce. Vous pouvez opter pour un vernis acrylique, si vous souhaitez un produit parfaitement transparent, ou polyuréthanne pour lambris, si vous préférez insister sur la protection du bois. Pour rester dans la tradition, une finition à la cire (teintée ou non) donne un très bel aspect, avec un brillant discret et chaleureux.

3 Pour le franchissement des angles sortants et pour le raccordement au chambranle des portes, utilisez des moulures d'angle : elles comprennent une rainure et une languette, en vue de l'assemblage à chacun des panneaux adjacents ou à celui qui termine le lambrissage près de l'huisserie. Prenez un repère au crayon car la moulure doit monter un peu moins haut que le montant du lambris, pour l'assemblage sur le socle de la moulure de cimaise. Là encore, encollez la rainure (cordon de colle vinylique).

4 Les mises à longueur nécessaires au raccordement sur les baguettes d'angle ou sur les chambranles des portes se font au moyen de frises présentant une rainure sur chaque rive. Elles sont donc assemblées, elles aussi, avec des fausses languettes. Il est possible de placer plusieurs frises les unes à côté des autres.

5 Ici, le panneau, avec sa moulure d'angle emboîtée côté languette, vient s'assembler sur le montant du lambris du mur adjacent, au moyen d'une fausse languette. Ajustez chaque assemblage au maillet ; prenez soin d'effacer immédiatement les bavures de colle avec un chiffon humide. Il reste à mettre en place la moulure de cimaise sur son socle. Effectuez des coupes d'onglet aux angles : prenez soigneusement les mesures et vérifiez les repères de coupe en mettant les pièces en position. Travaillez avec la scie d'onglet (ou la boîte à onglets), de manière que les raccords soient absolument parfaits.

Décoration murale au pochoir

Le pochoir est un moyen de décoration et d'illustration utilisé depuis des temps très reculés, idéal pour agrémenter de frises ou de motifs une peinture murale.

Quelle peinture ?

Diverses peintures peuvent être utilisées pour la décoration au pochoir, depuis les peintures acryliques murales ordinaires jusqu'aux peintures de décoration – également acryliques – qui sont proposées en petits pots, dans les rayons et les boutiques spécialisés en loisirs et artisanat. Vous pouvez également avoir recours aux peintures en bombe aérosol ou aux couleurs à l'huile, en tube ou en bâton.

Quels motifs ?

On trouve des pochoirs déjà découpés, offrant toute une gamme de motifs divers, en particulier des guirlandes de fleurs, de feuilles et de fruits, des animaux (par exemple des poissons et des étoiles de mer, pour les salles de bains) ainsi que des motifs géométriques de style traditionnel ou moderne et même des paysages. Vous pouvez aussi reproduire vous-même, sur un film à pochoir ou sur un carton léger, n'importe quel motif qui vous séduit.

OUTILS ET MATÉRIAUX

- Cutter
- Tapis de coupe
- Niveau à bulle
- Pinceau à colle

- Peinture acrylique ou à l'huile
- Film à pochoir
- Ruban adhésif
- Colle repositionnable
- Papier de verre
- Brosses pour pochoir (différents diamètres)

Pour en savoir plus

Décoration à l'encre **178**

Décoration d'un meuble au pochoir **246**

1 Procédez au report du motif sur le film à pochoir transparent. Vous utiliserez du PVC rigide transparent (épaisseur 3/10e cm) ou, mieux, du film acétate cristal, très transparent et facile à manipuler. Posez le film sur le motif, ici reproduit sur du papier calque, fixez-le avec de l'adhésif et effectuez le tracé à l'aide d'un feutre. Pour une frise murale, choisissez un motif simple – et simplifiez, si nécessaire, en reportant. En effet, des lignes et des détails fins sont difficiles à imprimer sur le mur et peu « lisibles ». Si vous envisagez de reproduire un motif en plusieurs couleurs, vous devez utiliser un film découpé par couleur, en notant des repères de position.

➲ Décor temporaire

Pour la décoration de votre intérieur au moment de Noël ou d'une autre fête, vous pouvez recourir au pochoir et à des couleurs faciles à effacer (gouaches à l'eau), pour imprimer temporairement des décors sur les vitres ou même sur les murs laqués.

2 Placez le film de pochoir sur un carton, un panneau de contreplaqué ou un tapis de coupe d'encadreur, et effectuez la découpe avec soin, à l'aide d'un cutter. Pour suivre une ligne sinueuse ou bri-

3

4

5

sée avec la lame du cutter, vous devez tourner le film à découper de la main gauche (si vous êtes droitier) sans varier la position de la main droite – et non tourner vous-même autour de la table !

3 Effectuez ensuite le tracé de la frise sur le mur. Utilisez un long niveau à bulle de maçon pour tracer horizontalement. Appuyez faiblement sur le crayon pour que le trait soit ensuite facile à effacer – vous pouvez également vous servir d'une craie.

4 Encollez le pochoir sur l'envers, à l'aide d'une colle spécifique, en l'occurrence un vernis adhésif à pochoir qui s'applique au pinceau. Encollez sur tout le pourtour des « fenêtres », c'est-à-dire des découpes du pochoir, afin d'éviter les bavures de peinture – la couleur risquant, autrement, de s'infiltrer entre support et film, par capillarité. Cette colle est repositionnable et facile à éliminer après séchage de la couleur. Vous pouvez également utiliser une colle repositionnable en bombe (colle aérosol pour montages successifs).

5 Appliquez le pochoir contre le mur en l'alignant bien sur le tracé. Pressez, avec les doigts, sur le pourtour des fenêtres, afin d'assurer l'adhérence.

6 Déposez quelques noix de peinture sur une assiette et coloriez le pochoir en utilisant des brosses pour pochoir, dont les soies sont coupées droit. Chargez peu la brosse, tamponnez d'abord légèrement sur l'assiette ou sur du papier, puis tamponnez sur le mur, sans trop appuyer. Les poils de la brosse impriment à la couleur un grené intéressant. Tamponnez successivement avec plusieurs couleurs proches, en utilisant éventuellement plusieurs brosses, afin d'introduire des nuances qui donnent de la profondeur et du relief à la frise. Évitez en revanche les aplats uniformes. Déplacez le pochoir afin de continuer la frise. Il n'est pas nécessaire d'encoller à nouveau, mais vérifiez qu'il n'y a pas de taches de peinture au revers. Le cas échéant, essuyez immédiatement les bavures.

7 Attendez le séchage complet de la frise et, avec un carré de papier de verre à grain fin, poncez légèrement le motif, sur toute la longueur. Vous donnez ainsi au décor une patine intéressante, en estompant les couleurs.

➲ Agrandissement

Si vous souhaitez agrandir ou réduire un motif, utilisez la méthode traditionnelle du quadrillage, avec deux grilles d'échelles différentes, en reportant à la main carré après carré. Cependant, il est beaucoup plus simple d'avoir recours à une photocopieuse.

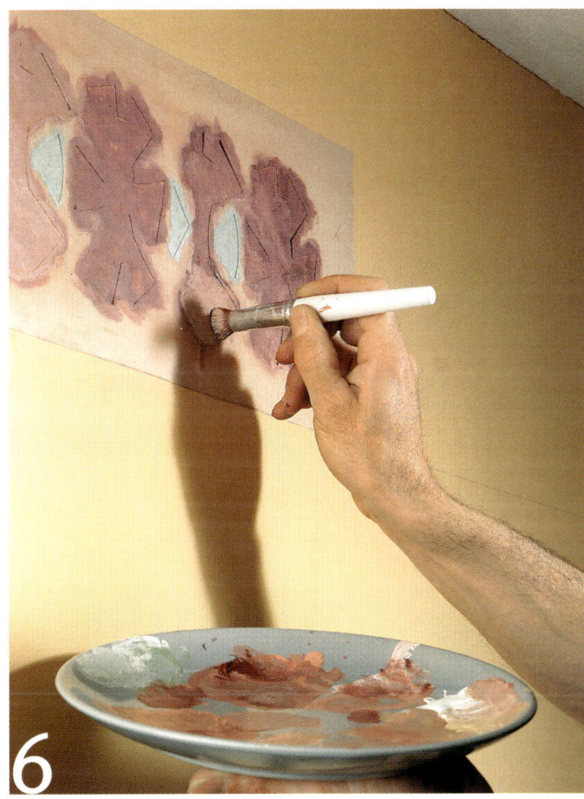
6

7

Pose du carrelage au mur

Les colles et mortiers-colles disponibles aujourd'hui facilitent grandement la pose du carrelage mural et la rendent accessible à tous, même aux bricoleurs peu expérimentés.

Calculs préalables

Pour calculer la quantité de carreaux dont vous avez besoin, mesurez la surface des murs et comptez une marge d'environ 10 % pour la casse, les coupes – et les éventuels remplacements ultérieurs. Ne tenez pas compte des petits obstacles tels un lavabo ou un chauffe-eau à gaz en applique, car ils « consomment » beaucoup de carreaux étant donné les coupes qu'ils impliquent. Veillez à acheter tous les carreaux nécessaires en une seule fois pour éviter les légères variations de teinte pouvant exister d'un lot à l'autre.

Plans

Pour décider de la meilleure disposition du carrelage et pour équilibrer les coupes, faites un plan précis, sur du papier millimétré, en tenant compte de la largeur des joints, ou effectuez une pose « à blanc » (sans colle) de deux rangées perpendiculaires, en fixant les carreaux avec de l'adhésif double face. En général, on rejette les coupes vers le bas – pas de coupes près du plafond ni contre un listel – ou vers l'arrière d'un plan de travail.

OUTILS ET MATÉRIAUX

- Spatule crantée
- Raclette de carreleur
- Coupe-carreau
- Pince de carreleur
- Pointe à tracer
- Règle
- Niveau à bulle

- Colle carrelage ou mortier-colle
- Ciment à joint
- Croisillons

Pour en savoir plus

Cloison en carreaux de plâtre **26**

Coupe des carreaux **198**

1 Effectuez d'abord un tracé sur le mur en fonction de votre plan de pose : tracez un axe horizontal et un axe vertical, en vous servant d'un niveau à bulle. Ne vous alignez jamais sur l'angle – rentrant ou sortant – d'un mur et ne partez pas d'une plinthe : l'un et l'autre sont rarement parfaitement d'aplomb et le carrelage fini donnerait l'impression que la pièce « penche ». Appliquez la colle ou le mortier-colle à l'aide d'une spatule crantée, en effectuant une seule passe – pour ne pas enlever de produit en excès. Mettez en place la première rangée de carreaux en l'alignant sur l'axe. Poussez des doigts sur chaque carreau pour lui donner son assise sur la colle.

2 Continuez la pose de la même manière : la colle adhère instantanément mais sa prise est lente, ce qui permet de rectifier la position des éléments. Veillez surtout à la régularité des joints. Il est toujours préférable d'avoir recours à des croisillons en matière

➲ Le support

Le carrelage mural se pose en général sur un enduit de plâtre, sur des plaques de plâtre ou des carreaux de plâtre. Il n'est pas nécessaire de reboucher les fissures très fines et les trous laissés par les chevilles, mais il faut en revanche traiter les fissures vivantes en les entoilant, sous peine de voir ensuite le carrelage lui-même se fissurer. Vous pouvez aussi carreler un mur peint, à condition que la peinture soit en bon état (poncez au papier de verre à gros grain, surtout les laques). Décapez les peintures mal adhérentes et les papiers peints. La pose sur un ancien carrelage est possible, mais il est préférable de mettre le mur à nu.

plastique que l'on place aux angles et qui se trouvent noyées dans la colle. Pour un carrelage mural, les joints ont en général 2 ou 3 mm de largeur. Lorsque vous avez posé quelques carreaux, vérifiez, à l'aide d'une règle, qu'il sont tous dans le même plan. Si l'un d'eux fait saillie, enfoncez-le dans la colle par pression ou à l'aide d'un maillet.

3 Effectuez les coupes au fur et à mesure – et en série lorsque c'est possible, comme ici pour cette coupe selon la diagonale du carreau. Dans le cas d'éléments d'une certaine épaisseur, le coupe-carreau (ou carrelette) s'impose. Pour des carreaux de faïence plus minces, vous pouvez aussi opérer à l'aide d'une pince de carreleur. Dans tous les cas, tracez le trait de coupe.

4 Le carrelage d'un plan de cuisine ou de salle de bains se fait selon la même technique : partez toujours du bord extérieur. Si le support n'est pas en aggloméré ou en contreplaqué hydrofugé dans la masse, appliquez d'abord un produit hydrofuge. Utilisez plutôt une colle en pâte qu'un mortier-colle. Pour l'encastrement du lavabo ou de l'évier, il faut généralement effectuer des coupes particulières, selon une courbe. Effectuez le tracé en mettant chaque carreau en place et procédez à la découpe à la scie à découper de carreleur (scie vilebrequin) ou à la pointe à tracer et à la tenaille de carreleur. Une grande précision n'est pas nécessaire car le rebord du lavabo cache la coupe.

5 Ici, il a fallu exécuter des coupes étroites, sur des carreaux de faïence, pour lier le plan de travail au mur. Ensuite, on a réalisé des coupes pour garnir la baie, en alignant bien entendu les rangées murales sur les rangées du plan de travail. Utilisez des petites cales en carton pour créer un joint de largeur adéquate entre les carreaux horizontaux et verticaux.

6 Si le carrelage comporte un listel en partie haute, mettez-le en place en dernier, en utilisant les éléments d'angle. Si nécessaire, effectuez la coupe du listel avec une scie à découper.

➲ Quelle colle ?

Il existe, pour l'essentiel, deux types de colle pour les carrelages muraux : le mortier-colle, à gâcher dans l'eau, et la colle en pâte, prête à l'emploi et présentée en pot ou en seau. Ces deux produits ont des qualités comparables (préférez le second pour la pose sur des panneaux de dérivés du bois).

Coupe des carreaux

La principale difficulté que l'on rencontre lors de la pose du carrelage, au sol comme au mur, c'est évidemment les coupes. De leur régularité dépend, pour une bonne part, l'aspect final du revêtement.

Coupes courbes

Ce sont évidemment les plus difficiles, mais elles sont relativement rares. Vous serez néanmoins amené à couper les carreaux selon un profil courbe autour des appareils sanitaires, dans la salle de bains, autour d'un évier sur le plan de travail d'une cuisine et aussi, le cas échéant, autour de certains éléments d'architecture comme les arcs cintrés des baies. Vous utiliserez alors la scie de carreleur et la pointe à tracer.

Coupes droites

Les outils sont surtout la pince de carreleur et la carrelette (ou coupe-carreau), ou encore la pointe à tracer pour les petits travaux. La réalisation des coupes droites n'est pas difficile mais il faut se familiariser avec le maniement de l'outil que vous utilisez afin de réussir un travail soigné : lors de la pose du carrelage, vous serez amené à effectuer des séries importantes de coupes identiques. Pour la coupe de dalles et de gros carreaux, servez-vous plutôt d'une machine électrique (meuleuse d'angle ou scie circulaire à matériaux).

OUTILS ET MATÉRIAUX

- Crayon feutre
- Mètre
- Scie de carreleur
- Lame-fil et lame plate
- Pointe à tracer
- Pince de carreleur
- Carrelette (coupe-carreau)
- Grignoteuse
- Tenaille de carreleur
- Râpe de carreleur
- Pierre à adoucir
- Établi-étau

A la scie à découper

1 Percez d'abord un trou adjacent au tracé et à l'intérieur. La scie à découper, équipée d'un embout de perçage, s'utilise ici comme un vilebrequin sans sa lame. Fixez le carreau sur un établi en le plaçant sur une cale de bois, et attaquez-le côté parement. Une fois que vous avez percé la pellicule dure, le travail est beaucoup plus facile.

2 Placez le carreau à la verticale, entre les mâchoires d'un établi-étau (comme ici) ou d'un étau (en intercalant des mordaches pour ne pas endommager l'émail). Montez la lame-fil sur la scie à découper. Effectuez la découpe en suivant le tracé, la lame devant rester perpendiculaire au plan du carreau. Tournez le carreau dans l'étau au fur et à mesure de la progression de la coupe, pour ne pas être obligé de scier « en remontant ». De la même manière, vous pouvez effectuer des découpes

➲ La scie de carreleur

La scie à monture de carreleur convient pour toutes les découpes courbes ; elle est particulièrement utile lorsqu'il s'agit de pratiquer une ouverture à l'intérieur d'un carreau. C'est notamment le cas lorsqu'une canalisation de chauffage central ou d'eau sort perpendiculairement à la surface à carreler ou pour la fixation de certains appareils électriques ou d'objets décoratifs. Mais cette scie de carreleur permet aussi des découpes courbes précises autour des appareils sanitaires ou des grosses canalisations.
Le tracé (au feutre) doit être effectué avec précision. Vous pouvez prendre des mesures avec un mètre et les reporter avec soin, ou utiliser un gabarit en papier ou en carton : c'est la méthode la plus sûre.

Pour en savoir plus

Pose du carrelage au sol **149**
Pose du carrelage au mur **194**

courbes en périphérie du carreau, ou suivre des tracés sinueux pour réaliser des découpes décoratives.

3 Cette scie à découper vous donne aussi la possibilité de procéder à des découpes droites dans un angle : il suffit de monter une lame large qui permet, dans ce domaine, un travail plus net que la lame-fil. Ce type de découpe est souvent nécessaire, dans la pose de carrelage, pour les socles de prise et d'interrupteur, pour les coins d'huisserie de porte et de fenêtre, autour d'appareils encastrés. Effectuez le tracé en prenant des mesures ou à l'aide d'un gabarit. Ensuite, placez le carreau à plat, entre les mâchoires de l'étau et sciez comme vous le feriez sur une pièce de bois avec une scie à monture. Commencez en inclinant peu la lame et terminez en l'inclinant de plus en plus, pour finir presque à la verticale, afin de ne pas entailler au-delà du tracé. Vous pouvez aussi utiliser cette scie pour effectuer des coupes dans toute la longueur, destinées à des travaux soignés.

A la grignoteuse

4 Placez le carreau à plat sur un morceau de feutre ou de contreplaqué et entaillez-le en suivant le tracé extérieur : tenez la pointe à tracer comme un stylo, en appuyant sans excès et en vous efforçant de ne pas déraper. Effectuez une seule passe.

➲ Pointe à tracer et grignoteuse

La pointe à tracer est un outil de carreleur simple et pratique, facile à manier, précieux pour réaliser de nombreuses coupes, courbes (notamment autour de canalisations et d'appareils sanitaires) ou droites, sur des carreaux muraux. Il s'agit d'une pointe très dure, au carbure de tungstène, qui permet d'entailler le parement émaillé du carreau. Effectuez d'abord le tracé de la coupe, au crayon feutre.

5 Entaillez régulièrement la chute, à la pointe à tracer, en la hachurant dans les deux sens. Là encore, appuyez sur la pointe pour entailler nettement l'émail.

6 Attaquez le carreau à la grignoteuse, en le tenant d'une main. Cette petite tenaille est dotée de mâchoires étroites, carrées, qui lui permettent de couper en broyant (préférez un modèle équipé d'un ressort de rappel, comme celui-ci). « Grignotez » la chute à petits coups, en exerçant des mouvements de levier. N'essayez pas d'enlever de gros morceaux, surtout en arrivant près du tracé, car le carreau pourrait se briser. Affleurez au mieux le tracé avec la grignoteuse.

7 Il reste à ébarber la coupe à l'aide d'une râpe demi-ronde, afin d'éliminer les irrégularités et d'obtenir un profil lisse. Pour les travaux soignés, vous pouvez terminer en ponçant avec une pierre à adoucir.

A la pointe

8 La pointe à tracer permet également d'effectuer des coupes droites sur les carreaux de faïence. Posez le carreau bien à plat, avec une règle le long du trait de coupe, et entaillez à la pointe, en appuyant bien et en une passe unique.

9 Placez ensuite le carreau sur un crayon ou sur la pointe à tracer elle-même, en superposant le trait de coupe sur l'instrument. Des deux pouces exercez une pression brusque et énergique de part et d'autre du carreau : le carreau se coupe nettement ; il reste à l'ébarber.

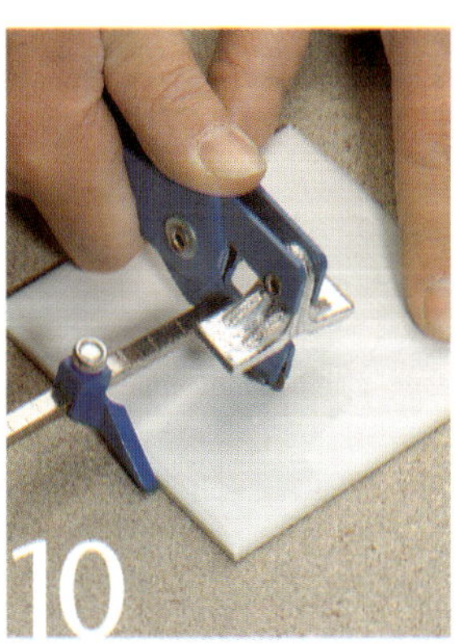

A la pince

10 Après avoir effectué le tracé, entaillez le parement du carreau à l'aide de la molette au carbure de tungstène, en appuyant fermement et en une seule passe. Ce modèle de pince est muni d'un guide et d'un curseur réglable qui évite le tracé : c'est un accessoire précieux lorsque vous devez réaliser une série de coupes identiques.

11 Placez le carreau entre les mors de la pince, le trait de coupe bien au milieu et exercez une pression ferme : l'élément doit se casser net. Cette étape est délicate et il faut bien doser la pression exercée.

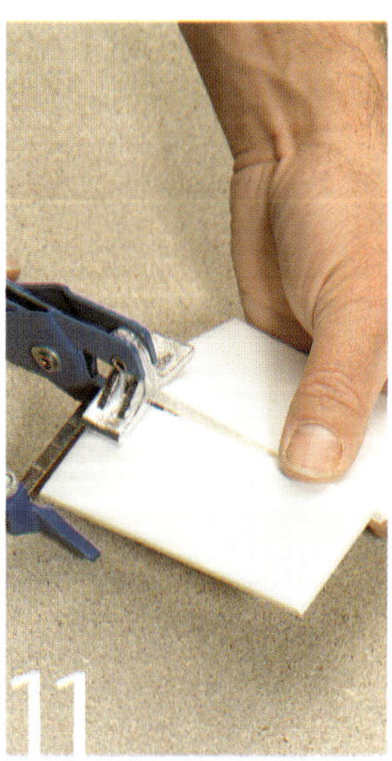

12 Lorsque la coupe est étroite et effectuée au bord du carreau, il n'y a pas assez de place pour que s'applique l'un des patins de la pince. Dans ce cas, utilisez une tenaille de carreleur : tenez fermement le carreau dans une main et saisissez la chute entre les mâchoires de la pince afin de casser net l'élément. Vous pouvez aussi placer le carreau en porte-à-faux, comme avec la pointe à tracer (*voir* photo 9).

➲ La coupe à la pince

La pince de carreleur est un outil léger qui permet de couper rapidement et proprement les carreaux muraux – mais il est préférable de vous exercer sur des chutes car elle demande un certain tour de main.

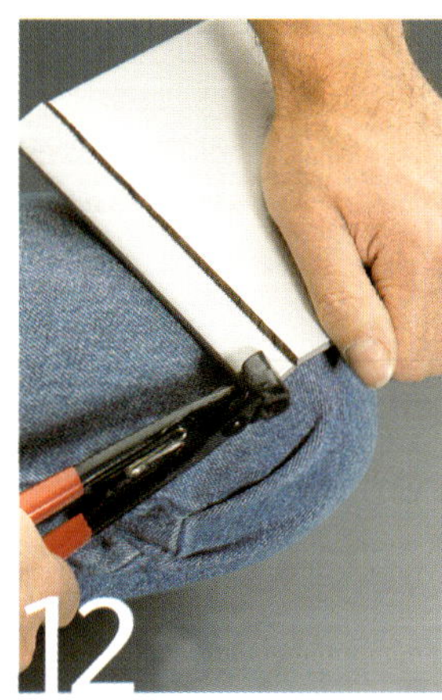

➲ La coupe à la carrelette

Cette machine simple, appelée aussi coupe-carreau, convient pour la coupe de tous les types de carreaux, de sol comme de mur. Elle est constituée d'un socle, en bois ou en métal, et d'un chariot mobile, coulissant sur deux tiges.
La carrelette fonctionne selon le même principe que la pince : le carreau est entaillé par une molette au carbure de tungstène. Il repose sur deux bandes de caoutchouc ou de matière plastique avec au milieu une rainure qui permet de le mettre en porte-à-faux pour le casser (ou sur deux bandes de mousse et une arête métallique qui le soutient au moment de l'entaillage).

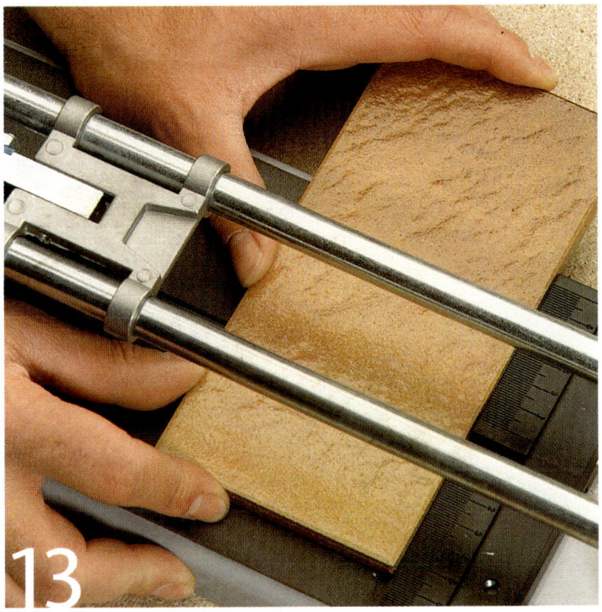

A la carrelette

13 Mettez le carreau en place sur la carrelette en réglant sa position à l'aide de la règle graduée (sur certains modèles, comme celui-ci, une équerre mobile, que l'on peut immobiliser par un écrou, permet d'effectuer une série de coupes identiques).

14 Entaillez le parement du carreau avec la molette en poussant sur le chariot. Il faut doser la pression en fonction du type de carreau : appuyez fermement s'il s'agit d'un élément en grès pour le sol, et légèrement dans le cas d'un carreau de faïence mural.

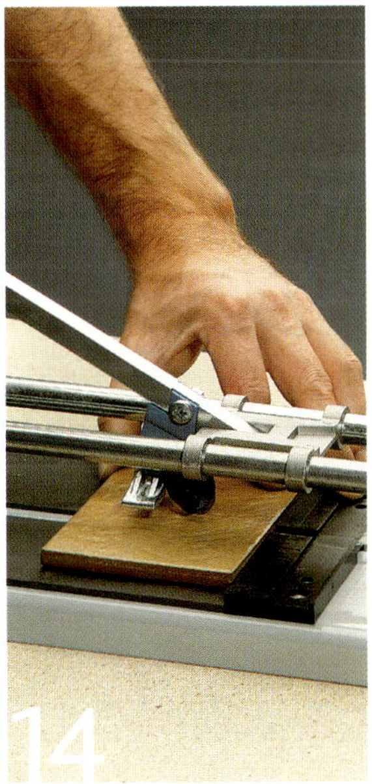

15 Le chariot étant arrivé en bout de course, abaissez à fond le levier pour casser le carreau. Cette « machine » reste un outil manuel et il faut apprendre à correctement doser la pression exercée.

16 Les grandes carrelettes permettent d'effectuer la coupe de dalles de carrelage mosaïque sur filet employées en revêtement de sol ou mural. Elles fonctionnent selon le même principe – la course du chariot étant évidemment plus longue. Mettez la dalle en position en vous servant de la réglette et en évitant les coupes trop étroites des éléments de la dalle. Immobilisez celle-ci en serrant l'écrou à oreilles de la tringle de blocage.

17 Effectuez une première passe pour entailler avec la molette, puis cassez la dalle carreau par carreau, en appuyant à fond sur le levier.

Plaquettes de parement intérieures

Les plaquettes de parement en pierre reconstituée de grandes dimensions, à l'aspect de pierre de taille, donnent beaucoup d'élégance à un intérieur et sont mises en œuvre rapidement.

1

Un revêtement longue durée

Le principal avantage des plaquettes de parement en pierre reconstituée, c'est évidemment l'esthétique puisqu'elles créent un décor à la fois chaleureux et élégant, évoquant les grandes demeures d'antan, et convenant aussi bien à un style de mobilier classique, rustique ou contemporain. A l'intérieur, elles constituent un revêtement durable, facile à entretenir (elles sont lavables) et se révèlent bon régulateurs de l'humidité.

Une pose rapide

D'un poids relativement léger, ces plaquettes de parement tiennent par simple collage sur tout support sain (non humide et non pulvérulent), exactement comme un carrelage. Elles se posent à joint vif, c'est-à-dire sans interstice entre elles.

1 Pour de grandes plaques de revêtement comme celles-ci, la colle peut être appliquée en plots à l'aide d'une spatule sur la face arrière de la plaquette. Utilisez la colle prête à l'emploi fournie par le fabricant en respectant les conditions d'utilisation. La plaquette en place sur le support, la colle permet un réajustement dans un temps de l'ordre d'une dizaine de minutes.

2 Mettez les plaquettes en place en commençant par les angles sortants, en particulier par les baies. Donnez-leur une assise en les frappant à l'aide d'un maillet, tout en vous assurant qu'elles sont dans le plan vertical. Les éléments d'angle ont ici, pour seule spécificité, un chant chanfreiné à 45°, ce qui permet un assemblage d'onglet très précis, donnant l'illusion d'une seule et même pierre de taille. Commencez une rangée sur deux par une demi-plaquette, afin de croiser les joints comme dans l'appareillage classique en pierre de taille.

3 Il faut veiller à l'horizontalité de la pose pour chaque élément, pour la première rangée, en bas de mur, comme pour les suivantes – les coupes étant ici effectuées en partie haute. Effectuez la vérification avec un niveau et cor-

OUTILS ET MATÉRIAUX

- Perceuse à variateur électronique
- Scie cloche
- Scie égoïne
- Niveau à bulle
- Râpe
- Équerre de menuisier
- Cutter
- Maillet en caoutchouc
- Pochon à joint

- Colle à plaquette
- Produit de jointoiement

Pour en savoir plus

Pose du carrelage au mur **194**

Briquettes de parement **202**

2

rigez la position de l'élément, si nécessaire, à l'aide d'une petite cale (par exemple une pointe).

4 Il est facile de découper les plaques pour les bordures et pour franchir les obstacles. Ici, on effectue un tracé préalable à la découpe.

5 Effectuez la découpe à la scie égoïne à denture fine, la plaquette étant immobilisée sur un établi à l'aide d'un serre-joints. Vérifiez que l'élément s'adapte correctement et, si nécessaire, procédez aux petites rectifications à l'aide d'une râpe.

6 Pour poser des appareils en applique (prise de téléphone, de télévision ou d'électricité), il suffit de passer les conducteurs. Effectuez le repérage et ouvrez une petite entaille, de deux traits de scie lorsque, comme ici, les câbles sortent en bord de plaquette. Vous pouvez même vous contenter d'une simple encoche à la râpe.
Au centre de la plaquette, percez un trou de 10 mm de diamètre avec un foret à maçonnerie.

7 Pour poser des prises et interrupteurs encastrés, effectuez d'abord un repérage et ouvrez un trou circulaire de diamètre adapté au boîtier de l'appareil. Placez la plaquette sur l'établi, en l'immobilisant à l'aide d'un serre-joints, et percez (perceuse de 1 000 V à variateur électronique équipée d'une scie cloche ; cet accessoire, à lame bimétal à denture HSS, permet de travailler un matériau relativement dur comme la pierre reconstituée).

8 La plaque percée, mettez-la en place, après encollage, après avoir intégré les boîtiers des appareils dans des trous ouverts. Notez que l'on utilise ici des cales en bois pour rehausser la plaque, le sol n'étant pas bien plan.

9 Le jointoiement n'est ici nécessaire que pour lier le revêtement à d'autres éléments, par exemple aux jambages d'une cheminée, comme ici, ou aux huisseries. Effectuez-le quand la colle a pris (le lendemain de la pose). Introduisez le produit de jointoiement dans un pochon en matière plastique et pressez fortement, après avoir coupé la buse avec un cutter. Quand le joint commence à devenir ferme, enlevez l'excédent et lissez.

➲ Intérieur ou extérieur ?

Les plaquettes et briques de parement ont une composition légèrement différente selon qu'elles sont conçues pour l'intérieur ou pour l'extérieur. De même, veillez à choisir le bon produit (colle ou mastic à joint) selon le type de plaquette.

Briquettes de parement pour une terrasse

Les plaquettes de parement permettent de revêtir facilement et rapidement des murs et des murets extérieurs, pour leur donner l'aspect décoratif d'une maçonnerie traditionnelle.

Un produit ingénieux

Les briquettes de parement en terre cuite ont l'aspect de briques pleines anciennes – elles ont d'ailleurs été réalisées à partir de moulages de vieux modèles – et les couleurs riches et nuancées de ce beau matériau. Elles sont insensibles au gel et résistent parfaitement à la chaleur. Vous pouvez donc les mettre en œuvre sur toutes les maçonneries extérieures et sur les cheminées. Elles conviennent également pour les murets de soutènement, pour les abris de jardin, pour les garages et pour la décoration intérieure.

Une pose simple

On utilise une technique très proche de celle de la pose d'un carrelage mural. Il suffit de coller les plaquettes sur le support à l'aide d'une colle vendue par le fabricant, avant de réaliser les joints avec un produit *ad hoc*, également fourni. Les coupes sont effectuées à la meuleuse d'angle. Le seul impératif concerne la préparation du support qui doit être en bon état et, surtout, parfaitement sain, c'est-à-dire non humide.

OUTILS ET MATÉRIAUX

- Nettoyeur haute pression
- Meuleuse d'angle
- Perceuse
- Auge à gâcher
- Niveau à bulle
- Cordeau traceur
- Équerre graduée
- Mètre
- Marteau
- Brosse dure
- Plâtoir
- Truelle
- Pinceau plat
- Pochon à joints

- Colle pour briquettes
- Produit pour joints

1 Les plaquettes de parement constituent un revêtement de même type qu'un carrelage, et la préparation des fonds est une étape essentielle pour que le nouveau décor dure longtemps. Effectuez d'abord un nettoyage approfondi à l'aide d'un nettoyeur de puissance suffisante (100 bars). Tenez la buse à quelques centimètres de la surface et déplacez-la lentement. Vous éliminez ainsi des particules mal adhérentes, mais aussi les lichens et les mousses, très difficiles à extirper par frottage à la main. Lorsque le mur est complètement envahi par les lichens et qu'il conserve une teinte verdâtre après le passage du nettoyeur haute pression, utilisez un produit de traitement des

Pour en savoir plus

Pose du carrelage au mur **194**

Enduit à l'ancienne **269**

➲ Testez l'enduit

« Sonnez » l'enduit de ciment en le frappant à l'aide d'un petit marteau. Dans les parties où il sonne creux, cela signifie qu'il s'est décollé sous l'effet de l'humidité : il faut alors l'éliminer et mettre la pierre ou la brique à nu, avant d'appliquer un nouvel enduit.

mousses et lichens. Il s'agit d'un liquide qu'il faut pulvériser sur toute la surface. Après avoir laissé agir environ une heure, passez à nouveau le nettoyeur haute pression. Si nécessaire, effectuez une nouvelle application du produit.

2 Frottez à l'aide d'une brosse dure pour éliminer toutes les particules et les parties non adhérentes. Vous pouvez négliger de petites différences de niveau, de l'ordre de quelques millimètres. En revanche, il est nécessaire de boucher les trous à l'aide de mortier. Lorsque le mur est abîmé, vous pouvez être amené à refaire une partie de l'enduit. Prenez également soins de boucher les fissures vivantes.

3 Appliquez une couche de colle spécifique pour les plaquettes de revêtement sur toute la surface du mur, avec un plâtoir ou une palette à enduire. Cette opération est destinée à fournir une base nette, dure et homogène pour le collage des plaquettes. Il n'est pas nécessaire de lisser parfaitement, de légères irrégularités n'étant pas gênantes pour la pose. Préparez la colle par gâchage à l'eau en respectant les proportions préconisées par le fabricant.

4 Procédez au tracé pour la pose des premières plaquettes en commençant par tirer un axe vertical à l'aide d'un long niveau à bulle de maçon (vous pouvez aussi utiliser une règle après avoir réglé sa verticalité avec un niveau ou un fil à plomb).

➲ Grosse chaleur

Si vous effectuez les travaux en été, lisez bien les instructions figurant sur le sac de colle : en cas de forte chaleur (plus de 25 °C), le fabricant conseille d'humidifier le mur avant d'appliquer la colle en sous-couche, et d'humidifier ensuite le mur ainsi enduit avant de coller les plaquettes. Ce type de colle ne peut être mis en œuvre par temps froid (moins de 5 °C).

➲ Appareillage

Quelle que soit la disposition choisie pour les plaquettes – c'est ce qu'on appelle « l'appareillage » – il faut effectuer des calculs précis afin de poser convenablement la première rangée.
Ne vous alignez en aucun cas sur le haut d'un mur ni sur une arête, car il est rare qu'ils soient droits.
Ici, nous avons retenu un appareillage relativement complexe puisqu'il comprend un motif formant une frise décorative en partie haute du revêtement. Il s'agit d'un motif à chevrons formant un losange au centre de la paroi. Pour réussir la pose, il n'est pas question d'improviser en partant d'une extrémité et d'effectuer des coupes à l'autre extrémité. Il faut calculer le nombre de plaquettes nécessaires et leur position en effectuant un schéma préalable sur papier, en tenant compte de la largeur des joints.

5 Tracez ensuite deux axes horizontaux, correspondant aux deux premières rangées de plaquettes que vous allez poser. Utilisez un cordeau traceur à fil bleu. Tendez-le contre le mur, vérifiez son horizontalité à l'aide d'un niveau à bulle, et faites claquer le cordeau contre le mur, en le pinçant, pour laisser une marque.

6 Effectuez le tracé du centre du motif en chevrons. Les deux traits bleus matérialisent les deux premières rangées, horizontales, situées au-dessus du motif (n'oubliez pas la lar-

geur du joint). Tracez le carré central en utilisant l'équerre et une règle (le niveau en fait ici office). Les traits (diagonales des carrés) correspondent à l'axe des plaquettes du motif.

7 Commencez la pose par les éléments d'angle. Si vous faites le contraire, vous risquez fort de devoir effectuer des coupes mal placées, même en calculant – il n'y a en effet pas de « jeu » possible au niveau des angles. Appliquez une couche de colle à la spatule au revers de chaque élément et mettez celui-ci en place en pressant (sans excès). La régularité de la largeur des joints (1 cm dans le cas présent) est essentielle pour la réussite de la pose : pour la régler, vous pouvez utiliser une baguette de bois de 10 x 10 mm de section.

8 Pour éviter aux premiers éléments posés de glisser, enfoncez une pointe juste au-dessous, à l'aide d'un marteau, de manière à les caler le temps que la colle prenne.

9 A partir des éléments des angles sortants, continuez la pose des deux premières rangées. Soignez la régularité des joints verticaux (entre les éléments), aussi bien que celle des joints horizontaux (entre les rangées). Respectez le tracé et utilisez des pointes, si nécessaire, pour caler les éléments.

10 Pour le motif en chevrons, commencez par le losange de la partie centrale. Reportez le tracé sur le mur, à partir des dessins préparatoires de l'appareillage, en utilisant une équerre à branches graduées. Les deux plaquettes sont placées ici provisoirement pour tracer l'axe de pose des deux autres éléments formant les côtés inférieurs du losange.

11 Passez à la pose des deux plaquettes correspondant aux côtés supérieurs du losange, puis au reste de la partie supérieure de la frise de chevrons. Bien que les plaquettes soient inclinées à 45°, il faut respecter la même largeur de joints.

12 Effectuez la pose des plaquettes de la partie basse du losange, en les plaçant exactement sur l'axe. Juste au-dessous du motif. Tracez ensuite un nouvel axe horizontal, à l'aide du cordeau à fil bleu, pour matérialiser la limite de la première rangée au-dessous du motif – elle doit être en même temps alignée sur l'élément d'angle sortant, à l'extrémité.

13 Pour terminer le motif, il faut effectuer des coupes, les éléments du centre étant plus courts. La technique est simple, à condi-

tion de disposer d'une petite meuleuse d'angle équipée d'un disque adapté. Mettez la plaquette en position afin de tracer la coupe au crayon. Ensuite, posez l'élément sur le sol (s'il s'agit comme ici d'une dalle de béton) ou sur une base solide quelconque : pierre, dalle de ciment, parpaing. Bloquez-le d'un pied et tronçonnez.

14 Mettez en place les coupes destinées à terminer le motif en losange. Respectez la même largeur de joint qu'ailleurs.

15 Achevez la réalisation du motif en chevrons en effectuant les coupes pour les extrémités et en les collant. Remarquez sur la photo les pointes qui maintiennent les éléments d'angle sortant.

16 Achevez la partie inférieure du motif en chevrons en effectuant les coupes de la même manière. Passez ensuite aux rangées horizontales de la partie inférieure du mur en alignant la première sur l'axe tracé au cordeau. Même s'il est un peu large, l'espace situé au bas du mur sera comblé avec le produit pour joints.

17 Si le muret n'a pas de couronnement (c'est le cas d'un muret de soutènement, par exemple, ou d'un bord de jardinière maçonnée), utilisez des éléments d'angle sortant pour la partie haute. Vous obtenez ainsi une bordure nette et décorative.

18 Passez ensuite à la réalisation des joints. Utilisez le produit prêt à l'emploi vendu par le fabricant des plaquettes : il se présente sous la forme d'une pâte épaisse et onctueuse. Pour l'appliquer, servez-vous du

pochon en matière plastique, également fourni. Cet accessoire permet de produire un cordon régulier, d'une grosseur adaptée aux joints. Couvrez la totalité des interstices entre les briquettes, y compris les parties triangulaires situées en haut et en bas du motif en chevrons. Le même produit, à base de résines synthétiques (qui ne présentent pas de retrait au séchage), permet également de réaliser le joint en partie basse, entre la dernière rangée de plaquettes et le sol.

19 Avant que le produit de jointoiement ne commence à prendre, enlevez l'excès et moulez les joints avec l'extrémité du manche d'un pinceau plat : donnez-leur un profil régulier, légèrement en creux.

20 Terminez les joints en les lissant avec la tranche du même pinceau : ils prendront le même aspect que sur un mur de briques pleines classique.

Briquettes de plâtre décoratives

Utilisez ce matériau de revêtement pour donner un « look » branché à votre intérieur, sans gros travaux puisque ces éléments sont collés de la même manière qu'un carrelage mural.

Un décor original

Ce type de plaquettes de revêtement pour intérieur est original et décoratif pour une cloison (comme ici), un panneau mural, un soubassement de mur ou de bar, une entrée, une cage d'escalier ou une cuisine. Il imite la briquette de plâtre, un matériau utilisé, en particulier aux États-Unis, pour le montage de cloisons intérieures ou pour le doublage de murs, à l'instar du carreau de plâtre.

Une mise en œuvre facile

Pour réussir la pose de ces briquettes, il faut d'abord bien nettoyer les fonds. Les briquettes peuvent être collées directement sur un mur en parpaing ou en brique creuse, sur un enduit de ciment, sur du béton, sur un enduit de plâtre classique. Vous pouvez aussi les poser sur un mur peint en bon état. Sur une laque, vous effectuerez un ponçage avec du papier de verre à gros grain, afin que la colle accroche de manière satisfaisante.

OUTILS ET MATÉRIAUX

- Cordeau traceur
- Spatule crantée
- Scie égoïne à denture fine
- Pointe à ferrer
- Râpe
- Brosse métallique
- Cutter
- Ciseau à bois
- Escabeau

- Colle pour revêtement intérieur
- Produit de jointoiement

Pour en savoir plus

Maçonnerie en parpaing **24**
Poser et raccorder une prise **130**

1 Effectuez la pose en rangées, en suivant un tracé préalable dont la précision détermine la réussite du travail. En effet, les briquettes doivent être parfaitement alignées et les joints réguliers. Effectuez le tracé à l'aide d'un cordeau en adoptant une largeur de 1 ou 2 cm pour les joints horizontaux. Vérifiez l'horizontalité au niveau avant de pincer le fil du cordeau pour marquer sur le mur. Ne vous alignez pas sur le plafond ni sur le sol ou sur la plinthe (ils ne sont pas forcément d'aplomb).

2 Encollez le contre-parement des plaquettes à l'aide de la spatule crantée fournie par le fabricant – la colle est vendue prête à l'emploi, en pot. Posez quelques plots de colle et passez ensuite la spatule, une seule fois et sans croiser. Pour travailler plus rapidement, vous pouvez encoller un certain nombre de plaquettes d'avance.

➲ D'abord les angles

Ce revêtement comporte des éléments pour les angles sortants : c'est par eux qu'il faut commencer la pose. Il y a peu de chance pour que vous tombiez juste au bon endroit en commençant de l'autre côté, et vous seriez obligé d'effectuer des coupes près de l'angle (très visibles et peu esthétiques). En commençant la pose à partir de l'angle sortant, les coupes sont rejetées à l'autre extrémité où elles sont beaucoup plus discrètes.

3 La briquette de plâtre se laisse façonner à l'aide d'une simple râpe. Vous avez ainsi la possibilité de modifier l'aspect de certains éléments, par exemple en gommant les arêtes, pour donner un

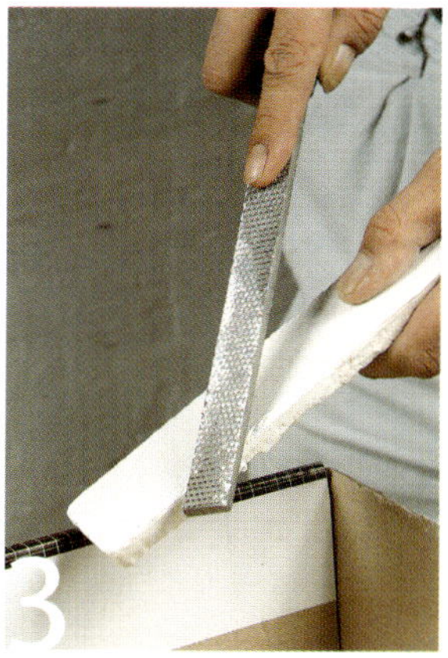

caractère personnel au revêtement. Lorsque la râpe est encrassée, nettoyez-la avec une brosse métallique.

4 Pour les coupes, utilisez une scie égoïne à denture assez fine – le plâtre se laissant facilement entailler. Placez d'abord l'élément en position, afin de repérer le trait de coupe, puis sciez en plaçant la briquette à plat et en la maintenant simplement d'une main. Entaillez sur la moitié de l'épaisseur puis placez la brique sur le bord de l'établi et cassez-la d'une forte pression.

5 Autre technique de coupe : entaillez simplement selon le tracé à l'aide d'une pointe à ferrer puis placez l'élément en porte-à-faux avant de le casser d'un coup sec.

6 Rectifiez la coupe à la râpe, en effaçant les arêtes et en chanfreinant, afin de redonner à la plaquette son aspect de briquette un peu irrégulière.

7 Procédez aux coupes spéciales de la même manière. Mettez l'élément en position afin d'effectuer les repérages. Pour réaliser des entailles en bout, comme dans ce cas, utilisez simplement la scie, en serrant la briquette entre les mâchoires de l'étau.

8 Les plaquettes sont faciles à adapter autour des appareils électriques (socles de prise et interrupteurs). Ouvrez à la scie les joues de l'entaille et terminez avec un vieux ciseau à bois ou même avec un couteau.

9 Le produit de jointoiement est un mastic à base de plâtre. Introduisez-le dans le pochon en matière plastique et coupez la buse de ce dernier avec un cutter pour donner à l'orifice un diamètre correspondant à la largeur des joints. Remplissez les joints en appuyant sur le pochon, en maintenant son extrémité au contact du support. Progressez lentement.

10 Après une demi-heure environ, quand le joint devient ferme, donnez-lui un profil en creux avec l'extrémité du manche d'un pinceau ou avec un fer à joint. Terminez en lissant avec la tranche du même pinceau.

La menuiserie

Dans l'aménagement de la maison, le bois et ses dérivés occupent une place essentielle. C'est pourquoi beaucoup s'initient au bricolage par la menuiserie – qui paraît plus abordable que le travail des métaux ou la maçonnerie. Toutefois, cette activité demande beaucoup de précision et de minutie, un certain nombre de connaissances techniques de base et un outillage spécialisé, manuel ou mécanique.

Sommaire

Quels bois ?

Le bois raboté coûte cher, du moins celui que l'on achète dans les grandes surfaces sous forme de carrelets (pièces de section carrée de 15 à 70 mm de côté), de tasseaux (pièces de section rectangulaire dont le rapport des côtés est compris entre 2 et 3) et de planches (pièces de section rectangulaire dont le rapport des côtés est égal ou supérieur à 4 et d'épaisseur inférieure à 55 mm). Les essences les plus couramment commercialisées sous cette forme sont le chêne, le sipo, le ramin et le sapin, ainsi que le châtaignier, le framiré et le hêtre.

On peut toutefois se procurer à meilleur marché des bois non rabotés (sciages alignés parallèles), directement auprès des scieries ou d'entreprises de distribution spécialisées. Il faut donc le dégauchir et le raboter soi-même, avec les outils traditionnels (varlope, riflard et rabot) ou avec une machine à bois comportant les fonctions de dégauchissage et de rabotage.

Il existe une large gamme de dérivés du bois qui se prêtent à la plupart des travaux d'aménagement dans des conditions plus économiques que le bois lui-même.

Les dérivés du bois

Le contreplaqué, le latté, le panneau de particules, le panneau de fibres dur, le médium, le triply et le lamellé-collé ont largement remplacé les essences traditionnelles dans l'aménagement intérieur et dans la construction de meubles. Outre leur prix inférieur, ils offrent beaucoup de facilité dans les grandes dimensions et présentent une excellente stabilité dimensionnelle.

Les dérivés ont généré une menuiserie différente du travail du bois traditionnel, qui utilise notamment des accessoires d'assemblage, une quincaillerie spécifique et un outillage essentiellement électrique.

Quel outillage ?

Aujourd'hui, les outils électriques sont pratiquement indispensables au travail du bois et de ses dérivés.

La perceuse (avec des mèches spécifiques pour le bois et un guide de profondeur). Une perceuse légère (ou une perceuse-visseuse) est très pratique pour travailler sur un chantier d'aménagement intérieur. Pour les travaux de précision, un guide vertical, permettant d'utiliser la machine en poste fixe, est d'un grand secours.

La scie sauteuse. Elle sert à effectuer toutes les découpes courbes ou particulières sur les bois et leurs dérivés. C'est une machine légère, facile à manier.

La scie circulaire. Elle est indispensable pour les débits et les coupes, en particulier de panneaux, et elle permet de travailler rapidement. On peut aussi l'utiliser en poste fixe, avec une table de sciage. Elle donne, en outre, la possibilité d'ouvrir des rainures et des feuillures sur les panneaux et les planches. C'est une machine assez dangereuse qui doit être utilisée avec des protections.

La défonceuse. Machine équipée de fraises et destinée à usiner les rainures et les feuillures sur les pièces de bois et sur les panneaux. Elle est précieuse pour l'assemblage comme pour l'ornementation.

Pour les travaux de coupe et de finition, vous utiliserez également la scie sabre, maniable et pratique pour nombre de petits travaux, le rabot électrique pour la mise aux dimensions et la ponceuse vibrante pour la finition.

A gauche, perceuse.
Au centre, scie sauteuse.
Ci-contre, scie circulaire.

➲ Quelques essences de bois et leurs caractéristiques

Châtaignier. Bois dur, de droit fil (le plus souvent), à grain grossier. De couleur brun jaune, il est facile à travailler et se laisse assez bien coller. Il est utilisé en mobilier, en parquet et en tournage.

Chêne d'Europe. Bois dur, de droit fil à grain grossier et veinure marquée. De couleur brun doré clair, il se laisse bien travailler avec des outils affûtés et se prête parfaitement au collage ; il prend un beau lustré. Il est utilisé en menuiserie extérieure et intérieure, pour le mobilier, le parquet et le placage.

Hêtre. Bois dur, de droit fil, à grain serré et régulier. De couleur brun clair (devenant doré à la lumière), il est assez difficile à travailler mais se colle bien. Il prend un très beau lustré. Il est utilisé en menuiserie intérieure, en mobilier, en ébénisterie, en tournage et en placage.

Ramin. Bois mi-dur, de droit fil à grain fin et uniforme. De couleur brun crème clair, il est assez facile à travailler et se prête bien au collage ; il prend un lustré assez beau. Il est utilisé en menuiserie intérieure, en mobilier, en parquet, en tournage.

Sapin. Bois tendre, de droit fil à grain serré. De couleur crème, il se laisse facilement et collé et prend un fini lisse. Il est facile à peindre et à vernir et peut être traité pour l'usage en extérieur. Il est utilisé en menuiserie extérieure et intérieure, en construction, en aménagement intérieur et pour la construction de bâtis pour les meubles légers.

Sipo. Bois tendre, de fil entremêlé, à grain moyen. De couleur brun rougeâtre, il est facile à travailler (même s'il se déchire parfois au rabotage) et à coller, et prend un beau lustré. Il est utilisé en menuiserie intérieure et extérieure, en mobilier, en parquet et en placage.

** Notez que beaucoup d'essences exotiques (sipo, ramin, teck, acajou d'Amérique) sont des espèces menacées.*

Depuis les travaux les plus simples, comme le débit ou le délignage, jusqu'aux plus complexes (toupillage, tenonnage, moulurage), une machine à bois combinée fera de vous un menuisier complet.

Les combinées bois

Ces machines, que l'on ne peut installer que dans un sous-sol transformé en atelier, regroupent plusieurs fonctions :

- dégauchisseuse-raboteuse ;
- scie circulaire ;
- toupie ;
- tenonneuse-mortaiseuse ;
- perceuse ;
- défonceuse ;
- ponceuse ;

Certaines combinées comportent aussi un tour en adaptation. Le passage d'une fonction à l'autre se fait par adjonction d'accessoires ou par basculement des organes. L'achat d'une machine à bois ne se justifie que si vous projetez de réaliser un certain nombre d'ouvrages importants. La combinée a l'avantage de vous permettre de maîtriser toutes les étapes de l'usinage, depuis le dégauchissage jusqu'à la finition (ce qui permet des économies importantes à l'achat du bois).

Les combinés sont des machines dangereuses (notamment dans les fonctions scie circulaire et toupie), qui exigent le respect strict de règles de sécurité.

Précision d'abord

Pour réussir vos ouvrages de menuiserie, grands ou petits, l'exactitude des tracés est essentielle car elle détermine le bon ajustement des assemblages et l'aspect final du meuble ou de l'objet. Prenez le temps d'établir des plans précis, avec des outils de dessin adaptés, en faisant figurer les cotes. Ensuite, soignez vos tracés sur le bois, en hachurant les chutes et en vérifiant les cotes. De même, après le rabotage, les coupes et le façonnage, contrôlez systématiquement les cotes et rectifiez si nécessaire.

La précision dans les tracés et l'exécution est indispensable à la réussite des ouvrages.

Quelques termes de menuiserie

Aubier. Région externe du bois, de coloration différente, présentant des cellules vivantes, qui doit être éliminée lors de l'usinage.

Bout (ou about). Extrémité plane, perpendiculaire à l'axe, d'une pièce dégauchie.

Dégauchissage. Façonnage d'une surface plane sur une pièce de bois.

Délignage. Découpe d'une pièce de bois dans le sens de la longueur.

Fentes. Défauts du bois, plus ou moins graves selon leur nature et leur aspect (fentes d'abattage, fentes de retrait, fentes de tronçonnage).

Fil. Direction générale des fibres du bois. Un bois de droit fil présente quatre faces parallèles au fil. Un bois à fil tranché présente une ou deux faces obliques par rapport au sens du fil.

Gauchissement. Déformation des pièces de bois d'aspect hélicoïdal.

Grain. Impression visuelle produite par les vaisseaux du bois. On distingue les bois à grain fin et à grain grossier, selon la grosseur des vaisseaux. Cette distinction est importante pour l'aspect après finition.

Parement. Face la plus belle d'une pièce de bois dégauchie, qui sert de référence pour le dressage des autres. Le contreparement est la face opposée au parement.

Rabotage. Façonnage d'une surface lisse destinée à mettre une pièce aux longueur et épaisseur demandées.

Rive (ou chant). L'une des deux plus petites faces d'une pièce de bois

Voilement. Déformation des pièces de pièces de bois qui leur donne une courbure, le plus souvent régulière.

Tracer, repérer

Pour réussir un ouvrage de menuiserie, les travaux de préparation sont essentiels : il faut savoir mesurer, reporter et tracer, établir des plans.

Une précision indispensable

Le travail du bois demande une précision au millimètre. Il faut donc utiliser des outils de mesure adéquats et effectuer les reports sur les pièces de bois avec soin. En outre, il faut établir des plans dès que l'ouvrage présente une certaine complexité. Vous utiliserez donc du papier millimétré pour dessiner le projet à grande échelle, en faisant figurer toutes les cotes.

Le calepinage

On appelle ainsi le tracé, sur les pièces de bois, qui précède le débit. Là encore, soyez précis pour éviter toute confusion de trait ou de point, pour ne pas commettre d'erreur à la découpe. Vous identifierez les pièces et les parties à éliminer (chutes) par des lettres ou des chiffres.

OUTILS ET MATÉRIAUX

- Mètre ruban
- Mètre pliant
- Réglet
- Règle métallique
- Équerre de menuisier
- Équerre d'onglet
- Scie égoïne
- Trusquin
- Pointe à tracer
- Crayon
- Compas porte-crayon ou à pointe
- Papier millimétré

Pour en savoir plus

Utiliser une scie égoïne **214**
Découper à la scie sauteuse **215**
Principaux assemblages de menuiserie **226**

1 Pour mesurer et reporter les mesures, utilisez un mètre roulant (ruban), doté d'un dispositif de blocage. Pour tracer, servez-vous d'un crayon parfaitement taillé. Le repère, en menuiserie, n'est pas un simple point mais un V dont la pointe se trouve contre la graduation du mètre. Pour la prise de mesure, vous pouvez aussi utiliser un mètre ou un double-mètre pliant, ou encore un réglet pour les petites cotes. Le tracé des repères et des lignes s'effectue aussi à la pointe à tracer au chrome vanadium (un côté droit et un côté coudé), qui entaille en même temps les fibres.

2 L'équerre de menuisier sert à tracer une perpendiculaire à un chant – dont la rectitude est établie. C'est évidemment le talon, épais (en aluminium anodisé) que l'on appuie sur le chant, et la lame, en acier inoxydable, qui sert au tracé (cette dernière est parfois graduée).

3 L'extrémité interne du talon de l'équerre est coupée d'onglet, ce qui permet le tracé des angles à 45°. Pour plus de précision, vous pouvez utiliser aussi l'équerre d'onglet qui donne la possibilité de tracer non seulement des angles de 90° et de 45°, mais aussi de 15°, 30°, 60° et 135° – la plupart des angles que l'on rencontre en menuiserie.

4 Certaines scies égoïnes actuelles, en particulier des scies à affûtage permanent et destinées aux dérivés du bois, comportent une poignée permettant de tracer les angles à 90° et à 45° : il

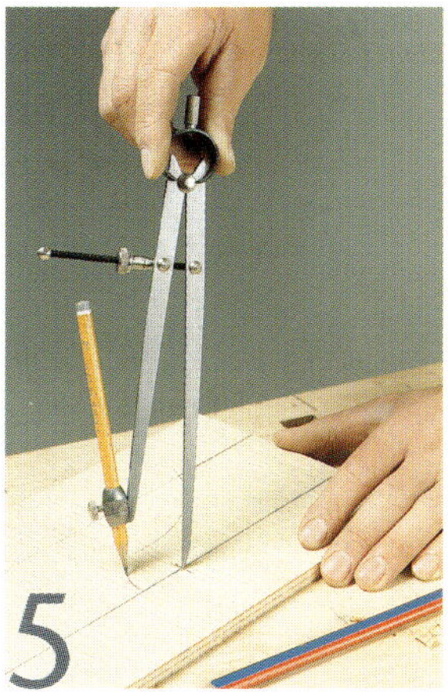

suffit d'appuyer le chant de la poignée contre celui de la pièce, comme avec une équerre. C'est pratique pour les travaux courants (la précision est moins grande qu'avec une équerre d'onglet).

5 Le compas est évidemment l'outil privilégié pour le traçage des cercles – au moins jusqu'à une ouverture d'environ 300 mm. Le compas porte-crayon est très pratique : il comporte une vis de réglage pour l'ajustage et conserver et reporter la mesure. Il existe aussi des compas à pointe (avec quart-de-cercle pour conserver la mesure) qui tracent les circonférences tout en entaillant le bois.

➲ Les droites

N'utilisez pas n'importe quelle pièce de bois pour tracer des lignes droites – n'oubliez pas que les tasseaux et les lattes ne sont pas toujours très bien dressés. Servez-vous d'un réglet ou d'une règle métallique, graduée ou non. A défaut, guidez-vous sur le dos de la lame d'une scie égoïne ou, mieux encore, sur la semelle d'un niveau.

6 Pour le tracé des grands cercles, improvisez un compas à l'aide d'une lame de bois : enfoncez un clou à une extrémité pour qu'il serve de pointe de compas ; à l'autre, percez un petit trou pour passer la mine du crayon. Plantez légèrement le clou au centre et tournez avec le crayon. Il existe aussi des compas à verge, avec deux pointes sèches coulissant sur une règle, sur laquelle on les bloque par une vis manuelle.

7 Le trusquin est un outil précieux pour tracer une parallèle à un chant. Il est constitué d'une tige carrée portant la pointe de traçage (ou traceret) à une extrémité, et d'une platine (ou conduite), percée d'une mortaise carrée ; la tige peut être bloquée par un écrou à oreilles ou par une clé. Pour tracer au trusquin, il faut d'abord régler la distance entre la pointe et la platine, à l'aide du mètre ou du réglet. Ensuite, on trace en maintenant la platine contre le chant et en tirant l'outil vers soi. Il existe aussi des trusquins à deux pointes, permettant de tracer d'un coup deux lignes parallèles à un même chant, que l'on utilise en particulier pour le tracé des mortaises et des tenons.

8 Lors du calepinage, il faut que les lignes soit bien lisibles et claires, sans confusion possible. Une bonne précaution consiste à hachurer les chutes, c'est-à-dire les parties qui doi-

Utiliser une scie égoïne

La scie égoïne, présente une lame triangulaire, assez souple, et une poignée en bois ou en matière plastique. On la tient donc d'une seule main et son maniement est moins aisé que celui d'une scie de métier montées que l'on pousse d'une main en la guidant de l'autre.

Vous devez utiliser une scie égoïne adaptée au type de travail entrepris : tronçonnage et travaux grossier, gros débit, délignage et travaux précis, coupe de panneaux de particules et bois durs.

Scier de grandes pièces

Qu'il s'agisse de tronçonnage ou de délignage, la pièce doit être solidement maintenue. Utilisez des cales ou des mordaches pour ne pas endommager les parements. Effectuez un tracé préalable au crayon ou à la pointe à tracer.

Lors du sciage, le parement de la pièce doit être au-dessus (il faut donc envisager d'effacer les tracés selon la finition). Si vous découpez une grande pièce, un panneau de contreplaqué par exemple, il faut placer un soutien sous la chute afin d'éviter la cassure en fin de coupe. Commencez à scier selon un angle de 15°, en guidant la lame avec l'ongle du pouce.

La lame de la scie égoïne coupe le bois en descendant : pour obtenir une efficacité maximale, l'inclinaison doit être de 45° par rapport au plan de la planche. Maintenez la lame dans le prolongement de l'avant-bras (le support de sciage doit donc être suffisamment bas) et allongez l'index sur la poignée ; poussez sur la scie en utilisant le poids du corps, et remontez l'outil et tirant simplement, sans appuyer. Essayez de trouver un mouvement régulier et ample, de manière à utiliser la lame de la scie sur toute sa longueur. Terminez le sciage à la verticale.

Sciage de précision

Pour les coupes précises et particulière, en particulier pour une coupe en sifflet d'un carrelet, pour les joues de tenons ou des entailles, utilisez une lame

à denture couchée et affûtable – éventuellement une lame 3/4 large (ou même 1/2 large). Effectuez un tracé sur les quatre faces et sur l'about de la pièce.

Amorcez le sciage sur l'arête qui vous est opposée, en plaçant l'ongle du pouce gauche (ou droit pour les gauchers) contre le trait de sciage. Tirez la scie vers vous, sans appuyer, pour ouvrir une légère entaille. Sciez toujours légèrement à l'extérieur du tracé, sans « manger » le trait. Sciez d'abord la moitié de la joue, puis retournez la pièce sur l'établi et sciez de l'autre côté.

Finitions

Le sciage, même précis, laisse toujours de légères irrégularités. Vous devez donc poncer, avec du papier de verre. Pour les coupes droites, utilisez une cale à poncer, en l'occurrence une pièce de bois rectangulaire – ou un morceau de baguette ronde pour les coupes sinueuses. Pour une finition parfaite, commencez par un papier de verre à gros grain, puis à grain moyen et enfin à grain fin. Effacez légèrement les arêtes en les arrondissant.

➲ Quelques conseils pratiques

- **Passez la lame de la scie à la paraffine** pour qu'elle glisse mieux – mais jamais au savon (qui entraîne la corrosion) ni à l'huile (qui tache le bois).
- **Pour déligner sur une grande longueur,** placez de petites cales dans le trait ouvert pour éviter que le bois ne se referme, coinçant la lame.
- **Pour scier une pièce replaquée,** collez un morceau d'adhésif transparent sur le tracé, afin d'éviter les éclats.
- **Après une coupe d'un bois résineux, peint ou verni,** nettoyez la lame au trichloréthylène. Ensuite, passez dessus un peu de vaseline, avant de la ranger dans un étui.

Découper à la scie sauteuse

Une scie sauteuse est une machine à lame étroite. Elle permet donc de réaliser des coupes sinueuses, des cercles, des profils décoratifs, ou encore d'ouvrir des fenêtres dans des panneaux. Elle est légère et facile à manier : vous pouvez aussi l'utiliser, sur un chantier, pour d'autres travaux, pour le délignage (sciage en longueur) de panneaux. Quelques précautions s'imposent.

Scier selon un tracé sinueux

Pour découper un cercle, effectuez d'abord un tracé, à l'aide d'un grand compas ou avec une ficelle dont une extrémité est nouée à un clou, enfoncé au centre, et dont l'autre est attachée à un crayon.

Ensuite, à l'aide de la perceuse équipée d'une mèche au diamètre supérieur à la largeur de la lame, percez un trou légèrement à l'intérieur du tracé. Passez la lame dans l'ouverture et mettez la machine en marche.

Sciez en maintenant fermement la semelle de la scie sur le bois ; suivez précisément le tracé, très légèrement à l'intérieur (il doit rester visible). Une rainure, sur le nez de la semelle, à l'avant la lame, facilite le guidage ; une partie de l'air de refroidissement du moteur passe par une ouverture située au niveau du pied du carter et dégage ainsi les sciures de manière à laisser le tracé lisible. Il existe aussi des guides circulaires permettant la découpe précise de cercle (en général, jusqu'à un diamètre de 400 mm).

Pour éviter les éclats sur le parement de la pièce sciée, celui-ci doit être placé au-dessous lors du sciage. Les tracés sont donc effectués en contre-parement, ce qui évite d'avoir à les effacer en finition.

Délignage et coupe droite

Étant donné l'étroitesse de la lame, il est relativement difficile de scier droit sur une grande longueur. Vous devez donc utiliser un guide de sciage, par exemple une pièce de bois bien dressée, planche ou tasseau, fixée à l'aide de deux serre-joints : pour régler sa position, mesurez la distance entre l'encoche centrale et la rive de la semelle de la scie.

Sciez en maintenant fermement la semelle en contact avec le bois.

Si vous devez scier parallèlement à un chant dressé, utilisez un guide parallèle. Le bras est réglable, en général entre 0 et 200 mm.

➲ Les lames de scie sauteuse

Sur l'emballage des lames, le fabricant indique le pas de denture, le type de denture et la longueur utile.

Pas de denture	0,7 à 2 mm : découpes fines et pièces peu épaisses 2,5 à 4 mm : découpes grossières et pièces épaisses
Type de denture	Lame à denture avoyée et ondulée : découpes sinueuses ou grossières
Lame à denture affutée	Découpes nettes et fines
Longueur utile	Comprise, en général entre 50 et 90 mm, elle est fonction du type de lame

Lisez attentivement les indications portées sur le conditionnement – qui précise le type de matériau (bois, contreplaqué, panneau de fibres, panneaux de particules, médium, panneaux mélaminés ou replaqués...) auquel la lame est destinée. Il existe des lames à double denture, destinées aux coupes circulaires très étroites – la scie circulaire pouvant alors remplacer la scie cloche.

Travailler à la scie circulaire

Après la perceuse, la scie circulaire est l'outil électrique le plus employé pour le travail du bois. C'est une machine rapide et polyvalente, mais qui demande certaines précautions d'utilisation.

Un modèle adapté

Utilisée en portatif ou en poste fixe, la scie circulaire permet d'intervenir sur différents matériaux (selon la puissance du modèle choisi) et d'effectuer des travaux prolongés. Les modèles les plus légers sont très pratiques pour les petites interventions sur chantier et pour de nombreux travaux courants.

Sécurité d'abord

Tous les outils électro-portatifs, et parmi eux la scie circulaire, sont relativement dangereux, et il faut donc insister sur les précautions à prendre pour les manipuler en toute sécurité. Les machines actuelles sont toutefois plus sûres que les anciennes ; la plupart comportent un interrupteur de sécurité avec blocage de mise en marche.

➲ Comment acheter ?

Même quand ils ont des prix voisins, les modèles de scie circulaire présentent souvent des différences importantes. Voici les principaux critères que vous devez considérer.

• **Puissance du moteur.** Autour de 600 W, il s'agit d'une machine légère, conçue pour de petites interventions. Les scies de milieu de gamme ont un moteur de 1 000 à 1 200 W et permettent d'effectuer des travaux importants. Les grosses machines portatives offrent une puissance de 1 000 à 1 800 W.

• **Profondeur de coupe.** Directement liée à la puissance, elle est de 40 mm pour les machines légères, de 60 mm en milieu de gamme et de 100 mm pour les scies les plus performantes.

• **Vitesse à vide en tour/min.** Elle n'est pas directement liée à la puissance. Une très grande vitesse (6 500 tr/min) n'est pas d'une grande utilité pour les travaux courants ; elle permet toutefois une meilleure précision dans le sciage des bois et des matériaux tendres. Les machines performantes offre un réglage électronique de la vitesse avec démarrage en douceur.

OUTILS ET MATÉRIAUX

- Serre-joints
- Clé de blocage
- Tournevis
- Trichloréthylène
- Huile de vaseline

Pour en savoir plus

Raboter, percer, visser **220**

Utiliser une scie égoïne **214**

1 Pour monter une lame, commencez par vérifier que la scie est débranchée ; ensuite, démontez la lame qui se trouve sur la machine à l'aide d'une clé mâle ou d'une clé spéciale (fournie par le fabricant). Veillez à ne pas perdre les pièces de fixation, en l'occurrence les flasques et les rondelles. Mettez en place la nouvelle lame – dont vous aurez vérifié l'alésage afin d'être certain qu'elle s'adapte sur votre machine. Il s'agit ici d'une lame au carbure à denture crochet, qui convient pour les coupes de débit rapide. Attention, la lame a un sens de rotation, indiqué par une flèche : vous devez impérativement le respecter. Notez qu'il faut ranger soigneusement la lame que vous venez de démon-

ter : passez-la au trichloréthylène si vous avez coupé du résineux ou du bois peint. Appliquez ensuite de l'huile de vaseline, avec un chiffon, et rangez-la dans son carton d'origine.

2 Lorsque la nouvelle lame est en place sur l'arbre de la scie, remontez le couteau diviseur : il s'agit d'un élément essentiel qui empêche le trait de sciage de se refermer et de bloquer la lame. Vérifiez qu'il est bien en place car il contribue à votre sécurité.

3 Vissez à fond avec la clé : pour empêcher la lame de tourner, placez un tournevis entre deux dents, en le bloquant contre la semelle de guidage.

4 Vissez ensuite la molette qui maintient le capot de

protection mobile (sur certaines machines, cette fixation est automatique). Ce capot, qui remonte quand la lame travaille, assure la protection en évitant tout contact des doigts quand la machine n'est pas en appui ; en outre, il permet une meilleure aspiration des copeaux.

5 Mettez en place le raccord d'aspiration. Il est préférable d'utiliser un aspirateur d'atelier qui se distingue par sa capacité à absorber les copeaux et les poussières, mais les scies peuvent en général être raccordées à de nombreux types d'aspirateur.

➲ Débrayage de sécurité

Ce dispositif équipe un certain nombre de scies circulaires et apporte une sécurité supplémentaire. Quand la lame rencontre une matière plus dure, un clou noyé dans une pièce de bois par exemple, elle s'arrête instantanément de tourner. Ce débrayage protège contre un choc en retour de la machine, parfois très violent et toujours dangereux.

6 Grâce à sa semelle de guidage, la scie circulaire est capable de couper une petite largeur au bord d'une planche ou d'un panneau. C'est intéressant dans bien des cas, pour le débit par exemple, ou encore pour rectifier un bas de porte lors de la pose d'un revêtement de sol épais. Avant de commencer à scier, réglez la profondeur de coupe qui doit être égale à l'épaisseur de la pièce plus 5 mm (environ) : vous obtenez ainsi une efficacité maximale et vous diminuez les risques. Réglez aussi la vitesse en fonction de la dureté du bois ou du matériau travaillé. Prenez soin de bien assujettir la planche ou le panneau sur l'établi, à l'aide de serre-joints, afin d'éviter tout risque de basculement. Effectuez un tracé de la coupe sur la pièce et, lorsque vous êtes prêt, mettez la scie en marche. Quand elle tourne à plein rendement, commencez à scier : alignez l'encoche de repérage sur le tracé et engagez la lame.

➲ Dans quel sens scier ?

Les lames de scie produisent des éclats sur la face du bois quand elles sortent du matériau. C'est pourquoi, vu l'orientation des dents des lames, il faut scier le parement (la face qui restera visible) au-dessous avec une scie manuelle, et le parement au-dessus (vers vous) pour travailler à la scie circulaire.

7 Pour couper droit au milieu d'un panneau, il est préférable d'utiliser un guide, en l'occurrence une planche ou un tasseau bien dressé, maintenu par des serre-joints. Effectuez d'abord le tracé de la coupe et, pour ajuster le guide, tenez compte de la distance entre le côté de la semelle de la scie et l'encoche se trouvant devant la lame. Notez la position des mains : l'une est posée sur le nez de la machine, pour la maintenir et la guider, l'autre tient la poignée et pousse doucement. Le panneau doit être parfaitement soutenu. Si vous le posez sur des tréteaux, il vous en faut quatre, deux pour les extrémités et deux pour encadrer le trait de scie afin d'éviter le resserrement et le blocage de la lame en cours de sciage. Vous pouvez également scier sur le sol en posant le panneau sur quatre tasseaux, de la même manière que les tréteaux. Notez la position décalée de l'opérateur : pour votre sécurité, évitez de vous tenir dans l'axe de la lame.

8 Sur la majorité des scies circulaires (à l'exception des plus légères), la semelle est inclinable, ce qui permet les coupes d'onglet. Réglez l'inclinaison de la lame par lecture directe sur le vernier, en serrant la molette ; pensez aussi à modifier la profondeur de coupe puisque l'épaisseur du bois est plus grande.

9 Effectuez la coupe en maintenant la semelle bien à plat sur la pièce. Notez la position des mains : l'une des deux maintient la

➲ Les lames de scie circulaire

Les scies peuvent être vendues avec une lame au carbure universelle (plaquettes rapportées et brasées), à denture couchée, de haute qualité, conçue pour couper tous les matériaux (bois, dérivés du bois, plastique, béton cellulaire, métaux non ferreux), ou avec une lame au carbure à denture à crochet, dont les performances sont nettement moins bonnes. Un grand nombre de dents permet une coupe plus fine, alors que la rapidité est plus grande avec de grosses dents en petit nombre.
Le diamètre est lié à la profondeur de coupe maximale. Il est par exemple de 140 mm pour une profondeur de 40 mm, et de 260 mm pour une profondeur de 100 mm. Lors de l'achat d'une lame, il faut vérifier l'alésage, pour qu'il corresponde à l'arbre de la machine. L'emballage mentionne les marques et les types de scies, et comporte un numéro correspondant à chaque groupe de machines – vous devez donc toujours acheter des lames portant le même numéro.
Il faut changer la lame en fonction du matériau à couper et de la nature du travail entrepris. Une lame à haute performance (carbure) réduit l'effort demandé à la machine et améliore sa durée de vie.

Les principales lames de scie circulaire

Matériau	*Denture*	*Matériaux*	*Caractéristiques*
Chrome vanadium	Crochet	Bois (dur ou tendre), charpente, panneaux de particules, latté	Coupe assez grossière ; pour le débit en délignage
Chrome vanadium	Couchée	Bois (dur ou tendre), panneaux plaqués, contreplaqué	Coupe fine (délignage ou tronçonnage)
Carbure	Crochet	Tous bois, panneaux de particules, Placoplâtre	Gros débit en délignage
Carbure	Couchée	Bois (faible épaisseur), panneaux plaqués ou stratifiés	Coupe fine mais rapide ; délignage ou tronçonnage
Carbure placage	Couchée	Bois et dérivés plaqués	Grande finesse de coupe, sans bavure
Carbure universelle	Couchée	Bois durs, panneaux plaqués ou non, métaux tendres	Coupe fine, sans bavure

9

10

semelle de la scie afin d'éviter qu'elle se soulève.

10 Pour scier parallèlement à un chant dressé de la pièce, en particulier pour le délignage (coupe dans la longueur), mais aussi le tronçonnage, utilisez le guide latéral. Réglez d'abord sa position, la scie étant posée sur le tracé, et serrez la molette de blocage. Effectuez le sciage en suivant le trait ; prenez soin de ne pas décoller le guide du chant de la pièce.

➲ Les principales règles de sécurité

- Fixez solidement la pièce à scier sur un établi ou une autre surface stable, à l'aide de serre-joints et de cales.
- Protégez-vous les yeux contre les projections en portant des lunettes d'atelier.
- Attention au câble d'alimentation : il doit être éloigné du trait de coupe (vous pouvez, par exemple, le passer sur l'épaule).
- Respectez le sens de rotation de la lame.
- Tenez la scie à deux mains, fermement.
- Ne vous placez pas dans l'axe de la lame.
- Débranchez la machine avant de changer de lame.
- N'utilisez pas de lame endommagée ou voilée.

11 Les scies circulaires permettent en général la coupe plongeante, c'est-à-dire que la lame peut pénétrer dans le bois au milieu d'un panneau ou d'une planche. Mettez la lame en rotation, appuyez le nez de la semelle contre le panneau, en le bloquant d'une main et abaissez progressivement la lame.

12 Avec un réglage adapté de la profondeur de coupe, la scie circulaire donne la possibilité d'ouvrir des rainures dans les panneaux et les planches. C'est intéressant en particulier pour la fabrication de tiroirs et dans beaucoup d'autres occasions. La rainure ouverte a la même largeur que la voie de la scie, mais il est possible de l'élargir en effectuant deux ou plusieurs passes décalées.

11

12

Raboter, percer, visser

Le travail du bois demande une bonne maîtrise des techniques de base, du moins pour atteindre une certaine qualité, indispensable dès lors qu'il s'agit de la réalisation de meubles.

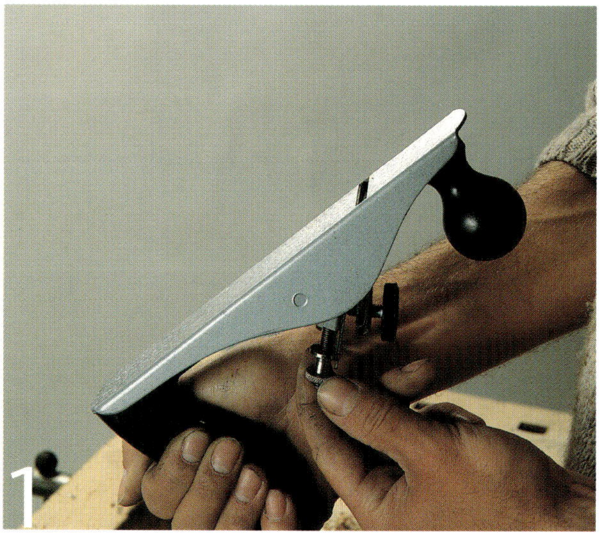

Le rabotage

Il consiste à blanchir les faces des pièces de bois, c'est-à-dire à les nettoyer des traces laissées par la scie pour les rendre nettes. Il permet en outre de modifier légèrement les dimensions d'une pièce, y compris en bout. En même temps, il fait apparaître la veinure du bois – qui sera ensuite poncé, avant la finition. Bien raboter demande un certain entraînement.

Le perçage, le vissage

Si la perceuse est aujourd'hui le premier outil du bricoleur, elle n'est pas toujours correctement utilisée. Il faut savoir choisir la mèche adaptée au bois et au type de travail entrepris, et régler la vitesse. Pour les trous de grand diamètre, le vilebrequin est un outil très précis. Par ailleurs, pour poser les ferrures d'un meuble, il faut se familiariser avec le maniement du ciseau à bois.

OUTILS ET MATÉRIAUX

- Rabot métallique
- Perceuse
- Vilebrequin
- Mèches à bois
- Serre-joints
- Pointe carrée
- Fraises à bois
- Tournevis
- Ciseaux à bois
- Maillet
- Cale à poncer
- Clé mâle coudée
- Marteau
- Paraffine
- Pâte à bois
- Colle vinylique
- Vis
- Boulon-harpon

Pour en savoir plus

Travailler à la scie circulaire **216**

Raboter

1 Réglage du rabot métallique : la lame doit être légèrement en saillie, plus ou moins selon la nature du travail (dégrossissage ou finition) et la dureté du bois. Tournez la molette de réglage du fer en observant la saillie en vue frisante. Si la lame n'est pas droite, il faut préalablement agir sur le levier de gauchissement. Pour améliorer le glissement, passez la semelle du rabot à la paraffine. Prenez la précaution d'essayer le rabot avant d'attaquer la pièce.

2 Rabotage en long (pour replanir). Tenez fermement l'outil à deux mains, par la poignée et le nez. La pièce doit être fixée sur l'établi par des cales. Poussez le rabot dans le sens du fil, pour éviter qu'il broute. Travaillez à longs coups de rabot, légèrement en biais surtout si le bois est de fil irrégulier. Commencez le rabotage en portant le poids du corps sur le nez de l'outil, puis relâchez progressivement afin de ne pas en arrondir l'extrémité.

3 Rabotage sur chant. Pour éviter d'arrondir le chant et d'effacer les arêtes, il faut maintenir l'outil parfaitement droit : glissez les doigts de la main qui maintient le nez sous la semelle du rabot en les appuyant sur le parement de la pièce. Là encore, relâchez la pression sur le nez en bout de pièce.

4 Rabotage en bout. La difficulté consiste à ne pas faire éclater les fibres à l'ex-

trémité de la pièce, sous la pression du fer. Pour ce faire, placez une cale martyre au même niveau que la pièce (serrée verticalement dans la presse), en maintenant le tout par un serre-joint. Réglez le fer sur une faible saillie.

Percer

5 Perçage à la mèche plate. Il s'agit ici de percer un trou dans une pièce de contreplaqué pour placer un tourillon de renfort d'assemblage. Repérez par une croix et faites un avant-trou à la pointe à ferrer. Réglez la vitesse de la perceuse et percez en maintenant l'outil bien droit, à deux mains, tout en appuyant modérément. Pour obtenir une meilleure précision, maintenez une équerre contre la perceuse ou, mieux, utilisez un support vertical de perceuse. Placez sous la pièce une cale martyre qui évite d'endommager l'établi et empêche l'éclatement du bois en sortie de mèche.

6 Il existe une autre méthode pour éviter l'éclatement du bois en contreparement : percez jusqu'à ce que la pointe de la mèche fasse saillie, retournez la pièce et terminez le perçage de l'autre côté.

7 Perçage au vilebrequin : vertical. Le vilebrequin est l'outil de perçage traditionnel du menuisier. Il est particulièrement adapté au perçage des grands diamètres. Il permet aussi de contrôler la profondeur avec précision pour les trous borgnes (non traversants), comme dans le cas présent pour le montage de tourillons : il reçoit les mèches spirale, à queue ronde ou carrée. Il est doté d'un cliquet autorisant le retour en arrière sans entraînement de la mèche, ce qui permet notamment de percer quand on ne peut pas faire tourner complètement la poignée – verrouillez le cliquet pour désengager la mèche. Tenez le vilebrequin à la

7

verticale, une main sur le pommeau et l'autre sur la poignée.

8 Perçage au vilebrequin : horizontal. Maintenez l'outil bien droit, en poussant sur le pommeau. On effectue ici un perçage de grand diamètre avec une mèche à couteau extensible (certaines sont capables d'ouvrir un trou de 75 mm de diamètre).

Entailler

9 Pour poser une serrure à entailler (encastrée ou semi-encastrée), ouvrez son logement à l'aide de ciseaux à bois (ou de bédanes) et d'un maillet. Tenez fermement, à pleine main, le manche de l'outil, la porte du meuble étant assujettie sur l'établi par un serre-joint. Suivez le tracé

➲ Les mèches à bois

Pour percer le bois, utilisez, selon le cas, une mèche hélicoïdale (3 pointes), une mèche plate ou une mèche spirale. Évitez les mèches dites « universelles » , peu précises et de faible rendement.

- **Mèche hélicoïdale** : perçage de 3 à 20 mm. Gros rendement (évacuation rapide des copeaux) et haute précision. Convient pour tous bois et pour stratifiés et contreplaqués.
- **Mèche plate** : 6 à 38 mm : utilisée surtout en gros diamètre ; perçage précis sans éclatement des fibres. Très adaptée pour percer le logement des cylindres de verrou.
- **Mèche spirale** : 4 à 30 mm. Peut-être utilisée sur perceuse et sur vilebrequin. Permet de réaliser des trous de grande profondeur.

Vitesse de la perceuse : réglez-la en tenant compte de la dureté du bois (petite vitesse pour bois très dur) et surtout du diamètre de la mèche. Voici quelques chiffres de référence (pour un bois de dureté moyenne) :

Diamètre de la mèche en mm	*Vitesse en tr/min.*
4	2 000
6	1 400
8	1 000
10	800
16	660

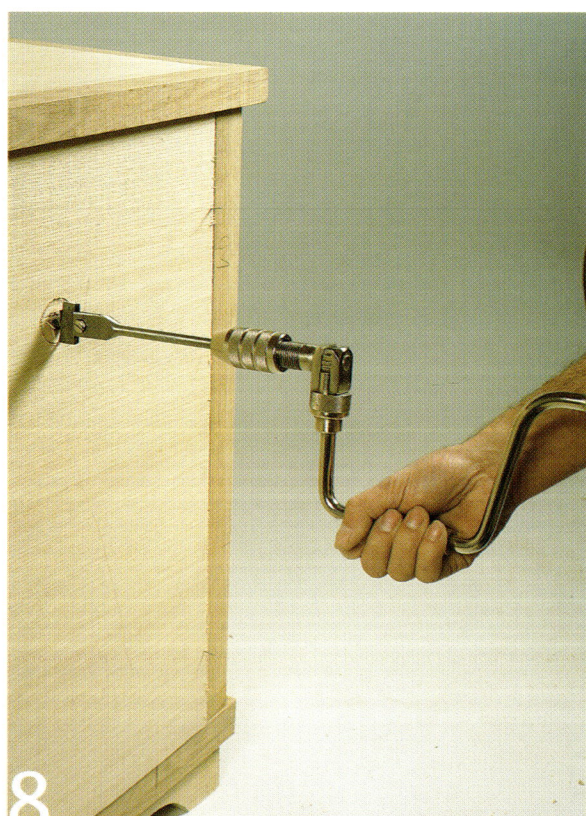
8

en coupant le bois, le ciseau étant tenu verticalement, biseau vers l'intérieur. Ensuite, évidez en travaillant en bois de fil. L'outil, un peu incliné et biseau au-dessous, peut être tenu à deux mains, la gauche guidant la lame, ou frappé au maillet. Travaillez ensuite dans l'autre sens pour achever l'entaille.

10 Pour le passage de la clé, percez au vilebrequin ou à la perceuse avec une mèche de même diamètre que le cylindre. Égalisez ensuite à la râpe queue-de-rat. La serrure est mise en place et maintenue par quatre vis pour lesquelles il faut ouvrir des avant-trous.

11 L'articulation d'une porte sur un meuble (buffet) se fait notamment à l'aide de fiches à lames et tiges filetées. Ouvrez au ciseau l'emplacement nécessaire à l'encastrement des lames et vissez celles-ci en place.

12 Mettez la porte avec ses fiches en position afin de prendre les repères. Percez alors des trous traversants pour passer les tiges filetées, avant de visser les écrous et de les serrer.

➲ La visseuse

La visseuse et la perceuse-visseuse sans fil sont largement utilisées, mais pas toujours comme il convient. Le gros défaut à éviter, c'est la pénétration excessive de la vis dans le bois (ou le dérivé du bois). Pour l'éviter, réglez le couple de serrage selon la dureté du bois. Appuyez à peine sur la machine : la vis rentre d'elle-même, par son propre mouvement. Les visseuses performantes intègrent un guide de profondeur qui permet les travaux de précision. Vous devez disposer d'embouts adaptés à tous les types de vis (embouts fendus et cruciformes de diverses dimensions). Dans les bois tendres et les dérivés, il n'est pas nécessaire de percer un avant-trou : les vis à bois et les vis « agglo » pénètrent facilement.

Visser

13 Pour obtenir une précision maximale, marquez un repère, en l'occurrence une croix (et non un simple point) sur le bois. Ensuite, utilisez la pointe carrée (pointe à ferrer) pour ouvrir un avant-trou qui vous permet de placer la pointe de la vis ou de la mèche sans crainte de dérapage. S'il s'agit de bois dur, il est préférable de percer un avant-trou d'une longueur équivalent à celle de la vis, mais de faible diamètre (avec une mèche hélicoïdale).

14 Le fraisage permet d'ouvrir le logement pour la tête de la vis à bois. Montez sur la perceuse une fraise conique de diamètre adapté (de 8 à 19 mm, selon la vis) et fraisez avec la perceuse tenue en main ou en poste fixe (sur support) : dans les deux cas, la pièce doit être fixée sur l'établi.

15 Procédez au vissage avec un tournevis pour vis à fente. Pour visser proprement, la lame du tournevis doit être parfaitement adaptée à la vis : les lames trop ou pas assez larges, ou trop épaisses pour atteindre le fond de la fente, endommagent cette dernière. Vous devez donc disposer d'un jeu complet de tournevis pour vis à empreinte à fente ou cruciforme.

16 Pour tout ouvrage de qualité, il faut dissimuler les têtes de vis – que le fraisage permet de noyer dans le bois. Utilisez de la pâte à bois : appliquez-la avec un couteau de peintre et poncez après séchage. La pâte à bois peut être incolore ou colorée. Une fois sèche, elle se laisse travailler et teindre comme le bois.

17 Assemblage de panneaux de particules (agglo-

18

méré). Le Boulon-harpon est pratique et efficace. Il faut d'abord percer, à la perceuse, un trou de même diamètre et de même profondeur que le boulon. Ensuite, vissez avec une clé mâle à six pans coudée. La base à ailettes à expansion du boulon se bloque dans le matériau. La tête du boulon peut être noyée par fraisage et dissimulée avec de la pâte à bois.

18 Assemblage collé-vissé. Ce type d'assemblage est utilisé pour la fabrication des meubles courants ; ici, il s'agit d'assembler du carrelet formant un encadrement sur un panneau de particules de même épaisseur. Percez d'abord des avant-trous traversants sur le carrelet avec une mèche de même diamètre que celui de la vis à aggloméré (panneau).

19 Enfoncez en partie les vis sur le carrelet. Appliquez de la colle à bois vinylique sur une des pièces, mettez en contact et serrez les vis.

19

Principaux assemblages de menuiserie

Dès que vous entreprendrez la réalisation de meubles, vous aurez besoin de sortir des assemblages collés-cloués ou collés-vissés classiques. En effet, les travaux de menuiserie requièrent divers modes d'assemblages permettant de réunir deux pièces de bois de façon élégante et solide. Ceux-ci diffèrent selon les pièces à assembler, leur place dans l'ouvrage et la résistance recherchée. Il en existe de très nombreux, toujours adaptés ; voici les principaux que vous serez amené à mettre en œuvre.

1

OUTILS ET MATÉRIAUX

- Boîte à onglets
- Scie à dos
- Défonceuse
- Bédanes
- Ciseaux à bois
- Perceuse et mèches à bois
- Serre-joints
- Pointes
- Vis
- Tourillons et embouts de marquage
- Papier de verre
- Colle à bois

2

3

1 Enfourchement simple

La mortaise ouverte en bout du tasseau, à la scie à dos et au ciseau, accueille le tenon dégagé à l'extrémité de l'autre tasseau. Tenon et mortaise sont encollés (colle à bois). Cet assemblage est peu résistant et, selon les utilisations, il doit être renforcé de pointes, de vis ou encore de tourillons.

Pour en savoir plus

Utiliser une scie égoïne **214**
Raboter, percer, visser **220**
Assemblages par lamelles **230**

2 Enfourchement en T

Variation de l'enfourchement simple, cet assemblage sert à joindre deux tasseaux en leur milieu. Utilisé pour les bâtis d'ouvrages simples, il est encollé et, en général, renforcé de pointes, de vis ou de chevilles en bois, ou de tourillons.

3 Plat joint d'onglet

Les deux pièces sont coupées d'onglet (scie à dos et boîte à coupe). On l'utilise pour les encadrements avec renfort de pigeon (pièce d'angle rapportée en enfourchement), de chevilles, de pointes, d'agrafes ou de tourillons.

4 Assemblage à tenon et mortaise traversants, avec épaulements droits

Le tenon a généralement une épaisseur égale au tiers de la pièce environ – mais on se base, dans la pratique, sur la largeur du bédane ou du ciseau à bois. Cet assemblage convient pour la réalisation des bâtis de menuiserie et d'ébénisterie (dans les ouvrages de qualité, on utilise surtout l'assemblage à tenon et mortaise borgnes, c'est-à-dire, comme ce terme l'indique, qui ne traverse pas les pièces de bois). Les épaulements du tenon assurent une meilleure stabilité de l'assemblage, qui est en général simplement collé. On emploie beaucoup le tenon à simple épaulement pour les assemblages d'extrémité, afin de conserver un about à la pièce mortaisée. Pour être efficaces ces assemblages ne doivent pas être situés trop près de l'extrémité de la pièce où se trouve la mortaise.

5 Mi-bois en bout

Appelé aussi « assemblage à entaille » , il sert à réunir deux pièces de même épaisseur. Peu solide, on l'emploie pour des ouvrages assez rudimentaires ; il doit toujours être renforcé de pointes, de vis ou de chevilles. Il est entièrement réalisé à la scie (les pièces de bois étant fermement maintenue à la verticale lors de la découpe).

5

6 Mi-bois en T

Comme le précédent, cet assemblage doit aussi son nom à la profondeur des entailles, égale à la moitié de l'épaisseur du bois (ce que l'on peut constater sur les dessins ci-dessous et ci-dessus). Pour cette raison, il est assez facile à réaliser à la scie à dos, après repérage au trusquin, l'entaille située au milieu s'exécutant au ciseau à bois. L'assemblage à mi-bois en T doit être renforcé de pointes, de vis ou de tourillons car sa résistance à l'effort est limitée. On l'utilise par conséquent surtout dans le but de mettre deux pièces de bois dans le même plan. Cependant des planches peuvent être assemblées à mi-bois lors du montage d'éléments de rangement, par exemple de rayonnages.

4

6

7 Plat joint avec renfort de tourillons

Simple à réaliser, cet assemblage offre une précision et une stabilité relatives, mais il convient pour la réalisation de certains bâtis de meubles. La difficulté consiste à percer des trous bien en regard les uns des autres sur chacune des pièces pour que les tourillons remplissent correctement leur fonction : il faut utiliser des embouts de marquage, souvent vendus avec les paquets de tourillons. Les tourillons servent aussi à l'assemblage de planches horizontales à des montants (tablettes de rayonnages par exemple).

8 Assemblage à rainure simple

Surtout utilisé pour réunir deux panneaux d'épaisseur différente à angle droit, cet assemblage présente l'inconvénient d'affaiblir le montant (qui est entaillé), mais l'avantage de rester discret.

9 Rainure et languette

Cet assemblage est surtout reservé à la jonction de panneaux de grande dimensions ou de lames (parquets, frisettes) et, d'une manière générale, à la liaison sur chant de planches et de plateaux. La largeur de la rainure est égale, en général, au tiers de l'épaisseur de la pièce. Pour creuser la rainure et façonner la languette on se sert d'une défonçeuse équipée de fraises adaptées. Ensuite, pour faciliter l'emboîtement des deux panneaux, effacez (au papier de verre) les arêtes de la languette. Cet assemblage est simplement encollé.

10 Rainure et fausse languette

Largement employé pour les assemblages des dérivés du bois, en particulier le latté, le médium et le panneau de particules. La languette rapportée est en bois dur. Les rainures sont, dans ce cas comme dans le précédent, ouvertes à la défonceuse. Pour bien tenir solidaires les deux panneaux, cette fausse languette doit rentrer légèrement en force dans les rainures. Un encollage est souhaitable. Cet assemblage est aussi reservé aux panneaux de grandes dimensions subissant peu de pression (parquets fixés sur solives ou fonds d'armoires par exemple)

11 Assemblage d'angle à languette bâtarde

Retenu pour l'assemblage de planches et de panneaux (dans l'épaisseur du parement), en particulier pour les tiroirs, les boîtes et les caisses. Il s'apparente à l'assemblage à feuillure et à rainure et languette, mais la « languette » est ici déportée en contreparement. Présentant une bonne résistance, cet assemblage est simplement collé.

Assemblages à queues

Réservés pour la liaison de deux pièces sur chant, d'épaisseurs égales ou diverses, tout particulièrement pour joindre les côtés des tiroirs. Ils peuvent paraître difficiles à réaliser, mais il existe des gabarits en adaptation de perceuse ou de défonceuse qui facilitent beaucoup les choses.

12 Queues droites découvertes

Très solide quand il est encollé, mais les queues restent visibles en parement. On l'utilise surtout pour les tiroirs à façade rapportée.

13 Queues d'aronde découvertes

Plus solide que le précédent en raison de la forme des queues, mais aussi plus difficile à réaliser, surtout si l'on tente de le faire de la manière traditionnelle qui suppose l'emploi de la sauterelle (fausse équerre) pour les tracés des angles et leur report d'une pièce à l'autre. Mais on trouve des accessoires qui se montent en adaptation de perceuse et qui rendent possible ce mortaisage complexe rapidement et assez facilement. Les utilisations de ce type d'assemblage sont les mêmes que celles de l'assemblage à queues droites. Il signera néanmoins votre savoir-faire.

14 Queues d'aronde à simple recouvrement

Aussi solide que le précédent, mais les queues, logées dans des mortaises borgnes, sont masquées en parement. Utilisé pour l'assemblage des côtés d'un tiroir sur sa façade. Inutile de dire que sa réalisation ne vous sera accessible qu'au bout d'un certain apprentissage...

Assemblages par lamelles

Les lamelles de bois dur (appelées aussi « chevilles plates ») constituent un nouveau mode d'assemblage, plus facile et plus rapide que les tourillons. Elles impliquent l'utilisation d'une fraiseuse spécifique.

Accessoire de meuleuse

Certains fabricants (par exemple Wolfcraft) proposent la fraiseuse en accessoire de meuleuse d'angle – l'arbre de la machine venant mettre en rotation une fraise circulaire de 100 mm de diamètre. Une petite meuleuse, de 650 ou 700 watts, convient parfaitement – il suffit que le filetage de l'arbre corresponde à celui de l'accessoire (à défaut, il est possible d'utiliser un adaptateur).

Fraiseuse indépendante

Il existe également des fraiseuses à lamelles indépendantes (par exemple chez AEG). Ce sont des machines légères (2,5 kg) présentant des caractéristiques proches de l'accessoire, mais d'un maniement plus pratique puisqu'il n'y a pas de montage à effectuer – elles permettent en outre des réglages plus précis selon tous les angles entre 0 et 90°. Là encore, la fraise a un diamètre de 100 mm (vitesse à vide de 10 000 tr/min). Ces fraiseuses sont dotées d'un système intégré d'extraction des copeaux.

Les lamelles d'assemblage (ou « chevilles plates ») sont striées pour que la colle accroche mieux.

OUTILS ET MATÉRIAUX

- Clés
- Serre-joint
- Meuleuse d'angle
- Accessoire de fraisage

- Colle à bois
- Lamelles d'assemblage

Pour en savoir plus

Principaux assemblages de meuniserie **226**

1 L'accessoire de fraisage se compose d'une fraise circulaire, montée dans un carter, dont la saillie est réglée pour les lamelles, ainsi que d'un élément pour l'assemblage d'onglet, de brides de montage pour la fixation sur la meuleuse et d'un système d'extraction des copeaux. Commencez par démonter la meule de la machine, ainsi que le carter.

2 Montez les brides sur l'accessoire. Vissez l'arbre de la meuleuse sur l'écrou de la fraiseuse (si le filetage ne correspond pas, utilisez un adaptateur). Serrez l'écrou avec une clé et serrez également les brides sur la meuleuse.

➲ Domaines d'application

Les lamelles de bois dur sont utilisées pour l'assemblage de pièces de bois massif dur et tendre de tous types (plateaux, planches, tasseaux, carrelets), de structure d'encadrement de bâtis. Elles sont particulièrement conseillées pour les assemblages de panneaux dérivés du bois : médium, triply, latté, contreplaqué, panneaux de particules de tous types. Elles conviennent notamment pour les embrèvements (assemblages chant sur chant) et pour les assemblages d'angle (T), qui servent l'un et l'autre beaucoup dans l'aménagement intérieur et la construction d'étagères, de placards et de meubles de rangement.

➲ Un outil polyvalent

En accessoire de meuleuse d'angle ou en machine indépendante, la fraiseuse à lamelles permet également d'effectuer le fraisage de rainures (en particulier pour les assemblages de panneaux à rainures et fausse languette) et le chanfreinage de chant.

3 Pour assembler à angle droit deux plateaux de bois massif, effectuez d'abord un tracé : deux lignes parallèles matérialisant l'épaisseur de la pièce à assembler. Tracez également l'axe des deux fraisages à effectuer. Disposez alors les deux plateaux l'un sur l'autre, comme indiqué, et serrez avec un serre-joint (en interposant une cale martyre pour ne pas endommager le parement). Posez la machine à plat en l'alignant sur l'un des axes, mettez le moteur en marche et fraisez.

4 Placez la machine debout et alignez-la à nouveau sur l'axe, puis effectuez les deux fraisages sur le second plateau.

5 Glissez de la colle à bois (vinylique) dans les fraisages du premier panneau et mettez en place les lamelles d'assemblage.

6 Encollez les fraisages du second plateau et effectuez l'assemblage. Frappez sur le chant avec un maillet, pour assembler à fond. Dans certaines conditions, un serrage est nécessaire.

Assemblage d'onglet

7 Pour assembler des pièces d'encadrement, montez l'élément de fraisage pour coupe d'onglet et serrez les écrous.

8 Effectuez un tracé sur l'about des deux pièces, puis procédez au fraisage en immobilisant chaque pièce, tour à tour, sur l'établi. Assemblez alors avec une lamelle.

Se servir d'une machine à bois

Les combinées sont des machines onéreuses, semi-professionnelles, aux multiples fonctions. Elles vous permettent de réaliser des meubles et des objets en bois des plus divers.

Une ou plusieurs ?

Vaut-il mieux acheter plusieurs machines stationnaires (scie circulaire, raboteuse-dégauchisseuse, toupie), ou une combinée ? La première solution permet d'étaler dans le temps les achats – et les investissements. Elle est préférable aussi dans le cas d'une spécialisation. Mais la combinée s'avère plus adaptée aux besoins d'un amateur de bon niveau, moins chère au total et plus facile à entretenir.

La sécurité d'abord

Une machine à bois est relativement dangereuse, en particulier dans les fonctions de scie circulaire, de mortaisage et de toupillage. Vous devez donc respecter scrupuleusement les conseils donnés en la matière par le fabricant et ne jamais travailler sans les protections et les guides prévus.

Dégauchissage

1 Cette fonction consiste à dresser les deux faces de référence de la pièce de bois rigoureusement d'équerre. L'opération peut être effectuée à plat, comme ici, ou sur chant. Il est important que la table de présentation (sur glissière) soit suffisamment longue, de manière à permettre un support efficace des pièces les plus grandes. Le réglage de la table de présentation décide de la profondeur de coupe (0 à 4 mm sur une machine de bonne qualité). Décidez de cette profondeur en fonction des dimensions de la pièce et de la nature du bois. Notez que, comme dans tous les travaux d'usinage du bois, une profondeur de coupe excessive entraîne des éclats sur les pièces. Il vaut donc mieux travailler par petites passes successives. Pour dégauchir, vous devez repérer la face creuse de la pièce (qu'il faut placer sur la table) et orienter le fil du bois de manière qu'il soit couché par l'outil. Utilisez un poussoir pour les pièces minces ou courtes, mais ne dégauchissez pas des bois trop courts (il y a risque d'accidents).

Rabotage à plat

2 Il se fait sur le dessus de la machine et permet de donner aux pièces, après le dégauchissage, leurs dimensions définitives. Là encore, c'est le réglage de la table de présentation qui permet de régler la profondeur de coupe : elle doit être plus faible pour les bois tendres que pour les bois durs, mais elle dépend aussi de la puissance du moteur et il faut donc suivre les indications du fabricant. Notez que vous devez toujours raboter en couchant les fils du bois et vous abstenir d'usiner des pièces

Pour en savoir plus

Travailler à la scie circulaire **216**

➲ Aspirateur d'atelier

C'est un accessoire indispensable dès que vous entreprenez des travaux importants (en particulier pour le dégauchissage, le rabotage, le sciage). Il est monté sur plateau à roulettes et se raccorde sur la machine à l'aide d'un tuyau flexible (vous pouvez le déplacer aisément s'il vous gêne dans vos mouvements autour de la combinée). Les modèles modernes ont un niveau sonore faible et une capacité de l'ordre de 100 litres.

courtes ou présentant de gros nœuds (risque d'accident par rejet de la pièce). Pour raboter, le carter de protection doit se trouver sur la pièce : en fin de passe, il s'abaisse et vient couvrir l'outil en rotation.

Rabotage sur chant

3 Le carter est décalé pour découvrir l'outil sur une largeur légèrement supérieure à l'épaisseur du bois. Notez la position des mains, sur le chant supérieur de la pièce. Il faut surtout éviter de laisser « traîner » les pouces sur la face qui se trouve côté outil. En fin de passe, ne placez pas les mains trop près de l'extrémité de la pièce (un poussoir est nécessaire pour les bois un peu courts).

Sciage : tronçonnage et délignage

4 Ne perdez pas de vue que la lame de la scie circulaire, en saillie sur la table, est très dangereuse. Vous devez donc toujours travailler avec le carter de protection en place. Celui-ci comprend un couteau diviseur qui écarte les deux partie du bois et évite que la lame ne soit coincée dans le trait de scie. Pour le tronçonnage (notre photo), le guide du chariot est placé perpendiculairement à la lame, alors qu'il est parallèle dans le cas du délignage. Notez la position de la main droite qui maintient la pièce contre le chariot. En général, la vitesse retenue pour le tronçonnage doit être plus faible que pour le délignage. Pour votre sécurité, utilisez systématiquement des poussoirs pour les pièces courtes.

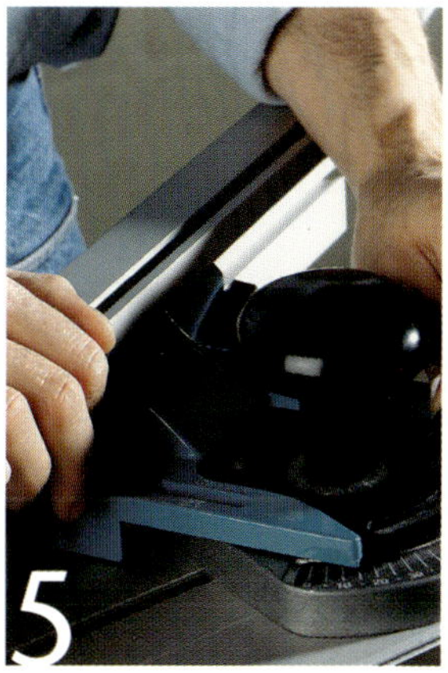

Sciage : oblique, à plat

5 Il suffit de dévisser un écrou manuel pour régler avec précision l'inclinaison du guide du chariot de sciage, avec lecture directe de l'angle sur le vernier.

6 Réglez aussi la position du bras du guide, de manière qu'il soutienne la pièce au plus près de la lame.

7 Réglez la vitesse de la lame comme pour un tronçonnage. Une main pousse le chariot tandis que l'autre maintient la pièce contre le guide. Ce type de réglage permet des coupes en série. Pour tous les travaux de sciage, notez qu'il ne faut jamais

➲ Consignes de sécurité

• **Raccordement électrique.** Il doit être conforme aux normes, avec un véritable conducteur de protection. Pour les caractéristiques du circuit électrique et le disjoncteur différentiel (ou le coupe-circuit), conformez-vous aux indications du fabricant.

• **Montage des outils.** Il faut vérifier que la machine est à l'arrêt avant de changer un outil ou une lame. Contrôlez tous les serrages avant de remettre en marche.

• **Vêtements et protection corporelle.** Évitez les vêtements larges qui risquent d'être happés par un outil. En outre, il est prudent de porter des lunettes de protection et un masque anti-poussière (en particulier pour le travail des dérivés du bois).

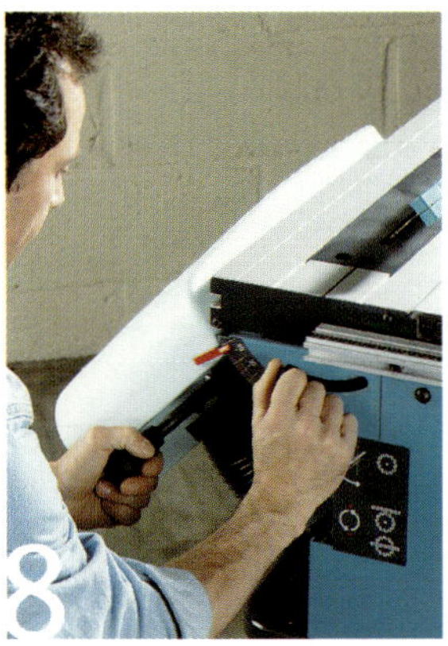

placer les mains dans l'axe de la scie.

Sciage : oblique, sur chant

8 Vous avez la possibilité de régler l'inclinaison de la lame, par déplacement d'une poignée, pour toutes les valeurs angulaires entre 0 et 45° – pour le tronçonnage comme pour le délignage. N'oubliez pas de régler aussi la saillie de la lame à une valeur supérieure à l'épaisseur de la pièce.

9 Poussez la pièce sur la lame en la maintenant sur le chariot. Le délignage avec coupe en sifflet se fait de la même manière, le guide étant cette fois parallèle à la lame.

Sciage : panneau

10 Le panneau est scié ici avec le chariot, placé après la lame. Ce type d'usinage permet de régler la longueur de la course et donc la longueur du trait de scie. Les dimensions maximales des panneaux que l'on peut usiner sont limitées : une bonne stabilité est indispensable à la sécurité.

11 Le guide est placé latéralement pour permettre une coupe droite, de bout en bout du panneau. Les deux mains poussent la pièce en assurant sa stabilité (vos mains ne doivent jamais se trouver dans l'axe de la lame).

Toupillage : moulurage

12 La toupie, à l'extrémité de l'arbre, est dotée d'une broche recevant des outils permettant d'effectuer tous les travaux de moulurage. On utilise des fraises monoblocs ou à dents amovibles, ou encore des fers. Pour monter une fraise sur la broche, il faut utiliser deux clés : l'une maintient la broche tandis que l'autre visse l'outil. On peut régler la hauteur des fraises à l'aide de bagues. L'outil est en général placé près de la table car il vaut mieux usiner la pièce pardessous.

13 La pièce est maintenue contre le guide-pièce coulissant par un serre-joint et elle est engagée, par une poussée lente, sur l'outil en rotation. Le position-

nement correct de toutes les protections est essentiel pour la sécurité – la toupie étant très dangereuse en cas d'utilisation erronée. On effectue le plus souvent la coupe en opposition, c'est-à-dire que le mouvement de la pièce et celui de l'outil s'opposent ; toutefois, on peut couper en avalant (mouvements de l'outil et de la pièce dans le même sens) en usinant en bois de fil. Il faut régler la vitesse en fonction de la dureté du bois et de la profondeur de la passe.

Toupillage : tenonnage

14 La toupie est utilisée ici avec des fers à tenonner, la pièce étant maintenue par un presseur contre le guide. L'outil en rotation est isolé par le carter transparent et le guide de hauteur, qui comporte un jour pour la saillie de l'outil et dont la position est réglable. Procédez par passes successives, en dégrossissant le profil, afin de diminuer les risques de rejet et la fatigue du moteur.

Toupillage : défonçage

15 La toupie permet également de moulurer les pièces de bois à l'aide d'une mèche placée en bout d'arbre (la saillie par rapport à la table est réglée en fonction de la profondeur de la moulure souhaitée). Le protecteur comprend un doigt de guidage, à l'aplomb de l'arbre. Un guide de défonçage, ayant la forme de la moulure à effectuer, est fixé sur la pièce. En poussant et en tournant celle-ci, tout en appuyant le guide sur le doigt, on exécute le défonçage.

➲ Au moment de l'achat

Vous devez prendre garde à un certain nombre de points, essentiels pour toutes vos réalisations futures. Si les performances de la machine sont insuffisantes, vous serez limités dans vos possibilités – difficulté pour travailler de grosses pièces, nécessité de réaliser manuellement une partie des opérations...

- **Dégauchissage-rabotage :** vérifiez la hauteur et la largeur de travail (260 x 150 mm sur une bonne machine de milieu de gamme, 310 x 230 mm sur une grosse combinée).
- **Sciage :** hauteur de coupe (dépendant du diamètre maximal de la lame) – il est de 80 cm pour une bonne machine de milieu de gamme. La lame peut être ou non inclinable à 45°. Vérifiez aussi la longueur de course du chariot après la lame.
- **Mortaisage :** contrôlez la qualité du mandrin et sa capacité maximale, ainsi que les dimensions de la table (300 x 150 mm sur une très bonne machine).
- **Tenonnage :** cette fonction est absente sur les machines les plus légères. Contrôlez la longueur de la course transversale et les dimensions de la table du chariot.
- **Toupillage :** vérifiez la vitesse maximale (8500 tr/min sur une bonne machine) et les dimensions de la table (1000 x 400 mm sur une bonne machine de milieu de gamme et 400 x 300 mm sur une machine légère).

Meuble d'angle

Les panneaux de particules conviennent idéalement pour réaliser de grands meubles à l'aide de techniques d'assemblage simples : collage, vissage, clouage et tourillons.

Bar et rangement

Ce type de meuble s'adapte à différents styles de décoration. Il offre une grande capacité de rangement : il est traité ici en bar mais, avec quelques modifications, il peut accueillir des livres ou présenter des bibelots. Sa réalisation ne demande pas plus d'une journée de travail.

L'aggloméré replaqué

Ce panneau de particules coûte environ trois fois plus cher que le panneau classique (poncé deux faces), mais il est beaucoup plus décoratif. Il est replaqué, sur les deux faces, d'une feuille de pin, d'acajou ou de chêne (le plus souvent) et présente un aspect proche du panneau latté replaqué. Il est utilisé, à l'intérieur uniquement en pièce non humide, pour les meubles et la décoration murale. Les épaisseurs les plus usuelles sont 15 et 19 mm.

OUTILS ET MATÉRIAUX

- Perceuse-visseuse
- Mèches à bois
- Mèches à maçonnerie
- Guide de profondeur
- Scie circulaire (ou scie à panneau)
- Mètre
- Équerre
- Serre-joints
- Pinceau à colle
- Embout de marquage (pour tourillons)
- Fer à repasser

- Vis à panneaux
- Tourillons
- Clous à panneau
- Chevilles
- Panneaux de particules replaqués
- Tasseaux
- Chants thermo-collants
- Colle à bois

1 Commencez par assembler, sur chant et à angle droit, les deux panneaux de fond – qui viennent en appui sur les murs. Utilisez des vis à panneau, à raison d'une tous les 20 ou 30 cm, et enfoncez-les directement à la visseuse.

2 Pour réaliser le socle, commencez par un tracé pour la coupe à 45° du panneau, et effectuez-la à la scie circulaire. Découpez alors des pièces d'une largeur de 15 cm, qui vont former la plinthe. Vous les placerez en retrait de 10 cm – et contre le chant pour la partie arrière. Pour l'assemblage biais, dans la partie tronquée, vous devez effectuer des coupes spécifiques en bout : inclinez la lame de la scie circulaire ou utilisez une à coupe d'onglets. Renforcez à l'aide de tasseaux d'angle, vissés sur les plinthes et sur le panneau lui-même. Couchez ensuite les deux panneaux assemblés sur chant et fixez le socle par vissage sur les chants.

3 Montez la partie inférieure du meuble. Elle est

Pour en savoir plus

Travailler à la scie circulaire 216

Raboter, percer, visser 220

3

4

constituée d'un panneau vertical, assemblé par vissage sur le côté et sur le socle. Placez ensuite le montant (vissage sur le panneau vertical et sur le socle), et fixez les trois étagères (vissage sur le panneau vertical, sur le côté et sur le montant). Procédez à la découpe et à la fixation des deux grandes étagères de gauche (vissage sur les côtés et sur le panneau vertical). Pour chaque pièce, contrôlez la rectitude des angles à l'aide d'une équerre.

4 Découpez et fixez le panneau supérieur du meuble (mêmes dimensions que le panneau inférieur). Il est assemblé par vissage sur les chants des côtés.

5 Les panneaux haut et bas de la partie « bar » (partie centrale du meuble) exigent un assemblage par tourillons, invisibles en parement (ils sont fixés par vissage sur les côtés et par tourillonnage sur les montants). Le panneau bas, qui joue le rôle de « zinc » , est surdimensionné pour faire saillie de 5 cm. Vous devez percer des trous borgnes pour les tourillons : utilisez un guide de profondeur monté sur la mèche. La profondeur sera égale à la moitié du tourillon plus 2 mm de marge. Afin que les trous soient exactement en face, il est judicieux de percer d'abord sur les chants des montants, d'encoller et de placer les tourillons, puis de présenter les pièces afin de prendre les repères – utilisez des embouts de marquage, en métal, conçus pour ce type de repérage (ici sur le panneau).

6 On assemble les deux montants, formant angle droit, du haut du meuble (partie tronquée). Encollez les tourillons et emboîtez les deux parties. L'assemblage n'étant pas sollicité,

5

6

vous pouvez continuer le montage sans attendre le séchage de la colle. Ces deux montants s'assemblent aussi sur le panneau supérieur par vissage.

7 L'étagère centrale de la partie haute est un panneau dans lequel on découpe un carré pour l'adapter sur les deux montants d'angle. Assemblez-la par vissage sur les montants et sur les côtés.

8 Découpez les tablettes triangulaires et mettez-les en place, en haut et en bas. Elles sont collées, avec renfort de clous à panneau, au niveau des autres étagères, dissimulant ainsi les têtes des vis.

9 Revêtez tous les chants (sauf le plateau du bar) de bandes de placage thermocollantes. Fixez-les à l'aide d'un fer à repasser, réglé sur chaleur moyenne, en chauffant l'alaise de la bande et en chassant les bulles d'air (vous pouvez utiliser un marteau à plaquer, à large panne, ou une roulette à joint). Le fer peut être remplacé par un pistolet à air chaud.

10 Les chants du plateau du bar sont habillés de tasseaux, fixés au moyen de colle à bois et de tourillons. Effectuez les coupes biaises avec la scie circulaire (lame inclinée) ou à l'aide d'une scie à coupe d'onglets. Par ailleurs, utilisez des planchettes pour former un bandeau, en partie haute, à la jonction avec le plafond. La finition adoptée est ici une lasure (deux teintes), qui laisse apparente la veinure du bois. Une couche d'encaustique, appliquée avec un tampon de laine d'acier, donne au meuble un aspect lustré et satiné. Étant donné sa hauteur, il est préférable de fixer ce meuble au mur (après perçage et chevillage), par quelques vis.

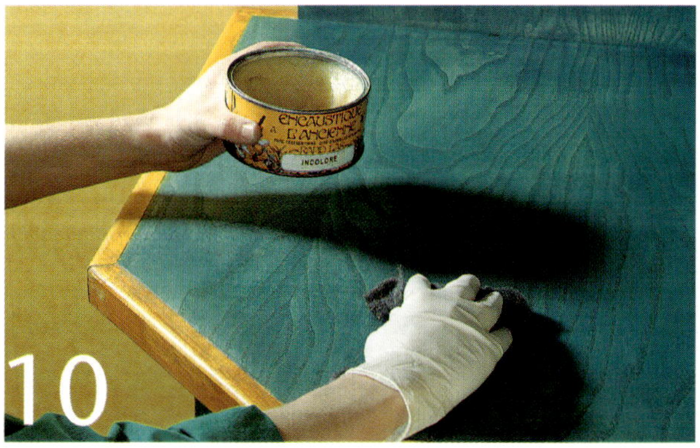

Meuble de séparation cuisine/salle de séjour

Voici une bonne manière d'utiliser un espace perdu entre un coin cuisine et le salon. Ce « meuble » est en fait constitué d'une structure de planchettes murales qui servent de supports.

Une séparation discrète

Ce meuble marque le passage d'une zone à l'autre de la pièce, sans constituer de séparation matérielle. En plus de la structure fixée au mur, une table peut faire office de plan de travail et de table de repas, tandis qu'une plate-forme supérieure accueille et dissimule le système d'éclairage (spots).

Un ensemble astucieux

Plutôt que de perdre l'espace mural compris entre la cuisine et la salle de séjour, on y implante une structure en bois à claire-voie, à la fois élégante et pratique, puisqu'elle permet d'y fixer des étagères et autres éléments de rangement. Aussi, pour des raisons liées à la décoration et à la fonction de cet ensemble, choisissez un bois facile à entretenir (verni pour être lessivable).

OUTILS ET MATÉRIAUX

- Perceuse-visseuse
- Mèche trois pointes
- Mèche plate
- Mèches à maçonnerie
- Fraises
- Scie circulaire
- Scie sauteuse
- Tournevis
- Équerre
- Mètre
- Marteau

- Plateau abouté à bords arrondis
- Planches et tasseaux
- Vis à tête fraisée
- Clous
- Boulons d'ancrage
- Tiges filetées
- Écrous borgnes à tête fendue en croix

1 Montez le panneau de fond du meuble sur le sol. Il est constitué à la manière d'une palissade. Sur deux montants, vissez les planches disposées à claire-voie, régulièrement espacées selon l'épaisseur du bois utilisé pour les étagères qui viendront prendre appui entre ces planches (*voir* photo 7). Donnez aux deux montants la même longueur, après repérage au mur. Tracez ensuite sur chaque montant, deux lignes parallèles à l'axe, distantes des chants de 5 cm : ce sont les lignes de vissage. Vissez la traverse supérieure à une distance des extrémités des montants qui tienne compte de l'épaisseur de la plate-forme supérieure. Une fois centrée et fixée, utilisez provisoirement un tasseau pour régler l'écartement des deux montants.

➲ La longueur des montants

Elle est égale au nombre de planches horizontales auquel vient s'ajouter le même nombre d'espacements plus un : on réserve en effet un espace en haut et en bas pour l'appui sur la plinthe et pour l'adaptation du plateau horizontal.

Pour en savoir plus

Fixations dans la maçonnerie **51**

Raboter, percer, visser **220**

1

2 Fixez les autres traverses. Réglez l'écartement en interposant entre deux planches une chute de même épaisseur que les tablettes. Percez un avant-trou, fraisez l'entrée et vissez avec une vis à tête fraisée. Toutefois, puisqu'il s'agit d'un contre-parement, vous pouvez aussi vous contenter de marquer l'emplacement d'un coup de pointe carrée. Choisissez la longueur des vis de manière que celles-ci s'enfoncent sur les deux tiers de l'épaisseur de la planche horizontale (trop longues, elles feraient éclater le bois du parement !).

3 Mettez en place le panneau de fond sur le mur. Percez d'abord des trous traversants dans les montants – en haut, en bas, et dans la partie centrale – et fraisez les entrées. Pour des dimensions comme celles-ci, vous devez prévoir huit ou dix fixations. Présentez le panneau et réglez sa verticalité avec le niveau. Attention car s'il est théoriquement posé sur la plinthe, celle-ci n'est pas obligatoirement droite. Repérez l'emplacement des trous. Percez dans le mur, puis chevillez. Vissez enfin le panneau en place.

4 La fixation de la plate-forme au plafond se fait au moyen de boulons d'ancrage et de tiges filetées (coupées à la demande), avec vissage d'écrous borgnes à tête fendue en croix. Les tiges filetées sont dissimulées à l'aide de gaines en métal. Prenez d'abord vos repères au plafond, puis percez et posez les boulons.

5 Découpez la plate-forme supérieure aux dimensions nécessaires, puis mettez-la en position contre la structure murale : repérez l'emplacement des découpes à effectuer pour qu'elle s'encastre entre le montants. Ensuite, percez pour loger les écrous qui serviront à la suspension de la plate-forme. Percez d'abord un trou borgne, avec une mèche plate, de profondeur et de diamètre égaux à ceux de la tête de l'écrou (utilisez un guide de profondeur). Percez ensuite un trou traversant, à l'aide d'une mèche à bois 3 pointes d'un diamètre égal à celui du corps de l'écrou.

6 Suspendez la plate-forme, en l'engageant entre les montants (grâce aux découpes effectuées auparavant). Introduisez les tiges filetées dans les trous et habillez-les de leurs gaines. Vissez les écrous en contrôlant l'horizontalité de la plate-forme avec le niveau.

7 Les tablettes, qui ont été découpées comme le plateau, peuvent être engagées entre les montants : elles seront bloquées en position, offrant des supports stables et résistants pour les rangement du matériel et des accessoires de cuisine.

Bibliothèque de salon

L'aménagement intérieur passe évidemment par la construction de meubles de rangement adaptés. Voici une solution originale, qui offre en même temps l'avantage de camoufler des canalisations de plomberie.

Une solution rationnelle

L'achat de meubles-bibliothèques ou d'étagères n'est pas toujours une bonne solution, surtout quand la pièce présente des obstacles (canalisations) ou une forme irrégulière. Créer soi-même le rayonnage (ou le placard) permet de l'adapter à l'espace disponible, donc d'en faire un élément à la fois fonctionnel et partie intégrante du décor.

Les matériaux de la construction

Les panneaux de particules, de contreplaqué, de latté, de médium et de triply, sont les matériaux les plus utilisés pour ce type d'aménagement (les carreaux de plâtre ou les éléments en béton cellulaire conviennent aussi très bien). Les techniques d'assemblage sont simples puisqu'il s'agit essentiellement de vissage.

OUTILS ET MATÉRIAUX

- Perceuse-visseuse
- Fraises à bois
- Mèches
- Serre-joints
- Scie circulaire (ou scie à panneaux)
- Niveau à bulle
- Rouleau à peindre
- Pinceaux
- Éponge naturelle
- Panneaux de médium
- Tasseaux de pin
- Vis à panneau
- Chevilles
- Peinture à effet (en deux couches)

Pour en savoir plus

Fixations **51**

Peinture à effet **181**

1 Des canalisations (colonnes de descentes) passant en deux endroits du mur, il faut commencer par réaliser des coffrages. De part et d'autre des canalisations, fixez deux tasseaux sur le mur, après avoir effectué un tracé vertical. Placez environ une vis tous les 40 cm, après perçage et chevillage. Coupez ensuite une pièce de médium d'une hauteur égale à celle du local et d'une largeur égale à la profondeur retenue pour le meuble (ici, 40 cm). Par vissage, fixez un tasseau en contre-parement du médium, le long du chant. Vissez la pièce de médium contre le tasseau mural.

2 Terminez les deux coffrages selon les mêmes principes, en fixant les panneaux à l'aide d'une visseuse et de vis à panneau : ils vont ensuite faire office de montants pour le meuble.

3 Préparez les étagères. On leur donne ici une grande épaisseur pour qu'elles soient dans le style du meuble – déterminé par les larges mon-

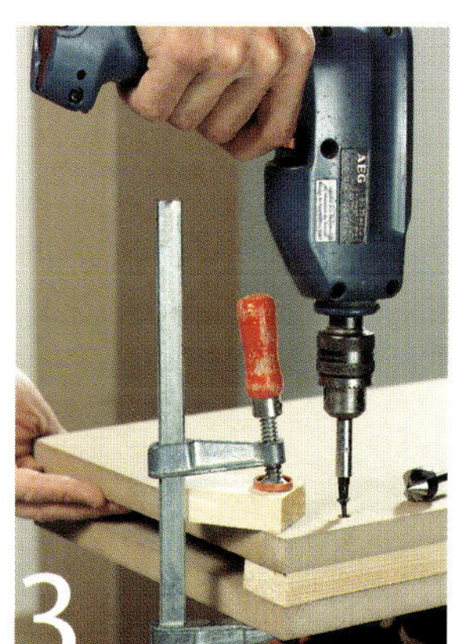

tants que forment les coffrages. Chaque étagère est constituée de deux panneaux de médium réunis par un encadrement de tasseaux. Vissez le tasseau avant sur l'un des panneaux puis posez dessus le deuxième ; maintenez avec un serre-joint pour effectuer le vissage, après avoir fraisé afin de noyer la tête de la vis.

4 Fixez directement sur le mur le tasseau arrière, en réglant l'horizontalité au niveau (perçage et chevillage). Vissez également deux tasseaux sur les côtés (montants latéraux des coffrages) pour terminer l'encadrement et glissez les deux étagères sur cette structure. Terminez par un vissage sur les tasseaux, à travers le médium.

4

➲ Quel matériau pour les étagères ?

• **Le latté.** Il est cher mais permet d'obtenir une très belle finition. Il résiste un peu moins bien à la flexion que le contreplaqué, mais mieux que tous les autres panneaux. On l'utilise surtout pour la réalisation de meubles et pour l'agencement.

• **Le contreplaqué.** Il résiste très bien à la flexion, ce qui permet de l'utiliser en étagère sous une épaisseur plus faible que les autres panneaux. Il est un peu moins cher que le latté. On l'utilise dans toutes les situations (meubles, agencement, étagères, décoration murale). Le contreplaqué CTB-X convient dans les pièces humides.

• **Le triply.** Constitué de lamelles de pins disposées en trois couches opposées, il présente une bonne résistance à la flexion (un peu plus faible que celle du latté, mais supérieure à celle du médium et du panneau de particules). Il a le même champ d'utilisation que le contreplaqué et peut être placé en pièce humide.

• **Le médium.** Constitué de très fines particules de bois amalgamées, il présente une assez bonne résistance à la flexion (supérieure à celle de l'aggloméré). Il tient très bien les vis et les clous et peut être assemblé comme le bois massif. On l'utilise surtout pour les étagères et l'agencement intérieur, en milieu sec.

• **Le panneau de particules (aggloméré).** Il a pour lui l'avantage d'un prix relativement modique, mais sa résistance à la flexion est limitée. Il existe sous de nombreuses aspects (panneaux replaqués ou mélaminés). Le panneau de particules CTB-H peut être utilisé dans les pièces humides.

5 Terminez chaque étagère en fixant un bandeau de médium (d'une largeur égale à l'épaisseur de l'étagère) en façade. Vissez dans le tasseau.

6 Passez à la réalisation de la partie inférieure du meuble, en prévoyant de l'encastrer sur les coffrages montants. Elle est constituée de panneaux de médium doublés. Le socle du meuble est formé de plinthes en médium de 10 cm de large, placées en retrait (10 cm) et fixées au

5

6

moyen de tasseaux d'angle. Toutes les parties sont assemblées par vissage.

7 Mettez en place la partie inférieure du mur puis le plateau qui la recouvre. L'épaisseur de ce dernier est obtenue de la même manière (doublage) que celle des planche du rayonnage (*voir* photo 3).

8 Appliquez de la pâte à bois sur les têtes de vis visibles (noyées dans le médium par fraisage). Laissez sécher et poncez légèrement avec du papier de verre à grain fin.

9 Pour mieux intégrer ce meuble au décor, nous réalisons une peinture « à effet », une décoration à l'éponge. Passez tout d'abord la couche de fond, en l'occurrence une peinture blanche acrylique satinée. Laissez sécher et appliquez une seconde couche.

10 Appliquez la couche de finition à l'aide d'une éponge naturelle. Chargez celle-ci en la trempant légèrement dans la peinture, puis tamponnez sur du papier afin d'éliminer l'excès. Quand le grain de l'éponge s'imprime sur le papier, tamponnez sur le mur, de manière irrégulière, pour obtenir une finition mouchetée et pommelée. Après séchage, vous pouvez effectuer un second passage à l'éponge pour densifier la couleur, ou même utiliser une autre couleur (par exemple un vert plus foncé) pour créer un effet de relief et de transparence.

9

7

8

10

Aménagement d'un placard-bureau

Un placard n'est pas obligatoirement voué au rangement. Il peut aussi intégrer un abattant, comme ici, pour servir de meuble de travail.

Une pièce dans un placard

Un placard peut servir de bureau, dans une chambre ou dans une autre pièce. C'est pratique, car il suffit de fermer les portes pour que le coin « travail » disparaisse et pour rendre la pièce à sa destination première. Nous avons intégré un petit meuble à tiroirs, pour disposer d'un véritable bureau de travail, les étagères offrant une bonne capacité de rangement. On peut de la même manière aménager un placard en atelier de bricolage, avec un petit établi, en atelier de couture, de peinture etc.

1 Vissez au plafond un tasseau qui va limiter la profondeur du placard et qui permettra la fixation de l'encadrement pour les portes. Choisissez des chevilles adaptées au type de plafond.

2 Mettez en place le premier côté du placard, qui s'appuie contre le mur. C'est un panneau de médium de 19 mm d'épaisseur, d'une hauteur égale à la distance sol-plafond (moins quelques millimètres). On y a ouvert un trou, à la scie trépan, pour laisser passer des conducteurs électriques sortant du mur. Sur le panneau, repérez la hauteur des quatre étagères, puis fixez-le par vissage, après perçage et chevillage.

3 Le plateau du bureau est un panneau de lamellé-collé. Découpez-le aux dimensions avant d'y adapter l'abattant qui permet d'agrandir la surface de travail. Cette partie (pièce de lamellé-collé à bord arrondi) est articulée au moyen de trois charnières d'abattant à entailler en laiton. Procédez à l'entaillage après repérage de la pièce en position. Entaillez à l'aide d'un ciseau à bois de même largeur que la branche de la charnière.

OUTILS ET MATÉRIAUX

- Perceuse-visseuse
- Mèches à bois
- Mèches à maçonnerie
- Ciseau à bois
- Maillet
- Marteau
- Tournevis
- Mètre
- Niveau à bulle

- Charnières d'abattant
- Vis
- Tourillons
- Colle à bois
- Portes pliantes

1

2

Pour en savoir plus

Fixations **51**
Revêtements muraux **166**

3

4

5

Tenez d'abord l'outil verticalement pour trancher les bords, puis évidez en inclinant le ciseau (biseau au-dessous). Vissez les charnières en place après avoir entaillé leur emplacement sur l'abattant.

4 Le plateau formant le plan de travail repose sur un meuble à tiroirs par l'intermédiaire d'un support perpendiculaire qui lui est assemblé par tourillonnage. Il est fixé par deux tourillons sur le montant gauche et vissé sur le montant central. Les petites étagères de droite sont elles aussi assemblées au montant par tourillons. Percez leur chant pour cela, et prenez les repères, de préférence avec des embouts de marquage (pour tourillons). Dans la mesure où il faut percer des trous borgnes dans le montant pour y loger les tourillons, il est préférable de se servir d'une perceuse avec guide de profondeur. Introduisez les tourillons, après encollage, dans les trous des chants des étagères.

5 Mettez les étagères en place en frappant sur leur chant au maillet ; soutenez-les provisoirement avec des chutes de bois. Procédez de la même manière pour l'assemblage du dernier montant.

6 Les grandes étagères reposent sur des tasseaux, fixés sur le mur du fond et sur les deux montants. Effectuez le tracé de leur position en vérifiant l'horizontalité avec un niveau. Fixez d'abord le tasseau sur le mur du fond par vissage, après perçage et chevillage.

7 Les portes de placard pliantes sont vendues avec l'encadrement. Mettez celui-ci en place, et vissez-le sur le tasseau du plafond, sur les chants des côtés et sur le sol. Mettez ensuite les portes en place. Si vous les achetez non décorées, il vaut mieux les peindre avant.

➲ Tourillons

Ces petits morceaux de barre ronde sont en bois dur, souvent en ramin ou en hêtre. Ils sont légèrement chanfreinés aux extrémités pour faciliter l'introduction dans le trou et sont cannelés pour mieux tenir la colle. Choisissez des tourillons dont le diamètre est égal à la moitié de l'épaisseur de la pièce (ici 10 mm pour une épaisseur de 20 mm). Les embouts métalliques de marquage sont parfois vendus avec les sachets de tourillons.
Ce type d'assemblage à l'avantage de rester invisible.

6

7

Décoration d'un meuble au pochoir

Comment apporter une note gaie et colorée aux meubles d'une chambre d'enfant, une touche personnelle à une commode ou à un meuble de rangement en bois blanc ? Pensez au pochoir car il offre, en décoration, des possibilités insoupçonnées et originales.

Faites simple

Une décoration peinte sur un meuble n'est pas un tableau : un motif trop complexe n'est pas « lisible » et il pose généralement de sérieuses difficultés lors de l'application de la couleur. N'oubliez pas qu'il faut utiliser deux ou plusieurs pochoirs lorsqu'un même motif présente des parties liées et diversement colorées. Évitez aussi de multiplier les couleurs, même pour une chambre d'enfant. Choisissez une ou deux teintes dominantes et introduisez quelques notes colorées différentes pour créer du rythme.

Brosse ou éponge

On applique en général la couleur à la brosse à pochoir. Vous pouvez également opter pour des petits morceaux d'éponge en mousse synthétique afin d'obtenir un grain différent, moins fin, qui donne un aspect grené. Faites des essais sur une feuille de papier pour juger de l'effet.

➲ Les bâtons de couleur

Ils ont l'aspect de gros pastels, mais ils sont très différents. Il s'agit en effet de couleurs à l'huile qui présentent les mêmes qualités que la peinture en tube pour artistes-peintres, mais elles se présentent sous forme solide. Cependant, dès que l'on a enlevé la pellicule protectrice, la matière reprend une consistance pâteuse qui permet une application facile. Cette pellicule se reforme d'elle-même lorsque qu'on n'utilise plus le bâton. On peut acheter ces bâtons à l'unité ou en coffret. Notez que toutes les couleurs n'ont pas la même résistance à la lumière – théoriquement, le fabricant en donne l'indice pour chacune.

OUTILS ET MATÉRIAUX

- Brosse à pochoir
- Cutter
- Tournevis

- Ruban de masquage
- Couleurs à l'huile en bâtons

Pour en savoir plus

Pose de papier peint avec frise **172**

Peinture au tampon **183**

Décoration murale au pochoir **192**

1 Placez le pochoir en le centrant sur le meuble. Pour les tiroirs, il faut préalablement dévisser les poignées. Les pochoirs du commerce présentent des repères qui facilitent le centrage. Fixez le film des deux côtés ou aux quatre angles avec du ruban de masquage.

2 Faites sauter la pellicule protectrice du bâton de peinture à l'aide de l'ongle ou d'un cutter. Frottez le

2

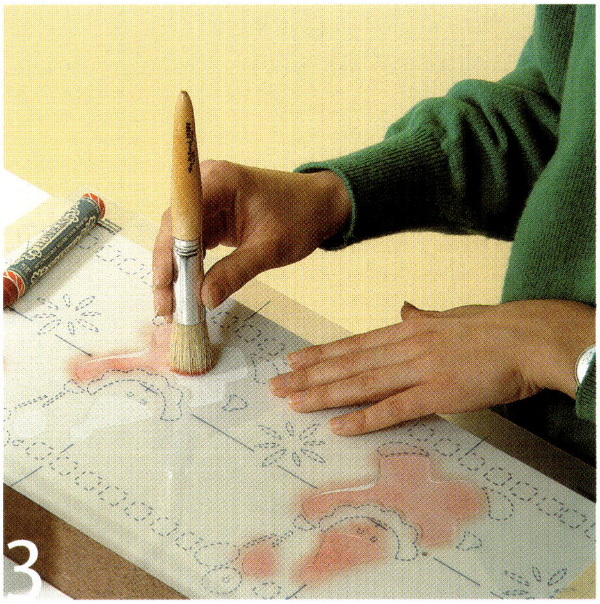
3

4

bâton sur un coin du pochoir ou sur une feuille de papier et chargez la brosse en tamponnant. Vous pouvez aussi appliquer directement la brosse à pochoir sur le bâton.

3 Colorez les motifs en tamponnant à petits coups avec la brosse, tenue verticalement, afin d'imprimer un grain avec l'extrémité des poils – et ne tirez en aucun cas comme pour peindre sur un mur. Ne chargez pas trop la brosse et n'essayez pas d'obtenir une teinte homogène : de petites irrégularités créent des effets de relief.

4 Changez de brosse quand vous changez de couleur. Vous pouvez toutefois utiliser deux couleurs différentes pour une même partie du motif, sans attendre que la première ait séché : les deux teintes se mélangent un peu et donnent alors de la profondeur au motif.

5 Si vous choisissez un motif qui nécessite l'utilisation de deux (comme dans le cas présent) ou de trois pochoirs, il faut attendre que la première couleur ait séché avant de passer à la deuxième. Positionnez le second pochoir avec soin, en vous servant des repères. Fixez-le avec du ruban de masquage et appliquez les couleurs comme précédemment.

6 Dans une pièce, le pochoir est un bon moyen d'unifier la décoration, par répétition d'un motif « en écho ». S'agissant d'une chambre d'enfant, la fantaisie et l'humour sont de mise et nous utilisons le même pochoir pour réaliser des rappels de motifs sur le revêtement mural (une peinture acrylique satinée qui constitue un excellent support pour l'impression au pochoir). La technique est la même que sur le meuble.

5

6

➲ L'acheter ou le découper ?

On trouve aujourd'hui beaucoup de pochoirs prédécoupés, offrant des motifs très divers, pour chambres d'enfants comme pour celles des parents : des frises florales ou géométriques, des dessins géométriques pour les angles, des personnages ou des animaux que l'on peut répéter pour former une frise… Mais vous découperez aussi facilement vos propres pochoirs (sur du film PVC ou acétate cristal) en cherchant des idées de motifs dans les magazines et les livres. Il existe même des recueils de motifs pour la décoration, qui constituent une vraie mine pour les amateurs de décors au pochoir.

Les façades, l'extérieur

La maintenance d'une maison passe par l'entretien des façades - qui subissent l'agression des intempéries -, par celui de la toiture, des gouttières et des fermetures (fenêtres, volets, persiennes, porte d'entrée), et aussi par celui des clôtures et grilles.

Sommaire

La réfection de la maçonnerie (ici, rebouchage de fissures légères sur un enduit) est indispensable avant tout ravalement.

Les façades

Lorsqu'elles sont en bon état et en pierre, meulière, moellons ou blocs taillés, les façades ne demandent d'autre entretien qu'un nettoyage périodique contre l'encrassement, qui peut être effectué au nettoyeur haute pression. Toutefois, dans le cadre d'une rénovation, il peut être nécessaire de refaire les joints à l'aide d'un mortier ne déparant pas le style de la construction et, parfois, de rectifier certains éléments de l'architecture.
En revanche, dans le cas de murs crépis, enduits ou peints, qui se dégradent inévitablement sous l'effet de la pluie, du gel et du soleil, il faut effectuer des réparations périodiques ou même une réfection complète, qui oblige à la dépose ou au décapage préalable de l'ancien revêtement. Ce sont des travaux à la portée de l'amateur, mais relativement importants et qui demandent du temps. Prenez la peine d'étudier toutes les possibilités car il existe une large gamme de produits dont beaucoup méritent d'être découverts. Tenez compte de leur durabilité. A cet égard, les plaquettes de parement, relativement simples à mettre en œuvre, constituent une solution intéressante car elles sont susceptibles de s'adapter à tous les styles architecturaux régionaux.

➲ La protection de la maison

Les stratégies de dissuasion sont fort variées, depuis la simple utilisation de prises programmables, permettant d'allumer des lampes et des équipements sonores et visant à faire croire à une présence dans la maison, jusqu'à la surveillance vidéo. Le larron, on le sait, profite souvent de l'occasion – d'une fenêtre du rez-de-chaussée laissée entrouverte ou de la clé « cachée » sous le paillasson ou dans la boîte aux lettres. L'expérience montre qu'une bonne protection des entrées décourage le voleur, qui préfère naturellement la facilité.

Les boiseries extérieures

L'entretien et la rénovation des façades passent aussi par le maintien de toutes les parties en bois (fenêtres, volets, persiennes et portes d'entrée), parfois aussi des poteaux et de la charpente d'une véranda, d'un auvent ou d'une galerie. Un bois extérieur mal protégé est en danger, car il est menacé par la pourriture. Il faut donc intervenir sans attendre, en effectuant un décapage préalable, afin de mettre le matériau à nu, en apportant un traitement de protection adapté. Les peintures, lasures et vernis destinés aux menuiseries de façades sont conçus pour résister aux intempéries, mais il est obligatoire de les refaire après un certain nombre d'années.

Exposés aux intempéries, les volets en bois ont besoin d'une protection adaptée (lasure, vernis, etc.) et qui doit être régulièrement renouvelée.

Veillez au bon état des serrures, tant pour la protection de la maison contre les effractions et pour répondre au contrat d'assurance, que pour la beauté de l'accueil.

Portes et volets

Les contrats d'assurance contre le vol imposent toujours des équipements de sécurité bien spécifiques.

La protection d'une porte d'entrée passe d'abord par la réalité d'un battant et de son huisserie solides et en bon état. Si ce n'est pas le cas, il faut soit les réparer en les consolidant, soit les changer en optant pour une porte de sécurité avec des équipements intégrés, par exemple une crémone à plusieurs points, un barillet à carte personnalisée, des renforts de fiches ou une âme en tôle anti-effraction.

Dans le domaine de la serrurerie, vous poserez les serrures multipoint qui assurent le verrouillage sur le montant, sur la traverse et sur le sol. Elles peuvent être à encastrer, et il faut alors entailler le battant, ou en applique.

Dans cette dernière catégorie, les serrures à bandeau 5 ou 6 points offrent une haute sûreté tout en étant discrètes et assez faciles à fixer.

➲ L'entretien des grilles métalliques

Les grilles de clôture et les portails traditionnels, en fer forgé, ornent beaucoup d'anciennes demeures et pavillons, et ils sont parfois très touchés par la rouille et endommagés. Pourtant, il est dommage de les remplacer par des grilles modernes qui présentent moins de caractère. Le plus souvent, une rénovation est possible, même si elle demande du temps. Il faut dérouiller entièrement la grille, éventuellement remplacer certains éléments, refaire des joints soudés et poser des colliers de serrage.

C'est l'occasion d'aborder le travail du métal et le maniement d'un chalumeau bi-gaz ou d'un poste de soudage à l'arc ; vous pourrez ensuite envisager de réaliser des grilles ou d'autres éléments en fer forgé, tels les piètements de meuble.

Pour ce qui concerne le revêtement, vous devrez appliquer d'abord un produit anti-rouille (type Rustol) qui empêche un nouveau développement de l'oxydation à partir de points de rouille oubliés au décapage, puis deux ou trois couches d'une peinture spéciale pour métaux ferreux.

Toitures et gouttières

Les petites interventions sur la toiture sont faciles à réaliser : il s'agit le plus souvent de remettre en place une tuile ou une ardoise, ou de la remplacer, ou encore de réparer un solin, c'est-à-dire un joint de mortier, à l'aide d'une bande étanche qu'il suffit de coller en place.

La difficulté réside essentiellement dans le danger que représente le travail en hauteur, qui demande un équipement spécialisé et sûr, en particulier une échelle de toit, parfois un échafaudage. Si vous ne l'avez pas, faites appel à un professionnel plutôt que de prendre des risques inconsidérés.

Le même problème se pose à propos des gouttières - dont le bon état est capital pour la bonne santé de la construction. L'entretien passe d'abord par le nettoyage, lorsque les gouttières sont engorgées par les feuilles mortes.

Si le remplacement est nécessaire, vous pouvez fort bien y procéder vous-même à l'aide de gouttières, en métal comme en PVC, qui se mettent en place par simple emboîtement. Dans le cadre d'une rénovation, vous serez amené aussi, le cas échéant, à implanter des canalisations d'évacuation des eaux pluviales débouchant sur un puisard.

Complétez l'arsenal par des renforts de paumelles ou de gonds, qui empêchent l'attaque sur les supports de la porte, et par une cornière antipince qui interdit l'effraction par introduction d'un outil entre le battant et l'huisserie.

Vous devez également vérifier la solidité des scellements des gonds de volets, ainsi que le système de fermeture de ces derniers : un simple crochet n'est pas suffisamment résistant et il est préférable de lui associer une serrure deux points ou une barre de sécurité.

Enfin, n'oubliez pas de protéger, par une grille, les fenêtres accessibles non pourvue de volets.

Les alarmes

Enfin, vous avez la possibilité de recourir à l'électronique pour placer votre maison sous haute surveillance. Il existe en particulier des systèmes de protection globale, sans fil, extrêmement simples à installer et comportant des détecteurs d'intrusion (capteurs de passage et de mouvement, détecteurs d'ouverture sur les fenêtres et les portes), des détecteurs de panne (de chauffage ou de congélateur), de fumée, d'inondation.

Tous ces appareils sont reliés par ondes radios codées à une centrale qui déclenche des sirènes ou envoie des appels téléphoniques.

Rénovation et peinture d'une façade

Un revêtement de façade, quel qu'il soit, est une protection pour le gros œuvre, pour les matériaux de construction. Cependant, l'agression des intempéries entraîne des dégradations.

Diagnostic

Outre la succession de la pluie, du rayonnement du soleil et du gel, la différence entre les coefficients de dilatation des matériaux est à l'origine de fissures, larges ou étroites, dans les façades des bâtiments. Il faut tout d'abord évaluer l'ampleur des problèmes et effectuer un premier nettoyage - car un ancien revêtement peut masquer des dégradations plus importantes.

Les bons produits

Lorsque vous avez identifié la nature des fissures ainsi que les réparations à effectuer sur le gros œuvre et, éventuellement, sur les gouttières, achetez des produits adaptés : mastics, enduits et mortiers destinés aux façades.

OUTILS ET MATÉRIAUX

- Truelle
- Truelle d'angle
- Taloche
- Couteau à enduire
- Couteau de peintre
- Ciseau de maçon
- Ciseau de peintre
- Massette
- Grattoir triangulaire
- Brosse métallique
- Brosse à chiendent
- Pistolet extrudeur
- Auge à gâcher
- Lunettes de protection
- Nettoyeur haute pression
- Meuleuse d'angle
- Disque à béton
- Escabeau
- Échelle
- Mastic maçonnerie
- Mastic bâtiment
- Mortier de réparation monocomposant
- Mortier à deux composant
- Mastic d'étanchéité pour couverture
- Bande d'étanchéité pour gouttière
- Trichloréthylène
- Peinture façade
- Revêtement pour façade (résines)

Pour en savoir plus

La maçonnerie **10**

Le mortier **19**

Restauration d'une façade en pierre **257**

Enduit à l'ancienne **269**

1 Examinez la façade et l'ancien revêtement en détail. Même si le mur a l'air « lépreux », il s'agit le plus souvent d'un simple écaillage de la peinture. Dans ce cas, la rénovation ne pose pas de gros problèmes puisqu'il s'agit avant tout de nettoyer et de décaper, de reboucher les petites fissures et de repeindre. Mais si le crépi de mortier qui s'écaille, les choses sont plus graves puisqu'il faut le refaire en partie, parfois même en totalité. Enfin, dans le cas de dégâts dus à l'humidité ou de présence de salpêtre, il est nécessaire d'effectuer un traitement, avant la mise en peinture, afin que les murs redeviennent sains.

➲ Diagnostic salpêtre

La présence de salpêtre sur un mur intérieur (ou même à l'extérieur) est toujours synonyme d'humidité à l'intérieur de la maçonnerie, et demande un traitement extérieur et intérieur (et même, souvent, des injections). Toutefois, il ne faut pas confondre le salpêtre (efflorescences blanchâtres dues à l'action de bactéries en présence d'humidité, lorsque le sol est riche en matières organiques nitreuses) et les plaques blanches et dures, qui se forment même sur des murs parfaitement sains et secs, et qui proviennent des matériaux de construction : ces cristaux s'éliminent pas simple grattage.

2 Effectuez d'abord un nettoyage poussé de la façade à l'aide d'un nettoyeur haute pression d'eau réglé sur la force maximale (pression de l'ordre de 100 bars au moins). Il s'agit en effet d'éliminer toute la vieille peinture écaillée, mais aussi le mortier ou l'enduit en mauvais état et qui adhère mal ou qui s'effrite. Approchez la buse de l'appareil à quelques centimètres seulement de la façade. L'utilisation du nettoyeur en hauteur pose problème dans la mesure ou le tuyau de la lance n'est en général pas très long et qu'il faut donc hisser l'appareil sur la plateforme d'un escabeau – en prenant toutes les précautions pour la stabilité et la sécurité. Vous pouvez aussi utiliser un modèle qui se porte sur le dos, à l'aide de courroies.

3 A défaut de nettoyeur haute pression et sur une petite surface, effectuez le nettoyage de la façade à l'aide d'une brosse métallique, en frottant énergiquement pour éliminer toutes les parties qui n'adhèrent pas parfaitement. Prenez la précaution de porter des lunettes de protection contre la projection de fines particules.

4 Intervenez, pour les élargir, sur les fissures que l'on appelle « vivantes » ou « semi-vivantes ». Elles sont dues, en général, au travail des matériaux et à l'absence de joints de dilatation sur la construction. Leur largeur est variable, mais elle peut atteindre plusieurs millimètres et entraîner le détachement de morceaux de mortier. De telles fissures sont profondes – elles apparaissent même parfois des deux côtés des murs – et elles sont susceptibles de s'agrandir. Élargissez franchement, en pratiquant une saignée et approfondissez la fissure, de manière à trouver le mortier sain. Travaillez à l'aide d'un ciseau de maçon (qu'on appelle parfois « burin ») et d'une massette. Frappez en biais, vers l'extérieur, afin de donner à la saignée un profil trapézoïdal qui permettra une meilleure tenue du produit de rebouchage.

5 Vous pouvez effectuer la même opération d'ouverture des fissures à l'aide d'une meuleuse d'angle équipée d'un disque béton. Travaillez en tenant la machine fermement, à deux mains. Utilisez des lunettes de meulage pour vous garantir contre les projections.

➲ Sur la taloche

Gâchez le mortier dans une auge, en respectant la proportion d'eau conseillée par le fabricant du produit.
Vous devez obtenir un produit ni trop liquide ni trop épais, qui tient sans couler sur la truelle. Pour le transporter à pied d'œuvre, utilisez une taloche de maçon.

6 Un mortier de ciment est l'une des solutions pour procéder au rebouchage de la fissure. Utilisez un produit prédosé spécifique pour ce type d'utilisation qui se révèle plus solide et plus résistant, après séchage, qu'un mortier bâtard de ciment et de chaux préparé par vos soins ; il est aussi plus souple et présente très peu de retrait, ce qui permet de lisser la réparation sans avoir à y revenir. Commencez par bien humidifier la maçonnerie (mais attendez que l'eau ait fini de ruisseler). Appliquez ensuite le mortier à la truelle, en le « serrant » bien, c'est-à-dire en le poussant au fond de la fissure. Lissez soigneusement.

7 L'autre solution, pour le rebouchage, c'est le mastic souple, vendu sous forme de cartouche, que l'on applique à l'aide d'un pistolet extrudeur. Pour une fissure stabilisée, qui ne risque apparemment pas de s'élargir, utilisez un mastic classique pour maçonnerie (à base de résines), mais préférez un mastic élastomère, plus adhérent et plus souple après séchage, s'il s'agit d'une fissure « vivante », qui risque de s'élargir. Bourrez la fissure avec un joint de fond, puis appliquez le mastic pour achever de combler la fissure.

8 Dans les cinq minutes qui suivent l'application du mastic, lissez soigneusement à l'aide d'un couteau à enduire.

9 Immédiatement après, appliquez une bande de calicot, sur toute la longueur de la fissure. Elle évitera, si les matériaux travaillent un peu, qu'une nouvelle fissure n'apparaisse sur le revêtement. Déroulez la bande d'une main en la serrant, de l'autre, à l'aide du couteau à enduire.

10 Lorsque la façade présente de petites fissures, dues au travail des matériaux mais stables, il faut également les ouvrir pour que le mastic tienne bien. Travaillez à la main à l'aide

➲ Mortiers spéciaux

Pour le rebouchage des fissures sur façade comme pour la réparation des angles sortants des baies, il existe des mortiers à deux composants, à base de résine en émulsion, de ciment et de fibres. Ces mortiers « thixotropes » sont remarquables pour leur adhérence sur le support, pour leur très faible retrait et pour leur résistance mécanique après séchage. On les applique de la même manière qu'un mortier classique.

➲ Canalisation encastrée

La rénovation d'une façade traditionnelle, revêtue d'un enduit de mortier, peut être l'occasion de procéder à l'encastrement d'une canalisation, par exemple pour les conducteurs d'un éclairage extérieur ou d'une sonnette de portail. Il suffit d'ouvrir une saignée à l'aide d'une meuleuse ou d'un ciseau de maçon et d'une massette, avant de reboucher au mortier de ciment ou au mastic pour maçonnerie. Il faut bien entendu respecter les normes pour l'encastrement des canalisations électriques extérieures.

d'un grattoir triangulaire : élargissez la fissure en lui donnant, si possible, un profil trapézoïdal ou au moins carré, mais non triangulaire.

11 Lorsque les fissures étroites sont bien nettoyées, appliquez du mastic pour maçonnerie en cartouche à l'aide d'un pistolet extrudeur, en suivant le cheminement de chaque saignée.

12 Dans les 5 minutes qui suivent l'application du mastic, lissez soigneusement à l'aide d'un couteau de peintre.

13 Il est fréquent que les angles sortants des baies de la façade présentent des dégradations. Les gonds de volets, en particulier, sont souvent descellés car il sont soumis à de fortes sollicitations. Pour leur réfection, utilisez un mortier de réparation, prêt à l'emploi et monocomposant, ou prédosé et à deux composants. Préparez le scellement en éliminant toutes les parties qui adhèrent mal à l'aide d'une broche de maçon ou d'une massette et humidifiez. Mettez le gond en place, en réglant bien sa hauteur (présentez le volet en position pour éviter les erreurs). Appliquez le mortier à la truelle en le serrant bien, puis lissez soigneusement la truelle à la taloche pointue.

14 Pour refaire un angle ébréché de baie, travaillez d'abord à la broche et à la massette pour bien nettoyer la zone. Humidifiez la maçonnerie et appliquez le mortier de réparation : plaquez la taloche contre une des faces et serrez le mortier à la truelle de l'autre main. Il existe également des truelles d'angles, à lame coudée à angle droit, qui permettent aussi de façonner les deux retours de l'angle à la fois.

15

15 En bas de mur, il peut être nécessaire d'assurer le joint d'étanchéité avec la terrasse, qu'il s'agisse d'une dalle de béton, d'un dallage ou d'un carrelage. Étant donné le travail des matériaux, il est fréquent que se forme ici une fissure par où s'infiltrent des eaux de ruissellement. Commencez par nettoyer cette fissure en éliminant toutes les parties non adhérentes. Ensuite, ouvrez la fissure à la meuleuse, à l'aide d'un disque à béton, ou au ciseau de maçon. Si nécessaire, insérez un joint de fond pour limiter la profondeur et appliquez un mastic élastomère (type Rubson Bâtiment). Lissez avec un doigt mouillé dans les 5 minutes qui suivent l'application, puis laissez polymériser durant 24 h.

16 La rénovation d'une façade est l'occasion de revoir l'étanchéité des écoulements et de réparer, si nécessaire, les fuites sur les gouttières. Commencez par remplir la gouttière en bouchant la descente pour repérer les fuites. Ensuite, nettoyez consciencieusement, d'abord avec un détergent et à la brosse à chiendent, avant de rincer à l'eau. Dégraissez la zone de la fuite avec un chiffon imbibé de trichloréthylène. Pour réparer, appliquez un mastic-colle pour gouttière et solin, puis une bande aluminium de colmatage (ou encore une bande autocollante). Vous pouvez aussi employer un mastic d'étanchéité pour couverture, avec une bande d'armature à noyer dans le produit.

17 Terminez avec une peinture pour façade ou encore un revêtement à base de résine, qui se passe comme une peinture et laisse une couche protectrice imperméable.

16

➲ Mastic élastomère

Ce produit peut jouer à la fois le rôle de mastic d'étanchéité, pour boucher les fissures et les joints, et de colle pour la réfection d'éléments de construction brisés. Il reste élastique après séchage et ne présente pas de retrait. Il est très résistant aux intempéries et aux agents chimiques. Il est hors poussière en une heure et sèche dans la masse en 12 h. Une cartouche permet de traiter 12 m linéaires de joint de 5 x 5 mm. Nettoyez les outils, sans attendre, avec de l'alcool à brûler.

17

Restauration d'une façade en pierre

Les pierres, qu'il s'agisse de mœllons ou de blocs taillés, sont toujours décoratives et la restauration d'une demeure passe souvent par leur mise à nu, en particulier en façade.

Un choix de restauration

Un mur maçonné en pierre allie la beauté d'un matériau noble à l'intérêt pour un type de construction qui a, aujourd'hui, pratiquement disparu. La mise à nu de la pierre est donc, très souvent, un bon choix de restauration, dans de nombreuses régions. Notez que, dans certain cas, l'habitat traditionnel utilisait des crépis sur la pierre et qu'il peut être alors préférable de refaire un tel revêtement de façade, évidemment à la manière d'autrefois.

Vulnérabilité

Lorsqu'elle n'est plus protégée par un crépi de mortier, la façade devient plus vulnérable aux intempéries, aux agents atmosphériques, aux variations de températures et aux micro-organismes, qui entraînent des agressions et une désagrégation de la pierre. Il convient donc de prendre des précautions et d'effectuer un rejointoiement soigné, suivi d'un traitement pour protéger le matériau.

OUTILS ET MATÉRIAUX

- Ciseau et broche de maçon
- Massette
- Marteau perforateur
- Nettoyeur haute pression
- Compresseur et buse d'imprégnation
- Tuyau d'arrosage
- Truelles
- Taloche
- Auge à gâcher
- Brosse souple

- Mortier de jointoiement
- Consolidant pour maçonnerie

1 La mise à nu de la pierre est un travail relativement difficile et long. Commencez par faire tomber les parties qui adhèrent mal à l'aide d'un ciseau et d'une fiche de maçon, en frappant avec une massette. portez de grosses chaussures afin de vous protéger contre la chute de pièces lourdes. Désolidarisez l'ancien crépi des parties en pierre, notamment des jambages et des linteaux des baies.

2 L'utilisation d'un marteau perforateur de démolition électrique peut vous faire gagner du temps. Montez le burin sur le marteau et enfoncez l'outil sous le crépi, en prenant garde de ne pas endommager la pierre elle-même.

3 Après la dépose du crépi, procédez à un nettoyage poussé de toute la façade à l'aide d'un nettoyeur haute pression (capable d'atteindre au moins 120 bars), équipée d'une buse réglable. L'action du jet éli-

➲ Quel mortier ?

Autrefois, on utilisait, dans cet emploi, du mortier de chaux grasse, sans adjonction de ciment, dosé dans une proportion d'une part de chaux pour trois parts et demie ou quatre parts de sable. Aujourd'hui, on a plus facilement recours aux mortiers bâtards de chaux et de ciment. Renseignez-vous auprès des associations spécialisées dans la réhabilitation de l'habitat local. Un mortier de chaux grasse (fleur de chaux) peut fort bien convenir si la construction est suffisamment solide. Un mortier bâtard, surtout s'il est fortement dosé en ciment, risque de dénaturer le caractère de la maçonnerie.

Pour en savoir plus

Le mortier **19**

Enduit à l'ancienne **269**

mine toutes les parties mal adhérentes, en particulier au fond des joints. Avant de procéder à la réfection des joints, humidifiez la pierre afin qu'elle soit imbibée en profondeur : c'est indispensable pour éviter l'affaiblissement du mortier par absorption de son eau de gâchage par la maçonnerie.

4 Préparez un mortier de jointoiement à base de fleur de chaux (chaux grasse), de ciment et de sable. La couleur dépend de celle de la pierre et du mortier traditionnel utilisé autrefois dans la construction régionale. Vous pouvez employer du mortier blanc en le teintant, si nécessaire. Appliquez-le à la truelle, en serrant bien pour atteindre le fond des joints.

5 Procédez ensuite au serrage et au lissage des joints à l'aide d'une truelle langue-de-chat. Nettoyez aussitôt le parement des pierres pour qu'il ne soit pas recouvert de mortier. D'une manière générale, dans une restauration de ce type, il faut éviter de trop charger la façade en mortier.

6 Après séchage des joints, il est souhaitable de protéger la maçonnerie à l'aide d'un produit durcisseur, « consolidant » à base notamment de résines silicones, qui pénètre par capillarité dans le mortier et dans la pierre. Ce produit s'applique à l'aide d'un petit compresseur et d'une buse spéciale d'injection. Suivez les instructions du fabricant.

➲ Sablage pour les cas difficiles

Dans les cas difficiles, lorsque la pierre a été particulièrement encrassée ou qu'elle a été peinte ou revêtue de produits difficiles à éliminer, il faut procéder par sablage, plus efficace que le nettoyage à haute pression d'eau. Vous pouvez louer une grosse sableuse ou, si vous possédez un nettoyeur haute pression, acheter un kit de sablage constitué d'une lance spécifique reliée à un tube permettant de puiser le sable dans un sac. La technique du sablage implique le port de lunettes et de gants de sécurité, ainsi que la protection de matériaux exposés, en particulier des vitres - qui risqueraient de devenir opaques.

➲ Agressions des façades

La détérioration des pierres et des matériaux de construction se fait sous l'action conjuguée de nombreux agents :

- eau : dissolution, dilatation, lessivage ;
- sels dissous dans l'eau produisant des efflorescences, des taches puis l'écaillage et la dislocation ;
- pollution : réactions chimiques formant des encroûtements et des cloques ;
- érosion : grêle, vents porteurs de sable et de poussière ;
- facteurs biologiques : micro-organismes, bactéries et champignons entraînant des détériorations, des modifications chimiques et des fissures ;
- vieillissement : modification intime de la nature des pierres (patine).

Rénovation de volets

Qu'il s'agisse dz volets traditionnels à barres et écharpes, de volets persiennés ou de volets plein à cadre, les volets en bois, soumis aux intempéries, doivent être rénovés périodiquement quel que soit leur exposition.

Quand ?

La périodicité de la rénovation des volets à battants dépend de l'exposition de la maison et du climat de votre région. En bord de mer, sur une façade exposée aux embruns, il peut être nécessaire d'intervenir tous les trois ans – ou même tous les deux ans ! Dans tous les cas, il convient d'effectuer un examen et un diagnostic : lorsque le revêtement commence à se fendiller ou à se cloquer, il faut intervenir pour que le bois ne soit pas attaqué à son tour.

La dépose

Les volets à battant sont en général articulés par des pentures, droites ou à queue de carpe, sur des gonds scellés ou fixés par des chevilles à expansion. La dépose est facile puisqu'il suffit de soulever le battant. Dans le cas où le battant est fixé par une penture anglaise, il faut dévisser. Et s'il s'agit de vis de sécurité sans empreinte, il faut effectuer la rénovation sur le volet en place.

OUTILS ET MATÉRIAUX

- Pinceaux
- Couteau de peintre
- Grattoirs
- Ponceuse vibrante
- Cale à poncer

- Décapant chimique
- Pâte à bois
- Produit de traitement
- Lasure
- Laque antirouille

Pour en savoir plus

Portes et volets **250**
Traitement des bois
et des charpentes **281**

1 Appliquez une bonne couche de décapant chimique, à l'aide d'un pinceau, sur toute la surface, y compris sur les ferrures. Portez des gants de protection car ce produit cause des lésions de la peau. De plus, travaillez dans un local aéré afin d'éviter d'inhaler les vapeurs. Protégez aussi le sol avec un film en plastique. Laissez le produit agir pendant au moins un quart d'heure : la peinture, ou le vernis, se cloque.

2 Décapez le volet à l'aide d'un couteau de peintre, en poussant l'outil dans le sens des fibres. Tenez la lame de l'outil bien à plat pour ne pas endommager le bois. Si le volet comporte des parties impossibles à atteindre avec le couteau de peintre, utilisez des grattoirs, un couteau pointu, de la laine d'acier ou encore une brosse métallique - en travaillant toujours dans le sens des fibres. Si l'ancienne peinture ou l'ancien vernis n'est pas complètement éliminé, appliquez une nouvelle fois du décapant afin de mettre le bois à nu. Rincez alors à l'eau claire pour éliminer toute trace de produit, et laissez sécher.

3 Lorsque le bois est sec, effectuez un ponçage poussé de toutes les parties afin d'obtenir une surface

4

nette et lisse. Utilisez une ponceuse vibrante en travaillant dans le sens des fibres. N'appuyez pas sur la machine : elle agit sous son propre poids. Montez sur la ponceuse un abrasif de 80 ou de 120, qui donne une finition de bonne qualité (préférez un papier anti-encrassant qui ne retient pas la matière poncée). Pour les endroits difficiles d'accès, en particulier pour les chants des traverses et des écharpes de renfort, utilisez une cale à poncer.

4 Passez alors, si nécessaire, au rebouchage en particulier des rainures entre planches. Utilisez de la pâte à bois en l'appliquant à l'aide d'un couteau de peintre. Laissez-la sécher et terminez par un ponçage à la cale.

5

➲ Les décapants

Ils étaient autrefois très toxiques et ils le sont, en général, un peu moins aujourd'hui, tout en restant dangereux.
Pour les boiseries et les meubles, choisissez les produits sur lesquels figure la mention « ne noircit pas le bois ».
Vous trouverez aussi des décapants spécifiques pour lasure.
Enfin, certains fabricants proposent des décapants « verts », ne dégageant pas de vapeurs nocives et que l'on peut manipuler sans gants. Toutefois, ils agissent plus lentement que les décapants « puissants ».
Par ailleurs, les décapants se présentent sous forme de gel (idéal pour l'intervention sur une surface verticale) ou de liquide. Il en existe même en aérosol, pour de petites surfaces.

➲ Pâte à bois ou bois synthétique ?

La première est monocomposant et constituée à base de sciure de bois. Après séchage, elle se travaille facilement, comme du bois. En revanche, le bois synthétique, à deux composants, est très dur et difficile à poncer après séchage.
Un truc : si la pâte à bois a séché dans la boîte, ne la jetez pas ; ajoutez quelques gouttes du solvant spécifié sur l'étiquette et elle reprendra sa consistance souple.

6

5 Appliquez ensuite un produit de traitement pour boiseries extérieures. Il s'agit ici d'un liquide qui imperméabilise, protège des intempéries et empêche la moisissure, les champignons, les attaques d'insectes et le noircissement, et qui est compatible avec tout type de finition (il est incolore et ne modifie pas la teinte du bois). Passez-le au pinceau sur toutes les surfaces, en insistant surtout sur le bois de bout, particulièrement vulnérable. Vous pouvez aussi opter pour un produit qui traite (hydrofuge, fongicide et insecticide) tout en décorant.

6 Pour la finition, nous avons retenu une lasure « extérieur » acrylique : ce produit d'imprégnation teinté a l'avantage de laisser apparaître la veinure du bois, tout en le colorant. En outre, il apporte une bonne protection contre les intempéries et contre les U.V. Cette lasure acrylique sèche rapidement, n'a pas d'odeur. Les pinceaux se nettoient à l'eau.

7 Pour les ferrures, utilisez une peinture laque antirouille, de même nuance que la lasure. Passez-la en deux couches, au pinceau.

7

Remplacement d'une porte d'entrée

Dans le domaine de la restauration, il suffit de quelques détails pour donner du caractère à une ancienne demeure. Ici, nous changeons une porte d'entrée en créant un faux linteau en « pierre ».

Un projet judicieux

Un linteau massif en granit est un trait classique de l'architecture bretonne traditionnelle. Cette maison, relativement récente et construite en parpaing, présentait une porte d'entrée haute et étroite, assez quelconque. Pour lui donner un caractère « breton », nous posons une porte vitrée à panneaux, beaucoup plus pittoresque (achetée « sur mesures ») et nous la surmontons d'un faux linteau constitué de granit en plaque.

Des idées ingénieuses

De petites interventions, sur la façade, peuvent modifier grandement le caractère d'une maison. Vous pouvez, par exemple, créer des encadrements de baies ou un soubassement à l'aide de plaques de parement, changer les volets ou les persiennes en métal pour des modèles en bois, poser des grilles de fenêtres en fer forgé, placer une imposte au-dessus du battant de porte, coller une frise en blocs moulés de terre cuite...

OUTILS ET MATÉRIAUX

- Meuleuse d'angle
- Ciseau de maçon
- Massette
- Niveau à bulle
- Chevillettes
- Truelle
- Taloche

- Plâtre
- Mortier
- Peinture microporeuse

Pour en savoir plus

Ouverture d'une baie **47**
Rénovation de volets **259**

1

1 Procédez à la dépose de l'ancien bâti dormant – qui peut être en bois ou en métal. A l'aide d'un ciseau de maçon et d'une massette, ouvrez une saignée le long des montants et des traverses afin de desceller l'ensemble. Vous devez également creuser à la hauteur des fiches de scellement qui ancrent les montants sur la maçonnerie.

2 Mettez en place, dans la baie, le bloc-porte (c'est-à-dire le battant immobilisé sur son bâti). Réglez la verticalité à l'aide du niveau (ou du fil à plomb), en interposant des cales entre dormant et maçonnerie. Contrôlez ensuite l'horizontalité de la traverse haute en posant le niveau sur celle-ci.

3 Effectuez un tracé, sur les joues de la baie, à 2 cm au-dessous du chant supérieur de la traverse haute du dormant. Tracez directement, en vous servant du niveau à bulle comme guide, pour respecter l'horizontale.

2

3

4

4 Matérialisez les plaques de granit sur le mur en reportant leur épaisseur. Le faux linteau étant constitué d'une traverse basse et d'une façade, il faut tracer l'emplacement de ces deux pièces sur les joues de la baie et sur la façade de la maison. La traverse basse ne déborde que de 3 cm de chaque côté – c'est suffisant pour qu'elle tienne solidement. En revanche, la plaque de façade déborde d'une vingtaine de centimètres de chaque côté – comme un véritable linteau de granit massif sur les jambages de la baie, dans une construction traditionnelle.

5 Procédez ensuite à l'entaillage suivant le tracé, à l'aide d'une meuleuse d'angle équipée d'un disque à tronçonner les matériaux (ou d'un disque « diamant », plus efficace mais beaucoup plus cher). Entaillez sur une profondeur de 3 cm environ : cette précaution permet d'éviter de faire sauter des éclats en périphérie – ce qui oblige ensuite à des raccords du revêtement de la façade de la maison. Portez des lunettes de protection. A défaut de meuleuse, exécutez ce rainurage à l'aide d'une fiche et d'un ciseau de maçon (c'est plus long et plus pénible).

6 Ouvrez le logement de la traverse basse (rainure d'une largeur égale à l'épaisseur de la plaque de

5

6

➲ Les portes d'entrées

• **Les dimensions des portes d'entrée** actuelles sont de 2150 x 900 (ou 950) mm. Sur l'habitat ancien, la hauteur et la largeur sont beaucoup plus variables – entre 2000 et 2250 mm pour la hauteur, et de 600 à 1200 mm pour la largeur. Dans les travaux de restauration, on n'est évidemment nullement tenu d'adopter les mesures actuelles – il faut toutefois éviter les portes trop basses qui peuvent se révéler dangereuses.

• **Les blocs-portes** que l'on achète prêts à poser (avec le bâti dormant) sont relativement chers. Ils présentent en général des montants et des traverses en bois massif de 35 à 45 mm d'épaisseur et des cornières d'étanchéité.
Il existe des modèles à âme isolante, qu'il faut préférer dans les régions à climat froid. Les portes vitrées sont souvent dotées de verre armé et de doubles vitrages. Lors de la commande, vous devez préciser le sens de l'ouverture : en poussant à droite, ou en poussant à gauche.
Vous pouvez également faire réaliser une porte menuisée, aux dimensions de l'ouverture.

granit) et de la façade du faux linteau. Là encore, travaillez avec le ciseau de maçon et la massette – en gardant vos lunettes de protection.

7 Mettez en place la traverse basse du faux linteau : c'est une plaque dont la longueur excède de 6 cm la largeur de la baie. Vérifiez son horizontalité en posant le niveau à bulle dans le sens de la longueur, puis dans celui de la largeur. Si nécessaire, ajustez à l'aide de petits coins de bois enfoncés entre la plaque et la maçonnerie.

8 Une fois réglée la position de cette traverse, fixez-la définitivement en la scellant – avec quelques plots. En même temps, jetez du plâtre sur la maçonnerie, de part et d'autre, pour le scellement de la plaque de

façade.

9 Mettez en place la plaque de façade en vérifiant, là encore, l'horizontalité. La plaque doit faire légèrement saillie – de 10 mm environ – sur le nu de la façade. Lorsque vous avez réglé la position et donné son assise à la plaque de granit, immobilisez-la à l'aide d'une planche maintenue sur la façade au moyen de deux chevillettes de maçon.

10 Effectuez le scellement

11

12

définitif du faux linteau. Il n'est évidemment pas nécessaire de lisser puisque cette partie, creuse, sera invisible.

11 Mettez en place le bloc-porte et vérifiez à nouveau l'aplomb. Immobilisez le bloc avec des cales, des chevillettes ou des étais. Effectuez le scellement du bâti en noyant les ferrures de fixation des montants et en bourrant : vous éliminez ainsi les interstices qui pourraient laisser passer des vents coulis.

12 Le revêtement intérieur est ici une plaque de plâtre, découpée de manière à encadrer le bâti. Procédez à l'opération sur une grande table, en soutenant la partie extérieure pour éviter la cassure. La plaque est fixée contre la paroi par collage, à l'aide de quelques plots de colle pour plaque. Utilisez une planche pour pousser sur la plaque et la faire adhérer. Il reste à mettre en place le chambranle, c'est-à-dire les moulures destinées à masquer le joint entre le bâti dormant de la porte et la plaque de plâtre. On effectue aussi des raccords au plâtre sur toute la périphérie de la plaque de plâtre.

13 En façade, après séchage des scellements, ôtez les chevillettes et la planche, et effectuez les raccords de mortier tout autour du faux linteau et du bâti dormant de la porte – avant les raccords du revêtement extérieur (il s'agit ici d'une simple peinture blanche). Prévoyez aussi un joint d'étanchéité (mastic pour maçonnerie en cartouche) entre bâti et maçonnerie. On poursuit la rénovation en peignant la porte et les volets à l'aide d'une peinture glycéro-microporeuse, spé-

13

➲ Peinture pour boisieries extérieures

Ce type de peinture, d'aspect satiné, est l'un des revêtements les plus résistants et les plus durables pour les bois exposés aux intempéries : fongicide et hydrofuge, elle ne cloque pas et laisse respirer le bois, régulant l'humidité (utilisez le white spirit pour le nettoyage des outils).

Montage d'une porte-fenêtre

Il est relativement facile d'effectuer le remplacement d'une porte-fenêtre. La procédure à suivre, indiquée ici, est la même pour une fenêtre et pour une porte d'entrée.

Achat du bloc-porte

Les menuiseries industrielles et les grandes surfaces de bricolage vendent les portes-fenêtres, les fenêtres et les portes d'entrée en dimensions standard (par exemple 215 x 140 cm ou 215 x 120 cm pour les portes-fenêtres). Si elles ne correspondent pas au cas d'une construction ancienne, vous pouvez utiliser des élargisseurs pour transformer une fenêtre standard en fenêtre sur mesure.

Bois, PVC ou alu ?

Pour vos fenêtres et vos portes-fenêtres, vous avez le choix entre ces trois matériaux. Pour décider, il faut d'abord tenir compte du style architectural de la maison, le bois étant sans doute la meilleure solution pour la rénovation des demeures anciennes ; en outre, il est en général plus économique. Le PVC a l'avantage de la légèreté et de la facilité d'entretien : il permet de remplacer les fenêtres sans changer les anciens bâtis. L'aluminium convient pour de très grands vitrages et on le préfère en général pour les vastes baies vitrées.

OUTILS ET MATÉRIAUX

- Chevillettes
- Massette
- Ciseau de maçon
- Truelles
- Taloche
- Niveau à bulle
- Auge à gâcher
- Escabeau

- Plâtre
- Mortier
- Mousse expansive en aérosol

➲ Prise des dimensions

Pour commander votre porte, dans une grande surface de bricolage ou par correspondance, vous devez prendre des mesures précises, en l'occurrence la hauteur et la largeur hors-tout ainsi que la hauteur et la largeur du tableau. C'est en général le vantail de droite (vu de l'intérieur) qui porte la poignée.

Pour en savoir plus

Ouverture d'une baie **47**

L'isolation **69**

Isolation d'une fenêtre **86**

Rénovation de volets **259**

1 Déposez l'ancienne porte avec des précautions pour endommager le moins possible la maçonnerie. Mettez ensuite en place le nouveau bloc-porte, en positionnant les ferrures dans la maçonnerie - il peut-être nécessaire de percer s'il n'y a pas assez d'espace. Le réglage de l'aplomb du bloc-fenêtre est essentiel et vous devez y apporter beaucoup de soin. Calez le bloc avec des chevillettes de maçon et des pièces de bois. Placez une règle de maçon contre le bloc et appuyez dessus le niveau à bulle : ajustez la position du bloc au maillet. Réglez également l'horizontalité.

2 Lorsque le bloc-porte est correctement placé, effectuez le scellement. Vous pouvez utiliser du mortier ou, comme ici, de la mousse expansive en aérosol doté d'une longue buse. Ce produit, facile d'emploi, permet d'obtenir un parfait calage du bâti de la porte-fenêtre. C'est en outre un meilleur isolant thermique que le mortier : il remplit les moindres recoins des interstices de la maçonnerie, éliminant par là même tout risque de fuite thermique ou de vent coulis. Humidifiez la maçonnerie avec un pulvérisateur ou une éponge et ne remplissez que partiellement la cavité – puisque la mousse est expansive. La mousse est sèche au toucher en

5 min, mais il faut compter 24 heures pour qu'elle soit sèche dans la masse. Ensuite, si nécessaire, utilisez un couteau pour éliminer l'excédent.

3 Après séchage de la mousse, utilisez du plâtre pour effectuez la réfection du tableau de la porte-fenêtre. Appliquez-le à la truelle, lissez et laissez sécher. Vous nettoierez ensuite les boiseries, avant de refaire l'enduit.

4 Passez à la pose des volets : pour cette porte-fenêtre on choisit des volets pleins traditionnels, à barres et écharpes, fixés par des pentures bichromatées à vis de sécurité, avec des gonds à sceller. On encastre les volets à l'intérieur du tableau pour qu'ils affleurent le mur : ils sont plus difficiles à dégonder que s'ils étaient posés en applique. Les pentures étant montées sur les volets, mettez ceux-ci en position et repérez l'emplacement des trous de scellement et percez la maçonnerie.

5 Mettez les volets en place, dans le tableau, les gonds étant montés sur les pentures, en réglant leur position avec soin à l'aide de cales et de coins en bois. Bloquez-les alors à l'aide de planches maintenues sur la maçonnerie au moyen de chevillettes.

6 Remplissez la cavité de scellement avec des morceaux de brique ou des cailloux, de manière à bloquer la ferrure. Remplissez ensuite avec du mortier de scellement (prédosé). Lissez pour que le mortier affleure au nu du mur et laissez sécher avant de déposer les planches.

7 Déposez les volets et effectuez les raccords de maçonnerie. Après séchage, réalisez un joint d'étanchéité, sur tout le pourtour du bâti : utilisez un mastic d'étanchéité pour maçonnerie en cartouche, à appliquer au pistolet extrudeur.

Réalisation de ferronnerie

La ferronnerie est un art grâce auquel vous pourrez créer des motifs en métal pour l'ornement de grilles, balustrades ou rampes d'escalier.

Travailler le métal

Le travail du métal est parfaitement accessible à l'amateur, à condition de maîtriser les techniques de soudure au chalumeau bi-gaz ou au poste de soudage à l'arc (soudage à l'électrode). Le chalumeau bi-gaz permet d'obtenir une température plus élevée, nécessaire à ces opérations.

Choisir les motifs

Pour tout ouvrage de ferronnerie, grand ou petit, il est nécessaire de travailler à partir d'un plan détaillé. Une grille doit être fonctionnelle avant tout : retenez donc des formes simples. Évitez une trop grande richesse de détails qui surchargent l'ouvrage.

OUTILS ET MATÉRIAUX

- Chalumeau bi-gaz
- Meuleuse d'angle
- Serre-joints
- Cintreuse à volutes
- Mètre
- Équerre
- Crayon gras
- Lunettes de protection
- Baguettes de laiton

1

➲ Soudo-brasage et soudure autogène

Si le brasage fort (avec baguette de cuivre ou d'argent) est utilisé pour les raccordements de canalisations d'eau chaude, il offre une résistance insuffisante pour les ouvrages de ferronnerie, de serrurerie et de tôlerie. Pour ces derniers, vous aurez recours au soudo-brasage ou à la soudure autogène : l'un et l'autre exigent l'utilisation d'un chalumeau bi-gaz (oxy-kyrène ou oxy-acétylénique), c'est-à-dire d'un poste de soudage autogène.

- **Soudo-brasage** : il donne une résistance mécanique élevée et s'effectue avec, comme métal d'apport, une baguette de brasure laiton nu, fourré ou enrobé de décapant ; la température de fusion est de 875 °C.
- **Soudure autogène** : elle donne une résistance mécanique très élevée (avec fusion du métal) et s'effectue à une température de 1250 °C, avec une baguette d'acier ou sans métal d'apport.

2

1 Pour le soudo-brasage comme pour la soudure autogène, travaillez sur des briques ou des carreaux de terre cuite réfractaire. Les profilés à assembler doivent être assujettis au moyen de serre-joints.

2 Effectuez la coupe des profilés à la scie à métaux manuelle, à la scie mécanique en poste fixe avec une lame pour métaux, ou encore à la meuleuse pourvue d'un disque à tronçonner les métaux. Mettez les pièces (dégraissées) en place et marquez des repères de position à l'aide d'un crayon gras. Utilisez l'équerre pour régler la perpendicularité.

➲ Utilisation du chalumeau bi-gaz

- Raccordez le chalumeau
- Ouvrez l'acétylène et allumez
- Ouvrez l'oxygène et réglez le détendeur pour obtenir la pression voulue
- Réglez la flamme à l'aide des robinets du chalumeau. Il faut obtenir une flamme bien nette, sans auréole blanche ni panache.
- Pour arrêter, fermez d'abord l'acétylène puis l'oxygène

3 Procédez au soudo-brasage. Chauffez d'abord les métaux, le dard de la flamme ne devant pas être en contact direct avec le métal. Approchez alors la baguette de métal d'apport, qui fond immédiatement. Essayez d'effectuer une avance régulière pour souder sur toute la largeur de la pièce.

4 Les fers de ferronnerie présentant une section faible, il est possible de les cintrer à froid pour réaliser les volutes, les spirales, les cés et les esses qui caractérisent les grilles. La cin-

3

treuse à main permet de courber les pièces selon le rayon choisi, en fonction de la forme sélectionnée. Fixez solidement la cintreuse sur l'établi à l'aide de serre-joints. Assujettissez l'extrémité du fer sur la cintreuse à l'aide du goujon.

5 Lorsque tous les fers constituant un motif sont terminés, mettez-les en position sur l'établi et marquez un repère afin de pouvoir maintenir la position au cours de la soudure.

➲ Sécurité

La soudure au chalumeau est dangereuse. Le port de lunettes de protection est obligatoire pour vous protéger des projections de métal en fusion et de la lumière intense.

6 Effectuez alors le soudobrasage en chauffant les pièces avant d'approcher la baguette de métal d'apport ; inclinez fortement cette dernière et avancez-la doucement.

7 Lorsque la soudure est terminée et que les pièces sont refroidies, placez le motif dans le cadre préalablement assemblé. Ajustez la position à l'aide d'une équerre et marquez, cette fois encore, un repère au crayon gras.

8 Procédez au soudage du motif sur le cadre en prenant garde de ne pas déplacer les pièces.

9 Laissez refroidir et meulez les cordons de soudure. Inclinez la machine et éliminez l'excès de métal en aplanissant, en passes successives, sans trop insister pour ne pas risquer de creuser.

10 Terminez la réalisation en plaçant un collier, au niveau de la soudure. Il se fixe par simple serrage.

Enduit à l'ancienne

Les enduits traditionnels sont des mortiers de chaux (parfois de chaux et de ciment), préparés avec des sables spécialement sélectionnés pour leur couleur.

Des teintes différentes

Ces produits prédosés prennent l'aspect des enduits et crépis d'autrefois, aux teintes et à la texture nettement plus chaleureuses et esthétiques que celles des enduits à base de ciment qui enlaidissent souvent les maisons anciennes ayant fait l'objet d'une rénovation. Certains fabricants réalisent des mortiers de chaux à la demande, en étudiant les caractéristiques des enduits régionaux et en utilisant des sables locaux.

Préparez-le vous-même

Une autre solution consiste à préparer soi-même un enduit de façade à base de chaux. De sociétés spécialisées dans la rénovation et les enduits à l'ancienne proposent des granulats (sables, grains, éclats) et des fillers permettant la préparation de divers types d'enduits (lisses ou grattés) de différentes nuances. Le dosage d'un mortier de chaux est le même que celui d'un mortier classique pour enduit, environ six parts de sable pour deux parts de liant.

OUTILS ET MATÉRIAUX

- Truelle
- Taloche
- Taloche à bout pointu
- Taloche à pointes
- Bouclier
- Règle de maçon
- Brouette
- Auge à gâcher
- Chevillettes de maçon

- Enduit à l'ancienne
- Colle pour mortier
- Tasseaux

Pour en savoir plus

Gâcher le mortier **19**

Maçonnerie en parpaing **24**

➲ L'ordre des travaux

Un mortier traditionnel peut-être réalisé en trois étapes :

- **Gobetis :** c'est la couche d'accroche, assez fine, projetée sur le support (brique ou pierre), laissée rugueuse pour que la couche suivante tiennent mieux.
- **Corps de l'enduit :** couche intermédiaire d'une épaisseur d'environ 15 mm, dressée et lissée.
- **Couche de finition :** couche fine, dressée et lissée.

On peut se contenter de deux couches (deux premières étapes), le corps de l'enduit étant gratté ou lissé pour la finition.

1 Réalisez le corps d'enduit en le jetant sur le mur à la truelle, d'un mouvement sec du poignet : placez-vous face au mur, chargez la truelle sur le bouclier et jetez le mortier d'un mouvement rapide, bloqué à une quinzaine de centimètres de la surface. Travaillez de haut en bas, en chargeant le mur régulièrement. Effectuez une première égalisation à la truelle, dès que vous avez chargé une certaine surface, en raclant du tranchant pour enlever le surplus et en écrasant bien le mortier. Notez que les mortiers de chaux se distinguent par une grande onctuosité qui facilite l'application comme la finition.

➲ Produit d'accroche

Pour que le corps de l'enduit adhère parfaitement à la couche de fond, utilisez un produit d'accroche, en l'occurrence une colle pour reprise de mortier.

2 Procédez au lissage, à l'aide d'une taloche. Travaillez toute la surface en

➲ Préparations

La couche de fond est ici un mortier bâtard (chaux et ciment). Elle a été jetée à la truelle et simplement égalisée avec le même outil, mais pas lissée. Sa surface irrégulière permet une bonne accroche de la seconde couche.
Après séchage, gâchez le mortier à l'ancienne en respectant les proportions conseillées par le fabricant, ou préparez vous-même un mortier de chaux (procédez à des essais, en notant à chaque fois les proportions, pour trouver la nuance qui vous convient). Selon l'importance de la surface travaillée, gâchez le mortier en auge, sur aire ou en bétonnière.
Si la couche de fond est très sèche, humidifiez-la jusqu'au refus avant de jeter l'enduit à l'ancienne.

5

3

larges mouvements circulaires, de manière à obtenir une surface plane et régulière. Si nécessaire, rechargez l'enduit à la truelle.

3 Procédez au dressage du corps de l'enduit à l'aide d'une règle de maçon. Tenez la règle à deux mains, en la faisant pivoter d'un côté puis de l'autre de manière à obtenir une surface homogène et régulière. Selon le type d'enduit, la surface est simplement lissée, ou grattée ensuite à la taloche.

4 Pour enduire un pilier ou un pan de mur de retour, placez de part et d'autre des tasseaux de bois bien dressés, qui vous serviront de guides. Ils seront légèrement en saillie, d'une quinzaine de millimètres, permettant ainsi de régler l'épaisseur de l'enduit et de réaliser des angles droits. Fixez-les avec des chevillettes enfoncées dans les joints. Appliquez l'enduit comme précédemment, puis dressez et lissez à l'aide d'une petite taloche à bout pointu. Traitez ainsi les deux faces opposées du pilier.

5 Attendez le séchage des deux premières faces du pilier, avant de revêtir les deux dernières. Vous pouvez cette fois vous passer de guides - basez-vous sur les deux premières faces pour traiter les angles, qui seront légèrement arrondis en finition.

➲ Avec des règles guides

Pour dresser plus facilement l'enduit, vous aurez recours à des règles guides, c'est-à-dire à des pièces de bois de même épaisseur que l'enduit fini, fixées sur le mur à la verticale.
Ces guides permettent d'appuyer les extrémités de la règle de maçon pour mieux racler et dresser la surface. Quand l'enduit commence à durcir, enlevez les règles, rebouchez avec le même mortier et procédez au lissage à la taloche.

6 Une finition grattée donne à l'enduit un grain particulier, souvent caractéristique des enduits régionaux traditionnels. Utilisez une taloche à pointes et passez-la en serrant et en effectuant de petits mouvements en tous sens, afin de donner à la surface l'aspect souhaité.

4

6

Pose de gouttières

Une gouttière en mauvais état représente un danger pour la maison. L'eau pénètre dans les joints ouverts ou déborde, pour s'infiltrer dans la charpente ou ruisseler sur la façade, notamment sur les huisseries. Le remplacement s'impose alors.

Quelle gouttière ?

Les profilés en PVC (gris ou sable) sont économiques et plus faciles à mettre en œuvre que les gouttières en zinc traditionnelles, dans la mesure où il suffit de les coller - ou de les emboîter pour les modèles à joints. Vous pouvez aussi opter, en particulier dans la rénovation, pour des gouttières en cuivre ou en zinc qui peuvent être soudées, ou se monter sans soudure, avec des joints. Enfin, vous trouverez des gouttières en aluminium laqué et en matière composite (résines polyester et adjuvants), de haute résistance aux chocs et aux intempéries.

La mise en œuvre

Elle est parfaitement à la portée de l'amateur, qui trouve à sa disposition tous les types de crochets, de raccords pour angles sortant et rentrant, de naissances et de descentes dont il a besoin. Toutefois, il faut prendre des précautions sérieuses. N'hésitez pas à louer un échafaudage, et montez-le correctement sur un sol ferme : vous travaillerez plus commodément et plus sûrement.

OUTILS ET MATÉRIAUX

- Échafaudage
- Scie égoïne
- Cordeau traceur
- Mètre ruban
- Visseuse
- Perceuse
- Crayon
- Pinceau
- Fil à plomb
- Pioche et pelle
- Regavol
- Crapaudine
- Tasseaux

- Planche de rive
- Vis
- Produit de protection du bois
- Vis trompette
- Colle PVC
- Papier de verre

Pour en savoir plus

Travail du PVC **112**
Étanchéité des toitures **279**
Traitement des bois et des charpentes **281**

1

Une gouttière en PVC

1 Si la charpente est neuve, recoupez à la verticale l'extrémité des chevrons (le cas échéant, le platelage et le bastaing) de manière à pouvoir y fixer le bandeau. Effectuez un tracé préalable, au cordeau traceur, en le positionnant pour que la dernière rangée de tuiles soit en surplomb de 10 à 15 cm, par rapport à l'extrémité des chevrons (faites vos calculs car l'extrémité des tuiles doit être au droit de l'axe de la gouttière). Pour couper, vous devez être juché sur un échafaudage assez haut afin de manier facilement la scie.

➲ Profil et section

La principale caractéristique d'une gouttière (qu'elle ait une section arrondie ou carrée), c'est sa capacité d'évacuation. Bien entendu, le régime des pluies varie d'une région à l'autre, mais la gouttière doit être capable d'évacuer le ruissellement sur le toit d'un gros orage prolongé. Chaque modèle correspond donc à une surface maximale de toit, et il faut en tenir compte lors de l'achat. De même, à chaque profil correspond une section spécifique pour la descente. Dans un cas limite, vous pouvez aussi donner une pente d'écoulement de 6 à 8 mm par mètre linéaire. Chaque profil de gouttière est désigné par une référence – 25 en général pour les maisons individuelles.

2

2 Pour déterminer la position du bandeau, mettez une tuile de rive en place et présentez la planche dont l'arête, en partie haute, doit affleurer l'élément de terre cuite. Prenez des repères.

➲ Les types de gouttières

Surface maximale de couverture plane avec une descente	20 m²	65 m²	70 m²	100 m²	160 m²
Forme du profilé	Arrondie	Arrondie	Rectangle	Arrondie	Arrondie
Référence	16	25	70	33	33
Forme de la descente	Ronde	Ronde	Carrée	Ronde	Ronde
Diamètre ou section de la descente en mm	50	80	100 x 73	100	125

3 Vissez le bandeau sur l'extrémité des chevrons (visseuse) : il n'est pas nécessaire de percer des avant-trous. Placez au moins deux vis au niveau de chaque chevron et, s'il y a lieu, dans le bastaing.

4 Recoupez le bandeau à ses extrémités : il est préférable de recouper cette pièce en position (et non avant de la monter), de manière à en aligner exactement les bouts sur le bord des tuiles.

5 Effectuez un traitement du bandeau à l'aide d'un produit de protection pour boiseries extérieures (antibleuissement et anti-cryptogame). Appliquez généreusement cet hydrofuge à l'aide d'un pinceau et laissez sécher. Ce produit est compatible avec une peinture ou un vernis.

6 Repérez sur le bandeau la position des crochets. Calculez leur hauteur de manière que la gouttière arrive presque au contact du dessous de l'extrémité des tuiles ; s'il s'agit de tuiles mécaniques, leur rebord arrondi doit pénétrer dans la gouttière. Théoriquement, on peut ne pas donner de pente aux gouttières, surtout si elles sont courtes. Toutefois, pour améliorer l'écoulement, en particulier en bas d'un toit à forte inclinaison, prévoyez une pente légère : 3 mm par mètre linéaire, c'est-à-dire 3 à 4 cm pour douze mètres de gouttière. Effectuez un tracé au cordeau traceur fixé sur un clou à une extrémité et aligné sur les repères.

7 Procédez au vissage des crochets, à l'aide d'une visseuse et de vis trompette en acier trempé et traité (noir). Il s'agit ici de crochets invisibles qui maintiennent la gouttière au-dessous et au-dessus, dans sa partie arrière, mais vous pouvez utiliser également des crochets berceaux, qui font le tour du profilé, en

➲ Chêneaux et gouttières

Les chêneaux sont des canaux situés à l'extrémité d'un pan de toiture mais intégrés au gros œuvre. A l'origine, ils étaient en pierre ou en terre cuite ; par la suite, ils furent recouverts de plomb. L'évacuation se faisait par des gargouilles ou des descentes également en plomb. Lorsque la fonte et le zinc ont remplacé le plomb (au cours de XIXe siècle), le chêneau devint un simple canal indépendant du gros œuvre, c'est-à-dire une gouttière. Celle-ci est parfois fixée sur la rive même de la couverture (gouttière havraise), mais le plus souvent, il s'agit d'une gouttière pendante, fixée par des crochets sur le bandeau du toit ou sur les extrémités des chevrons.

8

supportant le bord avant. Les crochets doivent être espacés de 60 cm au maximum, les latéraux éloignés de 8 cm des extrémités du bandeau. Calculez d'abord la distance entre les deux crochets latéraux et divisez par 0,6 m ; ajoutez un crochet au résultat si l'opération tombe juste, et deux dans le cas contraire (21 crochets pour une longueur de 12 m linéaires, et 15 pour 8 m).

8 Montez la gouttière à terre, sur un établi installé sur le chantier. Commencez par mettre en place la naissance sur une extrémité. Il s'agit ici d'une naissance comportant un talon. Si ce n'est pas le cas, collez le talon avant d'assembler la naissance. Utilisez une colle spéciale pour PVC : à prise immédiate, elle résiste parfaitement à l'eau et au vieillissement. Les parties à assembler doivent être propres et dégraissées : pour plus de sûreté, passez d'abord un décapant pour PVC ou poncez légèrement au papier de verre. Appliquez la colle directement avec la buse du tube, ou avec un pinceau si elle est en pot. Emboîtez les deux parties.

9 Hissez la gouttière sur l'échafaudage en utilisant une corde. Présentez-la en alignant le talon de la naissance sur l'extrémité du bandeau. Mettez-la en position en engageant le petit crochet dans le repli du bord avant, puis abaissez de manière que le profil vienne s'emboîter en bas. Ce système d'accroche présente l'avantage de permettre une dépose aisée.

➲ Pas de torsion

Pour assembler deux parties, en particulier les canalisations de descente, emboîtez-les simplement, sans exercer de torsion sur les parties mâles ou femelles. Encollez les deux parties et essuyez les bavures immédiatement après l'assemblage. Il n'est pas nécessaire d'attendre le séchage pour poursuivre. Notez que la colle pour PVC rigide est inflammable et que sa température minimale de mise en œuvre est de 8 °C.

➲ Les crochets

Il existe une large gamme de crochets qu'il faut choisir selon le matériau sur lesquels on les fixe. Les plus courants sont les modèles pour bandeaux (visibles ou invisibles). Vous trouverez aussi des hampes, c'est-à-dire des pattes que l'on fixe sur la face (et non sur le bout) des chevrons, des crochets à chevrons orientables (qui facilitent l'ajustement), des crochets à pointe, que l'on enfonce dans le bois, et aussi des étriers pour fixer la gouttière directement sur la tôle ondulée.

10 Utilisez des joints de raccords pour lier deux longueurs. Le montage peut être fait au sol s'il s'agit d'une gouttière de quelques mètres ; en revanche, si elle est longue et que vous ne disposez pas d'aide, il vaut mieux achever de la monter en place. Dans les deux cas, le joint doit se trouver sur l'entraxe de deux crochets et il peut donc être nécessaire de faire une coupe (à l'aide d'une scie à métaux). Achevez de monter la gouttière et collez un talon à l'extrémité.

9

10

11 Occupez-vous ensuite de l'évacuation des eaux pluviales. Ici, on crée un puisard traditionnel, c'est-à-dire un puits vertical collecteur, permettant l'évacuation dans le sous-sol. Ouvrez une tranchée profonde d'une cinquantaine de centimètres. Étalez au fond une couche de gravier de 10 à 15 cm, afin d'assurer l'écoulement autour de la canalisation. Pour ce qui concerne la longueur de la tranchée, le puisard doit être creusé à une distance suffisante de la maison (variable selon la nature du sol), afin que l'eau ne risque pas de toucher les fondations. Si le terrain est en pente, la tranchée doit évidemment l'épouser. Si vous êtes amené à raccorder deux canalisations d'évacuation, utilisez un regard de jonction, et non un raccord en T ou en Y, cause d'engorgement.

12 Mettez en place un regard de branchement en PVC sous la descente, après avoir ouvert, à l'aide d'un couteau, le trou situé côté tranchée. Posez-le sur le lit de gravier de manière que le haut soit au niveau du sol et ajustez sa position, avec un niveau à bulle afin qu'il soit d'aplomb.

13 Mettez en place les colliers à bride (comme ici) ou les colliers lyres, pour la fixation de la descente. Repérez d'abord la verticale avec un fil à plomb ou un cordeau traceur. Placez un collier tous les 1,5 m à 2 m, plus un à la base, au-dessus du dauphin ou, dans le cas présent, quelques centimètres au-dessus du regard, et en partie haute, à 10 cm de la sortie du col de cygne. Percez, chevillez et vissez les colliers.

14 Assemblez le col de cygne sur l'établi : il est constitué, selon l'avancée du toit, de deux ou trois parties (les manchettes). Collez le col de cygne sur la sortie de la naissance. Profitez-en pour placer une crapaudine dans l'orifice : elle empêchera les feuilles et les débris de passer dans le regard.

15 La descente est composée d'une ou plusieurs longueurs de canalisation raccordées avec des manchons collés. Coupez-la de manière qu'elle pénètre dans le regard sur 5 cm environ. Assemblez-la par collage sur la sortie du col de cygne, placez-la dans les colliers et serrez les brides (ou adaptez-la sur les colliers lyres).

16 Mettez en place la canalisation en l'enfonçant dans le regard (dont vous avez auparavant emboîté le couvercle). Réglez la pente de la canalisation (2 cm par mètre), en utilisant le niveau à bulle. Cette canalisation doit déboucher au

➲ Évacuations

Les eaux pluviales peuvent être conduites, en sortant du dauphin (pied de la descente), vers un caniveau d'évacuation ou vers un siphon de cour, jusqu'à l'égout pluvial ou sanitaire, ou à une évacuation naturelle (ruisseau). Dans le cas d'un petit bâtiment, on recueille souvent l'eau de pluie dans un réservoir pour servir à l'arrosage du jardin (le trop-plein étant raccordé à une évacuation). A la campagne, lorsqu'il n'existe pas d'évacuation naturelle et que le terrain s'y prête, aménagez un puisard (puits perdu) - mais n'oubliez pas que seule la canalisation des eaux pluviales peut y être raccordée, à l'exclusion de celles des eaux-vannes en raison des risques de pollution des nappes souterraines.
Un véritable puisard est un ouvrage maçonné (brique, parpaing, béton) dont les parois, en partie basse, sont pourvues de barbacanes permettant l'évacuation.
Il est recouvert d'une trappe permettant les curages.

15

16

milieu du puisard. Effectuez une fouille pour créer le puisard. La profondeur et la section dépendent essentiellement de la nature du terrain, plus ou moins drainé, des conditions climatiques et de la surface du toit desservi. Creusez par exemple sur 1,7 m de profondeur et 80 cm de diamètre. Remplissez de cailloux et de gravats (pierres, débris de terre cuite et de béton, à l'exclusion des gravats de plâtre) sur une hauteur de 1 m, puis de gravier sur 30 cm.

➲ Comment acheter ?

Les éléments (en PVC, zinc ou cuivre) sont en général vendus sous une longueur de 2 ou 4 m. Toutefois, certains fabricants de gouttières en polyester ou en aluminium laqué proposent des longueurs de 6 ou 9 m, ou même à la demande. Prenez des mesures précises (longueur du bandeau pour la gouttière elle-même et hauteur de la descente) et faites un schéma, en mentionnant l'emplacement des raccords, joints, crochets, naissances, manchons de raccordement, dauphins, jonctions ou jambonneaux, de manière à ne rien oublier.

Une gouttière en zinc

Les avantages du zinc sur le PVC sont essentiellement esthétiques. Ce métal est en effet très durable parce qu'il se recouvre, sous l'influence de l'humidité, d'une couche blanc grisâtre (hydrocarbonate) qui le protège. Il existe des gouttières en zinc sans soudure, que l'on assemble par emboîtement, au moyen de joints de raccord. La mise en œuvre est la même que celle des gouttières en PVC, moins le collage. La gouttière soudée traditionnelle est cependant plus légère et plus discrète, puisqu'il n'y a pas de raccords.

1

OUTILS ET MATÉRIAUX

- Échafaudage
- Clé multiprise
- Scie à métaux
- Cisaille à tôle
- Pinceau
- Fer à souder
- Éponge
- Pince de zingueur
- Tournevis

- Crochets berceaux
- Flux décapant
- Pierre ammoniaque
- Métal d'argent
- Crapaudine

1 Commencez par mettre en place des crochets. Ici, il s'agit de crochets berceaux fixés sur des hampes torsadées qu'il faut clouer sur la face des chevrons (puisqu'il n'y a pas de bandeau). Fixez-les tous au même niveau (un par chevron), en respectant aussi la même saillie. La lumière, sur la tige qui reçoit le crochet, permet de régler la hauteur de ce dernier.

2

2 Montez ensuite le crochet sur la hampe, en introduisant la tige filetée puis en vissant l'écrou à la main. Il existe, pour le zinc, la même gamme de crochets que pour le PVC, notamment les crochets à visser sur un bandeau.

Toutefois, pour une gouttière courte, la pente peut être négligée.

3 Réglez la hauteur des deux crochets latéraux après avoir décidé du côté - droite ou gauche - de la descente. Ajustez le crochet « haut de pente » de manière que la gouttière soit légèrement au-dessous de la rive des éléments de couverture. Ajustez ensuite le crochet « bas de pente », du côté de la descente, en adoptant une pente de 3 ou 4 mm par mètre.

4 Réglez la position des autres crochets. Attachez un cordeau au bas des deux crochets latéraux et ajustez les autres en les alignant. Serrez les écrous à l'aide d'une clé. Prenez ensuite la mesure précise de la longueur de la gouttière : elle doit être égale à la largeur de la couverture plus 2 ou 3 cm. Effectuez le montage de la gouttière sur un établi afin de la mettre en place sur les crochets une fois qu'elle sera complète. Commencez par le côté naissance.

5 Mettez en place la naissance, à une dizaine de

centimètres de l'extrémité du profilé (après avoir découpé la sortie).

6 L'assemblage de la gouttière se fait par soudure à l'étain, pour la jonction des éléments entre eux, pour la fixation des talons et pour les raccords d'angle. Pour lier deux longueurs (de 2 ou 4 m) : commencez par emboîter les éléments l'un sur l'autre de manière qu'il se chevauchent sur 10 cm.

7 Puis, à l'aide d'une cisaille à tôle, effectuez une coupe en biais de 5 cm de long environ sur l'élément intérieur (côté chevron),

afin de détacher un petit triangle de zinc. Faites ensuite une entaille sur l'élément extérieur, à 1 cm du raccord à souder.

8 Enfin, repliez la lèvre sur l'élément intérieur : il est ainsi parfaitement maintenu pour la soudure.

➲ Jonction de descentes

Il est possible de raccorder les descentes de deux gouttières voisines sur une seule et même descente. Utilisez alors un jambonneau ou un raccord de jonction. Toutefois, la descente doit avoir une section suffisante pour le total des surfaces de toit desservies.

9 Dans la soudure à l'étain, la préparation des pièces est essentielle. Nettoyez les parties à assembler si elles sont souillées. Appliquez ensuite un flux décapant à l'aide d'un petit pinceau. Ce produit sert à la fois à nettoyer le métal et à empêcher les phénomènes d'oxydation qui se produisent sous l'effet de la chaleur, les oxydes s'opposant à l'adhérence des métaux.

10 Préparez ensuite le fer à souder en le chauffant, la température de fusion étant de 215 ou de 250 °C (selon la soudure d'étain). On se sert ici d'un fer au gaz, bien adapté à l'utilisation sur chantier. Il faut préparer la panne, en l'occurrence un fer couteau, afin qu'elle porte convenablement la soudure (alliage de plomb et d'étain). Grattez-la et décapez-la ; quand elle est chaude, frottez-la, sur sa pointe et sur ses faces, sur une pierre ammoniaque.

11 Réalisez d'abord des points d'arrêt, tous les 4 ou 5 cm. Vous devez chauffer les deux métaux en mettant le fer à souder sur le zinc : c'est son contact, et non celui du fer, qui doit faire fondre le métal d'apport. Approchez la soudure de façon à laisser tomber une grosse goutte : la soudure s'étale d'elle-même.

➲ La descente et la crapaudine

Dans ce modèle, la naissance est un « entonnoir » qui se fixe sur la gouttière, sans soudure. Il faut donc ouvrir une sortie pour l'eau, directement sur le fond du profilé en zinc. Voici trois types de sortie.

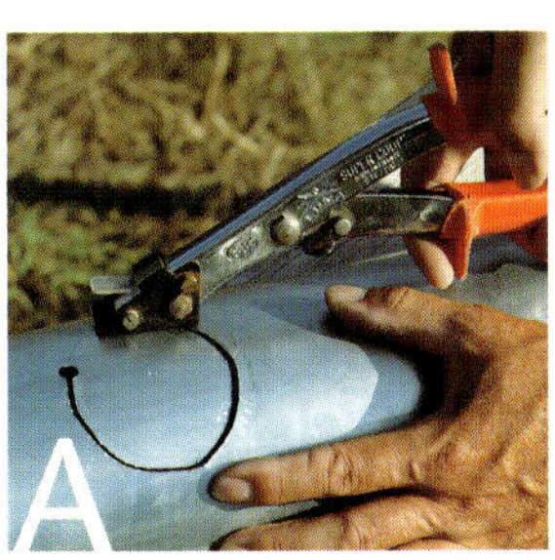

A Découpée : après tracé d'un cercle de même diamètre que la descente de gouttière, effectuez une découpe circulaire à l'aide d'une cisaille grignoteuse de tôlier. Terminez en égalisant les bords par martelage. Vous devrez ensuite placer une crapaudine autonome dans l'ouverture.

B Percée, avec crapaudine : tracez le cercle et, à l'aide d'une perceuse munie d'une mèche pour métaux tendres de 10 mm, percez une série de trous peu espacés, adjacents à la circonférence et en partie centrale.

C,D Sciée, avec crapaudine : tracez le cercle au feutre et donnez un certain nombre de coups de scie, espacés de 1 cm. Appuyez ensuite fortement, en sous-face de la gouttière, à l'aide d'une balle de tennis, pour ouvrir la crapaudine.

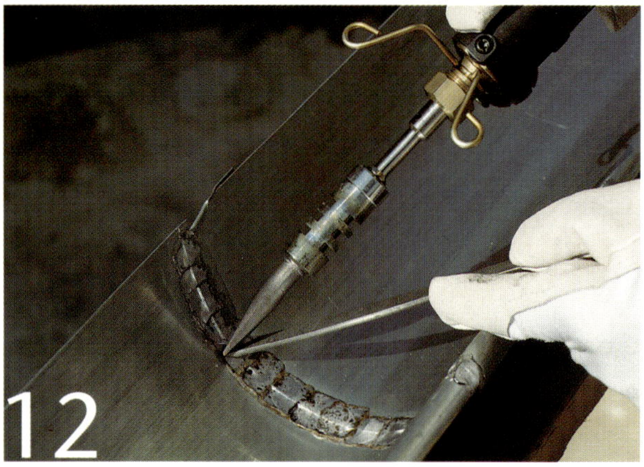

12 Poursuivez l'assemblage selon la même méthode - en chauffant d'abord le zinc puis en approchant le métal d'apport - afin de réaliser la soudure en continu. Vous devez obtenir un cordon de soudure uniforme et régulier, d'un bord à l'autre de la gouttière. Passez ensuite une éponge mouillée et réalisez les autres soudures. Vous devrez également souder les talons, aux deux extrémités. Le joint extérieur des deux éléments de la gouttière n'est pas soudé.

13 Mettez la gouttière en place, sur les crochets, en la faisant pivoter. Assurez-vous qu'elle est parfaitement enfoncée sur tous les berceaux. Contrôlez aussi qu'elle est bien centrée.

14 Fixez définitivement la gouttière en rabattant à la main les lèvres avant et arrière des crochets. Serrez à l'aide d'une pince multiprise.

15 Les éléments de la descente de gouttière sont simplement emboîtés. Toutefois, comme ils sont de même section, vous devez réduire celle de la partie femelle. Utilisez la pince de zingueur : serrez à fond, à plusieurs reprises, afin d'imprimer dans le zinc une série d'empreintes en creux qui réduisent légèrement le diamètre de la canalisation.

16 Emboîtez, en forçant, les éléments constituant le col de cygne et le reste de la descente. Coupez celui du bas et assemblez le dauphin de la même manière. Terminez en serrant la bride des colliers avec un tournevis.

Étanchéité des toitures

Le contrôle et le maintien de l'étanchéité des toitures sont essentiels dans l'entretien d'une maison. Mais surtout, n'oubliez pas que les travaux en hauteur sont dangereux et qu'il faut les aborder avec beaucoup de précaution.

L'humidité, un danger !

Une fissure dans une tuile, une ardoise ou un solin semble anodine. Pourtant, elle constitue une voie d'infiltration d'eau et, à terme, peut entraîner la dégradation des pièces de charpente. Il faut donc contrôler régulièrement l'état de la couverture. Cette surveillance est particulièrement importante si les combles sont isolés, car alors la couverture n'est pas visible depuis l'intérieur.

La sécurité d'abord

Les principales réparations concernent le remplacement d'éléments de couverture et l'étanchéité des solins. Pour ces derniers, il existe de nombreux produits qui rendent l'intervention aisée – sans qu'il soit nécessaire de déposer l'ancien joint de mortier et le refaire. La principale difficulté de ces travaux tient au caractère toujours périlleux de bricoler sur le toit.

➲ Qu'est-ce qu'un solin ?

Une bande de mortier ou de métal calfeutrant la jonction entre deux parties de la toiture ou de deux plans, et notamment au droit des souches de cheminées. Dans les anciennes demeures, les solins étaient parfois en plomb. Aujourd'hui, ils sont le plus souvent en mortier.

OUTILS ET MATÉRIAUX

- Échelles avec écarteur
- Harnais de sécurité
- Marteau de charpentier
- Brosses
- Bande d'étanchéité

1 Pour contrôler un solin, effectuez d'abord un nettoyage approfondi. Pour ce faire, il est souvent nécessaire de déposer la rangée de tuiles qui le borde, si elle le recouvre en partie. Eliminez les parties non adhérentes. Débarrassez les solins des lichens et des mousses ainsi que de la terre et des poussières accumulées qui entretiennent l'humidité.

2 Si le solin est en bon état, remettez les tuiles en place. S'il s'agit, comme ici, de tuiles mécaniques, soulevez d'abord les deux éléments de la rangée supérieure et emboîtez la nouvelle tuile en partie haute - avant de l'emboîter sur sa voisine (c'est la même technique qu'il faut utiliser pour remplacer une tuile cassée ou fissurée).

3 Si le solin est en mauvais état, appliquez une bande d'étanchéité, c'est-à-dire une feuille d'aluminium laquée enduite d'un couche épaisse de bitume adhésif.

➲ Les règles de sécurité

- Chaque fois que c'est possible, accédez au toit par un vasistas ou un chien-assis plutôt que par l'échelle.
- N'appuyez pas l'échelle directement sur la gouttière : utilisez un écarteur, c'est-à-dire un élément adaptable sur l'échelle et permettant de l'appuyer sur le mur.
- L'échelle doit avoir une inclinaison suffisante pour que vous puissiez y monter sans risquer de basculer en arrière.
- Posez les pieds de l'échelle sur un sol stable et bloquez-les.
- Utilisez des échelles de toit munies de crochets pour fixation sur le faîte. Ils sont dotés de roulettes et il faut retourner l'échelle pour la faire glisser jusqu'au faîte. Ne marchez pas sur les éléments de couverture.
- Portez des chaussures antidérapantes.
- Ne travaillez pas sur un toit mouillé.
- Utilisez un harnais de sécurité, mais ne vous accrochez en aucun cas sur la souche d'une cheminée, surtout si elle est en brique. Fixez le harnais sur une échelle solidement arrimée ou, quand c'est possible, sur une poutre de la charpente.
- Ne transportez pas d'objet lourd, qui pourrait vous déstabiliser.
- Utilisez un seau et une corde pour monter et descendre les outils et les matériaux. Ne vous chargez pas pour grimper à l'échelle.
- Ne montez sur le toit qu'en pleine possession des vos moyens - et surtout pas après un bon repas.

3

4

5

6

Mettez-la en place sur le solin en la déroulant, tout en soulevant le cache de papier qui protège le bitume. Appliquez fortement la bande sur le solin afin que la couche de bitume se moule sur le support : effectuez plusieurs passes avec un chiffon formant tampon. Au droit d'un mur en surplomb ou d'une souche de cheminée, la bande doit être assez large pour couvrir tout le solin ainsi que la rive des éléments de couverture et la base de la maçonnerie. Si nécessaire, vous pouvez placer deux bandes côte à côte, de manière qu'elles se chevauchent sur quelques centimètres.

4 Utilisez aussi une bande d'étanchéité pour le faîtage. Il faut alors déposer les éléments du faîtage et procéder à un nettoyage des tuiles sur lesquelles vous allez appliquer la bande. Mettez celle-ci en place, en la moulant à la main afin qu'elle épouse le relief des tuiles.

5 Replacez les éléments de faîtage avec les crochets de fixation. Toutefois, lorsque les tuiles de faîtage sont scellées au mortier, il est obligatoire de faire sauter le mortier de scellement et de le refaire.

6 Lorsque le faîtage est en métal, la bande d'étanchéité permet de remplacer une partie endommagée. Dans ce cas, il faut déclouer les éléments en zinc voisins afin de glisser la bande d'étanchéité au-dessous. Marouflez et reclouez le zinc avec des pointes de couvreur.

7 La bande d'aluminium convient aussi pour améliorer l'étanchéité des rives, comme sur un toit en bardeau (notre photo). Après nettoyage, déroulez la bande, collez-la et marouflez-la sur le toit. Pliez-la ensuite sur l'arête et marouflez-la sur la partie verticale.

7

➲ Sur toiture métallique

- Contrôlez l'état des soudures et couvre-joints.
- Brossez les parties rouillées et appliquez une peinture anti-rouille.
- Nettoyez avec un nettoyeur haute-pression.
- Bouchez les trous et les joints ouverts avec un mastic pour couverture.
- Si nécessaire, imperméabilisez avec un produit à base de résines.

Traitement des bois et des charpentes

Les insectes xylophages représentent un danger pour les boiseries, en particulier pour les anciennes charpentes. Un traitement adéquat est essentiel pour la sauvegarde de la maison.

Quels parasites ?

Les insectes qui se nourrissent de vieux bois sont nombreux. Outre les plus connus et les plus dangereux d'entre eux, c'est-à-dire les termites, toujours actifs dans de nombreuses régions, il faut lutter contre les vrillettes (grandes ou petites), contre les lycus et contre les capricornes. Les cryptogames, qui se développent en général en milieu humide, sont causes du pourrissement et du bleuissement du bois.

Diagnostic

Si la charpente, même très ancienne, vous semble parfaitement saine, il faut néanmoins effectuer des sondages dans les régions infestées par les termites. Il est préférable, dans ce cas, de faire appel à des spécialistes. Ailleurs, effectuez ce diagnostic vous-même, en inspectant toutes les parties de la charpente. Dans le cas d'une charpente isolée avec un doublage de plaques de plâtre, il est prudent de faire périodiquement des sondages par la toiture.

OUTILS ET MATÉRIAUX

- Perceuse
- Hachette (ou herminette)
- Brosse
- Pinceau à lasure
- Marteau ou maillet
- Produit d'imprégnation onsecticide et fongicide

Pour en savoir plus

Isolation sous rampants **82**
Renovation de volets **259**
Étanchéité des toitures **279**

La charpente

1 Effectuez d'abord un examen approfondi de la charpente. Sondez, en frappant à l'aide d'un maillet, pour détecter d'éventuelles attaques de parasites non décelables par les traces qu'ils laissent en surface. Cherchez aussi à repérer les traces de bleuissement (dû à des champignons parasites). Procédez ensuite au bûchage : cette opération, effectuée à l'aide d'une hachette ou d'une herminette (hachette de charpentier) est destinée à éliminer toutes les parties vermoulues et endommagées, qui sont inutiles et s'opposent à la pénétration du produit de traitement. Procédez aussi à un nettoyage général afin d'éliminer la poussière et la sciure, et même à un décapage si certaines parties de la charpente ont été revêtues. Traitez ainsi toutes les pièces de la charpente, y compris les chevrons.

2 A l'aide de la perceuse, pourvue d'une mèche à bois de 10 mm (ou selon les indications du fabricant du produit), effectuez des forages d'injection : le pro-

➲ Forte toxicité !

Les produits utilisés pour le traitement des bois, sains ou attaqués, contre les insectes et les champignons parasites, sont en général à base de pétrole – et très toxiques. Il faut obligatoirement porter un masque de protection, travailler avec une aération maximum et s'attarder le moins possible dans les locaux. En outre, il est préférable d'effectuer ces travaux alors que la maison est inoccupée ou, à tout le moins, en l'absence de jeunes enfants.

➲ Inspection

Les charpente édifiées après 1970 ont toutes, théoriquement, été traitées en profondeur contre les insectes et les champignons parasites. Il n'est donc pas nécessaire de les traiter – mais il faut tout de même contrôler qu'elles sont « hors d'eau », c'est-à-dire qu'il n'y a pas d'infiltrations dues, en particulier, à des tuiles cassées.

duit de traitement doit en effet pénétrer lentement dans le bois, de manière à l'imprégner dans la masse. Il faut trois forages par mètre linéaire de charpente, sur une profondeur égale aux deux tiers de la pièce. Percez verticalement ou en biais afin que l'entonnoir tienne.

3 Insérez l'extrémité d'un petit entonnoir en plastique dans le forage et versez le produit de traitement pour bois sain ou attaqué. Laissez-lui le temps de pénétrer dans le matériau et ajoutez éventuellement du produit jusqu'au refus. Utilisez plusieurs entonnoirs pour aller plus vite.

4 Lorsque le produit est complètement absorbé, versez-en à nouveau dans le forage et bouchez l'entrée de celui-ci avec un tourillon de bois de diamètre adapté, ayant lui-même trempé dans le produit de traitement. Enfoncez-le au marteau ou au maillet. Lorsque vous avez traité ainsi toutes les grosses pièces de charpente, c'est-à-dire les pannes et les sablières, complétez l'opération par une application du même produit, au pinceau, sur ces mêmes pièces et aussi sur les chevrons. Pour que l'imprégnation de surface soit efficace, passez le produit généreusement, en plusieurs couches, jusqu'au refus du matériau.

Les boiseries extérieures

5 Les produits de traitement pour bois extérieurs conviennent pour la protection des menuiseries exposées aux intempéries et à l'humidité, qu'elles soient saines ou attaquées par des parasites. Si vous ne détectez aucune partie vermoulue ou endommagée, effectuez simplement un traitement d'imprégnation en appliquant généreusement le produit jusqu'au refus.

6 Après séchage complet, vous pouvez appliquer n'importe quelle finition, en particulier une lasure, de préférence assez pigmentée pour qu'elle soit efficace contre les ultraviolets (responsables du « grisaillement » du bois). En contrepartie, ces lasures

➲ Injection sous pression

Il existe des kits d'injection pour traitement de charpente - qui utilisent un pistolet à peinture. Il faut percer des trous (même densité que pour l'imprégnation) et enfoncer ensuite des tétons d'injection sur lesquels on adapte le pistolet. L'injection dure une vingtaine de secondes (jusqu'à ce que le produit transpire en surface). Ensuite, on utilise le pistolet pour pulvériser le produit sur les petites pièces de charpente (il faut un bon masque de protection).

pigmentées laissent moins apparaître la veinure du bois. Pour renforcer la protection, vous pouvez appliquer une lasure incolore en couche de finition, après les deux couches de lasure pigmentée.

7 Les boiseries extérieures (volets, persiennes, portes, clôtures) sont soumises aux intempéries et doivent être protégées. La protection la plus utilisée est la lasure : elle présente l'avantage de protéger le bois tout en le décorant. En effet, elle pénètre le matériau sur quelques millimètres tout en formant un film en surface, et joue ainsi un rôle fongicide et hydrofuge. La lasure peut être mate ou satinée. Dans le premier cas, elle pénètre plus profondément et assure une meilleure protection fongicide. Dans le second, elle est plus filmogène et résiste mieux aux intempéries, mais elle pénètre moins et protège moins contre les champignons parasites. Après décapage de l'ancien revêtement, appliquez la lasure en deux couches, à l'aide d'un pinceau « spécial lasure » qui évite les coulures.

Index

Suivi de fabrication
CPE Conseil, Paris.

Achevé d'imprimer et relié en mars 2000 par Pollina s.a., 85400 Luçon - n° 78402
Imprimé en France